国家卫生健康委员会"十四五"规划教材

全国高等学校药学类专业第九轮规划教材

供药学类专业用

医药市场营销学

（第2版）

主　编　陈玉文

副主编　孔祥金　何　强

编　者（以姓氏笔画为序）

万晓文（江西中医药大学）　　　　陈玉文（沈阳药科大学）

孔祥金（大连医科大学）　　　　　邵冬雪（中国医科大学）

邓　晶（重庆医科大学）　　　　　周　晶（成都中医药大学）

付　非（吉林医药学院）　　　　　黄　锐（华中科技大学同济医学院）

李亦兵（中国药科大学）　　　　　梅占军（沈阳药科大学）

杨敬宇（甘肃中医药大学）　　　　曾雪璐（黑龙江中医药大学）

何　强（天津中医药大学）　　　　雷　超（广东药科大学）

张　雪（辽宁中医药大学）　　　　颜久兴（天津医科大学）

人民卫生出版社

·北京·

图书在版编目（CIP）数据

医药市场营销学 / 陈玉文主编 . —2 版 . —北京：
人民卫生出版社，2022.7（2024.8重印）
ISBN 978-7-117-33227-9

Ⅰ. ①医…　Ⅱ. ①陈…　Ⅲ. ①药品–市场营销学–医
学院校–教材　Ⅳ. ①F763

中国版本图书馆 CIP 数据核字（2022）第 101531 号

人卫智网	www.ipmph.com	医学教育、学术、考试、健康，购书智慧智能综合服务平台
人卫官网	www.pmph.com	人卫官方资讯发布平台

医药市场营销学
Yiyao Shichang Yingxiaoxue
第 2 版

主　　编：陈玉文
出版发行：人民卫生出版社（中继线 010-59780011）
地　　址：北京市朝阳区潘家园南里 19 号
邮　　编：100021
E - mail：pmph @ pmph.com
购书热线：010-59787592　010-59787584　010-65264830
印　　刷：人卫印务（北京）有限公司
经　　销：新华书店
开　　本：850×1168　1/16　印张：17
字　　数：491 千字
版　　次：2016 年 4 月第 1 版　　2022 年 7 月第 2 版
印　　次：2024 年 8 月第 5 次印刷
标准书号：ISBN 978-7-117-33227-9
定　　价：68.00 元

打击盗版举报电话：010-59787491　E-mail：WQ @ pmph.com
质量问题联系电话：010-59787234　E-mail：zhiliang @ pmph.com
数字融合服务电话：4001118166　E-mail：zengzhi @ pmph.com

出 版 说 明

　　全国高等学校药学类专业规划教材是我国历史最悠久、影响力最广、发行量最大的药学类专业高等教育教材。本套教材于 1979 年出版第 1 版,至今已有 43 年的历史,历经八轮修订,通过几代药学专家的辛勤劳动和智慧创新,得以不断传承和发展,为我国药学类专业的人才培养作出了重要贡献。

　　目前,高等药学教育正面临着新的要求和任务。一方面,随着我国高等教育改革的不断深入,课程思政建设工作的不断推进,药学类专业的办学形式、专业种类、教学方式呈多样化发展,我国高等药学教育进入了一个新的时期。另一方面,在全面实施健康中国战略的背景下,药学领域正由仿制药为主向原创新药为主转变,药学服务模式正由"以药品为中心"向"以患者为中心"转变。这对新形势下的高等药学教育提出了新的挑战。

　　为助力高等药学教育高质量发展,推动"新医科"背景下"新药科"建设,适应新形势下高等学校药学类专业教育教学、学科建设和人才培养的需要,进一步做好药学类专业本科教材的组织规划和质量保障工作,人民卫生出版社经广泛、深入的调研和论证,全面启动了全国高等学校药学类专业第九轮规划教材的修订编写工作。

　　本次修订出版的全国高等学校药学类专业第九轮规划教材共 35 种,其中在第八轮规划教材的基础上修订 33 种,为满足生物制药专业的教学需求新编教材 2 种,分别为《生物药物分析》和《生物技术药物学》。全套教材均为国家卫生健康委员会"十四五"规划教材。

　　本轮教材具有如下特点:

　　1. 坚持传承创新,体现时代特色　本轮教材继承和巩固了前八轮教材建设的工作成果,根据近几年新出台的国家政策法规、《中华人民共和国药典》(2020 年版)等进行更新,同时删减老旧内容,以保证教材内容的先进性。继续坚持"三基""五性""三特定"的原则,做到前后知识衔接有序,避免不同课程之间内容的交叉重复。

　　2. 深化思政教育,坚定理想信念　本轮教材以习近平新时代中国特色社会主义思想为指导,将"立德树人"放在突出地位,使教材体现的教育思想和理念、人才培养的目标和内容,服务于中国特色社会主义事业。各门教材根据自身特点,融入思想政治教育,激发学生的爱国主义情怀以及敢于创新、勇攀高峰的科学精神。

　　3. 完善教材体系,优化编写模式　根据高等药学教育改革与发展趋势,本轮教材以主干教材为主体,辅以配套教材与数字化资源。同时,强化"案例教学"的编写方式,并多配图表,让知识更加形象直观,便于教师讲授与学生理解。

　　4. 注重技能培养,对接岗位需求　本轮教材紧密联系药物研发、生产、质控、应用及药学服务等方面的工作实际,在做到理论知识深入浅出、难度适宜的基础上,注重理论与实践的结合。部分实操性强的课程配有实验指导类配套教材,强化实践技能的培养,提升学生的实践能力。

　　5. 顺应"互联网 + 教育",推进纸数融合　本次修订在完善纸质教材内容的同时,同步建设了以纸质教材内容为核心的多样化的数字化教学资源,通过在纸质教材中添加二维码的方式,"无缝隙"地链接视频、动画、图片、PPT、音频、文档等富媒体资源,将"线上""线下"教学有机融合,以满足学生个性化、自主性的学习要求。

　　众多学术水平一流和教学经验丰富的专家教授以高度负责、严谨认真的态度参与了本套教材的编写工作,付出了诸多心血,各参编院校对编写工作的顺利开展给予了大力支持,在此对相关单位和各位专家表示诚挚的感谢! 教材出版后,各位教师、学生在使用过程中,如发现问题请反馈给我们(renweiyaoxue@163.com),以便及时更正和修订完善。

人民卫生出版社

2022 年 3 月

主 编 简 介

陈玉文

　　男,理学博士,沈阳药科大学工商管理学院教授,博士研究生导师,沈阳药科大学药品监管科学研究院副院长。主要从事医药市场营销学、药事管理学、药品监管科学等教学和研究工作。任辽宁省委省政府中青年决策咨询专家、本溪市优秀专家、辽宁省科技技术计划项目评审专家。中国药学会会员、辽宁省药学会常务理事兼药事管理专业委员会主任委员、辽宁省市场学会副理事长、辽宁省对外贸易学会副理事长。主持完成研究课题 40 余项,在 SSCI 期刊、SCI 期刊、CSSCI期刊等学术杂志发表论文 300 余篇,主编专著和教材 10 余部。曾获辽宁省哲学社会科学优秀成果奖一等奖、沈阳市人民政府科技进步奖三等奖。

副主编简介

孔祥金

　　男,大连医科大学教授,硕士生导师。任中国自然辩证法研究会医学哲学专业委员会理事、中国卫生法学会理事、辽宁省药学会药事管理专业委员会副主任委员、辽宁省医学伦理专家委员会委员、大连市医学会医学辩证法分会副主任委员。主要从事医药企业管理、医药市场营销、医药市场调查与预测等教学与研究工作。在 SSCI 期刊、CSSCI 期刊、CSCD 期刊、北大中文核心期刊、中国科技核心期刊等学术期刊公开发表学术论文 100 余篇;主持完成各级各类科研课题 20 余项,曾获国家级教学成果奖二等奖、辽宁省教学成果奖一等奖、辽宁省科技进步奖二等奖、辽宁省自然科学学术成果奖二等奖、辽宁省教育科学优秀成果奖二等奖、大连市社会科学进步奖一等奖等多项科研奖励。主编、副主编、参编国家级规划教材、国家卫生健康委员会规划教材、中科院规划教材等 20 余部。

何　强

　　男,天津中医药大学管理学院院长,教授,博士研究生导师。国家级一流专业市场营销专业负责人。美国UNA大学高级访问学者,韩国延世大学海外研修背景,八年跨国公司管理层工作经历。研究方向为营销战略管理与企业战略演化。中国企业管理研究会常务理事、中国中医药信息学会政策与管理分会副会长、中华中医药学会人文管理分会副主任委员。

前　言

医药市场的形成与发展,除了要保持其应有的产业发展的经济属性以外,在社会主义市场经济体制下,其满足人们日益增长的健康需求的社会属性也尤其突出。如何有效地把握医药市场及其发展的规律性,如何有效地促进医药产业健康发展,以及如何更有效地满足人们的健康需求,是医药市场营销学研究的核心主题。本教材集传统的市场营销学基础理论,结合医药市场发展规律,是一本用以指导医药市场营销实践活动的教科书。

医药商品的第三方支付属性、供需双方的信息不对称等因素,成为各国对医药商品进行价格管制的原因。本版教材新增了"医药商品价格管制"一章,讨论在政府管制下的医药商品价格形成机制、管制过程和结果。

本书共十六章。第一章导论叙述了市场、市场营销等基本概念和市场营销哲学等内容,第二章医药市场营销环境从宏观和微观两个层面论述了各环境要素及其对医药市场营销的影响,第三章医药市场营销调研与预测阐述了医药市场需求量的测定方法,第四章医药营销战略叙述了如何从战略高度设计并指导医药营销实践,第五章医药目标市场营销策略阐述了医药细分市场、市场选择和市场定位,第六章医药消费者市场与购买行为论述了医药消费者市场特征和购买行为规律,第七章医药组织市场与购买行为论述了医药组织者市场特征和购买行为规律,第八章医药市场竞争战略论述了医药市场竞争战略类型和战略选择原则,第九章至第十三章分别叙述了医药产品策略、价格策略与价格管制、分销策略和促销策略,第十四章医药电子商务叙述了在网络营销背景下医药电子商务的活动特征和规律,第十五章医药国际市场营销阐述了基于国际市场环境下的医药产品营销策略与方法,第十六章市场营销组织与管理是从管理学角度论述如何组织医药市场营销活动以提高医药商品交易的效率和效果。

本书由国内医药院校具有高级技术职称并从事医药市场营销学一线教学的教师编写而成。各章的编者如下:第一章,陈玉文(沈阳药科大学);第二章,付非(吉林医药学院);第三章,孔祥金(大连医科大学);第四章,何强(天津中医药大学);第五章,万晓文(江西中医药大学);第六章,梅占军(沈阳药科大学);第七章,颜久兴(天津医科大学);第八章,周晶(成都中医药大学);第九章,邓晶(重庆医科大学);第十章,杨敬宇(甘肃中医药大学);第十一章,邵冬雪(中国医科大学);第十二章,李亦兵(中国药科大学);第十三章,曾雪璐(黑龙江中医药大学);第十四章,雷超(广东药科大学);第十五章,张雪(辽宁中医药大学);第十六章,黄锐(华中科技大学同济医学院)。主编和副主编对全书进行了整理与统稿。

本书在编写过程中,参考了许多学者的著作和论文,在此对他们表示衷心的感谢,也真诚地期望读者对本书的错误和不足之处提出宝贵的意见和建议。

陈玉文
2022 年 1 月于沈阳

目　　录

第一章　导论 ……………………… 1

第一节　市场与市场营销 …………… 1
一、市场的含义 …………………………… 1
二、市场营销的定义及相关概念 ………… 2
三、市场营销哲学及其演进 ……………… 3
四、顾客满意与顾客忠诚 ………………… 4
第二节　医药市场与医药市场营销 … 6
一、医药商品相关概念 …………………… 6
二、医药商品的分类 ……………………… 6
三、医药市场的含义及类型 …………… 10
四、医药市场需求特征 ………………… 12
五、医药市场营销的定义 ……………… 13
**第三节　医药市场营销学的概念及其
　　　　　研究方法** ……………… 14
一、医药市场营销学的概念 …………… 14
二、研究医药市场营销学的意义 ……… 14
三、医药市场营销学的研究对象和
　　研究内容 …………………………… 14
四、医药市场营销学的研究方法 ……… 15

第二章　医药市场营销环境 ……… 17

第一节　市场营销环境概述 ……… 17
一、市场营销环境的含义 ……………… 17
二、市场营销环境的特征 ……………… 18
第二节　医药市场宏观营销环境 … 18
一、政治法律环境 ……………………… 18
二、经济环境 …………………………… 19
三、社会文化环境 ……………………… 20
四、技术环境 …………………………… 20
五、自然环境 …………………………… 20
六、人口环境 …………………………… 20
第三节　医药市场微观营销环境 … 21
一、企业内部环境 ……………………… 21
二、供应商 ……………………………… 21
三、竞争者 ……………………………… 21

四、中间商 ……………………………… 22
五、顾客 ………………………………… 22
六、社会公众 …………………………… 22
第四节　环境分析的内容与方法 … 23
一、宏观环境分析——PEST 分析模型 … 23
二、微观环境分析——波特五力模型 … 23
三、企业优劣势分析——SWOT
　　分析模型 …………………………… 25

第三章　医药市场营销调研与预测 …… 30

第一节　医药市场营销调研概述 … 30
一、医药市场营销调研的含义和作用 …… 30
二、医药市场营销调研的类型与内容 …… 32
三、医药市场营销调研的步骤 ………… 33
第二节　医药市场调查方法 ……… 34
一、医药市场信息的特征及类型 ……… 34
二、医药市场信息的获取 ……………… 36
三、调查问卷设计 ……………………… 41
四、抽样调查法 ………………………… 43
第三节　调查数据处理方法 ……… 46
一、资料的审核与整理 ………………… 46
二、变量序列及其编制 ………………… 47
三、交叉列表的编制 …………………… 48
四、统计图的绘制 ……………………… 49
五、市场调研资料常用的统计指标 …… 51
第四节　医药市场需求测量 ……… 52
一、市场需求测量 ……………………… 52
二、市场需求估计 ……………………… 53
第五节　医药市场预测 …………… 54
一、医药市场预测的含义与类型 ……… 54
二、医药市场预测方法 ………………… 54

第四章　医药营销战略 …………… 67

第一节　医药营销战略规划 ……… 67
一、确定市场导向的使命 ……………… 68

二、设定公司目标…………………69
三、规划业务组合…………………69
第二节　战略实施…………………………73
一、战略实施的部门合作…………73
二、战略实施过程与要求…………74

第五章　医药目标市场营销策略………………77
第一节　目标市场营销相关理论……………77
一、市场细分的概念、发展及其作用………77
二、市场细分的原理………………78
三、市场细分的标准………………79
四、市场细分的原则………………80
五、市场选择………………………80
六、市场定位………………………82
第二节　医药市场细分………………………82
一、医药市场细分的理论依据……82
二、医药市场细分的标准…………83
三、医药市场细分的方法和步骤…86
第三节　医药目标市场选择…………………88
一、医药目标市场营销策略的类型…88
二、选择目标市场营销策略的条件…89
三、选择目标市场的过程…………90
第四节　医药市场定位………………………91
一、医药市场定位方式……………91
二、药品市场定位的步骤…………92
三、医药市场定位策略……………92

第六章　医药消费者市场与购买行为…………95
第一节　医药消费者与医药消费者
市场……………………………95
一、医药消费者……………………95
二、医药消费者市场………………97
第二节　医药消费者购买行为的
基本动机与模式………………98
一、基本动机………………………98
二、基本模式………………………99
第三节　医药消费者的购买心理过程与
购买决策过程…………………101
一、购买心理过程…………………101
二、购买决策过程…………………102

第四节　医药消费者购买行为的主要
影响因素………………………103
一、消费者外在特征因素…………103
二、消费者内部心理因素…………104
三、药品因素………………………104
四、相关群体………………………105
五、社会文化因素…………………105

第七章　医药组织市场与购买行为……………108
第一节　医药组织市场概述…………………108
一、医药组织市场的概念与类型…108
二、医药组织市场的特点…………109
三、医药组织的购买类型…………109
四、医药组织的采购中心…………110
五、影响医药组织购买的主要因素………111
第二节　医药组织市场购买行为……………112
一、医药中间商市场与购买行为…112
二、医疗机构市场与购买行为……115

第八章　医药市场竞争战略……………………120
第一节　竞争者分析及其战略………………120
一、竞争者分析……………………120
二、市场领导者战略………………123
三、市场挑战者战略………………125
四、市场追随者战略和市场利基者
战略……………………………126
第二节　竞争者类型定位与竞争战略选择……127
一、竞争者类型定位………………127
二、竞争战略选择…………………128

第九章　医药产品与产品策略…………………131
第一节　产品…………………………………131
一、产品概念与产品组合…………131
二、产品生命周期…………………134
三、产品品牌与包装………………136
四、新产品开发……………………137
第二节　医药产品策略………………………139
一、医药产品及组合策略…………139
二、医药产品生命周期策略………140

三、医药产品品牌和包装策略…………… 142
四、医药新产品开发与上市……………… 146

第十章　医药产品价格与价格策略………… 153

第一节　产品价格理论…………………… 153
一、影响产品定价的因素……………… 153
二、产品价格确定的一般方法………… 154
三、产品定价策略……………………… 155
四、产品价格调整及价格变动反应…… 157
第二节　医药产品价格策略……………… 158
一、影响医药产品价格的因素………… 158
二、医药产品价格确定的方法………… 160
三、医药企业定价策略选择…………… 163
四、医药产品价格调整方式及
应对策略…………………………… 166

第十一章　药品价格管制………………… 170

第一节　药品价格管制概述……………… 170
一、价格管制下的药品分类…………… 170
二、药品价格的形成机制……………… 171
三、医药市场失灵……………………… 171
四、政府对药品价格的管制…………… 172
五、国外药品价格管制概述…………… 174
第二节　中国药品价格管制……………… 175
一、我国药品价格管制机制的演变…… 175
二、我国药品市场招标采购模式……… 177

第十二章　医药产品分销渠道与分销策略… 181

第一节　分销渠道相关理论……………… 181
一、分销渠道及其职能………………… 181
二、分销渠道的类型…………………… 182
三、分销渠道的设计与管理…………… 185
四、批发商与零售商…………………… 187
第二节　医药产品分销渠道及其类型…… 188
一、医药产品分销渠道的概念及特点… 188
二、医药产品分销渠道的主要模式…… 190
第三节　医药产品分销渠道的选择与管理… 191
一、医药产品分销渠道的选择………… 191
二、医药产品分销渠道的管理………… 196

第四节　医药产品批发商与零售商………… 198
一、医药产品批发商…………………… 198
二、医药产品零售商…………………… 199
三、医药批发商与零售商流通发展
模式分析…………………………… 201

第十三章　医药促销与医药产品促销策略…… 204

第一节　医药促销概述…………………… 204
一、促销及其作用……………………… 204
二、促销组合及影响因素……………… 205
三、促销的基本步骤…………………… 206
第二节　医药产品促销策略……………… 206
一、人员推广策略……………………… 207
二、公共关系策略……………………… 210
三、营业推广策略……………………… 211
四、广告策略…………………………… 214

第十四章　医药电子商务………………… 218

第一节　医药电子商务概述……………… 218
一、医药电子商务的概念……………… 218
二、医药电子商务的类型……………… 218
**第二节　我国网络药品经营监管的
制度转变**………………… 219
一、禁止网络药品经营时期…………… 219
二、网络药品经营试点时期…………… 220
三、网络药品经营监管改革探索时期… 220
四、对网络药品经营监管的挑战时期… 220
第三节　医药电子商务的平台与交易流程…… 220
一、医药电子商务的构成……………… 220
二、医药电子商务服务体系模型与
要素………………………………… 221
第四节　医药电子商务的开展…………… 222
一、国家级和省级药品集中招标采购
平台的电子商务…………………… 223
二、独立第三方医药电子交易平台…… 225
三、医药 B2B 电子市场的电子商务… 226
四、医药 B2C 电子市场的电子商务… 226
第五节　医药营销数字化及其发展……… 226
一、患者端营销数字化………………… 226
二、医生端营销数字化………………… 228

三、药店端营销数字化……………… 229

第十五章　医药国际市场营销……… 232

第一节　医药国际市场营销概述…… 232
　一、医药国际市场营销的内涵………… 232
　二、与国内市场营销的差异…………… 232
第二节　医药国际市场环境…………… 233
　一、国际环境分析……………………… 233
　二、营销目标国的环境分析…………… 233
第三节　医药国际目标市场的选择与进入…… 235
　一、出口进入方式……………………… 235
　二、合同进入方式……………………… 235
　三、投资进入方式……………………… 236
　四、对等进入方式……………………… 236
　五、加工进入方式……………………… 237
　六、以医带药进入方式………………… 237
第四节　医药国际市场营销策略……… 237
　一、医药国际市场产品策略…………… 237

　二、医药国际市场价格策略…………… 238
　三、医药国际市场分销渠道策略……… 239
　四、医药国际市场促销策略…………… 240

第十六章　市场营销组织与管理……… 244

第一节　市场营销组织………………… 244
　一、市场营销组织的演变……………… 244
　二、市场营销组织的类型……………… 245
第二节　市场营销计划与控制………… 247
　一、市场营销计划的制订……………… 247
　二、市场营销计划的分解……………… 248
　三、市场营销计划的控制……………… 249
第三节　销售人员薪酬管理与激励…… 252
　一、销售人员薪酬管理………………… 252
　二、对销售人员的激励………………… 253

参考文献………………………………… 256

第一章

导　论

第一章
教学课件

第一节　市场与市场营销

一、市场的含义

关于市场的含义,众说纷纭。在日常生活中,人们将市场看作买卖的场所,这是从时间和空间角度来理解的市场。人们认识和理解它的角度不同,含义就不同。

(一) 生产者视角下的市场

生产者是交换内容的提供方,是商品或服务的供应者。在生产者视角下,市场是指某种商品或服务的实际购买者和潜在购买者的集合。

(二) 消费者视角下的市场

消费者是交换内容的接受方,是商品或服务的使用者。消费者总要在把钱存起来和购买商品或服务之间作出选择。在消费者视角下,市场是能够满足其现实需求或潜在需求的商品或服务的货币购买力。货币购买力决定了人的需要或欲望与市场需求的转换关系。

(三) 经济学视角下的市场

经济学强调资源配置如何决定生产和分配。认为市场是一个商品经济范畴,是供求关系、商品交换关系的总和,是通过交换反映出来的人与人之间的关系。资源配置决定的社会分工和商品生产,就产生了市场。市场就是为完成商品形态变化,在商品所有者之间进行商品交换的总体表现。

(四) 管理学视角下的市场

管理学强调活动效率。管理学侧重从具体的交换活动规律认识和交换效率提高的角度去认识市场。认为市场是供需双方在共同认可的条件下所进行的商品或服务的有效交换活动。

(五) 市场营销学视角下的市场

市场营销学强调通过营销活动来满足消费者的现实或潜在需求,其核心是达成交易(一次独立的交换),以有效率的方式达成交易从而既保证本组织的利益,又兼顾消费者和相关组织的利益。因此,需要综合考虑上述各视角下对市场的认识。市场可以被定义为是商品经济中生产者与消费者之间为满足需求并实现商品或服务价值的交换关系、交换条件和交换过程。

首先,市场是建立在社会分工和商品生产的商品经济基础上的交换关系。这种交换关系由一系列交易活动构成。

其次,现实市场的存在要具备一定的条件,这些条件包括:①存在消费者,他们有某种需要或欲望,并拥有可供交换的资源;②存在生产者,他们能够提供消费者需要的商品或服务;③有促成交换双方达成交易的各种条件,如法律保障、交易双方接受的价格、空间、时间、信息和服务方式等。

最后,市场的发展本质上是一个由消费者(买方)决定,而由生产者(卖方)推动的动态过程。一般而言,在买方市场条件下,消费者具有决定性。这种决定性表现在,交易行为决定于是否具备消费者,消费者是否有购买力和购买欲望两个方面。没有消费者就谈不上购买力和购买欲望,或是消费者没有购买力和购买欲望,也不能形成现实的市场。

人们习惯于从生产者视角下,将卖方称为产业或行业,将买方称为市场。

二、市场营销的定义及相关概念

(一) 市场营销的定义

国内外学者对市场营销的定义有上百种。伴随着营销理论和实践的不断创新,市场营销的定义在不同时期有不同的主流表述。如美国市场营销协会(American marketing association,AMA)1960 年的定义是"市场营销是引导货物和劳务从生产者流转到消费者或用户所进行的一切企业活动"。而到 1985 年,该定义为"市场营销是关于构思、货物和服务的设计、定价、促销和分销的计划与实施过程,目的是创造能够实现个人和组织目标的交换"。2004 年,AMA 对市场营销的定义为"市场营销既是一种组织职能,也是为了组织自身和利益相关者利益而创造、传递客户价值,管理客户关系的一系列过程"。AMA 官方网站上的最新定义为"市场营销是创造、传播、传递和交换对顾客、客户、合作伙伴及至整个社会有价值的产品的一系列活动、机制和过程"。可见,关于市场营销定义的侧重点从最初的货物流转到营销内容界定,到顾及多方利益,再到价值创造和传递等。美国著名营销学家菲利普·科特勒所下的定义相对更为通俗和具有操作性,他认为市场营销是个人和组织通过创造并同他人交换产品和价值以满足需求和欲望的一种社会管理过程。

结合上述定义并根据上文对市场的定义,可以将市场营销定义为:是为了满足需求并实现商品或服务的价值,在生产者与消费者之间建立交换关系、创造交换条件和完成交换过程的活动。根据这一定义,可以将市场营销的定义归纳为下列要点。

(1) 交换是市场营销的核心。无论是建立交换关系,创造交换条件,还是实现交换过程,都是以交换为核心。

(2) 市场营销的最终目标是满足需求。

(3) 交换过程能否顺利进行,取决于交换关系和交换条件是否建立,最终取决于商品或服务的价值满足需求的程度。

(二) 市场营销的相关概念

1. 需要、欲望和需求　人类的需要是市场营销的基石。需要是指人们对生存与发展的基本要求。马斯洛将人的需要分为五类,即生理需要、安全需要、社会交往需要、尊重需要和自我实现需要。从营销的角度看,需要不能凭空创造,可以以不同的方式去满足需要或将潜在的需要激发成现实的需要。

欲望是指想要得到满足其需要的满足品的愿望。即当需要与可以满足这一需要的满足品相联系时,需要就转变成了欲望。从营销的角度看,欲望也无法创造,但可以影响欲望,如开发和销售特定产品来满足欲望。

需求是指人们有支付能力并愿意购买某个具体产品的欲望。从营销的角度看,需求就是对某特定产品或服务的市场需求。

2. 产品或服务　产品或服务是指能够提供给市场用来满足人们需要和欲望的任何事物,其价值就在于能够满足人们的欲望。一般情况下,产品是服务的载体,这种载体可以是有形物品,也可以是无形的。

3. 效用、费用、价值和满足　效用是消费者对产品满足其需要的整体能力的评价。费用是消费者用于购买和使用产品的支出。价值是消费者使用某种产品带来的效用与其购买此产品的费用之差。满足是消费者购买和使用产品时得到的效用超过其期望的心理感受。价值越大,消费者越满足,反之亦然。消费者总是选择购买能使每一元的花费带来最大效用的产品。

4. 交换和交易　交换是指从他人之处取得所需之物,并以自己的某种东西作为回报的行为。交换是市场营销的核心。交易是交换的基本组成单位,是交换双方之间的价值交换。交换是一个过程,在这个过程中,如果双方达成协议,我们就称为发生了交易。交易是交换活动的结果,而交换则是一种过程。交易通常分货币交易和非货币交易。

5. 市场营销者　在交换双方中,更主动积极地寻求交换的一方被称为市场营销者,另一方则被称为潜在顾客。市场营销者可以是卖方,也可以是买方。在买方市场条件下,市场营销者是指产品的生产或提供者。

市场营销相关概念之间是有一定的逻辑关系的。产品以物的形态,通过效用评价以满足人的需求,这一过程的实现还需要通过交易并产生费用。因此,可以将市场营销相关概念之间的关系简化为人、财、物三者之间的关系(图 1-1)。

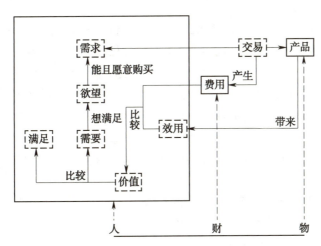

图 1-1　市场营销相关概念之间的关系

分析三者的关系,可先从"人"的层面出发,想满足的需要上升为欲望,有支付能力并愿意购买某个具体产品的欲望转化为需求;需求通过交易获得具体产品而实现,这一过程使得"人"与"物"通过交易建立了联系;同时,这一联系不是无偿的,因为交易会产生费用,进而"人"与"物"之间通过"财"建立了进一步明确的关系。再回到"人"的层面上,人通过产生的费用与所获得的效用进行比较,从而判断这一交易的价值,价值进一步与原来的需要进行比较,从而判断是否超过其期望的心理感受而得到满足。

三、市场营销哲学及其演进

市场营销哲学是指企业对其营销活动进行管理的基本指导思想,它是一种观念或思维方式。其核心是如何正确处理企业、顾客和社会的关系。因此,市场营销哲学直接影响营销活动的方式、效果和效率。只有正确的营销哲学才能指导正确的营销活动,才能达到市场营销的目的。

市场营销哲学随着社会、经济的发展,市场的演进,市场环境的变迁在不断变化。变化的基本轨迹是以企业为中心的观念,转变为以消费者为中心的观念,再转变为社会利益为中心的观念。

（一）以企业为中心的观念

以企业为中心的市场营销管理观念，就是以企业利益为根本取向和最高目标来指导营销活动的观念。它具体又包括三种。

1. 生产观念 这是一种"重生产、轻市场"的观念。生产观念认为，消费者总是接受任何他能买到并买得起的产品。其口号是"我们生产什么，就卖什么"。企业的管理核心就是集中精力提高生产效率和扩大市场范围，增加产量，降低成本。生产观念适用并盛行于市场需求旺盛、社会产品供应能力相对不足的情况。

2. 产品观念 这是一种"重产品、轻市场"的观念。产品观念认为，消费者喜欢高质量、高性能和特色的产品。其口号是"只要产品好，人们就能买"。企业的管理核心是致力于设计和生产优质产品。产品观念适用于企业产品创新能力强，消费者寻求高质量、有差异且替代品少的市场情况。与生产观念一样，产品观念也是以产定销的观念。

3. 推销观念 这是一种"重推销、轻需要"的观念。推销观念认为，产品的销量取决于推销的效果。其口号是"我们卖什么，就让人们买什么"。企业的管理核心就是积极销售和扩大推广。推销观念适用于市场供过于求，市场竞争激烈，消费者有购买惰性或抗拒心理的情况。推销观念的可取之处在于企业重视发现潜在的顾客，通过加强推销实现交换。与前两种观念一样，推销观念也是建立在以企业为中心，以产定销，而不是满足消费者真正需要的基础上的。

（二）以消费者为中心的观念

以消费者为中心的观念又称市场营销观念（marketing concept）。这是一种"顾客至上"的观念。这种观念认为，顾客的需求得到满足才能实现产品交换过程，才能实现产品价值转化。其口号是"顾客需要什么，我们就生产供应什么"。企业的管理核心就是以消费者为中心，进行市场调研，根据市场和企业条件确定目标市场，针对目标市场需求组织生产经营；比竞争对手更好地满足顾客需求。与推销观念相比，市场营销观念的出发点不是企业而是目标市场，不是以产品为中心而是以顾客需求为中心，不是单独地推销和促销而是协调产品设计、价格、分销渠道、顾客满意评价等综合协调整体营销，不是以扩大消费者需求获取利润为目标而是以满足消费者需求创造利润为目标。其重点是顾客导向、整体营销、顾客满意。

（三）以利益相关者和社会整体利益为中心的观念

随着经济全球化、环境破坏、资源短缺、人口增长、通货膨胀、消费者权益缺乏保护等社会问题的突现，要求企业顾及消费者、资源、环境、利益相关者等社会整体和长远利益的呼声渐高。1971 年，杰拉尔德·萨尔特曼和菲利普·科特勒最早提出了"社会市场营销"的概念，此后，学术界还提出如人类观念（human concept）、理智消费观念（intelligent consumption concept）、生态准则观念（ecological imperative concept）等，其共同点是认为企业不仅要考虑消费者需要，还要考虑利益相关者和整个社会的长远利益。这类观念被统称为社会营销观念（societal marketing concept）。

根据社会营销观念，企业的管理核心就是要确定各个目标市场的需要、欲望和利益，以保护或提高消费者和社会福利的方式，比竞争者更有效、更有利地为目标市场提供能够满足其需要、欲望和利益的产品或服务。兼顾顾客、社会和企业三方利益。在满足顾客需求、增加社会福利的过程中获利。要求企业承担社会责任，协调企业与利益相关者以及整个社会的关系，求得企业的健康发展。与市场营销观念相比，社会营销观念强调企业不仅要满足消费者的需要、欲望以获利，还要考虑到消费者、利益相关者和整个社会的长远利益。

四、顾客满意与顾客忠诚

（一）顾客感知价值

顾客感知价值是指企业传递给顾客，且能让顾客感受到的实际价值，它是顾客购买总价值与顾客购买总成本的差。顾客购买总价值是指顾客购买某一产品或服务所期望获得的一系列利益;顾客购买总成本是指顾客为购买某一产品或服务所耗费的时间、精力、体力和支付的货币资金等成本之和。

1. 顾客购买总价值

(1)产品价值:产品价值是由产品的功能、特性、品质、品种与式样等所产生的价值。产品价值是顾客需要的中心内容和选购产品的首要因素。

(2)服务价值:服务价值是指伴随产品实体的出售,企业向顾客提供的各种附加服务,包括产品介绍、送货、安装、调试、维修、技术培训等所产生的价值。服务价值是构成顾客购买总价值的重要因素。

(3)人员价值:人员价值是指企业员工的经营思想、知识水平、业务能力、工作效益与质量、经营作风、应变能力等所产生的价值。企业员工直接决定着企业为顾客提供的产品与服务质量,也决定顾客购买总价值的大小。

(4)形象价值:形象价值是指企业及其产品在社会公众中形成的总体形象所产生的价值。包括企业的产品、技术、质量、包装、商标、工作场所等所构成的有形形象所产生的价值,也包括公司及其员工的职业道德行为、经营行为、服务态度等行为形象和企业的价值观、经营管理哲学等理念所产生的无形形象价值。

2. 顾客购买总成本

(1)货币成本:货币成本是指顾客购买某一产品或服务时所支付的货币量,包括购买时的价格和使用时需支付的货币量。

(2)时间成本:时间成本是指作出购买决策和购买过程所花费时间所形成的成本。

(3)体力成本:体力成本是指顾客购买产品和使用产品时所需要消耗的体力所形成的成本。

(4)精神成本:精神成本是指顾客购买产品和使用产品时精神方面的付出所形成的成本。

(二)顾客满意

顾客满意是指顾客将产品或服务满足其需要的感知效果与其期望进行比较所形成的愉悦或失望的感觉状态。

顾客感知效果大体由顾客感知价值决定。期望是指顾客认为应当达到的效用,一般受企业和竞争者的信息与承诺、以往的购买和使用经验、朋友或同事的影响等因素的影响。

顾客是否满意,取决于顾客感知效果和期望比较的结果(图1-2):若顾客感知效果小于期望,顾客会不满意;若顾客感知效果与期望相当,顾客会满意;若顾客感知效果大于期望,顾客会十分满意。

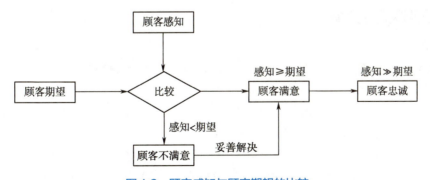

图1-2　顾客感知与顾客期望的比较

因此,让顾客满意的途径有三个:一是增大顾客感知价值以增加顾客感知效果;二是降低期望;三是增加顾客感知效果的同时降低期望。但企业若使顾客的期望过高,则容易引起顾客失望,降低顾客满意度;但是,如果使顾客的期望过低,虽然能使顾客满意,但难以吸引大量的顾客。

尽管顾客满意是顾客的一种主观感觉状态,但这种感觉状态的形成是建立在"满足需要"的基础上的。研究表明,顾客满意既是顾客本人再购买的基础,也是形成其他顾客购买的要素。对企业来说,前者关系到能否保持老顾客,后者关系到能否吸引新顾客。

(三) 顾客忠诚

研究表明,吸引新顾客比维系老顾客花费更高的成本。因此,在激烈的市场竞争中,保持老顾客,培养顾客的忠诚感具有重大意义。而要有效地保持老顾客,就不仅要使其满意,还要使其高度满意。

顾客忠诚是指顾客购买行为的连续性。顾客忠诚度越高,顾客购买的次数越多。高度满意能培养顾客对品牌的感情吸引力,是创造顾客忠诚的重要条件(如图 1-2 所示)。一般而言,随着顾客满意度的提高,其忠诚度也在提高。研究表明,在高度竞争市场中,满意的顾客和高度满意的顾客之间的忠诚度存在巨大差异;而在非竞争市场中,无论顾客满意与否都可能保持高度忠诚。因此,除了让顾客高度满意外,获得专利产品的生产权等垄断生产或者垄断经营等方式有助于提高顾客忠诚。

第二节　医药市场与医药市场营销

一、医药商品相关概念

(一) 商品的概念

商品是能够满足人们某种需要、用来交换的劳动产品。从这一概念中,可以引申出商品的特性有三个:一是商品是能够满足人们某种需要的,因此,商品具有一定的价值和使用价值;二是商品只有通过交换,其价值和使用价值才能够得以实现;三是商品是劳动产品,是人类劳动创造出来的社会产品,其价值形成过程中耗费了一定量的人类劳动。

(二) 医药商品的概念

关于医药商品的概念,业界还没有形成统一的认识,但医药商品作为商品的一种,完全满足商品的三个特性。与商品相比,其满足人们需要的范围缩小了。早期的医药商品特指用于预防、诊断和治疗疾病的药品。在大健康产业发展的时代背景下,医药商品是指满足人们健康需要的产品。其内涵有所扩大,包括药品、药用辅料、医疗器械、体外诊断试剂、直接接触药品的包装材料和容器等。从我国药品监督管理部门事权划分和企业实际生产经营的范围看,医药商品甚至还可以包括保健食品、化妆品。

一般而言,医药商品的生产和上市需经国家药品监督管理部门批准。

二、医药商品的分类

(一) 药品

药品,是指用于预防、治疗、诊断人的疾病,有目的地调节人的生理功能并规定有适应证或者功能主治、用法和用量的物质。

按生产经营许可,药品可以分为:中药材、中药饮片、中成药、化学原料药及其制剂、抗生素、生化药品、放射性药品、血清、疫苗、血液制品和诊断药品等。

按注册类型,药品可以分为:①中药和天然药物(中药是指在我国传统医药理论指导下使用的药用物质及其制剂,天然药物是指在现代医药理论指导下使用的天然药用物质及其制剂);②化学药品(指以化学理论为指导,依据化学规律研究和生产的化学合成药);③生物制品(指利用生物体、生物组织或其部分,综合应用生物学、生物化学、微生物学、免疫学、物理化学和药学的原理与方法进行加工、制造而成的预防、诊断和治疗制品),又分为治疗用生物制品、预防用生物制品。

按生产阶段,药品可以分为:①原料药(指用于生产各类药物制剂的原料药物,是制剂中的有效成份;有药理活性,能直接作用或者能影响机体的功能或结构)。②辅料(指生产药品和调配处方时使用的赋形剂和附加剂;是除活性成分以外包含在药物制剂中的物质,起到赋形、充当载体、提高稳定性、增溶、助溶、缓控释等重要功能)。③制剂(是指按照一定的剂型要求所制成的,可以最终提供给用药对象使用的药品)。人们一般所说的药品是指药物制剂。

按使用方法,药品可以分为:①外用药(是指在体表或某些黏膜部位使用并通过皮肤或黏膜吸收而发挥药效的药品);②内服药(也称口服药,是指各种口服经胃肠道黏膜吸收而发挥药效的药品);③注射用药(是指各种直接注入或输入人体血液或皮下的药品)。

按药品来源,药品可以分为:①动物性药(利用动物的全部或部分脏器,以及其排泄物作为药用或提出纯品药用);②植物性药(植物的各部分如根、茎、叶、花及果实采作药用或提取植物有效成分药用);③矿物药(直接利用矿物或经加工而成的药物);④化学药品(利用化学方法合成的药品)。

按药物作用部位和作用机制,药品可以分为:作用于中枢神经系统、传入传出神经系统、心血管系统、呼吸系统、消化系统、泌尿系统、生殖系统、血液系统、内分泌系统、免疫系统的药物,抗感染药物以及诊断用药等。

按特殊性管理方式,药品可以分为特殊管理药品和普通药品。特殊管理药品包括:①麻醉药品(指连续使用后易产生生理依赖性、能成瘾的药品);②精神药品(指直接作用于中枢神经系统,使之兴奋或抑制,连续使用能产生依赖性的药品);③毒性药品(指毒性剧烈,治疗剂量与中毒剂量相近,使用不当会致人中毒或死亡的药品);④放射性药品(指用于临床诊断或治疗的放射性核制剂或其他标记药品);除此之外还包括疫苗、血液制品、药品类易制毒化学品等。普通药品是指除特殊管理药品以外的药品。

按我国药品分类管理界定,药品可以分为:①处方药(是指必须凭执业医师或执业助理医师处方才可调配、购买和使用的药品);②非处方药(是指不需要凭医师处方即可自行判断、购买和使用的药品)。

按药品费用承担方式,药品可以分为:①国家基本药物(是指为保证人们防病治病的基本需求,由政府制定并纳入《国家基本药物目录》中的药品);②基本医疗保险药品(是指保证人们临床治疗必需的、纳入基本医疗保险给付范围内的药品,分为甲类和乙类两种)。

(二) 药用辅料

药用辅料,是指生产药品和调配处方时使用的赋形剂和附加剂。是除活性成分以外,已进行了合理的安全性评估,且包含在药物制剂中的物质。药用辅料除了赋形、充当载体、提高稳定性外,还具有增溶、助溶、缓控释等重要功能,是可能会影响到药品的质量、安全性和有效性的重要成分。

按来源,药物辅料可分为天然物、半天然物和全合成物。

按作用和用途,药物辅料可分为溶剂、抛射剂、增溶剂、助溶剂、乳化剂、着色剂、黏合剂、崩解剂、填充剂、润滑剂、润湿剂、渗透压调节剂、稳定剂、助流剂、矫味剂、防腐剂、助悬剂、包衣材料、芳香剂、抗黏合剂、整合剂、渗透促进剂、pH调节剂、缓冲剂、增塑剂、表面活性剂、发泡剂、消泡剂、增稠剂、包合剂、保湿剂、吸收剂、稀释剂、絮凝剂与反絮凝剂、助滤剂、释放阻滞剂等。

按给药途径,药物辅料可分为口服、注射、黏膜、经皮或局部给药、经鼻或口腔吸入给药和眼部给药等制剂需要添加的材料。

(三) 医疗器械

医疗器械,是指直接或者间接用于人体的仪器、设备、器具、体外诊断试剂及校准物、材料以及其他类似或者相关的物品,包括所需要的计算机软件;其效用主要通过物理等方式获得,不是通过药理学、免疫学或者代谢的方式获得,或者虽然有这些方式参与但是只起辅助作用。其目的是:①疾病的诊断、预防、监护、治疗或者缓解;②损伤的诊断、监护、治疗、缓解或者功能补偿;③生理结构或者生理过程的检验、替代、调节或者支持;④生命的支持或者维持;⑤妊娠控制;⑥通过对来自人体的样本进行检查,为医疗或者诊断目的提供信息。

医疗器械产品要求符合医疗器械强制性国家标准;尚无强制性国家标准的,要符合医疗器械强制性行业标准。

国家对医疗器械产品按照风险程度实行分类管理。第一类医疗器械产品是风险程度低，实行常规管理可以保证其安全、有效的医疗器械。第二类医疗器械产品是具有中度风险，需要严格控制管理以保证其安全、有效的医疗器械。第三类医疗器械产品是具有较高风险，需要采取特别措施严格控制管理以保证其安全、有效的医疗器械。

第一类医疗器械实行产品备案管理，第二类和第三类医疗器械实行产品注册管理。第一类医疗器械产品的备案，由备案人向所在地设区的市级人民政府药品监督管理部门提交备案资料。申请第二类医疗器械产品注册，注册申请人应当向所在地省、自治区、直辖市人民政府药品监督管理部门提交注册申请资料。申请第三类医疗器械产品注册，注册申请人应当向国务院药品监督管理部门提交注册申请资料。

第一类医疗器械产品备案，不需要进行临床试验。申请第二类和第三类医疗器械产品的注册，应当进行临床试验。医疗器械注册证有效期为 5 年。

国务院药品监督管理部门负责制定医疗器械的分类规则和分类目录，并向社会公布。国家食品药品监督管理总局 2017 年颁布的《医疗器械分类目录》包括有源手术器械，无源手术器械，神经和心血管手术器械，骨科手术器械，放射治疗器械，医用成像器械，医用诊察和监护器械，呼吸、麻醉和急救器械，物理治疗器械，输血、透析和体外循环器械，医疗器械消毒灭菌器械，有源植入器械，无源植入器械，注输、护理和防护器械，患者承载器械，眼科器械，口腔科器械，妇产科、辅助生殖和避孕器械，医用康复器械，中医器械，医用软件，临床检验器械等 22 个子目录，206 个一级产品类别，1 157 个二级产品类别和 6 609 个典型产品名称举例。

（四）体外诊断试剂

体外诊断试剂，是指在疾病的预测、预防、诊断、治疗监测、预后观察和健康状态评价的过程中，用于人体样本体外检测的试剂、试剂盒、校准品、质控品等产品。可以单独使用，也可以与仪器、器具、设备或者系统组合使用。

根据产品风险程度由低到高，体外诊断试剂分为第一类、第二类、第三类产品。

第一类体外诊断试剂包括：①微生物培养基（不用于微生物鉴别和药敏试验）；②样本处理用产品，如溶血剂、稀释液、染色液等。

第三类体外诊断试剂包括：①与致病性病原体抗原、抗体以及核酸等检测相关的试剂；②与血型、组织配型相关的试剂；③与人类基因检测相关的试剂；④与遗传性疾病相关的试剂；⑤与麻醉药品、精神药品、医疗用毒性药品检测相关的试剂；⑥与治疗药物作用靶点检测相关的试剂；⑦肿瘤标志物检测相关的试剂；⑧与变态反应（过敏原）相关的试剂。

第二类体外诊断试剂是除已明确为第一类、第三类的产品，其他为第二类产品，主要包括：①用于蛋白质检测的试剂；②用于糖类检测的试剂；③用于激素检测的试剂；④用于酶类检测的试剂；⑤用于酯类检测的试剂；⑥用于维生素检测的试剂；⑦用于无机离子检测的试剂；⑧用于药物及药物代谢物检测的试剂；⑨用于自身抗体检测的试剂；⑩用于微生物鉴别或者药敏试验的试剂；⑪用于其他生理、生化或者免疫功能指标检测的试剂。

（五）直接接触药品的包装材料和容器

直接接触药品的包装材料和容器，简称药包材，是指药品生产企业生产的药品和医疗机构配制的制剂所使用的直接接触药品的包装材料和容器。

药品包装材料的主要功能是保证药品的质量特征和各种成分的稳定性。这要求药品包装材料必须具有安全、无毒、无污染等特性，且具有良好的物理、化学和微生物方面的稳定性，在保质期内不会分解老化，不吸附药品，不与药品之间发生物质迁移或化学反应，不改变药物性能。此外，药品在生产后需经过储存、运输等流通环节才能到达消费者手中，这要求药品包装材料须与流通环境相适应，既要具有一定的耐热性、耐寒性、阻隔性等以满足流通区域中的温度、湿度变化的要求,又要具备一定的机械强度以防止装卸、运输、堆码过程中可能造成的破坏和损伤。

实施注册管理的药包材产品包括:输液瓶(袋、膜及配件);安瓿;药用(注射剂、口服或者外用剂型)瓶(管、盖);药用胶塞;药用预灌封注射器;药用滴眼(鼻、耳)剂瓶(管);药用硬片(膜);药用铝箔;药用软膏管(盒);药用喷(气)雾剂泵(阀门、罐、筒);药用干燥剂。

(六)保健食品

保健食品,是指适宜于特定人群食用,具有调节机体功能,不以治疗疾病为目的,并且对人体不产生任何急性、亚急性或者慢性危害的食品。

中国对保健食品实行注册与备案相结合的分类管理制度。对使用保健食品原料目录以外原料的保健食品、首次进口的保健食品实行注册管理。对使用的原料已经列入保健食品原料目录的和首次进口的属于补充维生素、矿物质等营养物质的保健食品实行备案管理。首次进口属于补充维生素、矿物质等营养物质的保健食品,其营养物质应当是列入保健食品原料目录的物质。

产品声称的保健功能应当已经列入保健食品功能目录。保健食品原料目录和允许保健食品声称的保健功能目录由国家市场监督管理部门会同相关部门制定、调整和公布。

目前已经公布的营养素补充剂包括补充下列营养素:钙、镁、钾、锰、铁、锌、硒、铜、维生素 A、维生素 D、维生素 B_1、维生素 B_2、维生素 B_6、维生素 B_{12}、烟酸(尼克酸)、叶酸、生物素、胆碱、维生素 C、维生素 K、泛酸、维生素 E。这些营养素补充剂允许声称的保健功能是补充维生素、矿物质。

(七)特殊医学用途配方食品

特殊医学用途配方食品,是指为满足进食受限、消化吸收障碍、代谢紊乱或者特定疾病状态人群对营养素或者膳食的特殊需要,专门加工配制而成的食品。包括适用于 0~12 月龄的特殊医学用途婴儿配方食品和适用于 1 岁以上人群的特殊医学用途配方食品。

适用于 0~12 月龄的特殊医学用途婴儿配方食品包括无或低乳糖配方食品、乳蛋白部分水解配方食品、乳蛋白深度水解配方食品、氨基酸配方食品、早产或者低出生体重婴儿配方食品、氨基酸代谢障碍配方食品和母乳营养补充剂等。

适用于 1 岁以上人群的特殊医学用途配方食品包括全营养配方食品、特定全营养配方食品、非全营养配方食品。

当目标人群无法进食普通膳食或无法用日常膳食满足其营养需求时,特殊医学用途配方食品可以作为一种营养补充途径,起到营养支持作用。此类食品不是药品,不能替代药物的治疗作用,产品也不得声称对疾病有预防和治疗功能。该类产品必须在医生或临床营养师指导下,单独食用或与其他食品配合食用。

根据不同临床需求和适用人群,中国《特殊医学用途配方食品通则》(GB 29922—2013)将特殊医学用途配方食品分为三类:①全营养配方食品,可作为单一营养来源满足目标人群营养需求的特殊医学用途配方食品。适用于需对营养素进行全面补充且对特定营养素没有特别要求的人群。可以作为需要口服或者管饲患者的饮食替代或者营养补充。患者应在医生或临床营养师的指导下选择使用全营养配方食品。②特定全营养配方食品,可作为单一营养来源能够满足目标人群在特定疾病或医学状况下营养需求的特殊医学用途配方食品。适用于特定疾病或医学状况下需对营养素进行全面补充的人群,并可满足人群对部分营养素的特殊需求。在特定疾病状况下,全营养配方食品无法适应疾病的特异性代谢变化,不能满足目标人群的特定营养需求,需要特定全营养配方食品对其中的某些营养素进行调整。对于伴随其他疾病或并发症的患者,均应由医生或临床营养师根据患者情况决定是否可以选用此类食品。③非全营养配方食品,可满足目标人群部分营养需求的特殊医学用途配方食品。适用于需要补充单一或部分营养素的人群,不适用于作为单一营养来源。应在医生或临床营养师的指导下,按照患者个体的特殊医学状况,与其他特殊医学用途配方食品或普通食品配合使用。

（八）膳食补充剂

膳食补充剂是指作为饮食的辅助手段,用来补充人体所需的氨基酸、微量元素、维生素、矿物质等的物质。又称膳食营养补充剂、营养素补充剂、营养剂、饮食补充剂等。

膳食补充剂无须经过医院临床试验便可以投入市场销售,且没有治疗作用。制造方式为一般提取法或浓缩法。剂型包括片剂、胶囊剂、丸剂、粉剂和液体等。

在我国,以补充维生素、矿物质为目的的产品,列入营养素补充剂进行管理。以膳食纤维、蛋白质或氨基酸等营养素为原料的产品,符合普通食品要求的,按照普通食品管理;具有保健功能的,按保健食品管理。

在美国,膳食补充剂是指一种旨在补充膳食的产品(而非烟草),它可能含有一种或多种如下膳食成分:维生素、矿物质、药草或类似植物、氨基酸,用以增加每日总摄入量来补充膳食的食物成分,或以上成分的浓缩物、代谢物、提取物或组合产品等。包括维生素、矿物质、药草或类似植物、氨基酸、酶类、动物组织器官和腺体、代谢产物等制品。

（九）化妆品

化妆品,是指以涂擦、喷洒或者其他类似的方法,施用于皮肤、毛发、指甲、口唇等人体表面,以清洁、保护、美化、修饰为目的的日用化学工业产品。

国家按照风险程度对化妆品、化妆品原料实行分类管理。化妆品分为特殊化妆品和普通化妆品。国家对特殊化妆品实行注册管理,对普通化妆品实行备案管理。化妆品原料分为新原料和已使用的原料。国家对风险程度较高的化妆品新原料实行注册管理,对其他化妆品新原料实行备案管理。

用于染发、烫发、祛斑美白、防晒、防脱发的化妆品以及宣称新功效的化妆品为特殊化妆品。特殊化妆品以外的化妆品为普通化妆品。

按使用目的,化妆品可以分为:①清洁化妆品,用以洗净皮肤、毛发的化妆品。如清洁霜、洗面奶、浴剂、洗发护发剂、剃须膏等。②基础化妆品,化妆前,对面部、头发的基础处理。如各种面霜、蜜,化妆水,面膜,发乳,发胶等定发剂。③美容化妆品,用于面部及头发的美化用品。如胭脂,口红,眼影,头发染烫、发型处理、固定等用品。④疗效化妆品,介于药品与化妆品之间的日化用品。如清凉剂、除臭剂、育毛剂、除毛剂、染毛剂、驱虫剂等。

按使用部位,化妆品可以分为:①肤用化妆品,指面部及皮肤用化妆品。如各种面霜、浴剂。②发用化妆品,指头发专用化妆品。如香波、摩丝、喷雾发胶等。③美容化妆品,主要指面部美容产品,也包括指甲、头发的美容品。

按剂型,化妆品可以分为:①液体化妆品,如浴液、洗发液、化妆水、香水等;②乳液化妆品,如蜜类、奶类;③膏霜类化妆品,如润面霜、粉底霜、洗发膏;④粉类化妆品,如香粉、爽身粉;⑤块状化妆品,如粉饼、化妆盒;⑥棒状化妆品,如口红、发蜡。

三、医药市场的含义及类型

依据上述关于市场的定义,医药市场可以被定义为是医药商品生产者、经营者、使用者和消费者之间为满足健康需求并实现商品价值的交换关系、交换条件和交换过程。

医药市场的类型可以按交换关系、交换内容、交换地点、交易方式等来划分。

（一）按医药产业供应链中的交换关系分类

按医药产业供应链所形成的交换关系,医药市场共有9种(图1-3)。

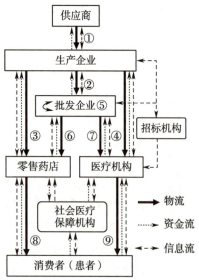

图1-3　医药产业供应链中的各种交换关系所形成的市场

市场①:是原材料供应商与医药生产企业之间建立交换关系而形成的市场。

市场②:是医药生产企业与医药批发企业之间建立交换关系而形成的市场。

市场③:是医药生产企业与零售药店之间建立交换关系而形成的市场。

市场④:是医药批发企业与医疗机构之间建立交换关系而形成的市场。

市场⑤:是医药批发企业之间建立交换关系而形成的市场。

市场⑥:是医药批发企业与零售药店之间建立交换关系而形成的市场。

市场⑦:是医药批发企业与医疗机构之间建立交换关系而形成的市场。

市场⑧:是零售药店与患者之间建立交换关系而形成的市场。

市场⑨:是医疗机构与患者之间建立交换关系而形成的市场。

交换条件与政府政策、交易技术、供应和需求的变化等密切相关。随着国家医疗体制改革、医药产业发展政策、医药市场管制等的变化或调整,上述各市场的交换条件各不相同且不断调整。比如,近年来,随着新医改的推进、药品集中招标采购制度的建立、"互联网+"在医药行业的深化、连锁零售药店采购联盟的成立,医药批发企业数量在减少。2014 年的医药批发企业的数量比 2013 年减少了 1 626 家,比 2012 年减少了 3 554 家。与批发商建立的各类交换关系越来越弱化。再如,随着连锁零售药店不断壮大、网上药店的迅猛发展、电子商务企业对医药领域的进入、消费者网上消费习惯的养成,与零售药店建立的各类交换关系在逐步强化,市场规模也在逐步扩大。此外,随着医疗机构药品集中招标采购制度的推进和医药电子商务的发展,招标机构、第三方医药电子市场等也会逐步影响各类市场交换条件的建立和交换过程的演进,从而影响医药市场。

(二) 按医药商品的类别分类

按交换的医药商品的类别不同,可将医药市场分为:药品市场、药用辅料市场、医药器械市场、体外诊断试剂市场、药包材市场、保健食品市场和化妆品市场。还可以再细分为不同的市场,如药品市场按注册类型细分为:中药和天然药物市场、化学药品市场和生物制品市场等。

(三) 按营销或消费的地域分类

按交换、营销或消费的地域不同,可以将医药市场分为:国际医药市场,国内医药市场,城市市场、农村市场,东北市场、华北市场等。

(四) 按交换目的分类

按市场参与主体的交换目的不同,可将医药市场分为:组织市场和消费者市场。组织市场是指工商企业为从事生产、销售等业务活动以及政府部门和非营利组织为履行职责而购买产品和服务所形成的市场,是以某种正规组织为购买单位的购买者所形成的市场,在图 1-3 中的市场①至⑦是组织市场。消费者市场是指为满足自身需要而购买的一切个人和家庭构成的市场,在图 1-3 中的市场⑧和市场⑨是消费者市场。

(五) 按交易方式分类

按交换过程中商品的展示形态、交换手段和方式不同,可以将医药市场分为:医药电子市场和医药实体市场。医药电子市场是指通过互联网络建立的,能够将医药商品交易的参与主体集中在一起进行电子交易等商务活动的电子化虚拟交易平台。相对于医药电子市场的传统市场被称为医药实体市场。

(六) 按注册批准的经营方式分类

按注册批准的经营方式或交易量,可将医药市场可以分为:医药批发市场和医药零售市场。医药批发市场是指专门提供大宗医药商品交易的市场,包括生产企业的直供批发、代理商批发、经销商批发、第三方物流企业批发、配送中心的供货批发和批发市场批发等。医药零售市场是指为个人、家庭和公共团体的非生产性消费需求的满足而提供零星医药产品交易的市场。

(七) 按医药商品的供求态势分类

按交易的主动权形成医药商品的供求态势,将医药市场分为:卖方市场和买方市场。卖方市场是指医药商品供不应求,购买者竞争激烈,卖方掌握交易主动权和价格支配权的市场。买方市场是指医药商品供过于求,供应者竞争激烈,买方掌握交易主动权和价格支配权的市场。

(八) 按销售终端分类

销售终端是指产品销售渠道的最末端,是产品到达消费者完成交易的最终端口,是商品与消费者面对面的展示和交易的场所。从图 1-3 可以看出,医药商品的销售终端是医疗机构和零售药店。习惯上,人们将医药商品的终端市场分为:医疗终端市场和零售终端市场。医疗终端市场是指消费者与医药机构之间进行交换从而获得医药商品所有权的市场。零售终端市场是指消费者与零售药店之间进行交换从而获得医药商品所有权的市场。这种分类方法有助于企业研究医药销售终端市场的消费者需求特点,从而有效地开展市场营销活动。因此,业界还将终端市场进一步分为第一终端、第二终端和第三终端。第一终端是指大型医院,第二终端是指城市中小型医院和零售药店,第三终端是指城市社区卫生服务中心、乡镇卫生院、村卫生室以及城郊和农村零售药店。

四、医药市场需求特征

如上文所述,医药市场的类型具有多样性。不同类型医药市场的需求特征明显不同,甚至差异巨大。宏观上看,各类市场的需求均受国家政策对需求的引导(如招标采购对医药批发企业的影响、医保政策对消费者用药的影响等)、市场进入自由程度(如注册、审批、认证等)、买者和卖者多少、生产经营产品的类别以及信息完备性(如终端市场上消费者的信息不对称高于其他市场)等因素的影响。这些因素不仅影响市场竞争的态势,也影响需求。以下只对药品终端市场需求的特征加以论述。

药品不同于一般商品,其主要作用是用于治疗或预防疾病,它是与人的健康甚至生命相关联的特殊产品。因此,消费者在获得药品满足其健康的需求也存在其特殊性。药品终端消费者需求的一般特征表现在以下几个方面。

1. 被动性需求 健康需求是人的生理需求的一部分,它的产生是不能完全自主的,是被动接受的。主要表现在:①由于遗传、环境、个性等多种因素导致人们是否得病是不能完全自主的;②疾病及其成因的复杂性需要很高的专业技术和专业技能才能得到确定,人们对得的是什么疾病的确诊和治疗方式是不能完全自主的;③药品本身的高技术特性决定了其内在质量和功效作用等需要较强的专业性技术加以识别,人们用什么样的药品来治疗疾病也是不能完全自主的。因此,这就决定了消费者的需求是一种被动性需求。这种需求的满足要依靠专业技术和专业技能的采用才能得到实现。在很大程度上,疾病的确诊、治疗和用药被动地由医生决定,使用什么药品也被动地由药品的研发、生产和供应状况决定。尽管药品分类管理后,对于非处方药(OTC 药品),消费者可以自行判断、购买和使用,但疾病本身的复杂性、药品的高度专业性,消费者在选购和使用时,也往往是头痛医头、脚痛医脚,不能从整体上把握上自己的病情,自然对症用药也就存在难度。所以,零售终端提供的药学服务的水平和质量对消费者健康需求的满足是至关重要的。

2. 被迫性需求 需求的被迫性是指这种需求一旦产生,就迫使人们不得不去满足。人们不得已才去看病买药,药品的消费是不得已的消费。比如,人们攒钱买房和买药都能实现某种需要的满足,买房还是买了的好,买了房满意度会提高;但买药还是不买的好,不需要买药满意度才会提高,这就反映了药品消费者需求的被迫性。需求的这种被迫性也决定了由于经济等因素而使人们的健康需求得不到满足时,所带来的生理病痛和心理压力之大,从而造成人们生活质量的显著下降。从某种程度上说,政府对药品交换设置条件并在一定程度上进行管制,就是由健康需求的被迫性决定的。

3. 急迫性需求 急迫性需求是指药品消费者需求是急切需要满足的需求。人们之所以急切地要满足这种需求的原因在于:①这种需求如果不及时满足会给人们带来生理或心理方面的现实的或潜在的痛苦;②这种需求延迟满足或者可能会增加顾客总成本,或者可能会造成难以满足或不再有机会得到满足,或者导致不需要再去满足的生命终结;③大多数疾病的发病从而导致健康需求的产生是非预期的。医院终端的夜诊和零售药店的 24 小时营业服务的提供就是健康需求的急迫性特征决定的,这也是其他大部分商店不需要 24 小时营业的原因。

4. 特定性需求　特定性需求是指需求是有一定目标指向的。有目标指向的需求表现为不是所有的药品都能满足某一特定消费者的需求,或者说,消费者的这一需求满足只能由一种或几种药品来提供,其他大多数药品对于消费者的这一需求不起作用或没有意义,不能对顾客总价值有任何贡献。消费者对于要购买的药品种类有很强的针对性,目标指向集中。如,胃病患者到药店后不会购买心血管类药品,甚至除了购买胃药除外,不会在其他柜台驻足。因此,药店中的药品不像百货商店的商品那样,都能或多或少地满足消费者的某些需求,都能提高顾客总价值。比如,人饥饿的时候,米饭、馒头、馅饼等所有食品都能满足他的需求,只是由于个人偏好满意度大小不同而已。但健康需求则不是所有药品都能满足的,不是指向消费者这一特定需求的药品,不仅不能给消费者带来满意体验,还会加大顾客总成本,减少顾客感知价值,降低顾客满意度。

有目标指向的需求这一需求特征,要求医院要确诊开药,药店要对症售药。对症是药品消费的基本特征。药品品种成千上万,但是可以治疗某一疾病的药品可能只有那么一种或几种,消费者使用其他药品根本无效,有时还会产生不良反应或延误病情。因此,确诊开药和对症售药是药品终端服务的第一准则,这对药学服务水平提出了更高的要求。

5. 需要量精确的需求　就某一特定消费者的一种特定需求而言,其对药品需求的数量是非常精准的。因为满足这一需求的某种药品既不能多,也不能少。用量少了,其治疗效果就不显著,甚至达不到治愈的目的,往往也会延误病情;就一次用药而言,用量多了,药品的毒副作用会增加,超过治疗量的用药也容易导致中毒,甚至死亡;就病程而言,超过了病程的用药(即治愈后的用药)显然没有意义,保存起来备用也未必一定适用于下一次的疾病,过期失效后也增加了消费者购买药品的支付成本。消费者一次的购买量一般是预计现实疾病治愈的量。常年病患者可能是按一个周期、一个疗程作购买参考,消费者一次性购买量并不大。也就是说,销售终端满足这一需求的药品提供量,不管是少了还是多了,顾客都会不满意。因此,药品销售终端为了获得高销售额而多卖给消费者药品的销售行为是不可取的。

6. 谨慎满足的需求　常言道:"是药三分毒。"用药不当不仅不能治病,还有可能致病。消费者在选购药品时总是很慎重的,甚至愿意多花钱去买"好"药,由于对疾病及药品知识的缺乏,消费者往往也错误地把药品价格的高低作为判断药品好坏的标准。因此,对于消费者这种谨慎满足的需求,要求销售终端能够正确地指导消费者合理用药。这就对销售终端的专业化服务和在利润的诱导下树立正确的经营理念提出了更高的要求。

通过上述对药品终端市场需求特性的论述,可以看出,药品消费者的需求是缺乏弹性的。

五、医药市场营销的定义

与市场营销相对照,医药市场营销只是在满足的需求是什么以及用什么产品来满足需求方面更为具体化,同时在交换关系、交换条件和交换过程上也具有明显的医药行业特征。医药市场营销满足的需求是人的健康需求,满足这一需求的产品是医药商品。因此结合市场营销的定义,可以将医药市场营销定义为:是为了满足人们的健康需求并实现医药商品价值,在生产者与消费者之间建立交换关系、创造交换条件和完成交换过程的活动。

根据这一定义,可以将医药市场营销的定义归纳为下列要点:

(1) 交换是医药市场营销的核心,交换的对象是医药商品。

(2) 医药市场营销的最终目标是满足人们的健康需求。

(3) 交换过程能否顺利实现,仍取决于交换关系和交换条件的建立,最终取决于医药商品满足健康需求的程度。由于医药市场类型的多样性,交换关系、交换条件和交换过程也表现出多样性,这取决于不同类型市场的消费者需求特征、交换的医药商品类型、参与交换的主体特征和政府对不同类型市场的管制和影响等。

第三节　医药市场营销学的概念及其研究方法

一、医药市场营销学的概念

20世纪初,市场营销学发源于美国,以后传播到世界各地。它是建立在经济学、行为科学和管理学理论基础上的综合性的应用科学,具有全程性、综合性和实践性的特点。

宏观的市场营销学是从市场整体出发,研究市场机制、市场功能、市场区划、市场调节、市场控制、市场管理等,即把市场作为一种手段,研究如何发挥市场对于国家经济管理的作用;而微观的市场营销学是研究以满足市场需求为中心的企业营销活动过程及其规律性的科学。

所谓医药市场营销学,就是依据市场营销学的基本理论和方法,研究医药市场和健康需求特点,以及企业如何提供医药商品来满足人们的健康需求的活动过程及其规律性的科学。

二、研究医药市场营销学的意义

1. 从消费者的角度看,有利于更好地满足人们的健康需求。健康需求是人的基本需求,是人的生理需求的重要组成部分。通过对医药市场营销学的研究可以更好地把握健康需求的特点、健康需求满足的过程和规律性、健康需求满足的物质和社会条件,从而更好地满足人们的健康需求。

2. 从生产者的角度看,有利于增强医药企业的竞争能力。无论国际医药市场还是国内医药市场,竞争都在不断加剧,研究医药市场营销学可以使企业更好地利用营销学的理论和方法,更为充分地了解健康需求特点,分析市场环境,制定和实施有效的市场营销战略和策略,从而提高营销素质和能力,提升企业的经营业绩,增强企业的市场应变能力和竞争能力。

3. 从医药经济的角度看,有利于促进医药经济的发展。医药经济的健康持续发展关系到健康需求的满足。医药市场营销以健康需求满足为中心,强调不断开拓新市场,或将潜在的健康需求引导成为现实的健康需求,从而扩大市场容量,以促进医药经济总量的增长。强调对健康需求的认真把握,指导医药产品创新,将医药科技成果转化为生产力。强调通过引入绿色营销,改善和保护环境,对医药经济的可持续发展发挥作用。

4. 从政府的角度看,有利于引导、监督和规范市场行为。通过医药市场营销学研究能够客观地认识市场活动过程和规律,促进政府发现和纠正不利于市场良性发展的经营行为,比如在产品和市场参与主体的市场准入[如《药品注册管理办法》、生产经营许可、《药物非临床研究质量管理规范》(GLP)等],企业的生产经营行为[如《药品生产质量管理规范》(GMP)、《药品经营质量管理规范》(GSP)、药品广告管理等],消费行为引导(如医保政策等)等交换关系建立、交换条件设立和交换过程管理等诸多方面完善行业政策和法规,来引导、监督和规范市场行为,以促进健康需求和满足以及市场的良性发展。

三、医药市场营销学的研究对象和研究内容

医药市场营销学研究的对象是医药市场活动及其规律性。就像经济学以稀缺,政治学以权力,人类学以文化,社会学以群体为核心一样,营销学以交换为核心。但交换是社会再生产中的一环,不能孤立存在,因此市场营销学研究的对象需要向产业链上游的医药商品研究开发和生产,以及下游的消费环节延伸。交换不是生产,也不是消费,但与生产和消费密切相关,这是交换关系产生的前提。

根据研究对象,医药市场营销学的研究内容主要是:医药市场营销环境研究、健康需求特征研究

(方法是市场调查和预测)、医药市场营销战略研究、医药目标市场营销战略研究、消费者行为研究、竞争策略研究、营销策略组合研究、网络营销与医药电子商务研究、国际医药市场营销研究和医药营销的组织管理研究。本书的基本结构便是围绕这些研究内容构建的。

四、医药市场营销学的研究方法

1. 产品研究法　是对交换内容的研究,研究不同类别医药商品消费特征、生产特征、经营特征、监督管理特征,以便于更好地开发、生产、经营产品,更好地满足健康需求。

2. 机构研究法　侧重于交换关系研究,是对医药市场各参与主体的市场行为等的研究,包括生产商、经销商、代理商、批发商、零售商。

3. 职能研究法　侧重于交换过程的研究,研究市场营销的各类职能以及在执行这些职能遇到的问题和解决方法。如将营销功能划分为交换职能、供给职能和便利职能三大类,并将之细分为购、销、运、存、金融、信息等内容,分别进行研究。

4. 管理研究法　侧重于交换条件研究,从管理决策的角度研究营销问题,是用管理学的方法研究政府的市场引导政策和企业的市场营销决策。如政府政策等市场环境研究,企业制定目标市场决策和营销组合决策研究等。

5. 系统研究法　将交换关系、交换条件和交换过程纳入一个系统中进行研究,是将现代系统理论和方法用于市场营销学研究的方法。企业市场营销管理系统是一个复杂的系统,研究系统各要素(包括企业、渠道、消费者、竞争对手、社会公众、政府、宏观环境等市场参与主体或影响主体)相互影响、相互作用的关系和规律。目的是使企业能对整个系统进行有效的协调和整合,使企业外部系统与企业内部系统协调一致、密切配合,达到系统优化,产生增效作用,提高经济效益和社会效益。

[本章小结]

医药市场是指医药商品生产者、经营者、使用者和消费者之间为满足健康需求并实现商品价值的交换关系、交换条件和交换过程。医药市场营销是指为了满足人们的健康需求并实现医药商品价值,在生产者与消费者之间建立交换关系、创造交换条件和完成交换过程的活动。

市场营销哲学是指企业对其营销活动进行管理的基本指导思想,它是一种观念或思维方式。市场营销哲学经历了以企业为中心的观念,到以消费者为中心的观念,再到以利益相关者和社会整体利益为中心的观念的演变过程。

顾客感知价值是指企业传递给顾客,且能让顾客感受到的实际价值,它是顾客购买总价值与顾客购买总成本的差。顾客满意是指顾客将产品或服务满足其需要的感知效果与其期望进行比较所形成的愉悦或失望的感觉状态。顾客忠诚是指顾客购买行为的连续性。一般而言,随着顾客满意度的提高,其忠诚度也在提高。

医药商品是指满足人们健康需要的商品,包括药品、药用辅料、医疗器械、体外诊断试剂、直接接触药品的包装材料和容器,甚至包括保健食品和化妆品等。

药品终端市场的需求具有被动性、被迫性、急迫性、特定性、需要量精确和谨慎满足的特征。

研究医药市场营销学的意义在于有利于更好地满足人们的健康需求,有利于增强医药企业的竞争能力,有利于促进医药经济的发展,有利于政府引导、监督和规范市场行为。

[关键名词]

市场、市场营销、需求、产品、市场营销哲学、顾客感知价值、顾客满意、顾客忠诚、商品、医药商品、药品、医药市场、组织市场、消费者市场、医药电子市场、销售终端

[思考题]

1. 应如何理解市场？现实市场的存在要具备什么样的条件？
2. 市场营销哲学经历了怎样的演进过程？
3. 顾客感知价值是怎样构成的？如何提高顾客感知价值？
4. 如何提高顾客满意度？
5. 医药市场有哪些类型？
6. 药品终端消费者需求具有什么样的特征？
7. 研究医药市场营销学的意义是什么？
8. 研究医药市场学的具体方法有哪些？

[本章实训]

<h3 style="text-align:center">顾客感知价值理论的应用</h3>

实训目的：掌握顾客感知价值理论。

实训内容：考察零售药店，依据顾客感知价值的构成，制定较为详细的药店顾客感知价值分析表；然后依据分析表，选择两家药店，对比他们顾客感知价值的差异。

实训组织：由同学组成几个小组，每组分别通过观察、讨论制定出药店顾客感知价值分析表；选择两家药店，每组依据本组制定的分析表，分别到这两家药店进行考察分析。

实训考核：每组分别在课堂汇报分析结果，比较考察分析结果的不同。教师点评、记录学生成绩。

第一章
同步练习

（陈玉文）

第二章

医药市场营销环境

[学习要求]

1. 掌握市场营销环境的含义,微观营销环境及其对市场营销活动的影响,宏观营销环境及其对市场营销活动的影响,环境分析的方法。
2. 熟悉微观营销环境与宏观营销环境的关系。
3. 了解市场营销环境的特征和市场环境分析的意义。

第二章
教学课件

第一节　市场营销环境概述

一、市场营销环境的含义

市场营销环境是存在于企业营销系统外部的不可控制或难以控制的因素和力量。这些因素和力量是企业营销活动及其目标实现的外部条件。营销环境既能提供机会,也能造成威胁。

任何企业总是生存于一定的环境之中,企业的营销活动不可能脱离环境而孤立地进行。企业营销活动要以环境为依据,在主动去适应环境的同时,又要在了解和掌握环境状况的基础上,通过营销努力去影响外部环境,使环境更有利于企业的生存和发展。

市场营销环境一般可划分为微观营销环境和宏观营销环境。微观营销环境对企业的影响更为直接,也称为直接营销环境,如顾客、竞争者等;宏观营销环境一般以微观营销环境为媒介去影响和制约企业的营销活动,故被称为间接营销环境,通常包括影响微观营销环境的一系列巨大的社会力量,如人口、经济、社会、政治等因素。宏观营销环境和微观营销环境是主从关系,微观营销环境受制于宏观营销环境,微观营销环境中所有的因素都要受宏观营销环境中各种力量的影响。企业的市场营销环境如图 2-1 所示。

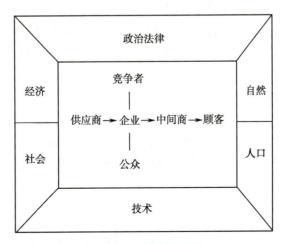

图 2-1　市场营销环境

二、市场营销环境的特征

了解市场营销环境的特征有助于企业更好地认识营销环境并掌握其变化的规律性,从而更好地适应或影响环境,以便于企业利用环境提供的机会或规避环境带来的威胁。

市场营销环境的特征一般表现在:①客观性。环境是企业外在的不以营销者的意志为转移的因素,一般来说,企业无法摆脱和完全控制环境因素,但这些环境因素却又对企业的营销活动产生影响。②差异性。不同的国家和地区之间,宏观环境存在差异,不同的企业,其微观环境也存在显著差异。此外,同一环境要素的变化对于不同的企业影响也不相同,这种变化对某些企业来说是机会,对于另外一些企业来说可能是威胁。③多变性。营销环境是个动态的系统,环境中的每个因素都可能随着社会经济的发展而不断变化,如政府可能会依据对社会管理目标的变化而进行政策调整等。④相关性。营销环境各因素之间也可能相互影响、相互制约,某一因素的变化可能会引起其他因素的变化,从而形成新的市场营销环境。如政府通过调整政策对宏观营销环境产生影响,从而影响微观市场营销环境中竞争者数量,进而使某一行业更趋于竞争或者垄断。

第二节　医药市场宏观营销环境

宏观营销环境(macromarketing environment)是指一系列影响企业和微观环境的巨大的社会力量,主要是政治法律、经济、社会文化、技术、自然、人口等因素,如图 2-2 所示。企业及其微观营销环境的参与者,无不处于宏观营销环境中。宏观营销环境一般以微观营销环境为媒介去影响和制约企业的营销活动,在特定场合,也可以直接影响企业的营销活动。

一、政治法律环境

政治环境包括一个国家的社会制度,执政党的性质,政府的方针、政策等。不同的国家有着不同的社会性质,不同的社会制度对

图 2-2　企业的宏观营销环境

组织活动有着不同的限制和要求。即使社会制度不变的同一国家,在不同时期,由于执政党的不同,其政府的方针特点、政策倾向对组织活动的态度和影响也是不断变化的。政治环境影响企业市场营销的外部政治形势。稳定的政治局面不仅有利于集中精力搞好经济建设,促进经济增长,也有利于引导企业关注和满足民生基本需求。政府的方针、政策引导国民经济发展的方向和速度,从而影响社会购买力和市场需求变化。在国际政治环境中,政府可以通过使用进口限制、外汇管制、劳工限制等政治权力来约束外来企业,国际上的重大政治事件或突发性事件也会对企业营销活动造成影响,有时带来机会,有时带来威胁。

法律环境是指国家或地方政府颁布的各项法规、法令和条例等。法律环境对市场需求的形成和实现具有一定的调节作用,对企业经营而言往往具有约束作用。企业熟悉法律环境,既有利于保障自身的营销行为符合法律法规的要求,又可以运用法律手段保障自身的合法权益。

医药营销的法律环境主要包括从事医药商品生产经营的各类法律、法规、规章、条例等,具体法律法规的内容可以在国家药品监督管理局网站查阅。

综合管理类的主要有:《中华人民共和国广告法》《中华人民共和国行政许可法》《优化营商环境条例》等。

药品管理类的主要有:《中华人民共和国药品管理法》《中华人民共和国疫苗管理法》《中华人民共和国药品管理法实施条例》《麻醉药品和精神药品管理条例》等。

医疗器械管理类的主要有:《医疗器械监督管理条例》包括医疗器械产品注册与备案、生产、经营与使用、不良事件的处理与医疗器械的召回、监督检查、法律责任等内容。

化妆品管理类的主要有:《化妆品监督管理条例》包括原料与产品、生产经营、监督管理、法律责任等内容。

二、经济环境

经济环境一般是指影响企业市场营销方式与规模的经济因素,包括消费者收入与支出状况、经济发展状况等。

(一) 收入与支出状况

国内生产总值(简称 GDP),是指一个国家或地区,所有常住单位在一定时间内(如一年),所生产的全部产品或劳务的价值。是衡量一个国家或地区经济情况和发展水平的重要指标。人均 GDP 则从总体上影响和决定了消费结构与消费水平。各地区居民收入总额可用来衡量当地消费市场的容量。人均收入水平多少反映了购买力水平的高低。个人可支配收入(是指从个人收入中减除缴纳税收和其他经常性转移支出后,所余下的实际收入)反映了个人可用于消费或储蓄的能力。可任意支配收入(在个人可支配收入中,减去用来维持个人或家庭的生活以及支付必不可少的费用的余额)是影响消费需求变化最活跃的因素。

消费者支出模式与消费结构在很大程度上受收入影响。随着消费者收入的变化,支出模式与消费结构也会发生相应变化。恩格尔系数(食物费用占总支出的比例)越大,生活水平越低,反之,生活水平越高。据联合国提出的标准,恩格尔系数在 59% 以上为贫困,50%~59% 为温饱,40%~50% 为小康,30%~40% 为富裕,低于 30% 为最富裕。2021 年国务院发表的《中国的全面小康》白皮书指出我国城乡居民恩格尔系数分别从 1978 年的 57.5%、67.7% 下降到 2020 年的 29.2%、32.7%,城乡居民生活质量不断提升。消费者支出模式与消费结构除了与收入有关外,还受到以下因素的影响:①家庭生命周期所处的阶段;②家庭所在地的消费品生产、供应状况;③城市化水平;④商品化水平;⑤劳务社会化水平;⑥食物价格指数与消费品价格指数变动是否一致等。

储蓄指城乡居民将可任意支配收入的一部分以银行存款、购买债券或手持现金的方式储存待用。较高的储蓄率会推迟现实的消费支出,加大潜在的购买力。

信贷指金融或商业机构向有一定支付能力的消费者融通资金的行为,主要形式有短期赊销、分期付款、消费贷款等。消费信贷使消费者可用贷款先取得商品使用权,再按约定期限归还贷款。消费信贷的规模与期限在一定程度上影响着某一时限内现实购买力的大小,也影响着提供信贷的商品的销售量。

(二) 经济发展状况

1. 经济发展阶段　美国学者罗斯托(W. W. Rostow)的经济成长阶段理论认为,世界各国经济发展有五种类型:①传统经济社会;②经济起飞前的准备阶段;③经济起飞阶段;④迈向经济成熟阶段;⑤大量消费阶段。凡属前三个阶段的国家被称为发展中国家,处于后两个阶段的国家被称为发达国家。经济发展阶段的高低,直接影响企业市场营销活动。经济发展阶段高的国家和地区,一般消费水平较高。

2. 经济形势　经济形势是指国家宏观经济的运行状况和走向。常采用如下指标作为同步指标:工业总产值、全民工业总产值、预算内工业企业销售收入、社会商品零售额、国内商品纯购进、国内商品纯销售、海关进口额、广义货币(M2)等。这些指标多为常规性指标,用于判断经济形势。这些指标的转折点大致与国民经济周期的转变同时发生,表示国民经济正在发生的情况。经济形势向好时,一般会刺激消费和投资。

三、社会文化环境

社会文化环境是某一特定人类社会在其长期历史发展过程中形成的特定的价值观念、教育水平、宗教信仰、伦理道德规范、消费习俗、审美观念等。它影响和制约着人们的消费观念、需求欲望及特点、购买行为和生活方式,对企业营销行为产生直接影响。

(一) 价值观念

价值观念是指人们对社会生活中各种事物的态度和看法。不同文化背景下,人们的价值观念往往有着很大的差异。消费者对商品的色彩、标识、式样以及促销方式都有自己褒贬不同的意见和态度。企业营销必须根据消费者不同的价值观念设计产品,提供服务。

(二) 教育水平

受教育程度的高低,不仅影响劳动者的收入水平,也影响到其对商品功能、款式、包装和服务的要求,也影响消费者心理、购买的理性程度和消费结构,从而影响企业营销策略的制定和实施。

(三) 宗教信仰

宗教是构成社会文化的重要因素,宗教对人们消费需求和购买行为的影响很大。不同的宗教有自己独特的对节日礼仪、商品使用的要求和禁忌。某些宗教组织甚至在教徒购买决策中有决定性的影响。

(四) 消费习俗

消费习俗是指人们在长期经济与社会活动中所形成的一种消费方式与习惯。不同的消费习俗,具有不同的商品要求。研究消费习俗,不但有利于组织好消费用品的生产与销售,而且有利于正确、主动地引导健康的消费。了解目标市场消费者的禁忌、习惯、避讳等是企业进行市场营销的重要前提。

四、技术环境

技术环境是指一个国家和地区的技术水平、技术政策、新产品开发能力以及技术发展动向等。整个国家的研究开发经费总额、企业所在产业的研究开发支出状况、技术开发力量集中的焦点、知识产权与专利保护、新产品开发状况、实验室技术向市场转移的趋势、信息与自动化技术发展可能带来生产率提高的前景等,均是考查技术环境的重要指标。

技术对企业经营的影响是多方面的,企业的技术进步将使社会对企业的产品或服务的需求发生变化,从而给企业提供有利的发展机会;然而一项新技术的发明或应用可能又同时意味着"破坏",从而带动一批新行业的兴起。越是技术进步快的行业,技术变革对企业的影响就越大,必须高度重视科技进步和这种进步将对企业经营带来的影响,以便及时地采取经营策略以不断促进技术创新,保持竞争优势。

五、自然环境

自然环境是指营销者所需要或营销活动所影响的自然资源,具体包括资源状况、生态环境和环境保护等。营销活动既受自然环境所提供的自然资源的影响,也对自然环境的生态变化和环境保护负有责任。

六、人口环境

人口环境包括人口总量、年龄结构、家庭生命周期、性别和地理分布等。人口是构成市场的重要因素。市场是由有购买欲望同时又有支付能力的人构成的。人口总量直接影响市场的潜在容量。年龄结构反映出不同的年龄对产品或服务需求上的差异。家庭作为社会的细胞,是商品采购和消费的基本单位。家庭组成即一个以家长为代表的家庭生活的全过程(也称家庭生命周期),对市场需求的潜量和需求结构有十分重要的影响。第七次全国人口普查数据显示,中国家庭户均规模为2.62人,从1982年第三次全国人口普查至今,家庭户规模越来越小。人口性别也会使一个范围较小的地区表现出需求在性别上的差异。人口的地理分布也因地理环境、气候条件、自然资源、风俗习惯的不同,而表现出消费需求在内容和数量上的差异。

第三节　医药市场微观营销环境

微观营销环境(micromarketing environment)是指与企业紧密相连、直接影响企业营销能力的各种参与者。包括:供应商、竞争者、顾客、中间商和社会公众等,也包括企业内部环境,如图2-3所示。微观营销环境直接影响与制约企业的营销活动,多半在经济上与企业有一定联系。在一定程度上,企业可以对其进行控制或施加一定的影响。同时,企业营销活动还要受企业内部条件的影响。

图 2-3　企业的微观营销环境

一、企业内部环境

企业的营销活动,首先受企业内部条件或内部营销环境的影响。企业为了有效开展营销活动,一般设立营销部门。营销部门要与企业的其他职能部门和高层管理部门打交道,包括与财务部门、采购部门、生产部门、研发部门等。在与其他部门合作的同时,也存在争取企业内部资源的问题。这些职能部门业务开展状况如何,它们与营销部门的合作关系以及是否能协调发展,对于营销决策的制定和实施有极大的影响。高层管理部门如董事会、经理及其办事机构负责确定企业的使命、方针政策、发展战略、任务、目标等。营销部门是在高层管理部门规定的职责范围内作出营销决策的,所制订的营销计划也需要高层管理部门批准后才能实施,营销目标和决策要服从于企业总目标并为总目标服务。

营销部门在制订和实施营销计划时,不仅要考虑到企业外部环境因素的影响,更要充分考虑企业内部条件的影响,争取高层管理部门和其他职能部门的支持。

二、供应商

供应商是指向企业及其竞争者提供生产经营所需资源的企业或个人,包括提供原材料、零配件、设备、能源、资金、劳务及其他用品等。

供应商对企业的影响表现在:供应商所供应的原材料质量和数量直接影响企业产品的质量和数量;供应商所供应的资源价格直接影响企业产品的成本、价格和利润;供应商提供资源的稳定性和及时性影响企业生产经营活动的连续性。特别是在物资供应紧张时,供应商的供货情况会对企业生产经营产生决定性的影响。

三、竞争者

竞争者一般是指那些与本企业提供的产品或服务相似,并且所服务的目标顾客也相似的其他企业。竞争者依据其提供的产品或服务形式等可能分为:①现有厂商,是指行业内现有的与本企业生产同样产品的其他企业,是企业的直接竞争者。②潜在加入者,是指当某一行业前景乐观、有利可图时,会引来新的竞争企业,增加新的生产能力,生产与企业同样的产品,并要求重新瓜分市场份额和主要资源。新企业的加入可能导致产品价格下降,利润减少,是企业的潜在竞争者。③替代品厂商,是指提供与本企业某一产品具有相同功能、能满足同一需求的不同性质的其他产品的企业。当替代作用较大时,替代品厂商会成为企业的直接竞争者。随着科学技术的发展,替代品越来越多,某一行业的所有企业都将面临与生产替代品的其他企业进行竞争的局面。

竞争者对企业的影响表现在:竞争者的多少、产品的同质性、进入行业的自由度以及信息的完备性在很大程度上决定行业的竞争状态。竞争者多、产品同质、进入自由和完备的信息会加剧竞争。剧烈的竞争会降低本企业产品的市场规模从而降低赢利空间,会降低市场占有率从而弱化企业的市场地位,竞争者的竞争策略可能影响本企业竞争策略的选择。

四、中间商

中间商是指协助企业促销、销售和经销其产品给最终购买者的机构,包括批发商、零售商、实体分配公司、营销服务机构和财务中介机构等。中间商包括商人中间商和代理中间商。实体分配公司的主要职能是协助企业储存货物并把货物运送至目的地的仓储公司,实体分配的要素包括包装、运输、仓储、装卸、搬运、库存控制和订单处理七个方面。营销服务机构是协助企业推出产品并促销其产品到恰当市场的机构,包括营销研究公司、广告公司、传播公司等。财务中介机构是可协助企业融资或分担货物购销储运风险的机构,如银行、保险公司等。

中间商对企业的影响表现在:合理地利用中间商可以提高营销活动的效率,帮助储存和分销产品,监督检查产品质量,传递信息和降低企业的经营风险。

五、顾客

顾客原指购买商品的人,是企业服务或产品的购买者,他们可能是最终的消费者,也可能是代理人或供应链内的中间人。顾客是企业的目标市场,是企业服务的对象,也是营销活动的出发点和归宿。企业的一切营销活动都应以满足顾客的需求为中心。因此,顾客是企业最重要的环境因素。

顾客对企业的影响表现在:顾客的多少影响到企业产品或服务的市场容量,即市场规模;顾客的价格谈判能力决定企业产品或服务的销售价格,从而影响企业利润。

六、社会公众

社会公众是指对企业实现营销目标的能力有实际或潜在利害关系和影响力的团体或个人。社会公众包括融资公众、媒介公众、政府公众、社团公众、社区公众、一般公众和内部公众,如图2-4所示。

1. 融资公众　是指影响企业融资能力的金融机构,如银行、投资公司、证券公司、保险公司等。企业需要在融资公众中树立信誉以便适时运用融资公众可以提供的资金。

2. 媒介公众　是指报纸、杂志、广播电台、电视台、网络等大众传播媒体。企业需要与媒介公众建立友善的关系,以争取和保持企业和产品良好的社会形象。

3. 政府公众　是指负责管理企业营销业务等的有关政府机构。企业需要注意使其发展战略和营销计划符合政府的发展规划、产业政策,并符合法律法规的要求;倡导同业者遵纪守法;向有关部门反映实际情况以争取立法从而有利于产业健康发展。

4. 社团公众　是指保护消费者权益的组织、环保组织及其他群众团体等。企业需要关注来自社团公众的批评和意见。

5. 社区公众　是指与企业所在地邻近的居民和社区组织。企业需要重视保持与社区公众的良好关系,支持社区重大

图2-4　企业微观环境中的社会公众

活动,争取社区公众的理解和支持。

6.一般公众　是指上述各种关系公众之外的社会公众,如行业学会、协会等。企业需要在一般公众面前树立良好的形象,以争取他们的理解和支持。

7.内部公众　是指企业的员工,包括高层管理人员和一般职工。企业的营销战略和计划需要全体职工的充分理解、支持,才能得以有效地执行。

第四节　环境分析的内容与方法

环境分析是市场分析的重要组成部分,一般而言,一个完整的环境分析的内容包括宏观环境分析、微观环境分析和企业优劣势分析。不同的分析内容其常用的分析方法和工具也不一样。

一、宏观环境分析——PEST分析模型

PEST分析模型是指对一切影响行业和企业的宏观环境因素的分析。不同行业和企业根据自身特点和经营需要,对宏观环境因素分析的具体内容会有差异,但一般都应对政治法律、经济人口、社会文化和技术自然这四大类影响企业的主要外部宏观环境因素进行分析,简称为PEST分析模型。PEST分析模型是一个简化的宏观环境分析工具,就具体企业而言,其所在地的自然环境和其市场人口状况通常也会纳入PEST分析模型中,如图2-5所示。

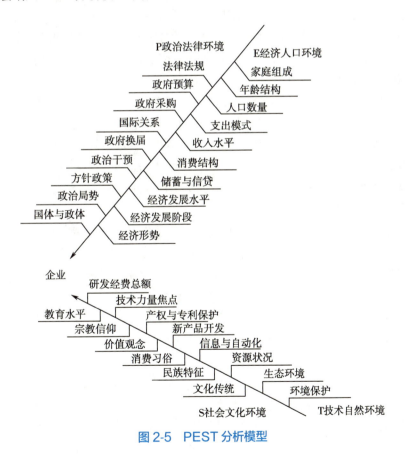

图2-5　PEST分析模型

二、微观环境分析——波特五力模型

波特五力模型是迈克尔·波特(Michael Porter)于20世纪80年代初提出的,他认为行业中存在着决定竞争规模和程度的五种力量,如图2-6所示。这五种力量综合起来影响着产业的吸引力。五种

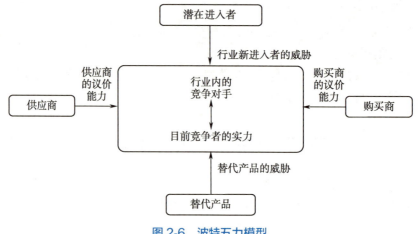

图2-6   波特五力模型

力量分别为:潜在进入者、供应商、购买商、替代产品以及目前竞争者之间的竞争。波特五力模型一般用于分析微观环境因素,是用于行业竞争性分析的主要工具。波特五力模型是一个分析微观环境的简化工具,通常企业也需要将中间商和社会公众等纳入分析。

(一)供应商的议价能力

供方主要通过其提高投入要素价格与降低单位价值质量的能力,来影响行业中现有企业的盈利能力与产品竞争力。供方力量的强弱主要取决于他们所提供给买主的是什么投入要素,当供方所提供的投入要素其价值构成了买主产品总成本的较大比例,对买主产品生产过程非常重要或者严重影响买主产品的质量时,供方对于买主的潜在讨价还价力量就大大增强。一般来说,满足如下条件的供方集团会具有比较强大的议价能力。

(1)供方行业被一些具有比较稳固的市场地位而不受市场激烈竞争困扰的企业所控制,其产品的买主很多,以至于每一单个买主都不可能成为供方的重要客户。

(2)供方各企业的产品各具有一定特色,以至于买主难以转换或转换成本太高,或者很难找到可与供方企业产品相竞争的替代品。

(3)供方能够方便地实行前向联合或一体化,而买主难以进行后向联合或一体化。

(二)购买者的议价能力

购买者主要通过其压价与要求提供较高的产品或服务质量的能力,来影响行业中现有企业的盈利能力。购买者有较强议价能力主要有以下原因。

(1)购买者的总数较少,而每个购买者的购买量较大,占了卖方销售量的很大比例。

(2)卖方行业由大量相对来说规模较小的企业所组成。

(3)购买者所购买的基本上是一种标准化产品,同时向多个卖主购买产品在经济上也完全可行。

(4)购买者有能力实现后向一体化,而卖主不可能前向一体化。

(三)潜在进入者的威胁

潜在进入者在给行业带来新生产能力、新资源的同时,将希望在已被现有企业瓜分完毕的市场中赢得一席之地,这就有可能会与现有企业发生原材料与市场份额的竞争,最终导致行业中现有企业盈利水平降低,严重的话还有可能危及现有企业的生存。竞争性进入威胁的严重程度取决于两方面的因素,这就是进入新领域的障碍大小与预期现有企业对于进入者的反应情况。

进入障碍主要包括规模经济、产品差异、资本需要、转换成本、销售渠道开拓、政府行为与政策、不受规模支配的成本劣势、自然资源、地理环境等方面,这其中有些障碍是很难借助复制或仿造的方式来突破的。预期现有企业对进入者的反应情况,主要是采取报复行动的可能性大小,这则取决于有关厂商的财力情况、报复记录、固定资产规模、行业增长速度等。总之,新企业进入一个行业的可能性大小,取决于进入者主观估计进入所能带来的潜在利益、所需花费的代价与所要承担的风险这三者的相对大小情况。

(四) 替代品的威胁

两个处于同行业或不同行业中的企业,可能会由于所生产的产品是互为替代品,从而在它们之间产生相互竞争行为,这种源自替代品的竞争会以各种形式影响行业中现有企业的竞争战略。

(1) 现有企业产品售价以及获利潜力的提高,将由于存在着能被用户方便接受的替代品而受到限制。

(2) 由于替代品生产者的侵入,使得现有企业必须提高产品质量,或者通过降低成本来降低售价,或者使其产品具有特色,否则其销量与利润增长的目标就有可能受挫。

(3) 源自替代品生产者的竞争强度,受产品买主转换成本高低的影响。

总之,替代品价格越低、质量越好、用户转换成本越低,其所能产生的竞争压力就越强;而这种来自替代品生产者的竞争压力的强度,可以具体通过考察替代品销售增长率、替代品厂家生产能力与盈利扩张情况来加以描述。

(五) 同业竞争者的竞争程度

大部分行业中的企业,相互之间的利益都是紧密联系在一起的,作为企业整体战略一部分的各企业竞争战略,其目标都在于使得自己的企业获得相对于竞争对手的优势,所以,在实施中就必然会产生冲突与对抗现象,这些冲突与对抗就构成了现有企业之间的竞争。现有企业之间的竞争常常表现在价格、质量、广告、售后服务等方面,其竞争强度与许多因素有关。

一般来说,出现下述情况将意味着行业中现有企业之间竞争的加剧。行业进入障碍较低,势均力敌竞争对手较多,竞争参与者范围广泛;市场趋于成熟,产品需求增长缓慢;竞争者企图采用降价等手段促销;竞争者提供几乎相同的产品或服务,用户转换成本很低;一个战略行动如果取得成功,其收入相当可观;行业外部实力强大的公司在接收了行业中实力薄弱企业后,发起进攻性行动,结果使得刚被接收的企业成为市场的主要竞争者;退出障碍较高,即退出竞争要比继续参与竞争代价更高。在这里,退出障碍主要受经济、战略、情感以及社会政治关系等方面考虑的影响,具体包括:资产的专用性、退出的固定费用、战略上的相互牵制、情绪上的难以接受、政府和社会的各种限制等。

三、企业优劣势分析——SWOT 分析模型

市场营销环境通过对企业构成威胁或提供机会而影响营销活动,威胁或机会与企业的优势和劣势相关。

环境威胁是指环境中的某些因素及其未来趋势不利于企业营销,并给企业带来挑战,对企业的市场地位构成威胁。市场机会是指企业营销活动富有吸引力的领域,其实质是市场上存在着"未满足的需求"。

市场机会和环境威胁可能来源于宏观环境也可能来源于微观环境。机会和威胁分析需将注意力放在外部环境的变化及对企业的可能影响上。优劣势分析主要是着眼于企业自身的实力及其与竞争对手的比较。

(一) SWOT 分析模型

SWOT 分析模型用于分析企业优势(strength)、劣势(weakness)、机会(opportunity)和威胁(threat)。此为对企业内外部条件(环境)各方面内容进行综合和概括,进而分析企业的优劣势、面临的机会和威胁的一种方法。

环境威胁分析,一是要分析威胁的潜在严重性,即对企业的影响程度;二是要分析威胁出现的可能性,即出现的概率。利用威胁分析矩阵(图 2-7)将环境造成的各种威胁进行罗列和排序,从而明确最大的威胁和最小的威胁。

图 2-7   威胁分析矩阵

市场机会作为特定的市场条件,具有针对性、利益性、时效性、公开性四个特征:①针对性。特定的营销环境条件只对于那些具有相应内部条件的企业来说是市场机会。因此,市场机会是具体企业的机会,市场机会的分析与识别必须与企业具体条件结合起来进行。确定某种环境条件是不是企业的市场机会,需要考虑企业所处行业及本企业在行业中的地位与经营特色,包括企业的产品类别、价格水平、销售形式、工艺标准、对外声誉等。例如,折扣销售方式的出现,对生产价低量大产品的企业来说是一个可以加以研究利用的市场机会;对在顾客心目中一直是生产高质、高价产品的企业来说,这就不能算作是一个市场机会。②利益性。可以为企业带来经济或社会效益,是市场机会的又一特性。市场机会的利益特性意味着企业在确定市场机会时,必须分析该机会是否能为企业真正带来利益,能带来什么样的利益以及多少利益。③时效性。对现代企业来讲,由于其营销环境的发展变化越来越快,它的市场机会从产生到消失的过程通常也是很短暂的,即企业的市场机会往往稍纵即逝。同时,环境条件与企业自身条件最为适合的状况也不会维持很长时间,在市场机会从产生到消失这一短短的时间里,市场机会的价值也快速经历了一个逐渐增加、再逐渐减少的过程。市场机会的这种价值与时而变的特点,便是市场机会的时效性。④公开性。市场机会是某种客观的、现实存在的或即将发生的营销环境状况,是每个企业都可以去发现和共享的。与企业的特有技术、产品专利不同,市场机会是公开化的,是可以为整个营销环境中所有企业所共用的。市场机会的公开化特性要求企业尽早去发现那些潜在的市场机会。

市场机会分析,一是要分析市场机会的吸引力,主要包括:①市场需求规模。市场需求规模表明市场机会为当前所提供的待满足的市场需求总量的大小,通常用产品销售数量或销售金额来表示。由于市场机会的公开性,市场机会提供的需求总量往往由多个企业共享,特定企业只能拥有该市场需求规模的一部分,因此,这一指标可以由企业在该市场需求规模中当前可能达到的最大市场份额代替。尽管如此,若提供的市场需求规模大,则该市场机会使每个企业获得更大需求份额的可能性也大一些。因此,一般说来,该市场机会对这些企业的吸引力也在不同程度上更大一些。②利润率。利润率是指市场机会提供的市场需求中单位需求量当前可以为企业带来的最大经济利益。利润率反映了市场机会所提供的市场需求在利益方面的特性。它和市场需求规模一同决定了企业当前利用该市场机会可创造的最高利益。③发展潜力。发展潜力反映市场机会为企业提供的市场需求规模、利润率的发展趋势及其速度情况。即使企业当前面临的某一市场机会所提供的市场需求规模很小或利润率很低,但由于整个市场规模或该企业的市场份额抑或利润率有迅速增大的趋势,则该市场机会对企业来说仍可能具有相当大的吸引力。此外要分析市场机会的可行性,即企业把握住市场机会并将其化为具体利益的可能性。从特定企业角度来讲,只有吸引力的市场机会并不一定能成为本企业实际上的发展良机,具有大吸引力的市场机会必须同时具有强可行性才会是企业高价值的市场机会。市场机会的可行性是由企业内部环境条件、外部环境状况两方面决定的。利用机会分析矩阵(图 2-8)将市场机会进行罗列和排序,从而明确最好的机会和最差的机会。

图 2-8　机会分析矩阵

(二) 营销策略

在利用 SWOT 分析模型对环境威胁、市场机会和企业优劣势分析的基础上,企业要针对各种不同的营销业务,形成不同的 SWOT 分析结果,如图 2-9 所示。根据分析结果分别采取不同的营销策略。

环境分析	内部分析	
	优势S 1. 列出优势 2. 3.	劣势W 1. 列出劣势 2. 3.
机会O 1. 列出机会 2. 3.	SO策略 发挥优势 利用机会	WO策略 克服劣势 利用机会
威胁T 1. 列出威胁 2. 3.	ST策略 发挥优势 回避威胁	WT策略 减少劣势 回避威胁

图 2-9　SWOT 模型分析结果

1. SO 策略　SO(strength-opportunity,优势 - 机会)策略是一种发展企业内部优势与利用外部机会的策略,是一种理想的策略模式。当企业具有特定方面的优势,而外部环境又为发挥这种优势提供有利机会时,可以采取该策略。例如良好的产品市场前景、供应商规模扩大和竞争对手有财务危机等外部条件,配以企业市场份额提高等内在优势可成为企业收购竞争对手、扩大规模的有利条件。

2. WO 策略　WO(weakness-opportunity,劣势 - 机会)策略是利用外部机会来弥补内部弱点,使企业改变劣势而获取优势的策略。存在外部机会,但由于企业存在一些内部弱点而妨碍其利用机会,可采取措施先克服这些弱点。例如,若企业弱点是原材料供应不足和生产能力不够,从成本角度看,前者会导致开工不足、生产能力闲置、单位成本上升,而加班加点会导致一些附加费用。在产品市场前景看好的前提下,企业可利用供应商扩大规模、新技术设备降价、竞争对手财务危机等机会,实现纵向整合,重构企业价值链,以保证原材料供应,同时可考虑购置生产线来克服生产能力不足及设备老化等缺点。通过克服这些弱点,企业可能进一步利用各种外部机会,降低成本,取得成本优势,最终赢得竞争优势。

3. ST 策略　ST(strength-threat,优势 - 威胁)策略是指企业利用自身优势,回避或减轻外部威胁所造成的影响。如竞争对手利用新技术大幅度降低成本,给企业很大成本压力;同时材料供应紧张,其价格可能上涨;消费者要求大幅度提高产品质量;企业还要支付高额环保成本等,这些都会导致企业成本状况进一步恶化,使之在竞争中处于非常不利的地位,但若企业拥有充足的资金、熟练的技术工人和较强的产品开发能力,便可利用这些优势开发新工艺,简化生产工艺过程,提高原材料利用率,从而降低材料消耗和生产成本。另外,开发新技术产品也是企业可选择的策略。新技术、新材料和新工艺的开发与应用是最具潜力的成本降低措施,同时它可提高产品质量,从而回避外部威胁的影响。

4. WT策略　WT(weakness-threat,劣势 - 威胁)策略是一种旨在减少内部弱点,回避外部环境威胁的防御性策略。当企业存在内忧外患时,往往面临生存危机,降低成本也许成为改变劣势的主要措施。当企业成本状况恶化,原材料供应不足,生产能力不够,无法实现规模效益,且设备老化,使企业在成本方面难以有大作为,这时将迫使企业采取目标聚集战略或差异化战略,以回避成本方面的劣势,并回避成本原因带来的威胁。

[**本章小结**]

　　市场营销环境是存在于企业营销系统外部的不可控制或难以控制的因素和力量。营销环境既能提供机会,也能造成威胁。微观营销环境对企业的影响更为直接,也称为直接营销环境;宏观营销环境一般以微观营销环境为媒介去影响和制约企业的营销活动,故被称为间接营销环境。

　　宏观营销环境主要是政治法律、经济、社会文化、技术、自然、人口等因素。微观营销环境主要包括:供应商、竞争者、中间商、顾客、社会公众以及企业内部环境。一个完整的环境分析的内容包括宏观环境分析、微观环境分析和企业优劣势分析。宏观环境分析一般采用PEST分析模型,微观环境分析常用波特五力模型,企业优劣势分析常用SWOT分析模型。

[**关键名词**]

　　市场营销环境、宏观营销环境、微观营销环境、政治法律环境、经济环境、社会文化环境、技术环境、自然环境、人口环境、供应商、竞争者、中间商、顾客、社会公众

[**思考题**]

　　1. 宏观营销环境包括哪些因素?
　　2. 微观营销环境包括哪些因素?
　　3. 宏观营销环境分析常用的方法是什么? 如何运用?
　　4. 微观营销环境分析常用的方法是什么? 如何运用?
　　5. 企业优劣势分析常用的方法是什么? 如何运用?
　　6. 针对环境分析的结果,企业常用的营销策略包括哪些?

[**本章实训**]

实训一　某医药产品的宏观营销环境分析

　　实训目的: 掌握宏观营销环境分析的方法。

　　实训内容: 选定一个医药产品市场,比如中药材市场,对其宏观营销环境进行分析,并考察这些宏观营销环境如何影响着这一市场。

　　实训组织: 由若干同学组成几个小组,通过文献研究和网络等收集信息,用PEST分析方法,分析形成该产品市场的宏观营销环境分析报告。

　　实训考核: 每组分别在课堂汇报分析结果,教师点评、记录学生成绩。

实训二　某企业微观营销环境的分析

实训目的：掌握微观营销环境分析的方法。

实训内容：选定一家企业，考察对其有影响的微观市场营销环境因素，并分析这些因素是如何影响企业营销策略的。

实训组织：由若干同学组成几个小组，一同到某企业进行调查研究，并通过文献研究和网络等收集信息，用波特五力模型分析方法，形成该企业微观营销环境分析报告。

实训考核：每组分别在课堂汇报分析结果，教师点评、记录学生成绩。

第二章
同步练习

（付　非）

医药市场营销调研与预测

第三章
教学课件

[学习要求]

1. 掌握医药市场营销调研的含义与内容,医药市场信息的获取方法及其优缺点,问句的类型与设计原则,主要抽样方式及适用条件,变量序列的编制方法,市场需求估计的主要内容与方法,德尔菲法、移动平均法、指数平滑法和直线趋势延伸法等医药市场预测方法及其适用条件。
2. 熟悉医药市场营销调研的分类与步骤,医药市场信息的含义与特征,问卷结构与问句排序方法,抽样调查的概念与特点,交叉列表技术,企业市场需求量与企业市场潜量的概念,医药市场预测的含义与类型,集合意见法和专家会议法的含义与特点。
3. 了解医药市场营销调研的作用,医药市场信息的分类与作用,几种常用统计图的使用条件,市场调研资料的常用统计指标,半数平均法、平均发展速度法和回归分析预测方法。

第一节　医药市场营销调研概述

一、医药市场营销调研的含义和作用

(一) 医药市场营销调研的含义

市场营销调研(marketing research),也被称为市场调研、市场调查、市场研究等。由于市场营销调研是为企业的市场营销活动服务的,而市场营销又因社会经济的发展而处于不断发展之中,加之对研究的侧重点和理解上存在差异,使得人们对市场营销调研的含义有不同的表述。

美国市场营销协会(AMA)对市场营销调研的定义是:市场营销调研是对商品或服务市场相关问题的全部数据进行系统计划、收集、记录、整理和分析的过程。

市场营销学大师菲利普·科特勒对市场营销调研的定义是:市场营销调研是系统地设计、收集、分析和提出数据资料以及提出与企业所面临的特定营销状况有关的调查结果。

医药市场营销调研是指在市场营销观念的指导下,运用科学的方法,系统地收集、记录、整理、分析和研究有关医药市场各种基本状况及其影响因素的信息资料,为医药企业制定相应的市场营销策略提供依据的活动和过程。

这个定义有以下几方面的含义:

第一,医药市场营销调研是一个系统过程。医药市场营销调研包括收集、记录、整理、分析和研究有关医药市场信息资料等过程,但需要强调的是,在这一过程当中,各项环节工作既具相互独立性,又具相互衔接性,系统性是开展医药市场营销调研工作的基本要求。

第二,医药市场营销调研是为医药企业制定相应的市场营销策略服务的。医药市场营销调研的最终目的是为医药企业制定正确的市场营销决策提供依据。

第三,医药市场营销调研要采用科学的方法和技术,包括科学的市场信息资料收集的方法与技术和科学的调查数据资料处理的方法与技术。只有采用科学的方法和技术,才能保证调研结果的客观性和准确性,进而保证调研结论的科学性。

第四,医药市场营销调研是一项市场信息管理工作,医药市场营销调研的过程就是医药市场信息的收集和处理过程。信息管理的全部职能在医药市场营销调研过程中都能得到体现,特殊之处就在于其研究对象为医药市场信息。

(二) 医药市场营销调研的作用

就医药市场而言,无论是全球市场,还是国内市场,都处于不断发展之中,尤其是国内市场发展迅速,医药企业需要随时掌握不断变化的医药市场的各种信息。通过市场营销调研,医药企业不仅可以了解国内外医药市场过去和现在的情况,而且还可以通过对过去和现在的医药市场信息的分析和研究预测其未来的发展变化趋势。医药市场营销调研对医药企业制定正确的市场营销决策具有重要作用。

第一,通过医药市场营销调研,有助于医药企业正确地选择目标市场。市场定位是指在分析企业外部环境(宏观环境、产业环境和竞争对手)的基础上,企业依据内部资源(经营资源和经营能力)等具体情况,正确选择目标市场的行为和过程。任何医药企业的市场定位,必须以企业外部环境分析和内部资源分析为依据,只有通过市场营销调研,企业才能了解和掌握市场规模、竞争态势、消费者需求等市场营销环境,以及市场各种影响因素的基本状况与其发展变化趋势,为企业的目标市场选择和产品定位提供依据。

第二,通过医药市场营销调研,有助于医药企业制定科学的市场营销策略。市场营销策略是企业为实现既定的市场营销目标,对复杂的市场环境进行分析、判断,并预测其发展趋势的基础上,而作出的企业市场营销活动的规划和行动方案。医药企业的市场营销活动必须以企业外部环境分析和内部资源分析为依据。从一定意义上讲,医药企业市场营销策略是针对竞争对手的营销策略而制定的,这就需要企业了解和掌握医药市场的营销环境和竞争环境,离开了市场营销调研,对企业的营销环境和竞争环境的分析只能是一种主观臆测,制定科学的市场营销策略必须以市场营销调研为基础。

第三,通过医药市场营销调研,有助于医药企业制定正确的新产品开发策略和新产品入市策略。新产品开发是医药企业保持和取得市场竞争优势的主要手段之一。医药企业需要不断地了解和掌握市场上相关产品的市场营销状况,既要了解本企业产品的产品生命周期,也要了解其他企业相关产品的产品生命周期;既要了解同类产品的产品生命周期,也要了解替代品的产品生命周期;还需要及时了解其他企业新产品开发的现状和动态等。上述医药市场信息,是医药企业确立新产品开发方向和新产品入市时机的重要依据。

第四,通过医药市场营销调研,有助于医药企业制定正确的市场营销组合策略。科学合理的市场营销组合策略的应用,是医药企业取得市场营销成功的基础。企业制定市场营销组合策略时必须考虑以下几个方面:①外部市场环境对企业市场营销活动的影响;②主要竞争对手的市场营销策略;③企业自身资源的优势和劣势;④企业经营产品特殊性的要求。

需要指出的是,与其他产品市场相比,医药产品市场具有特殊性,主要表现在:①医药产品的需求弹性较小;②医药产品的消费是被动消费;③政府对医药产品(尤其是药品)的研发、生产、经营、进出口等均制定有严格的法律法规和管理规范;④营销人员的专业化水平要求较高。医药产品市场的上述特点,决定医药企业在制定市场营销组合策略时,要考虑市场影响因素的特殊性,仅依据一般产品的市场特点和营销规律是远远不够的。依据医药产品市场特殊性进行的营销调研,能为医药企业制定正确的市场营销组合策略提供科学准确市场信息。

第五,通过医药市场营销调研,有助于医药企业提高科学化管理水平。除了为医药企业的市场营销决策提供服务外,营销调研还可为医药企业解决其他经营管理问题提供服务,促进其科学化管理水平的提高。

二、医药市场营销调研的类型与内容

(一) 医药市场营销调研的类型

按调研的功能和性质,医药市场营销调研可分为探索性调研、描述性调研、因果性调研和预测性调研。

1. 探索性调研　探索性调研(exploratory research)是为了界定市场营销问题的性质和更全面更深刻地理解这一问题而进行的调研活动。调研者在确定研究问题之初对问题的性质或范围还不很清楚,不能确定到底要研究哪些问题。这时就需要应用探索性调研去发现问题,形成科学的假设。

探索性调研不是为了揭示问题的本质,其主要目的是通过调研帮助调研者深刻认识和理解市场营销问题,帮助调研者更准确地确定研究问题的性质和界定研究问题的范围,以及帮助调研者确定相关的行动路线或获取更多的有关资料。探索性调研一般通过文案调研或专家咨询来完成,主要以定性研究为主。

2. 描述性调研　描述性调研(descriptive research)是对市场营销问题所涉及的各种变量的特征或功能等作尽可能全面的和准确的描述,并不涉及问题的本质及影响市场发展变化趋势的内在原因。它是一种最基本、最一般的结论性市场营销调研。

描述性调研是针对具体的市场营销问题进行的,其主要目的是对市场营销问题的各种变量作尽可能准确的描述,主要回答的是"谁""什么""何时""如何"等问题,并不回答"为什么"的问题。描述性调研可以利用各种调研方法收集市场信息资料。

常见的医药市场描述性调研有:①医药产品市场一般状况调查(如市场结构、主要竞争者、市场供求状况、市场容量等);②医药产品销售调查(如产品市场占有率、销售量及其变化趋势等);③医药产品销售渠道调查(如物流模式、分销商的数量与地理分布等);④医药产品价格调查(如同类产品/替代品的价格水平及价格变化趋势等);⑤医药产品品牌调查、新产品开发调查等。

3. 因果性调研　因果性调研(causal research)也是一种结论性市场营销调研。其目的在于探索市场有关现象或变量之间的因果关系,即探索市场有关现象或变量之间的相互关系——何为自变量,何为因变量,以及自变量和因变量之间相互联系的特征,探求市场营销问题的本质。描述性调研主要回答"谁""什么""何时""如何"等问题,因果性调研则回答"为什么"的问题。市场实验法是因果性调研的主要研究方法。

4. 预测性调研　预测性调研(predictive research)以描述性调研和因果性调研获取的市场信息为基础,运用科学的预测技术和方法,对医药产品市场未来的变化趋势进行判断和估计。

此外,对医药市场营销调研还可以从其他角度进行分类。比如,按照购买产品的目的不同,可分为消费者市场调研和经营者市场调研;按产品形态的不同,可分为实体医药产品市场调研和医疗服务市场调研;按照调研要解决问题的目的不同,可分为消费者购买行为调研、促销调研、产品调研、价格调研和分销渠道调研;按调研区域范围的不同,可分为地方性市场调研、地区性市场调研、全国性市场调研和国际市场调研;按市场调研主题范围的不同,可分为专题调研和综合性市场调研。

(二) 医药市场营销调研的内容

医药市场营销调研涉及医药企业市场营销活动的方方面面,其内容十分广泛。概括起来说,主要包括以下几个方面。

1. 宏观市场营销环境调研　宏观市场营销环境是医药企业生存和发展的社会基础,它从不同的方面制约和影响着医药企业的市场营销活动,不可控性是其基本特征。宏观市场营销环境调研主要包括政治法律环境调研、经济环境调研、社会文化环境调研、科学技术环境调研、自然环境调研、人口环境调研等,通过调研,发现宏观市场环境对医药企业发展所形成的机会和威胁,并以此为基础调整企业内部资源方面的可控因素,提高企业对外部市场环境的适应能力和应变能力。

2. 竞争环境调研　竞争环境调研包括市场结构分析和竞争对手调查。

(1) 市场结构分析:市场结构的类型与特点直接影响市场竞争规则的制定和企业市场营销策略的制定。市场结构包括完全垄断市场、寡头垄断市场、垄断竞争市场和完全竞争市场等四种类型,通过市场结构分析,可以了解市场构成和市场竞争的特点,进而确定本企业的市场地位,有针对性地制定市场营销策略。

(2) 竞争对手调查:竞争对手包括直接竞争对手和潜在竞争对手。前者是指目标顾客和产品定位与本企业基本相同的企业,后者是指可能进入本企业所在产业领域并成为本企业产品竞争者的企业。直接竞争对手调查主要包括:①竞争对手的一般情况(竞争对手的数量、经营规模、业务领域、市场营销战略、市场角色定位、政府资源、公共关系等);②竞争对手的产品情况(产品性能、成本、价格、品牌、促销手段、分销渠道、市场占有率、市场覆盖率等)。潜在竞争对手调查主要包括:潜在竞争者的技术优势、资金优势、市场营销资源优势、产品开发的可能方向,以及其可能的市场角色定位等。

3. 市场需求调研　市场需求调研是企业细分市场、确定目标市场和制定市场营销策略的基础性工作。市场需求调研主要包括:市场需求量和市场潜量的测定、消费者的消费心理与动机调研、消费者购买行为与决策方式调研、市场需求发展变化趋势调研等。由于医药产品市场(尤其是药品市场)消费者消费行为具有特殊性(一般情况下医药市场消费者都是被动消费),因此进行医药产品市场需求调研方案设计时,必须注意该市场的这一特点。

4. 市场营销组合要素调研　市场营销组合要素调研的目的是为企业制定市场营销组合策略提供科学依据,以达到更好地满足目标市场需求的目标。

(1) 产品调研:产品调研是市场营销组合要素调研的首要工作。产品调研主要包括:①产品一般情况(如产品设计、产品包装、产品品牌等)调研;②产品组合调研;③产品生命周期调研;④产品销售服务调研;⑤新产品开发调研。

(2) 价格调研:价格是影响医药产品销售的重要因素,是医药产品进行市场竞争的重要手段。价格调研的目的在于为医药企业确定产品定价目标、定价方法和定价策略提供参考依据。价格调研主要包括:①同类产品的定价原则和方法;②同类产品的价格策略;③主要替代品的价格水平;④消费者对产品价格变化的反应;⑤产品价格影响因素。

(3) 促销调研:促销调研的目的是通过对广告及其他促销手段的调研,为本企业制定产品的促销策略提供依据。促销调研主要包括:①广告调研(含广告诉求调研、广告媒体选择调研和广告效果调研等);②人员推销调研(含人员推销形式调研、人员推销成本调研和人员推销效果调研等);③销售促进调研(含销售促进方式调研、销售促进工具调研、销售促进成本调研和销售促进效果调研等);④公共关系调研(含开展公共关系的形式调研、开展公共关系的促销效果调研等)。

(4) 分销渠道调研:医药产品的销售依赖于高效率的分销渠道,通过分销渠道调研,可为本企业分销渠道结构的设计提供依据。分销渠道调研主要包括:①分销渠道结构调研;②中间商(代理商 / 经销商、批发商和零售商)实力(仓储能力、物流配送水平、服务水平、工作人员素质等)调研等。

三、医药市场营销调研的步骤

医药市场营销调研是一项复杂的系统性的工作,要保证调研任务的顺利完成,必须有组织、有计划、有步骤地实施进行。医药市场营销调研过程包含了若干个既相对独立又相互联系的工作阶段,具体工作流程见图 3-1。

1. 明确调研问题,确定调研目标　明确调研目标是医药市场营销

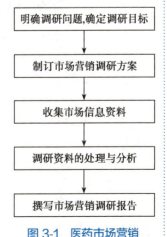

图 3-1　医药市场营销
调研工作流程

调研首先要解决的问题。明确调研目标其实就是解决调研什么的问题,主要工作就是明确研究主题,将抽象的市场营销问题转化为市场营销调研问题,依据市场营销调研问题确定调研目标,并将调研目标分解转化为具体的调研问题,明确具体的调研项目。根据拟定的市场营销调研目标,进而确定调研的内容、对象和方法。明确调研问题和确定调研目标是医药市场营销调研工作的起点,是影响整个调研工作质量最关键的工作。

2. 制订市场营销调研方案   市场营销调研方案是医药企业对本企业面临的市场营销问题以及调研各个阶段的主要工作作出的系统、程序化的工作计划。它是指导整个市场营销调研活动的指导性文件。主要内容包括:①调研主题的陈述(调研背景、调研主题和调研任务及目标的说明);②拟定调研提纲;③拟定的调研对象、途径与方法;④调研资料整理和分析方法;⑤调研进程安排;⑥调研预算等。

3. 收集市场信息资料   市场信息资料的收集主要有两种方法:实地调查法和文案调查法。实地调查是指在市场营销调研计划指导下,调研人员通过科学的调研方法进行第一手市场信息资料的收集。实地调查法主要有三种:访问法、观察法和市场实验法。文案调查也称二手资料调查,是指对过去有关的各种现成资料的收集,二手资料包括企业内部和企业外部二手资料。关于市场信息资料的收集方法详见本章第二节。

4. 调研资料的处理与分析   调研资料的处理是指依照调研项目,对所收集到的医药市场信息资料,按照一定的程序和方法,进行筛选、整理、分类和分析的一系列活动和过程。

调研资料的分析是指运用统计学方法对收集到的原始市场信息资料进行运算处理的过程,主要工作包括:①描述分析(集中趋势和离散趋势);②参数估计;③列表分析;④相关和回归分析等。进行调研资料处理与分析的目的是为撰写营销调研报告提供素材。

5. 撰写市场营销调研报告   撰写市场营销调研报告是市场营销调研的最后阶段工作,它是市场营销调研全部工作结果的最终表达形式。

撰写市场营销调研报告的基本原则是:①内容实事求是,数据真实准确;②以调查资料为依据,但防止统计数字文字化;③内容全面,重点突出;④精选数据,避免数据堆积;⑤观点鲜明,结论明确;⑥文字流畅,语言简洁。

撰写营销调研报告一般由构思、选取数据资料、撰写报告初稿和修改定稿四个阶段组成。

第二节   医药市场调查方法

一、医药市场信息的特征及类型

(一) 医药市场信息及其特征

1. 医药市场信息的定义   医药市场信息(medical marketing information,MMI)是指在一定时间和条件下,能够反映医药市场活动状况的各种消息、情报和数据资料的总称。真实的医药市场信息能够客观描述医药市场运行状态和发展变化过程。

2. 医药市场信息的特征   医药市场信息除具有一般商品市场信息的特点外,还具有自己的特征。

(1) 信息来源的多元性:与一般商品市场相比,医药市场主体的构成更加多元化,不仅涉及医药产品的生产者、经营者和消费者,还涉及政府、社会组织(团体)以及医药产品使用的中介者(医疗机构和医务人员)等,医药市场主体的多元性决定医药市场信息来源的多元性。对同一产品的市场经营或使用情况,不同的市场主体可能会发布不同的市场信息。这也是医药市场调查在收集和利用市场信息过程中必须重视的问题。

(2) 信息使用的特殊性:就医药市场信息直接使用主体而言,主要包括医药生产经营企业、医疗卫生机构、患者及其家属。医药企业对医药市场信息的收集和使用与其他行业的企业没有本质区别,而同样作为医药产品消费者的后两者则不同,医疗卫生机构甄别和筛选医药市场信息的能力远高于患者及其家属。医药企业和医疗卫生机构在传播和提供医药市场信息过程中,既要注意所提供信息的客观性和科学性,也要关注医药产品最终消费者(患者及其家属)的理解和利用能力。

(3) 信息处理的专业性:由于医药产品具有高度的专业性,与其他市场信息相比,医药市场信息处理需要专业人员完成。无论是医药市场信息的收集还是医药市场信息的处理,都需要具有医药知识背景的专业人员来完成,才能保证信息收集的准确性、信息加工的针对性和信息利用的科学性。

(4) 信息构成的多样性:从信息构成来说,医药市场信息包括医药消费市场的信息、生产要素市场的信息、市场主体的信息以及医药市场利益相关者的信息等一系列信息。从信息表现来说,与一般商品相比,医药市场上产品品种多,同类产品规格多。对于不同品种和规格的产品,其质量、市场结构、竞争状态、需求量、价格等各不相同甚至差异巨大,形成的市场信息也是千差万别、数量众多。

(二) 医药市场信息的类型

医药市场信息可以从不同角度按照不同的分类方法进行分类。

1. 按照信息产生过程,可分为第一手资料信息和第二手资料信息

(1) 第一手资料信息:是指为了实现市场营销调研的目的,通过实地调查所采集到原始的市场信息,主要通过访问法、观察法和市场实验法等方式收集。

(2) 第二手资料信息:是指为了实现市场营销调研的目的,所采集到的、已为其他目标收集并经过加工处理的市场信息资料,主要通过文案调查法收集。

2. 按照信息来源,可分为内部信息和外部信息

(1) 内部信息:是指医药企业内部生产经营活动过程中所产生的信息,主要包括①企业内部资源信息,如人力资源信息、财务资源信息、物质资源信息及技术资源信息等;②企业经营信息,如生产活动、技术活动、营销活动、管理活动等方面的有关信息;③企业内部积累的反映企业外部经营环境的市场信息。

(2) 外部信息:是指产生于医药企业外部市场环境的市场信息。外部信息是医药市场信息中的主要部分,也是医药企业收集市场信息的重点。主要包括①政治法律环境信息、经济环境信息、科学技术环境信息、社会文化环境信息、自然环境信息和人口环境信息等;②市场需求信息,如市场需求量、市场潜量、市场需求变化趋势等;③市场竞争状况信息,如市场结构信息、竞争者构成信息、竞争对手营销策略信息等;④消费者及其消费行为信息,如消费者类型及其特征信息、消费者分布信息、消费者需求信息等;⑤医药产品信息,如产品生产信息、产品生命周期信息、新产品开发信息、替代产品信息等。

3. 按照信息的时间属性,可分为历史市场信息、现时市场信息和未来市场信息

(1) 历史市场信息:是指反映过去已经发生的医药市场及其影响因素的存在方式与活动过程的信息。

(2) 现时市场信息:是指反映正在发生的医药市场及其影响因素的存在方式与活动过程的信息。

(3) 未来市场信息:是指能够预测和揭示医药市场未来发展变化趋势的信息。

通过对历史市场信息和现时市场信息的收集和分析,掌握医药市场发展的规律,就可以预测和估计市场的未来发展变化趋势,得到未来的市场信息。历史市场信息和现时市场信息是医药市场预测的基本依据。

4. 按照信息可量化性,可分为定性信息和定量信息

(1) 定性信息:是指反映医药市场运行状态和发展变化趋势但不能量化表示的市场信息。主要是描述医药市场的"质"的特征,如对"原研药市场发展趋势""降压药市场竞争态势"等的定性判断。

(2) 定量信息：是指反映医药市场运行状态和发展变化趋势并可量化表示的市场信息。主要是描述医药市场的"量"的特征。例如，2019 年我国药品、保健食品进出口总额 1 456.91 亿美元，同比增长 26.85%；2020 年我国中药材出口数量为 131 957 吨，同比增长 8.1%。

定性信息和定量信息都是认识和判断医药市场发展状况的必要依据。

(三) 医药市场信息的作用

1. 医药市场信息是医药企业经营决策的基础   从市场需求出发，是现代企业所有经营决策的基本要求。医药企业发展战略目标的制定、发展方向的确立、经营策略的调整等企业经营管理活动，都必须以充分了解市场环境和市场需求为基础，而真实准确的市场信息是企业了解、分析和认识市场环境和市场需求的基本依据；企业经营决策付诸实施以后的效果，也要通过市场反馈的信息加以验证和检验，以为企业作出更为科学的经营决策提供依据。

2. 医药市场信息是医药企业制订市场营销计划的依据   医药企业开展的任何市场营销活动，都需要制订科学周密的市场营销计划和行动方案，确定实现市场营销目标的具体措施和途径。制订一份好的市场营销计划，必须掌握充足的医药市场信息，包括市场环境信息、竞争者信息、消费者需求信息等。同时，企业也需要以市场反馈的信息为依据，对原有市场营销计划作出调整、补充、修改或完善。

3. 医药市场信息是医药企业制定市场营销策略的依据   根据企业市场营销计划而制定的具体的市场营销策略，是医药企业实现市场营销目标的基础性工作。因各种市场营销策略所需市场信息的领域、类别、形式可能各不相同，与企业制定经营决策和市场营销计划所需的市场信息相比，企业制定产品策略、价格策略、促销策略、分销渠道策略等市场营销策略所需要的市场信息更加微观化，这就需要企业在收集市场信息时要更加深入和细化。了解和掌握市场上同类产品信息、替代品信息、产品价格信息、促销手段信息、分销渠道信息等，是企业制定相应市场营销策略的基本依据。

4. 医药市场信息是医药企业进行市场预测的前提   市场环境永远处在不断发展变化之中，为了适应市场环境的变化，以规避因市场变化带来的经营风险和减少资源浪费，企业就需要对市场发展变化趋势进行科学的预测，进而调整或变革自己的发展战略、经营策略、市场营销策略等。科学的市场发展变化趋势预测是以企业充分掌握过去的和现时的市场信息为前提的。

二、医药市场信息的获取

医药市场的信息获取渠道主要有两个：一是通过实地调查，收集医药市场的第一手信息资料；二是通过文案调查，从各种文献档案中收集医药市场的历史性信息资料。

(一) 实地调查法

医药市场实地调查主要有三种方法：访问法、观察法和市场实验法。

1. 访问法   访问法又称采访法、询问法，是调研人员以访谈询问的方式向调查对象了解医药市场情况、收集资料的一种调查方法，它是市场营销调研中收集第一手资料最常用、最基本的一种实地调查方法。其目的在于了解和掌握调查对象的消费需求、消费动机、消费态度、消费习惯及其对产品的质量、价格、性能、服务需求等方面的信息。

依据不同的分类标准，访问法可分为不同的类型：①依据访问内容设计是否统一，可分为标准化访问(有结构访问)和非标准化访问(无结构访问)。前者是指按照有一定结构的访问问卷进行访问，整个访问过程是在高度控制下进行的；后者是指不制定统一的访问问卷，只根据访问目的列出访问提纲，由访问者依据访问提纲与访问者自由交谈。②依据访问双方的交流方式，可分为直接访问和间接访问。前者是指访问者与被访问者面对面地交谈。间接访问是指访问者通过诸如电话、通信、网络等中介工具对调查对象进行访问。③依据访问一次访问人数的数量，可分为个别访问和集体访问。前者是指一次只访问一个调查对象。后者是指通过座谈会等方式，一次访问多个调查对象。此外，依据访问对象的特点，可分为一般性访问和特殊性访问。

就访问的具体形式而言,按照调研人员与调查对象接触方式,可分为面谈访问、留置问卷访问、邮寄访问、电话访问和网络访问等调查方式。

(1) 面谈访问:是指由调研人员与调查对象直接接触,通过当面交谈获取信息的一种调研方法。调研人员根据调查问卷或调查提纲上的问题,依次提问调查对象。面谈访问的具体形式灵活多样,既可以是个别面谈,也可以是集体面谈;既可以是深入家庭入户调查,也可以是公共场所随机拦截调查等。

面谈访问的优点是:信息资料质量高,访问过程易于控制,访问方式灵活自由,调查对象回答率高,适用范围广等。其缺点是:调研成本较高,时间长,不适合大样本调查,对调研人员的业务素质要求较高。

(2) 留置问卷访问:是指调研人员将调查问卷送给调查对象,说明调查目的和问卷填写要求,由调查对象自行填写回答,再由调研人员按约定日期收回问卷的一种调查方法。需要特别注意的是,应用这种调查方法时,调研人员对调查问题的解释和说明非常重要,调查对象对问题的充分理解是保证其回答信息准确性的重要条件。

留置问卷访问的优点是:调查问卷回收率较高;由于不受调研人员影响,调查对象独立回答问题,可保证回答信息的客观性。其缺点是:调研地域范围受限,调研成本较高。

(3) 邮寄访问:是指由调研人员将设计好的调查问卷,通过邮寄(现在多选择电子邮件)的方式送达选定的调查对象,请其按要求填写问卷后寄回,以获取市场信息的一种调查方法。

邮寄访问的优点是:不受地域限制;调查成本较低;调查对象独立回答问题,信息准确性较好;匿名性较好,对敏感性问题可获得较为客观的信息。其缺点是:问卷回收率低,时间长,问卷质量难以控制。

(4) 电话访问:是指由调研人员通过电话与调查对象交谈,获取市场信息的一种调查方法。这种方法常用于调研对象比较熟悉或调研问题比较简单的市场营销调研,多用于售后服务调研。

电话访问的优点是:节省调查费用和时间;获得市场信息的速度较快、效率较高;调查不受地域限制,覆盖面较广;由于访问双方不直接面对面接触,可获得调查对象在某些问题上的坦诚回答。其缺点是:访问成功率较低;调查时间和内容受限,不适合复杂问题和专业性较强的营销调研。

(5) 网络访问:是指调研人员将针对特定市场营销问题设计的调查问卷发布在互联网上而收集市场信息的一种调查方法。网络访问是一种随着互联网的发展而兴起的新调查方式。

网络访问的优点是:辐射范围广泛,不受时空限制;速度快,信息反馈及时;调查成本低。其缺点是:样本代表性较差,信息可信度较低。

上述介绍的几种常用的访问调查形式,各有优缺点,在选择访问调查形式时要依据具体的调研目标和要求确定。几种调查方法的优缺点比较如表 3-1 所示。

表 3-1　五种访问法的优缺点比较

比较项目	访问形式				
	面谈访问	留置问卷访问	邮寄访问	电话访问	网络访问
调研范围	较窄	较窄	广	广	很广
调研时间	较长	较长	长	较短	短
调研控制	可以控制	一般控制	难以控制	较难控制	难以控制
回答率	高	较高	低	较低	一般
回答质量	高	较高	较低	一般	较低
人力投入	较多	较少	少	较少	少
调研成本	高	较高	较低	低	低

2. 观察法　观察法是指由调研人员根据市场调研目标的要求,直接或通过仪器设备在现场观察、测量、记录调查对象的行为动态,以获取市场信息资料的一种调查方法。它是市场营销调研较常用的一种实地调查方法。

观察法可以观察到调查对象的真实行为特征,但无法观察到调查对象的消费心理、消费动机、消费态度及消费习惯等。因此,调研人员必须能对观察结果进行推测、判断和分析,以获取更为深入和全面的市场信息。

依据不同的分类标准,观察法可分为不同的类型。

(1) 参与观察与非参与观察:参与观察是指调研人员直接参与市场活动,对市场现象进行观察。如调查者以药店售货员的身份进行药店药品销售工作,从中观察某种药品的市场销售情况。非参与观察是指调研人员不参与市场活动,以旁观者的身份观察市场现象。

(2) 结构观察和非结构观察:结构观察是指根据调研目的,调研人员根据事先确定的观察范围、观察内容和观察程序,进行有控制的系统观察,并将观察结果按照设计好的表格或卡片进行记录。非结构观察是指在调查目标的要求下,不设定观察范围、观察项目和观察程序,调研人员根据调查目标和要求自己决定观察的内容,观察结果也不用标准方法进行记录,而是采用较为灵活的记录方式。

(3) 连续观察和非连续观察:连续观察是指在比较长的一段时间内,对市场对象连续作多次、反复的观察调查。连续观察适用于对市场发展变化趋势的观察。非连续观察是指对市场现象只作一次性观察调查。非连续观察一般用于过程性、非动态市场现象的观察。

(4) 人员观察与仪器观察:人员观察是指调研人员深入现场进行直接的观察和记录,并对观察到的市场现象进行合理的推断。人员观察是观察法的主要方式。仪器观察是指借助现代化的仪器设备(如监视器、录像机等)对市场现象进行调查观察。一般用于人员观察所不及的市场环境的观察调查。

观察法的优点:①资料可靠性高是观察法最突出的优势,由于被观察对象并不知情,调研人员可以实地记录市场现象的发生情况,能够获得客观的市场信息资料;②由于观察法的调查结果是由调研人员观察、测量、记录市场现象所得,不要求调查对象具有配合调查的问题理解能力和语言文字表达能力,因此观察法的适用性比较强;③操作简单、易行,具有较强的灵活性。

观察法的缺点:①使用观察法的调研费用较高,也需要较长的时间;②市场信息表面化,调研人员只能观察到市场现象,无法观察到导致这种市场现象发生的内在原因和本质;③对调研人员要求高,使用观察法收集到的只是市场现象的描述性信息,要求调研人员必须具有对市场现象信息进行推测、判断和分析的能力。

3. 市场实验法　市场实验法是指调研者有意识地改变一个或几个市场影响因素,了解这些因素对市场现象的影响程度,从而认识市场现象变化规律的一种调研方法。

市场实验的基本构成要素有:①实验者——市场实验的操作者;②实验对象——市场实验所要研究的市场现象;③实验环境——所要研究的市场现象所处的市场环境的总和;④实验激发——市场实验过程中改变市场影响因素的活动;⑤实验检测——对改变影响因素前后市场现象变化情况的检查或测定(分为实验激发前的检测和实验激发后的检测);⑥自变量——市场实验所选择的市场影响因素(如产品质量、产品包装、产品价格、产品广告投入、市场销售促进投入等);⑦因变量——由自变量变化而引起变化的市场现象(如产品销售额、产品市场份额、产品销售利润等);⑧干扰变量——自变量和因变量以外的其他影响因素,干扰变量是市场实验中必须努力加以控制和排除的;⑨实验组——拟被施加实验激发的被研究对象组;⑩对照组——与实验组组成相同,但不引入实验激发的被研究对象组。

(1) 实验前后无对照对比实验:这种实验方法只选择一个研究对象组,对其实施实验激发,对实验激发前后的检测结果进行对比分析。具体实验步骤是:①选定实验项目;②进行实验前检测;③实施实验激发;④进行实验后检测;⑤计算实验激发效果。其实验设计如表3-2所示。

表 3-2　实验前后无对照对比实验设计

实验项目	实验组	对照组
实验前测量	X_1	–
实验激发	+	–
实验后测量	X_2	–

实验激发效果 $=X_2-X_1$。

因实验前后无对照对比,实验无法排除市场干扰变量的影响,因此,这种方法只有在有效排除干扰变量或者干扰变量影响可忽略不计的情况下使用。

(2) 实验后有对照对比实验:这种实验方法设有对照组,但对实验组和对照组均不作实验前测量,实验后对实验组和对照组的检测结果进行对比。具体实验步骤是:①选定实验项目;②选定实验对照组;③实施实验激发;④对实验组和对照组进行实验后检测;⑤计算实验激发效果。其实验设计如表 3-3 所示。

表 3-3　实验后有对照对比实验设计

实验项目	实验组	对照组
实验前测量	–	–
实验激发	+	–
实验后测量	X_1	Y_1

实验激发效果 $=X_1-Y_1$。

在实验后有对照对比实验中,实验组和对照组是在其他市场影响因素相同或相似的情况下进行的,其实验激发效果具有一定的准确性,但这种方法仍无法彻底排除市场干扰变量的影响。

(3) 实验前后有对照对比实验:这种实验方法设有对照组的市场实验,并对实验组和对照组均作实验前后测量,然后对比实验组和对照组实验前后的测量结果。具体实验步骤是:①选定实验项目;②选定实验对照组;③对实验组和对照组进行实验前检测;④实施实验激发;⑤对实验组和对照组进行实验后检测;⑥对比实验组和对照组实验前后的测量结果。其实验设计如表 3-4 所示。

表 3-4　实验前后有对照对比实验设计

实验项目	实验组	对照组
实验前测量	X_1	Y_1
实验激发	+	–
实验后测量	X_2	Y_2

实验激发效果 $=(X_2-X_1)-(Y_2-Y_1)$。

实验前后有对照对比实验与实验前后无对照对比实验相比,可以有效排除市场干扰变量的影响,但这种方法的实验费用较高。

(4) 所罗门四组实验:这种实验方法实际上是一种综合实验,其设计思想是在一个市场实验中,同时做实验前后有对照对比实验和实验后有对照对比实验。与实验前后有对照对比实验相比,这种实验方法更能有效排除干扰变量对实验结果有效性的影响。其实验设计如表 3-5 所示。

表 3-5　所罗门四组实验设计

实验项目	实验组1	对照组1	实验组2	对照组2
实验前测量	X_1	Y_1	–	–
实验激发	+	–	+	–
实验后测量	X_{11}	Y_{11}	X_{21}	Y_{21}

实验激发效果测量有三种方式：

$E_1=X_{11}-X_1$，即实验前后无对照对比实验效果。

$E_2=X_{21}-Y_{21}$，即实验后有对照对比实验效果。

$E_3=(X_{11}-X_1)-(Y_{11}-Y_1)$，即实验前后有对照对比实验效果。

如果 E_1、E_2 和 E_3 这些测量效果具有一致性，就说明实验激发效果比较明显，所罗门四组实验设计通过验证实验激发效果的一致性来提高实验结果的可靠性。

市场实验法的优点：①资料可信性较强，通过对市场影响变量实施实验激发，对比实验前后市场现象的变化，获取的信息资料比较客观；②调查过程具有可控性，通过改变市场影响变量，观察市场现象之间的因果关系以及相互影响程度，而这是其他调查方法无法做到的；③市场实验方法具有可选择性，实验者可针对调查项目的需要和调查精确度要求，选择不同的设计方法；④调查具有可重复性，为了检验调查结果，在实验单位、实验变量、实验设计和实验环境都基本相同的情况下，可进行重复实验。

市场实验法的缺点：①干扰变量的不可控性，无论何种实验设计要想完全排除干扰变量对实验过程的影响是不可能的，其对实验结果的影响永远存在；②成本比较高，这种方法必须实施实验激发，而进行任何实验激发（产品价格变动、包装改变、做广告、送赠品、折扣等）都需要花费一定费用，同时这种方法花费的时间也比较长；③适用范围受限，这种方法仅限于对现时市场影响变量之间关系的分析，而无法研究市场过去和未来的情况。

（二）文案调查法

文案调查法是指调研人员从现有各种文献、档案材料中收集医药市场有关信息资料的一种调查方法。通过文案调查收集的医药市场第二手资料可使医药企业了解市场有关历史信息，有助于调研人员对医药市场情况有初步认识。医药市场营销调研一般先从文案调查开始，它是开展实地调查的前期基础性工作。

文案调查主要用于市场供求情况分析、相关和回归分析、市场占有率分析和市场覆盖率分析。文案调查所收集的第二手资料包括企业内部二手资料和企业外部二手资料。

1. 企业内部二手资料的收集　企业内部二手资料是指企业内部存在的与企业生产经营活动有关的各种历史资料。包括企业各部门提供的各种业务活动资料、财务报告、既往市场营销调研资料及其他资料等。

（1）企业业务活动资料：主要包括企业内部的有关企业生产、销售、库存、客户信息等各种历史信息和当前信息的统计资料等。这类资料有助于调研人员了解企业生产经营活动的规律性变化，为预测企业经营活动发展趋势提供依据。

（2）企业财务报告：主要包括产品生产成本、销售成本、价格、利润等资料。这类资料通常作为调研人员评估企业经济效益的依据。

（3）既往市场营销调研资料：主要包括企业以往的市场营销调研所获取的医药市场相关信息资料。这类资料能为调研人员了解医药市场有关历史信息节省大量的时间。

（4）其他资料：主要包括企业的工作总结、工作报告、各类工作记录等。这类资料一般不是系统的、规范的，但通过整理和分析也能为调研人员提供有用的信息。

2. 企业外部二手资料的收集　企业外部二手资料是指企业外部存在的医药市场有关历史资料。存在形式多种多样,既包括各级政府组织资料,也包括社会组织和行业组织资料;既包括公开出版的各种《统计年鉴》《资料汇编》等,也包括新闻媒体资料和杂志、书籍等资料;既包括在线数据库资料,也包括各种博览会、展销会和订货会资料;既包括国内资料,也包括国际资料。

(1) 政府组织资料:这类资料是由各级政府有关部门发布的,如国家卫生健康委员会每年发布的《中国卫生健康统计年鉴》、各省级卫生健康委员会每年发布的卫生健康统计年鉴等。

(2) 社会组织和行业组织资料:这类资料是由各类社会组织和行业组织发布的,如《中国医疗卫生事业发展报告》《中国医药产业发展报告》等。

(3) 市场研究咨询机构等提供的资料:这类资料是由专业的市场研究咨询机构收集和整理的,一般不公开发布,但可通过购买、互换等方法获取。

(4) 各种公开出版物提供的资料:这类资料存在于有关书籍、专业杂志中,多为他人的研究成果,其信息量大、信息准确程度高。

(5) 各种博览会、展销会和订货会提供的资料:通过这类会议可收集到大量的医药新产品、新技术、新设备、新材料等方面的信息。

(6) 各种新闻媒体提供的资料:这类资料是由报刊、电台、电视台等新闻媒体发布,这类资料的时效性相对较强。

(7) 在线数据库提供的资料:通过互联网和在线数据库可以收集国际、国内的医药市场信息资料。

与实地调查相比,文案调查的优点是:①资料来源丰富、广泛;②不受时空限制;③节省资料收集的时间;④调查费用比较低。其缺点是:①资料针对性不强;②部分资料缺乏时效性;③资料的适用性需要重新评估。

三、调查问卷设计

在市场营销调研第一手资料收集的实地调查中,问卷是最常用、最基本的调查工具。高质量的调查问卷,是保证医药市场信息收集的质量和提高调查工作效率的基础。调查问卷设计是医药市场营销调研的一项基础性工作。

(一) 问卷的结构

调查问卷一般由问卷标题、问卷说明、问题和回答方式、编码、特别注明、被调查者基本情况、作业记录和结束语等部分组成。

1. 问卷标题　问卷标题要体现对调研主题的高度概括,使被调查者对调研的主要内容有一个基本了解。问卷标题设计要简明扼要、主题突出。

2. 问卷说明　一般包括问候语、调研目的与意义、调研的主要内容,并对被调查者提出希望和要求,以及对信息保密等承诺。

3. 问题和回答方式　问题和回答方式是问卷最重要的主体部分,问题必须能够反映调查主题内容,回答方式是指对问题的回答是由被调查者在备选答案中选择还是由其自由回答。

4. 编码　是指对问卷中的问题(题目)与答案用数字所表示的代码,也就是问题和答案的编号。编码的目的是便于统计处理。

5. 特别注明　主要是对问卷中相关问题含义与答案选择要求的解释,以便被调查者能够正确地理解问题。

6. 被调查者基本情况　被调查者需要填写的性别、民族、职业、收入、文化程度、婚姻状况、家庭状况等社会学特征信息。

7. 作业记录和结束语　作业记录通常包括调研人员的姓名、访问日期、访问时间等,根据需要还可以要求被调查者填写通信地址和联系方式等。目的是以便对调查过程或结果进行审核和进一步追踪调查。结束语是指调查结束后对被调查者的合作表示感谢的简短的语言。

(二) 问句设计

合理的问句能够使被调查者正确地理解所要调查的问题,科学地设计问句是保证所收集信息质量的前提和基础。

1. 问句的主要类型　根据问题的性质、问题的回答形式、问句所要收集的资料性质,问卷中的问句可分为不同类型。

(1) 按问句提出问题的性质,可分为直接性问句、间接性问句和假设性问句。

直接性问句是指将所要询问的问题直接向被调查者提出,由其在问题所确定的范围内给予直接的回答;间接性问句是指对于被调查者不宜或不愿直接回答的问题,采用间接提问的方式询问被调查者,如不直接问被调查者收入多少,而是问其收入水平(高、中、低)等;假设性问句是指以一种假设为前提,向被调查者提出问题。

(2) 按问句是否设有答案,可分为开放性问句和封闭性问句。

开放式问句是指问卷中只设计询问的问题,不设答案,由被调查者自由回答的问句;封闭性问句是指对所提问的问题,给出各种可能的答案,由被调查者按要求选择答案的问句。

(3) 按问句要收集的资料性质,可分为事实性问句、行为性问句、动机性问句和态度性问句。

事实性问句是指向被调查者询问已经发生的、客观存在的事实的问题,如向被调查者询问年龄、职业、收入水平、文化程度等;行为性问句是指向被调查者询问是否曾经做过或是否准备做某事;动机性问句是指向被调查者询问其采取某种行为的原因或动机,提问方式可以是直接提问,也可以是间接提问或假设提问;态度性问句是指向被调查者询问其对某产品、某市场现象或某企业的评价态度和意见。

此外,过滤性问句和核实式问句在问卷中也经常使用。过滤性问句的功能是筛选掉那些不适于回答后续问题的被调查者。例如,要了解医生对某降糖药疗效的看法时,就要使用过滤性问句来筛选掉那些不了解或未使用过该药品的医生。核实式问句的功能是核实被调查者对某问题回答的真实性。为了检验被调查者对某问题回答的真实性,就需要在问卷中适当位置提出与该问题密切相关的另一个问题进行验证性提问。

2. 问句设计的原则　问句设计的基本原则有:①目的性原则,问题必须与调研主题密切相关,突出询问问题回答调研主题的目的性;②单一性原则,问句的内容要单一,一个问句中不可出现两个及两个以上问题;③通俗性原则,问题要用通俗易懂的语言表述,避免使用过于专业化的术语;④非诱导性原则,问题的表述要使用中性语言,保持问题中性化,诱导性和暗示性语言可能影响被调查者对问题回答的自我判断,影响收集信息的真实性;⑤简明性原则,对问题的表述要简明扼要,不宜过于冗长,尽可能使用简单句;⑥非歧义性原则,问题的界定必须要清楚,表述准确,不能含糊不清,避免被调查者产生歧义性理解;⑦可接受性原则,询问问题要使被调查者能够配合回答,避免提出令被调查者发窘的问题;⑧数量适中原则,虽然一份问卷中问句的多少是以调研目标需要为依据的,但是,在问句设计时在考虑实现调研目标信息需求的同时,一定要注意问句数量设定问题,问题不是越多越好。

3. 问句答案设计的原则　问句答案设计的基本原则有:①匹配性原则,答案必须与询问问题密切相关;②穷尽性原则,备选答案中尽可能包括所有可能答案,为体现答案的穷尽性,一般在列出若干答案后,最后用"其他"代表可能未列出的答案;③互斥性原则,所列答案不能互相包容或有交叉含义,每一个答案都是排他的;④同级性原则,所列答案必须是同层次的,不能有"上位"或"下位"关系。

4. 问句的排序　问句的排序应该遵循两条基本原则:一是要便于被调查者顺利地回答问题;二是便于调研者对信息资料的整理。具体的问句排序方法主要有以下三种:第一,按问句的逻辑关系排序。根据提问问题之间的逻辑关系,对所有问题进行分类,再依据同类问题之间的逻辑关系,对问题进行排序,以利于被调查者按照一定的顺序回答问题。第二,按问句的深浅程度排序。问句排序应遵循由易到难、由浅到深的原则。即先简单性问句,后复杂性问句;先事实性问句,后态度性问句和原因性问句;先一般性问句,后敏感性问句;先封闭性问句,后开放性问句。第三,按问句所反映的时间排序。如果问句的设计涉及调查项目的时间,则应该按照时间的先后顺序对问句进行排序,可以是"过去—现在—将来"的方式,也可以是"现在—过去—将来"的方式。

四、抽样调查法

(一)几个相关概念

1. **总体**　总体(population)是指所要研究的调查对象的全体,调研总体中的每个元素(成员)称为个体(item unit),调研总体所含个体的数量称为总体容量。

2. **样本**　样本(sample)是指从调研总体中按照一定的抽样规则抽取的一部分个体的集合。样本中所含个体的数量称为样本容量(sample size)。

3. **抽样**　抽样(sampling)是指从市场调研总体中,按一定方式和程序选取调查对象的过程。

4. **总体参数**　总体参数就是总体指标值,常用的总体参数有总体总量、总体均值、总体比例、总体方差等,它们是根据总体中所有个体单位的数值计算的。

5. **样本统计量**　常用的样本统计量有样本均值、样本比例、样本方差等,它们是根据样本中各个体单位的数值计算的。样本统计量可对未知的总体参数进行估计。

6. **抽样框**　是指可供抽样选择的全部调查单位名录。在抽样框中对每个单位编号,按一定程序进行抽样。在抽样后,调研人员可根据抽样框中所提供的信息对抽取的样本进行调查。抽样框的形式多样,如患者的门诊就医登记表、患者住院登记表、电话本、学生名册等。

(二)抽样调查的概念与特点

抽样调查(也称抽查)是指从调查对象总体中选取具有代表性的样本进行调查,并根据样本的调查结果推断总体的一般特征的调查方法。抽样调查是医药市场营销调研中使用频率最高的一种调查方式。

抽样调查具有如下特点:

1. **经济性强**　与普查相比,抽样调查的样本单位通常是调研总体中的一部分,调查的工作量小,可以节省大量的人力、物力、财力,降低调查成本。

2. **时效性强**　与普查相比,抽样调查可以迅速、及时地获得所需要医药市场信息。由于是对所抽取的样本进行调查,调查的准备时间、调查时间、数据处理时间等都可以大大缩减,而提高数据的时效性。抽样调查可以经常性地开展,随时了解和掌握医药市场环境的变化和发展方面的信息。

3. **应用面广**　从调查范围上讲,抽样调查可以应用于医药市场营销调研的几乎所有领域;从医药市场信息收集功能上讲,它既可用于收集全面调查能够收集的医药市场信息,也能收集调查全面调查所不能收集的市场信息。

4. **准确性高**　与普查相比,由于抽样调查的内容和指标可以更加细化,能够更全面、更广泛和更深入地获取医药市场信息,可以有效保证医药市场信息资料的准确性和可靠性。

当然,抽样调查也有局限性,由于抽样调查是根据样本的调查结果去推断总体的一般特征,与总体的实际情况相比,样本数据不可避免地会产生误差。尽管这种误差的大小是可以计算并加以控制的,但要完全消除是不可能的。

(三)抽样方法

根据样本抽取方法的不同,抽样可以分为随机抽样和非随机抽样。

1. **随机抽样(probability sampling)**　是指样本的产生是完全地和严格地按照随机化的原则在调研总体中进行选取的抽样方法。根据总体中每个个体被抽入样本的机会是否相同,随机抽样又分为等随机抽样和不等随机抽样。

随机抽样的最大特点是可以用样本统计量对总体参数进行估计,并计算总体参数可能落入的区间范围。随机抽样的技术操作相对复杂,对抽样设计的专业技术要求较高。

2. 非随机抽样(non-probability sampling)　是指在特定市场调研条件的限制下,调查人员根据自己对市场调研总体分布特点的主观判断选取样本。它与随机抽样的最大区别就是样本选取过程不是遵照随机化原则,而是根据调研人员主观判断有目的地挑选,或是依据方便、快捷的原则抽取样本。

非随机抽样的最大特点是操作简便、实效快、成本低。虽然也可以根据样本统计量对总体特征进行描述,但由于无法计算抽样误差,因此也就无法对估计结果作出精确性评价。

(四) 抽样方式

1. 随机抽样方式　常用的方式有:简单随机抽样、系统抽样、类型抽样、整群抽样等。

(1) 简单随机抽样(simple random sampling):也称纯随机抽样,是指在调研总体中不进行任何有目的的选择,按随机化原则直接从调研总体中抽取样本的抽样方法。对调研总体中的每一个个体来说,被抽取的机会完全是偶然的和均等的。它是随机抽样中最单纯、最简单的抽样方式。

简单随机抽样适用于总体分布比较均匀、个体变异程度比较小的调研总体。如果总体中个体之间的变异程度较大,则要结合其他随机抽样技术使用。简单随机抽样必须获得调研总体的列表。

简单随机抽样有放回简单随机抽样和不放回简单随机抽样两种方式。放回简单随机抽样是指从调研总体中随机抽取一个样本单位,记录样本信息后,将其放回到总体中去,再抽取第二个,依此类推,一直到抽满 n 个样本单位为止。这种抽样方法容易造成样本信息重复,进而影响其样本统计量对总体参数的估计精度。不放回简单随机抽样是指抽取一个样本单位后,再从总体剩余个体中抽取第二个,依此类推,一直到抽满 n 个样本单位为止。这种抽样方法不会出现样本信息重复,其样本统计量对总体参数的估计精度更好。

(2) 系统抽样(systematic random sampling):也称等距抽样或机械抽样,是指先将调研总体中个体按一定标志排序,并根据总体容量和样本容量计算抽样距离(总体容量除以样本容量),然后按固定的顺序和间隔来抽选样本的抽样方法。

系统抽样一般应用于大规模的市场营销调研中,适用于个体变异程度比较大,但变化率比较均匀的调研总体。系统抽样必须获得调研总体的列表。系统抽样的优点是能使样本均匀地分布在总体中,增加样本的代表性。

需要指出的是,系统抽样调查的样本统计量对总体参数的估计精度与总体单位排列顺序有关。如果排列顺序与调研内容无关,称为按无关标识排列,这种抽样方法与简单随机抽样的估计精度基本相同;如果排列顺序与调研内容有关,称为按有关标识排列,这种抽样方法比简单随机抽样的估计精度要高。

(3) 类型抽样(stratified random sampling):也称分层抽样,是指在抽样前依据某一种或几种特征对调研总体进行分类或分组,每一组或一类称为一层,然后按随机化的原则从各组中抽取样本的抽样方法。它把总体中具有某些特征或者特征比较接近的个体归为一组,然后采取简单随机抽样或系统抽样的方法在每一组中抽取样本,各组抽取样本构成总体样本。如图 3-2 所示。

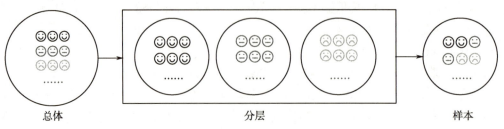

图 3-2　类型抽样示意图

类型抽样一般适用于总体分布不均匀、个体变异程度比较大的总体。类型抽样的特点是:各组中的个体都具有某种同质性(变异性较小),组与组之间具有较大的差异性。类型抽样的最大优点是能产生精确的样本统计量,相对于简单随机抽样,其抽样误差更小。

(4) 整群抽样(cluster sampling):也称分群抽样,是指将调研总体随机分成组群,然后利用简单随机抽样技术,从中抽取若干组进行调查的抽样方法。

整群抽样适用于个体变异程度较大的调研总体。其特点与类型抽样相反,它强调各组之间的差异性要小,以保证组群之间具有较大的代表性,而组内的变异性则较大。在这种抽样方式中,总体被分为子集合,每一个子集合都代表整个总体。

整群抽样调查的样本统计量对总体参数的估计精度与组的构成性质有关,如果组内个体之间存在较大的差异,而组与组的结构相似,则整群抽样的估计精度更好。

2. 非随机抽样　常用的方式有:方便抽样、判断抽样、配额抽样、参考抽样等。

(1) 方便抽样(convenience sampling):也称任意抽样,其样本选择完全按调研人员的方便而定。它是非随机抽样调查中最方便、最经济的一种方法。这种抽样方法适用于个体变异程度较小的调研总体。

方便抽样操作简便,能够节省时间和调研经费,效率较高,能及时取得所需要的信息。但由于方便抽样调查得到的市场信息资料的可信度较低,样本信息对总体的代表性较差,因而它不适合于描述性调研和因果性调研,比较适合于探索性调研。

(2) 判断抽样(judgement sampling):也称立意抽样,是调研人员根据调研目标,依据自己对市场情况的了解和经验主观地确定样本或由专家选定样本的抽样方法。判断抽样适用于调研人员熟悉的调研总体,且个体变异程度较小,样本数量不多的调查。

判断抽样的特征是调研人员有目的地选择样本,希望被调查者能够提供对有关调研问题的某种观点或看法。利用判断抽样调查的目的不是为了利用样本统计量对总体参数进行估计,而是为了了解总体的基本特征和对调研问题的深入分析。

(3) 配额抽样(quota sampling):是先将调研总体进行分组,按照一定的标准分配样本数额,然后由调研人员任意抽取样本的一种抽样方法。它是非随机抽样中最为常用的一种方法。

配额抽样类似于类型抽样,都是在抽样前按一定标准对总体分组,将样本分配到各组中,然后抽取样本。它与类型抽样不同的是,类型抽样是采用随机方法抽取样本,配额抽样则是按调研人员主观判断抽取样本。

(4) 参考抽样:也称滚雪球抽样(snowball sampling),是先在调研总体抽取部分个体作为调查对象,再由已抽取的调查对象提供其他可能接受调查者。利用这种方式,更多的调查对象为已抽取的调查对象所提及,调查样本就像滚雪球一样越来越大。

(五) 抽样调查流程

抽样调查工作是由一系列工作环节构成的系统性工作,其基本工作流程如图 3-3 所示。

1. 确定目标总体　是指调研人员根据调研主题和调研目标的要求,确定抽样调查对象选择的基本范围。确定目标总体是抽样调查的基础性工作,科学地确定目标总体是抽样调查的根本原则,过度界定或界定不周调研总体,将影响所收集的医药市场信息的质量。

2. 确定抽样框　尽管抽样框是依据目标总体确定的,但抽样框的描述不需要列出目标总体中的所有成员,只要明确能够找到每个抽样单元就可以了。

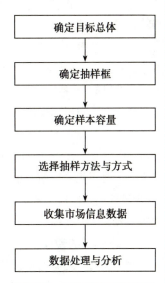

图 3-3　抽样调查工作流程

3. 确定样本容量   样本容量的确定需依据科学的计算方法,样本容量过多会造成调研成本的增加,样本容量不足将影响调查结果的准确性。需要指出的是,样本容量不决定样本对总体的代表性(样本对总体的代表性由抽样方法与方式决定),但样本容量的大小影响样本统计量对总体参数的估计精度。

4. 选择抽样方法与方式   选择什么样的抽样方法与方式,主要依据以下因素决定:①调研目标的要求;②调研总体的分布特征;③调研费用预算水平。

5. 收集市场信息数据   收集市场信息数据时要注意的问题是,不是每一个选入样本的被调查者都愿意回答问题或回答所有问题,或其回答的问题可能不适合,这就需要调研者确定替代被调查者。确定替代被调查者一般采用过多抽样和再抽样,前者是指在抽样时依据样本容量按一定比例多抽取样本作为替代样本,后者是指在对初始样本调查后利用抽样框再抽取调查样本。

6. 数据处理与分析   通过抽样调查获取的原始市场信息数据,必须通过科学的数理统计方法的处理与分析,形成能够清楚地描述和反映医药市场现状和变化趋势的信息资料,才能为市场营销决策服务。

第三节   调查数据处理方法

一、资料的审核与整理

通过文案调查与实地调查所收集的市场信息资料,需要对其准确性、时效性、全面性和系统性进行审核,并在此基础上,选择能反映调研问题本质的主要标志进行分组、编码和汇总,以使调查资料转化成可供统计分析的资料。

(一) 资料的审核

资料的审核包括原始资料的审核和二手资料的审核。

1. 原始资料的审核   原始资料是否完整、准确,将直接影响资料整理工作的质量,通过对原始资料的审查和核实,可以避免调研资料的缺、漏、错、重等问题,保证调查资料的科学性和完整性。

(1) 对缺失值的处理:处理缺失值主要有四种方法。①利用一个样本统计量(一般用平均值)的值去代替缺失值;②构建一个统计模型,用由其计算出来的值代替缺失值;③将有缺失值的个案整个删除(如删除较多,则可能导致调查结果出现偏差);④将有缺失值的个案保留,仅在相应的分析中作必要的排除。

(2) 对明显错误答案的处理:对那些不合逻辑、自相矛盾或答非所问的回答,一般按"不详值"处理,并予以注明。

(3) 对被调查者缺乏兴趣回答问题的处理:如果仅有个别被调查者出现这种现象,可作删除处理;如果有较多被调查者,且集中出现在某个或少数几个问题上,也能说一定的问题,则可将其作为一个独立的子样本看待。

2. 二手资料的审核   由于二手资料的来源不同,其审核要求也不相同。

(1) 对文献资料的审核:对于从以文字描述为主的著述性文献等选取的资料,一是要注意文献的客观性,二是要注意文献的时效性。

(2) 对引用统计资料的审核:对于引用现成的统计资料,要确认这些资料的统计口径与本调研项目所设计的指标口径和资料分组是否相一致,如果不符,则需利用现有的资料和统计方法对其进行必要的"加工"和"改造"。

(二) 资料的整理

根据调研目的,将经过审核的资料进行分组汇总,使资料能系统化、综合化、条理化、全面地反映所研究现象总体的数量表现及数量关系等总体特征。资料的整理包括分组、编码和汇总。

1. **分组**　是指根据调研目的和所研究市场现象的本质特征,将市场现象按照一定的标志分成不同的组别。分组的关键在于正确选择分组标志,确定分组数目和划分各组界限。分组有按品质(事物的质的特征)标志分组和按数量(事物的量的特征)标志分组两种方法。

2. **编码**　是将原始资料转化为易被计算机判读的数字规则,即用不同的数字代表不同的回答或资料。编码包括事前编码和事后编码两种类型。事前编码主要用于对结构性问题的编码;事后编码通常用于封闭性问题的"其他"项或开放性(非结构性)问题的编码。

3. **汇总**　就是按照调研的目的和要求,对分组后的调查资料、数据进行计算汇总和编辑,使之成为能反映调查对象客观情况的系统、完整、集中、简明的材料。汇总有手工汇总和计算机汇总两种方法,除特殊情况外,现在传统的手工汇总很少使用,一般均采用计算机汇总。

二、变量序列及其编制

(一)变量序列及其类型

1. **变量序列**　是指按照某种数量特征对总体进行分组,经分组后所形成的变量值按大小顺序排列所得到的序列。

变量序列的组成要素包括:①按分组变量进行分组所形成的各组变量值,用 x 表示;②总体单位在各变量组的分布次数,用 f 表示;③各组总体单位的分布次数占总体单位总数的比重为频率,用 w 表示。如表 3-6 是某次市场调研中按调查对象的月收入大小所得到的变量序列。

表 3-6　调查对象按月收入分组所得变量序列

月收入/元 x	分组人数/人 f	频率/% w
3 000 及以下	370	20.1
3 000~4 000	400	21.7
4 000~5 000	450	24.5
5 000~6 000	290	15.8
6 000~7 000	180	9.8
7 000 及以上	150	8.1
合计	1 840	100

2. **变量序列的类型**　变量序列有单值变量序列和组距序列两种类型。

(1)单值变量序列:即每一个分组变量都是一个具体的变量值。单值变量序列适合于离散型变量,或是变量变异幅度不大,变量值数目有限,且总体单位数不多的情况。表 3-7 是调查某企业人员在 2020 年接受医疗服务次数的单值变量序列。

表 3-7　2020 年某企业人员接受医疗服务次数情况表

接受医疗服务次数/次	人员数	频率/%
0	24	17.1
1	61	43.6
2	33	23.6
3	13	9.3
3 次以上	9	6.4
合计	140	100

(2) 组距序列:即每组变量是由两个变量值所限定的一个变动区间,且这个变动区间涵盖了其区间内所有总体的单位数。在市场调研中,如果变量数目较多,且总体中的标志变异幅度较大,则通过组距序列的标志来反映总体的特征。表 3-6 即是一组距序列。

(二)变量序列的编制

变量有离散型变量和连续型变量两种类型。离散型变量是整数,并且数量的变动是不连续的,如果变动的幅度不大,则应编制单值变量序列,如果变量个数较多,变动幅度较大,就应编制组距序列。而连续型变量在一个区间内可以有无限多个数值,故其只能编制组距序列。

1. 确定组数和组距　组数是指组距序列中分组的个数,组数的多少受数量标志变异范围大小的影响,数量标志变异范围越大,则应确定的组数就越多,反之就少。组距是组与组之间的距离,即各组中最大值与最小值之间的差;组限是组距的两个端点。例如,某次市场调研得知,30 户居民人均月收入(元)分布资料如下:2 750,2 900,2 860,3 765,2 810,2 890,4 120,2 810,3 010,3 130,4 860,3 200,3 340,4 690,4 430,3 575,3 680,3 890,3 500,3 895,4 450,3 920,4 100,4 220,4 350,4 380,4 480,4 710,4 670,5 110。

在对上述资料编制组距序列时,先找出最大值和最小值及全距(全距是用来表示统计资料中的变异量数,是最大值与最小值之间的差距。)最大值是 5 110,最小值是 2 750,全距 =5 110−2 750=2 360。然后确定组距和组限。在本例中我们选择组数为 5,则组距用全距除以组数,所得结果向上取整数,即组距 2 360 除以 5,所得结果取整数为 500。则五组的组限分别:2 700~3 200,3 200~3 700,3 700~4 200,4 200~4 700,4 700~5 200。

组距序列分为等距序列和不等距序列,前者组距相等,后者组距不等。等距序列是相对常见的序列,如果市场现象性质差异与数量绝对值的关系不均衡,全组距范围较大时,用不等距分组。

2. 组限和组中值　每组的最小值为组的下限,最大值为组的上限。若一组内只有上限没有下限或只有下限没有上限,此组为开口组;上限与下限齐全的组为闭口组。需要注意的是,恰好重叠在组限上的变量值一般归入下限的一组,即遵循"上限不在内"的原则。

组中值是上限与下限之间的中点数值,它是各组标志值的代表值。组中值 =(上限 + 下限)/2,缺上限的开口组组中值 = 下限 + 邻组组距 /2,缺下限的开口组组中值 = 上限 − 邻组组距 /2。

三、交叉列表的编制

交叉列表是市场调研资料整理的最终结果呈现的主要方式之一。

(一)双向交叉列表

双向交叉列表是指同时将两个有联系的变量及其变量值按照一定的顺序交叉排列在一张统计表内,使各变量值成为不同变量的结点,从中分析变量之间的相关关系。表 3-8 反映的是不同月收入水平居民对 A、B、C、D 四种价格(由高到低)降压药的消费情况。

表 3-8　不同月收入水平居民对 A、B、C、D 四种降压药的消费情况表

月收入 / 元	降压药品种				
	A	B	C	D	合计
2 000 及以下	38	54	130	168	390
2 000~3 000	55	66	120	135	376
3 000~4 000	90	108	83	67	348
4 000~5 000	115	110	74	59	358
5 000 及以上	152	112	43	21	328
合计	450	450	450	450	1 800

（二）三向交叉列表

三向交叉列表就是在双向交叉列表的基础上，加入第三个变量形成的交叉列表。引入第三个变量的目的在于深化人们对两变量间关系的进一步认识。例如，将上述表3-8中加入"城乡居民"作为第三个变量形成三项交叉列表，即可反映不同月收入水平的城乡居民对A、B、C、D四种降压药的消费情况，见表3-9。

表3-9 不同月收入水平的城乡居民对A、B、C、D四种降压药的消费情况表

降压药品种	居民收入（元）及类型									
	2 000及以下		2 000~3 000		3 000~4 000		4 000~5 000		5 000及以上	
	城市	农村	城市	农村	城市	农村	城市	农村	城市	农村
A	21	17	33	22	50	40	65	50	80	72
B	34	20	40	26	58	50	58	52	57	55
C	60	70	50	70	40	43	34	40	20	23
D	78	90	60	75	30	37	25	34	9	12
合计	193	197	183	193	178	170	182	176	166	162

四、统计图的绘制

同交叉列表一样，统计图也是市场调研资料整理的最终结果呈现的主要方式之一。在市场营销调研资料处理中，常用的统计图主要有线图、柱形图和饼图。

（一）线图

线图适用于连续型数量资料，用以表示市场现象在时间上的发展变化趋势，常用的线图有单式线图和复式线图。线图通常以横轴表示时间或变量，纵轴表示指标，两轴的尺度可以不从"0"开始。图内线条一般不超过五条，可分别以不同的线段或颜色来标示，应附图例说明。图3-4是某制药企业某药品在2015—2020年销售额的单式线图。图3-5是企业Ⅰ和企业Ⅱ某药品在2015—2020年销售额的复式线图。

（二）柱形图

柱形图是以若干等宽平行长条的长短来表示品质属性序列中各组频数或频率大小的图形。常用的柱形图有单式柱形图和复式柱形图。柱形图中各柱形要有同一基线，尺度必须从"0"开始，否则会改变各柱形的比例关系。各柱形的宽度要一致，间隙要相等，且不大于柱宽。图3-6是某制药企业A、B、C、D、E五种药品在2020年销售额的单式柱形图。图3-7是制药企业Ⅰ与企业ⅡA、B、C、D、E五种药品在2020年销售额的复式柱形图。

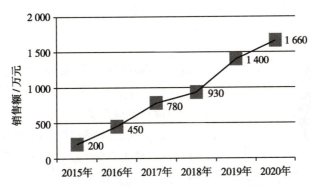

图3-4 某制药企业某药品2015—2020年销售情况图

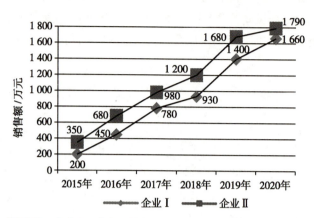

图 3-5 企业Ⅰ和企业Ⅱ某药品 2015—2020 年销售情况图

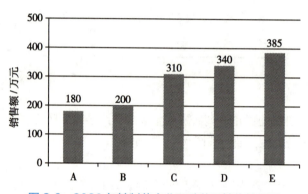

图 3-6 2020 年某制药企业五种药品销售情况图

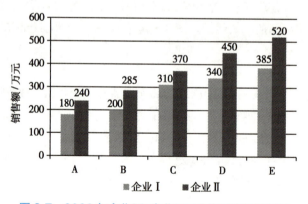

图 3-7 2020 年企业Ⅰ和企业Ⅱ五种药品销售情况图

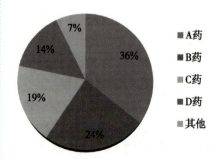

图 3-8 某制药企业产品销售额构成图

（三）饼图

饼图（也称圆图）是用扇形的面积来表示总体指标数值，圆形或饼形的各扇形面积代表各组指标数值或代表各组的频率。饼图能够直观地显示总体的构成，并且可以对各组成部分的大小程度或重要程度进行直观的比较。饼图内不应包括太多的分组，且所有分组的比重之和必须等于 100%。图 3-8 反映的是某制药企业主要产品销售额在总销售额中的构成情况。

五、市场调研资料常用的统计指标

（一）数据的分布指标

数据分布指标主要包括相对频数指标和百分比频数指标。

1. 相对频数　是指所属组别的数据值占总数的比例。相对频数指标主要用于将每一组的相对频数的数据集进行表格汇总和分析。

2. 百分比频数　是指相对频数乘上 100 所得到的数值。百分比频数指标主要用于将每一组的百分比频数的数据集进行表格汇总和分析。

（二）数据的相对程度指标

数据的相对程度指标是指由两个相联系的统计指标对比计算的相对数。常用的相对指标主要有结构相对指标、比较相对指标、比例相对指标和强度相对指标等。

1. 结构相对指标　是指总体各组成部分与总体数值对比求得的比重或比率，用来表明总体的构成情况。

结构相对指标（%）= 各组总量指标数值 ÷ 总体总量指标数值 ×100%

2. 比较相对指标　是指不同总体中同类现象指标数值之比。

比较相对指标 = 某条件下的某项指标数值 ÷ 另一条件下同项指标数值 ×100%

3. 比例相对指标　是指同一总体内不同部分的指标数值对比得到的相对数。

比例相对指标 = 总体中某部分指标数值 ÷ 总体中另一部分指标数值 ×100%

4. 强度相对指标　是指两个性质不同但有联系的总量指标对比得到的相对数。如流通费与商品销售额、产值与固定资产等。

强度相对指标 = 某一总量指标总数 ÷ 另一性质不同而有联系的总量指标数值 ×100%

（三）数据的集中趋势指标

常用的集中趋势指标主要有众数、中位数、算数平均数和几何平均数。

1. 众数　是指一组数据中重复次数最多的标志值。众数的确定，要根据资料是单值变量序列还是组距序列分别采用不同的方法计算。

2. 中位数　是指将一列变量值按大小顺序排列起来，处于中间位置上的那个数，用来反映总体单位的一般水平。它是平均数的一种，是处于中间位置的平均数，所以也称位置平均数。中位数的计算要根据资料是否分组分别采用不同的方法计算。

3. 算术平均数　是指总体中各个变量值的总和除以这些变量值的个数所得的商。适合描述调查资料呈对称分布的集中趋势指标。算术平均数分为简单算术平均数和加权算术平均数。

4. 几何平均数　是若干数值连乘积，然后再开若干次方根而求得的一种平均数。

（四）数据的离散趋势指标

常用的离散趋势指标主要有全距、四分位数、方差、标准差和变异系数。

1. 全距　是度量总体变异程度大小的指标，是调查总体中某一数量特征的最大值与最小值之差。

2. 四分位数（用 Q 表示）　是将各个变量值按大小顺序排列，然后将此序列分为四等份，所得第三个四分位上的值 Q_3 与第一个四分位上的值 Q_1 的差的一半。

3. 方差和标准差　方差是调研总体中所有数据与其平均数之间的离差平方和除以 n 得到的。标准差即方差的平方根。方差（标准差）越大说明变量间离散趋势越强，即变异越大。

4. 变异系数　常用于比较度量单位不同或均数相差悬殊的两组资料的变异程度，是调研总体标准差与总体平均数之间的相对数。变异系数越大说明总体变异程度大。

第四节　医药市场需求测量

一、市场需求测量

（一）市场需求与市场潜量

市场需求是指一种产品在一定的地理区域和一定的时期内,在一定的市场环境和一定的营销努力水平下,特定的顾客群体愿意购买该种产品的总量。市场需求不是一个固定的数字,而是由多个市场变量构成的函数,所以它也称为市场需求函数。它会受到社会经济发展水平、人口规模、市场结构、人们的社会文化观念、商品自身的价格、人们对商品价格的预期、相关商品的价格、消费者收入和消费者偏好等诸多因素的影响。

市场潜量是指在一定的营销环境条件下,当行业的营销努力达到最大时,市场需求所能达到的最高极限值。下面以营销费用投入为例,讨论营销努力与市场需求的关系。

图 3-9(a)表示市场需求与行业营销费用水平之间的对应关系。其中横轴表示一定时期内行业的营销费用水平,纵轴表示由此而导致的需求水平。Q_0 表示在没有投入营销费用的情况下市场的最低需求,称为基本需求量。随着行业营销费用的增加,市场需求也逐渐增加,当营销费用达到一定的水平后,市场需求就不会再有显著增加。市场潜量与基本需求量之差称为市场营销灵敏度,它表示一定的营销环境条件下行业营销努力水平对市场需求的影响力。市场潜量反映的是一定的时期内,在一定的营销环境和一定的营销努力水平下市场需求的水平。当营销环境发生变化时,市场潜量也会发生变化,图 3-9(b)反映出市场潜量与市场环境的关系,市场环境的变化对市场需求的影响表现为市场需求曲线的移动。

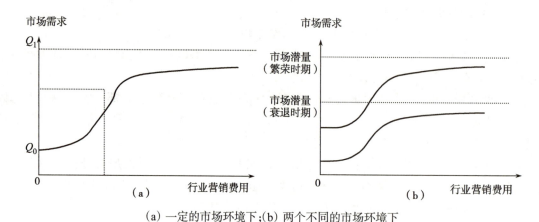

（a）一定的市场环境下;（b）两个不同的市场环境下

图 3-9　市场需求与行业营销费用的关系

市场需求量是指在市场潜量一定的条件下,经过全行业的一定水平的营销努力后可达到或可实现的市场需求总量。在一定的时期内,市场环境相对稳定的情况下,全行业的营销努力水平决定市场需求量的大小。

（二）企业市场需求量与企业市场潜量

企业市场需求量是指一个企业在行业内可实现的市场需求总量中所占的份额。在一定的时期内,市场环境相对稳定的情况下,企业的营销努力水平也同样影响企业市场需求量的大小。

企业市场潜量是指企业的营销努力相对于竞争者不断增加时,企业的市场需求所能达到的极限值。在绝大多数情况下,产品市场或是寡头垄断市场,或是垄断竞争市场,或是完全竞争市场,企业的市场潜量总是低于行业的市场潜量,但当企业成为市场独占者时,企业的市场潜量就等于行业的市场潜量。

二、市场需求估计

(一) 市场潜量与企业市场潜量的估计

1. 市场潜量估计　理论上讲,市场潜量是一个客观存在的量,但由于市场潜量反映的是一定条件下市场需求的水平,市场需求又是由多个市场变量构成的函数,而多数市场变量是无法量化表示的,因此,对市场潜量只能估计。通常用下列公式估计市场潜量。

$$M=nqp \qquad\qquad 式(3\text{-}1)$$

式中,M——市场潜量;n——特定购买者数量;q——每个购买者的平均购买量;P——单位产品的价格。

例如,A 药品经营企业对 B 城市 C 降血压药品市场的市场潜量进行估计,B 城市人口约为 200 万人,经市场调研,推算大约有 5% 的人口使用该降压药,且每人月均使用量为 2 盒,每盒的价格为 8 元,则在 B 城市这种降压药的市场潜量(销售额 / 月)为:

$$M=nqp=200 \text{ 万人} ×5\%×2 \text{ 盒 / 人} ×8 \text{ 元 / 盒} =160 \text{ 万元}$$

在市场潜量估计中,最主要的任务就是特定购买者数量的测算,特定购买者数量测算的误差决定市场潜量估计的准确性。

2. 企业市场潜量估计　企业市场潜量等于行业市场潜量与企业市场占有率的乘积,用公示表示为:

$$M_i=MS_i \qquad\qquad 式(3\text{-}2)$$

式中,M_i——企业市场潜量;M——行业市场潜量;S_i——企业市场占有率。

上例中,如果 A 药品经营企业在 B 城市的 C 降压药的市场占有率为 10%,则 A 企业在 B 城市销售的 C 降压药的企业市场潜量(销售额 / 月)为:

$$M_i=MS_i=160 \text{ 万元} ×10\%=16 \text{ 万元}$$

(二) 企业市场占有率与销售增长率的估计

1. 企业市场占有率估计　理论上讲,企业市场占有率等于企业市场需求量在行业市场需求总量中所占的比重。实践中,企业市场占有率的估计一般根据本企业产品市场销售量与同类产品的市场销售总量计算。企业市场占有率的计算公式如下:

$$企业市场占有率=\frac{本企业产品市场销售量}{同类产品的市场销售总量}×100\% \qquad\qquad 式(3\text{-}3)$$

企业市场占有率是本企业产品市场竞争能力的反映,企业市场占有率越高,说明本企业产品的消费者数量越多,反之亦然。同时企业市场占有率的变化可以反映企业市场竞争能力的变化趋势。

企业市场占有率估计是进行企业市场潜量估计的前提。由于企业市场占有率受企业产品质量、产品生命周期、服务水平、价格水平、营销策略以及竞争者营销策略的改变等诸多因素的影响,企业的市场占有率也是不断变化的。因此,以当时的企业市场占有率为依据估计企业市场潜量,企业在做中长期的生产和销售计划时必须考虑企业市场潜量估计值的误差。

2. 企业销售增长率估计　企业销售增长率是指企业本期产品销售量(额)与上期产品销售量(额)相比增长的幅度。销售增长率的计算公式如下:

$$企业销售增长率=\frac{某产品本期销售量(额)-某产品上期销售量(额)}{某产品上期销售量(额)}×100\% \qquad\qquad 式(3\text{-}4)$$

企业销售增长率为正,表明企业产品的销售量(额)在增加,说明企业产品的市场竞争能力在提高;反之,则表明企业产品的市场竞争能力在衰退。此外,企业销售增长率的正与负、大与小,还与宏观市场环境有关,当宏观经济环境良好,市场繁荣,企业销售增长率的增幅可能就大,当宏观经济环境不好,市场衰退,企业销售增长率的增幅可能就小甚至出现负增长。

第五节　医药市场预测

一、医药市场预测的含义与类型

(一) 医药市场预测的含义

医药市场预测是指在医药市场调查的基础上,根据医药市场过去和现时的市场信息,运用科学的方法和技术,对医药市场未来的发展变化趋势进行前瞻性的估计、测算和判断的活动和过程。

医药市场预测服务于医药市场营销活动,为医药企业的市场营销决策提供依据。医药市场预测的内容非常广泛,如市场供求趋势预测、价格变动趋势预测、市场占有率预测、产品未来销量(额)预测、新产品开发前景预测等。

(二) 医药市场预测的类型

1. 按预测的性质分　医药市场预测可分为定性预测和定量预测。

(1) 定性预测:是指在市场信息数据不足或难以获得,或没有必要收集详细数据的情况下,凭借人的经验以及分析能力,对医药市场发展变化趋势进行的预测。它只能对市场未来发展变化趋势进行定性判断和推测。

定性预测的优点是:①使用范围较广,尤其适用于对长期市场发展趋势的定性判断;②定性预测可以对无法量化处理的政治、经济、社会等宏观环境因素对市场发展变化的影响进行估计和判断;③预测人员依靠自己的经验和分析能力而不是依靠实地调查资料和数学模型进行预测,因而定性预测简便易行、速度快、费用少。其缺点是:①对市场未来变化趋势只能作出方向性判断而不能作出精确的说明,同时也无法量化说明市场发展变化及其影响因素间的数量关系;②预测结果容易受预测人员主观因素的影响,预测结果的误差往往比较大。

(2) 定量预测:是指根据医药市场历史和现在的信息资料,通过建立数学模型,对医药市场发展变化趋势进行的预测。它能对市场未来发展变化趋势及其影响因素间的数量关系进行量化测算。

定量预测的优点是:①以医药市场历史和现在的信息资料为依据,以数学模型作为预测工具,预测结果的精确度比较高;②定量预测能对市场变化及其影响因素间的数量关系可以作出量化的说明。其缺点是:①当市场原始信息资料不足时,预测结果的精确度的误差会较大,同时,这种方法对市场原始信息资料的时效性要求较高;②这种方法无法控制市场宏观环境对预测结果的影响。

2. 按预测的时间分　医药市场预测可分为短期预测、中期预测和长期预测。

(1) 短期预测(short-term forecast):是指年度、季度或月度的市场预测。医药企业对市场的预测大部分是短期预测。短期预测主要是为企业的短期市场营销决策和日常经营管理决策提供依据。

(2) 中期预测(medium-term forecast):是指 1 至 3 年的市场预测。其目的是为企业制定较长时间内的市场营销决策和经营管理决策提供依据。中期预测常用于医药市场潜量、医药市场供求变动趋势以及价格变化等方面的预测。

(3) 长期预测(long-term forecast):是指 3 年以上较长时间的市场预测。主要是为企业制定市场营销战略和企业发展战略提供依据。长期预测通常用于对企业新产品开发和新市场开发方向、生产要素供应变化趋势等方面。

此外,按预测的空间范围不同,可分为国际医药市场预测、全国医药市场预测、地区医药市场预测等。

二、医药市场预测方法

(一) 定性预测方法

在这里主要介绍集合意见法、专家会议法和德尔菲法三种主要的医药市场预测方法。

1. 集合意见法　是指医药企业经营管理人员、业务人员根据自己的经验和判断,对预测项目未来发展趋势作出预测的方法。集合意见法常用于医药市场短期发展变化趋势和近期企业销量(额)的预测。

集合意见法预测的主要步骤:

第一步,根据预测项目和预测要求,选定预测人员,并向其提供有关预测项目的背景资料。

第二步,预测人员根据预测要求及掌握的背景资料,在进行必要的定性分析和定量分析基础上,提出各自的预测方案。

第三步,预测组织者对预测人员提出的预测方案的期望值(方案期望值)进行计算。方案期望值等于各种可能状态主观概率与状态值乘积之和。

第四步,将预测人员分类,计算各类预测人员综合期望值。综合方法一般采用平均数、加权平均数或中位数法。如果预测组织者认为所有预测者的权威性对预测结果影响基本相同或差别不大,则采用平均数法;如果预测者的权威性不同,则应赋予不同权数,采用加权平均数法。

第五步,确定最后的预测值,预测值可以是各类预测人员综合期望值的平均值,也可以是加权平均值。

集合意见法的优点是集思广益,简单易行;缺点是由于是预测人员个人的主观判断,对预测目标各种影响因素分析视角不同,预测结果难免出现过于乐观或过于保守的情况。

集合意见法预测举例:某药品生产企业拟对其主要产品 A 降压药 2022 年的销售量进行预测估计,选择对该药生产和销售以及同类药市场比较熟悉的人员作为预测者,其中,生产和营销总监各 1 名,主管计划、生产和销售的部门经理各 1 名,以及该药一线市场营销人员 3 名。每人的预测结果如表 3-10 所示。

表 3-10　各类预测人员对 A 降压药销售量预测表(万盒)

预测人员		销售量估计						期望值	权数(W)	
		销量高	概率	销量一般	概率	销量差	概率		W_1	W_2
总监	A	30	0.4	25	0.4	20	0.2	26.0	0.6	0.4
	B	32	0.3	28	0.4	25	0.3	28.3	0.4	
部门经理	C	50	0.4	45	0.3	30	0.3	42.5	0.4	0.3
	D	48	0.3	40	0.4	30	0.3	39.4	0.3	
	E	45	0.3	40	0.4	25	0.3	37.0	0.3	
营销	F	40	0.3	35	0.5	30	0.2	35.5	0.3	0.3
	G	42	0.3	38	0.5	30	0.2	37.6	0.4	
	H	46	0.3	40	0.5	38	0.2	41.4	0.3	

注:权数一栏中各权数由预测组织者假设。

根据各类预测人员对 A 降压药的三种市场前景下的销售量及其可能发生的机会(概率)的估计,进行下面的计算。

第一步,计算各预测人员的预测期望值。

$$A=30×0.4+25×0.4+20×0.2=26.0(万盒)$$
$$B=32×0.3+28×0.4+25×0.3=28.3(万盒)$$
$$……$$
$$H=46×0.3+40×0.5+38×0.2=41.4(万盒)$$

依此类推计算,并填入表中。

第二步,据各类预测人员中的每位预测者的权威性,赋予相应的权数,计算总监类(X_1)、部门经理类(X_2)、营销类(X_3)预测人员的综合预测值分别为:

$$X_1=\sum_{i=1}^{n} x_i w_{1i}=26\times0.6+28.3\times0.4=26.92(万盒)$$

$$X_2=\sum_{i=1}^{n} x_i w_{1i}=42.5\times0.4+39.4\times0.3+37\times0.3=35.67(万盒)$$

$$X_3=\sum_{i=1}^{n} x_i w_{1i}=35.5\times0.3+37.6\times0.4+41.4\times0.3=38.11(万盒)$$

第三步,根据各类预测人员综合预测值对预测结果的重要程度,对总监类、部门经理类和营销类预测人员综合预测值赋予不同的权数0.4、0.3和0.3。计算A降压药2022年的销售量最后预测值为:

$$y=\sum_{i=1}^{n} x_i w_{2i}=26.92\times0.4+35.67\times0.3+38.11\times0.3=32.902(万盒)$$

2. 专家会议法 又称专家意见集合法,是指根据预测的目的和要求,通过会议的形式,邀请有关专家对预测项目进行推测和评价,在综合专家分析判断的基础上,对医药市场未来变化趋势作出预测的方法。

专家选择的要求是:①专家要具有代表性,专家应来自于与预测项目有关的专业领域;②专家要具有丰富的经验和知识;③专家要有一定的营销调研与预测方面经历;④专家数量要适当,不宜过多,也不能太少,一般控制在10~15人。

专家会议法有直接头脑风暴法和反向头脑风暴法两种形式。

(1)直接头脑风暴法:这种方法是根据一定的规则,通过会议的形式组织专家共同讨论,鼓励专家独立思考,充分发表意见的一种预测方法。其基本要求是:预测组织者只能控制会议的进程,不得发表自己的倾向性意见和看法。具体操作步骤如下:

第一步,预测组织者对预测项目作简要地说明,并对讨论的问题范围和方法提出具体要求。

第二步,围绕讨论主题,与会专家充分发表自己意见,并提出自己的预测方案。

第三步,与会专家可以在自由发言中相互启发、相互借鉴,吸取别人的观点来修改和完善自己的意见,但不能重复和反驳别人的意见。

第四步,会议结束后,由预测组织者对专家的各种预测方案进行比较、评价和归纳总结,最终形成确定的预测方案。

(2)反向头脑风暴法:这种方法要求预测组织者将已经形成的预测方案提供给与会专家,由与会专家对该方案的可行性等进行充分讨论,预测组织者对讨论得出的各种意见进行归纳、分析和总结,最后形成一个新预测方案。

一般来说,直接头脑风暴法和反向头脑风暴法结合使用,能得到更好的预测效果,即先由一组专家通过直接头脑风暴法提出预测方案,再由另一组专家通过反向头脑风暴法对预测方案进行再评估。

专家会议法的优点是:预测专家能畅所欲言,独立自主地发表意见,讨论中各种意见能相互启发和借鉴,有利于集思广益;同时,这种预测方法应用范围广泛,并能够节省时间和费用。其缺点是:权威专家意见可能对预测结果产生影响,最终的预测方案有可能不能完全反映专家的全部正确意见。

3. 德尔菲法 又称专家小组法,是指以背对背通信的方式,征询专家小组成员对市场变化趋势的预测意见,经过几轮反复征询,使专家们的判断趋于一致,最后作出预测结论的一种预测方法。与专家意见集合法相比,德尔菲法的预测专家互不相知,在预测过程中,预测专家彼此互不影响。这种方法多用于缺乏历史资料和历史数据的长期预测。

运用德尔菲法进行预测分阶段进行:

第一阶段(准备阶段),其主要工作任务是:①确定预测目标和提出具体的咨询问题;②根据预测目的和要求,选择预测专家,选择预测专家应对预测项目和预测问题有比较深入的了解和研究,专家人数以 10~30 人为宜;③根据预测目的和要求,制定征询表;④准备预测项目的背景资料,了解每位专家在作出判断前,可能会要求提供哪些背景性资料作为参考,并将需要的资料收集齐全,及时提供。

第二阶段(预测实施阶段),其主要工作任务是:①第一轮征询,预测组织者将征询表和背景材料以通信的方式送达专家,请专家提出自己的初步预测结果,并要求按期寄回;②第二轮征询,预测组织者将第一轮征询所得的专家意见进行归纳与整理,并将归纳和整理结果反馈给专家,同时送达第二轮征询表和第二轮征询要求以及补充背景资料,请专家提出进一步考虑和修正初步预测结果,并要求其按期寄回;③第三轮征询,预测组织者收到第二轮征询所得的专家意见后,再次进行汇总和整理,然后将第二次征询意见的整理结果和进一步的预测要求反馈给各位专家,进行第三轮征询,并要求其按期寄回;④如果经过三轮征询,专家意见仍然差异较大,可以进行反复征询,直到专家预测意见趋于一致。

第三阶段(预测结果处理阶段),其主要任务是:对专家们最后一轮的预测意见,进行技术处理和分析,作出最后的预测结论。可根据实际情况采用不同的统计方法对专家们最后一轮的预测意见进行处理,常用的处理方法有:简单算术平均法、加权算术平均法、中位数法、极差法等。中位数表示专家们意见的集中程度,也是专家们最有代表性的意见。极差(即最大值与最小值之间的差)反映专家们意见的集散程度,极差越小,说明专家们的意见越集中;极差越大,说明专家们的意见越分散。

德尔菲法的优点是:①匿名性,这是德尔菲法的最大特点,预测专家互不相知,彼此互不干扰;②反复性,经过多轮征询预测意见,预测意见通过预测组织者进行反复交流,相互借鉴,有利于提高预测的准确性和可靠性;③可统计性,对专家最后一轮的预测意见的分析和处理,一般是应用数学统计分析方法进行定量化的统计归纳,有利于提高预测的科学性。其缺点是操作过程复杂,花费时间较长。

德尔菲法预测实例:某制药企业准备生产一种新的降糖药,但对该药品的市场需求和销售前景难以确定,故聘请 12 位专家用德尔菲法进行预测。共进行了 3 轮专家咨询,征询结果见表 3-11。

表 3-11　某降糖药市场销售量预测结果(万支)

征询轮次	预测专家														
	1	2	3	4	5	6	7	8	9	10	11	12	平均数	中位数	极差值
第一轮	50	55	35	40	45	36	25	30	48	21	15	46	37.2	38	40
第二轮	45	50	35	38	40	36	35	35	45	32	25	43	38.3	38	25
第三轮	42	45	40	35	36	38	37	34	41	34	30	40	37.7	37.5	15

若用中位数法预测,按下列步骤操作:

将第三轮专家预测值由小到大顺序排列:30,34,35,36,37,38,40,41,42,45(有 2 个 40,2 个 34,舍去 1 个 40,1 个 34),计算中位数位置:

$$(n+1)/2=5.5$$

中位数为数列中第 5 位和第 6 位专家的预测值 37 万支和 38 万支的平均数。则最终预测值为:

$$y=(37+38)\div2=37.5(万支)$$

预测过程表明,在第二轮征询中,大部分专家均修改了自己的第一轮预测意见,只有 3 号和 6 号专家坚持自己第一轮的预测意见。在第三轮征询中,专家均修改了自己的第二轮预测意见。经过三轮征询后,专家们预测值的极差值(最大值与最小值之差)在逐步缩小,说明专家们的意见逐渐集中。

(二) 定量预测方法

1. 时间序列分析法　时间序列分析法是将一组医药市场历史信息资料按时间顺序进行排列,得到一组数据序列,应用数学统计分析方法,使其向外延伸,预测医药市场未来发展变化趋势的一种预测方法。

一般来说,将随时间变化而变化的市场变化趋势分为四种类型:直线变动趋势、季节变动趋势、循环变动趋势和不规则变动趋势。在这里,仅介绍几种常用的医药市场直线变动趋势的时间序列分析法:半数平均法、平均发展速度法、移动平均法、指数平滑法和直线趋势延续法。

(1) 半数平均法:这种方法是指将原序列的各项数值分为两个部分,分别求出两部分的平均数后,在直角坐标系中确定两个点,并将两点连接成一条直线(趋势直线),并建立数学模型的一种预测方法。半数平均法的预测模型为:

$$Y=a+bt \hfill 式(3-5)$$

例如,表 3-12 为某药品生产企业 2021 年 1 月至 10 月乙肝疫苗的销售量统计结果。请利用半数平均法预测 2021 年 11 月和 12 月及 2022 年 1 月的销售量。

表 3-12   2021 年 1 月至 10 月乙肝疫苗销售量(万支)

时间序号	1	2	3	4	5	6	7	8	9	10
销售量	15	18	16	21	19	24	23	25	22	28

第一步,将原序列平均分成两部分。计算时间序列的平均数(用 t_1 和 t_2 表示):

$$t_1=(1+2+3+4+5)\div5=3$$
$$t_2=(6+7+8+9+10)\div5=8$$

计算原序列的平均数(用 y_1 和 y_2 表示):

$$y_1=(15+18+16+21+19)\div5=17.8$$
$$y_2=(24+23+25+22+28)\div5=24.4$$

将 (t_1,y_1) 与 (t_2,y_2) 作为在坐标系中的两个点,经过这两点在坐标系中画一条直线,即为原序列的趋势直线,如图 3-10 所示。

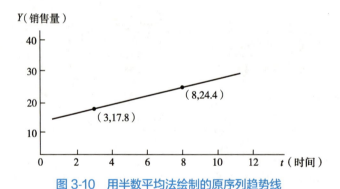

图 3-10   用半数平均法绘制的原序列趋势线

第二步,根据两点式直线方程的求解方法,建立预测模型。预测模型为:

$$Y=13.84+1.32t$$

第三步,运用预测模型计算预测值。2021 年 11 月和 12 月和 2022 年 1 月的销售量预测值分别为:

$$Y_{2021-11}=13.84+1.32\times11=28.36(万支)$$
$$Y_{2021-12}=13.84+1.32\times12=29.68(万支)$$
$$Y_{2022-01}=13.84+1.32\times13=31.00(万支)$$

(2) 平均发展速度法:这种方法是指在一定时期内,如果时间序列中各期(第一期除外)观察值的环比发展速度相近,说明市场发展变化速度比较稳定,可以根据这种速度,预测市场未来发展趋势。这种方法是常用的医药市场预测方法之一,常用于预测医药市场的销售量和需求量等方面。平均发展速度法具体的操作步骤如下:

第一步,先求总的发展速度: $V_总=Y_t/Y_1$　　　　　　　　　　　　　　式(3-6)

式中,$V_总$——观察期总的发展速度;Y_t——最近一期的观察期值;Y_1——第一期的观察期值。

第二步,计算平均发展速度: $V_平=\sqrt[t-1]{V_总}$　　　　　　　　　　　式(3-7)

式中,$V_平$——观察期总发展速度的几何平均值;t——观察期时间点。

第三步,建立预测模型: $Y_{t+T}=Y_t\times V_平^T$　　　　　　　　　　　式(3-8)

式中,Y_{t+T}——第 T 期的预测值;T——从第 t 期之后开始计算的预测点的时间间隔。

例如,表3-13为某制药企业2019年第三季度至2021第四季度某种抗流行性感冒药品的销售量。请预测该药品2022年第一和第二季度销售量。

表 3-13　某抗流行性感冒药品的销售记录

序号 t	时间	销售量 / 万盒	序号 t	时间	销售量 / 万盒
1	2019-03	290	6	2020-04	486
2	2019-04	335	7	2021-01	550
3	2020-01	320	8	2021-02	609
4	2020-02	370	9	2021-03	660
5	2020-03	430	10	2021-04	685

求总的发展速度: $V_总=Y_{10}/Y_1=685/290=2.362\ 1$

计算平均发展速度: $V_平=\sqrt[t-1]{V_总}=\sqrt[10-1]{2.362\ 1}=1.100\ 2$

预测2022年第一和第二季度销售量:

$$Y_{2022-01}=Y_{10}\times V_平^1=685\times1.100\ 2^1=753.64(万盒)$$

$$Y_{2022-02}=Y_{10}\times V_平^2=685\times1.100\ 2^2=829.15(万盒)$$

(3) 移动平均法:这种方法是利用过去若干期实际值的平均值预测市场变化趋势的一种预测方法。常用的移动平均法有一次移动平均法和二次移动平均法。

移动平均法的基本思路是:通过扩大时距的方法来消除时间序列中的不规则变动,使序列的趋势走向更为明显。具体做法是:保持每次平均的期数不变,按时间次序逐次递进,每推进一期,舍去前一期的数据,增加下一期的数据,再进行平均,最终得出一个由移动序列平均数构成的新序列。

1) 一次移动平均法:这种方法用于时间序列具有明显水平变化趋势的预测,常用于短期预测和近期预测。一次移动平均法的计算公式为:

$$M_t^① = \frac{y_t+y_{t-1}+y_{t-2}+\cdots+y_{t-n+1}}{n}$$　　　式(3-9)

式中,$M_t^①$——第 t 期的一次移动平均值;y_t——第 t 期的实际值;t——周期序号;n——进行移动平均的历史数据个数。

一次移动平均法的预测模型为:

$$Y_{t+1}=M_t^①$$　　　　　　　　　　　　式(3-10)

2) 二次移动平均法:这种方法就是在一次移动平均的基础上再进行一次移动平均预测市场变化趋势的一种预测方法。这种方法用于时间序列数据呈明显的上升或下降线性变化趋势的预测,因为使用一次移动平均法进行预测,一次移动平均值存在滞后偏差问题。进行二次移动平均的目的不是直接用于预测,而是通过两次移动平均,寻求滞后偏差的变化规律,建立预测模型进行预测。二次移动平均法的计算公式为:

$$M_t^{②}=\frac{M_t^{①}+M_{t-1}^{①}+M_{t-2}^{①}+\cdots+M_{t-n+1}^{①}}{n}$$ 式(3-11)

式中，$M_t^{①}$——第 t 期的一次移动平均值；$M_t^{②}$——第 t 期的二次移动平均值；t——周期序号；n——进行移动平均的历史数据个数。

二次移动平均法的预测模型为：

$$Y_{t+T}=a_t-b_t\times T$$ 式(3-12)

式中，

$$a_t=2M_t^{①}-M_t^{②}$$

$$b_t=\frac{2}{n-1}(M_t^{①}-M_t^{②})$$

T——从 t 期向前预测时期数。

在应用移动平均法预测时，应注意的是：计算移动平均值选定数据的个数可多可少，选定的项数越多，修匀的效果就越大，但所得序列移动平均数的数目则越少，对原时间序列反应的灵敏程度会降低；反之，项数越少，所得序列移动平均数的数目越多，对原时间序列反应的灵敏程度会提高，但修匀的效果较差。根据预测目的和序列的特点适当选择移动项数。为了便于计算，一般选择奇数项进行移动平均。

例如，某药房 2021 年 3—12 月的 A 药品销售量记录见表 3-14。请用二次移动平均法预测 2022 年 1 月和 2 月的销售量（取 $n=3$）。

表 3-14 某药房 2021 年 3—12 月的 A 药品销售量记录

时间序号	实际销售量 / 盒	时间序号	实际销售量 / 盒
1	284	6	340
2	290	7	356
3	310	8	378
4	288	9	382
5	320	10	397

一次移动平均值的计算：

$$M_t^{①}=\frac{y_t+y_{t-1}+y_{t-2}+\cdots+y_{t-n+1}}{n}$$

$M_{10}^{①}=(y_{10}+y_9+y_8)/3=(397+382+378)\div3=385.67$

$M_9^{①}=(y_9+y_8+y_7)/3=(382+378+356)\div3=372.00$

$M_8^{①}=(y_8+y_7+y_6)/3=(378+356+340)\div3=358.00$

二次移动平均值的计算：

$$M_t^{②}=\frac{M_t^{①}+M_{t-1}^{①}+M_{t-2}^{①}+\cdots+M_{t-n+1}^{①}}{n}$$

$M_{10}^{②}=(M_{10}^{①}+M_9^{①}+M_8^{①})\div3=(385.67+372.00+358.00)\div3=371.89$

参数计算：

$a_{10}=2M_{10}^{①}-M_{10}^{②}=2\times385.67-371.89=399.45$

$b_{10}=2\div(3-1)\times(M_{10}^{①}-M_{10}^{②})=385.67-371.89=13.78$

建立预测模型：

$$Y_{t+T}=399.45+13.78\times T$$

2022 年 1 月和 2 月的预测销售量分别为:

$$Y_{2022-01}=399.45+13.78\times1=413.23(盒)$$
$$Y_{2022-02}=399.45+13.78\times2=427.01(盒)$$

(4) 指数平滑法:这种方法是在移动平均法的基础上发展起来的一种预测方法,是一种特殊的加权移动平均法,其加权移动平均的目的在于体现远期和近期资料对预测值的不同影响。运用移动平均法进行预测时,只利用了最近 n 期市场信息资料,并没有考虑市场全部历史信息资料的参考价值,也没有考虑不同期市场信息资料对市场变化趋势的不同影响程度。应用指数平滑法就可以克服这方面的不足。

使用指数平滑法进行预测,需要确定平滑系数 α(取值范围 0~1 之间)和初始值 S_0。一般来说,数据波动比较平稳(趋势变动不明显)时,α 取值应小一些($0.1<\alpha<0.3$);反之 α 取值则应大一些($0.6<\alpha<0.8$),以加重近期观察值对预测准确性的影响。初始值 S_0 的选择有两种方法:一是选用时间序列第一期的实际观察值作为初始值;二是选用最初几期实际观察值的平均值作为初始值。

1) 一次指数平滑法:这种方法一般适用于时间序列无明显的上升或下降变化趋势的预测。一次指数平滑法是将本期实际值与上期一次指数平滑值的加权平均数作为下期预测值的一种方法。一次指数平滑法计算公式为:

$$S_t^{①}=\alpha y_t+(1-\alpha)S_{t-1}^{①} \qquad \text{式(3-13)}$$

式中,$S_t^{①}$——第 t 期的一次指数平滑值;$S_{t-1}^{①}$——上期的一次指数平滑值;Y_t——第 t 期实际值;t——周期序号;α——平滑系数($0<\alpha<1$)。

一次指数平滑法的预测模型为:

$$Y_{t+1}=S_t^{①} \qquad \text{式(3-14)}$$

2) 二次指数平滑法:这种方法是在一次指数平滑的基础上,对一次指数平滑再作一次平滑。它用于时间序列具有明显的上升或下降线性变化趋势的预测。二次指数平滑值一般不直接用于预测,而是通过计算二次指数平滑值,求解平滑系数,建立数学模型进行预测。二次指数平滑值计算公式为:

$$S_t^{②}=\alpha S_t^{①}+(1-\alpha)S_{t-1}^{②} \qquad \text{式(3-15)}$$

式中,$S_t^{①}$——第 t 期的一次指数平滑值;$S_t^{②}$——第 t 期的二次指数平滑值;t——周期序号;α——平滑系数。

二次指数平滑法的预测模型为:

$$Y_{t+T}=a_t+b_t\times T \qquad \text{式(3-16)}$$

$$a_t=2S_t^{①}-S_t^{②} \qquad b_t=\frac{\alpha}{1-\alpha}(S_t^{①}-S_t^{②})$$

式中,T——从 t 期向前预测的时期数

例如,某药品经营企业 2021 年 5—12 月的某药品销售记录见表 3-15,请用指数平滑法预测 2022 年 1 月和 2 月的销售量。

表 3-15　某药品经营企业 2021 年 5—12 月的某药品销售记录

时间序号	实际销售量/盒	时间序号	实际销售量/盒
1	40	5	51
2	43	6	55
3	45	7	59
4	48	8	63

从销售数据可看出,销售量具有明显的线性增加趋势,故选用二次指数平滑法进行预测。令平滑系数 $\alpha=0.3$,初始值 $S_0=y_1=40.00$。一次指数平滑值的计算:

$$S_t^{①}=\alpha y_t+(1-\alpha)S_{t-1}^{①}$$

$$S_1^{①}=0.3\times40+(1-0.3)\times40.00=40.00$$

$$S_2^{①}=0.3\times43+(1-0.3)\times40.00=40.90$$

$$\cdots\cdots$$

$$S_8^{①}=0.3\times63+(1-0.3)\times51.80=55.16$$

二次指数平滑值的计算:

$$S_t^{②}=\alpha S_t^{①}+(1-\alpha)S_{t-1}^{②}$$

$$S_1^{②}=0.3\times40.00+(1-0.3)\times40.00=40.00$$

$$S_2^{②}=0.3\times40.90+(1-0.3)\times40.00=40.27$$

$$\cdots\cdots$$

$$S_8^{②}=0.3\times55.16+(1-0.3)\times46.85=49.34$$

参数计算:

$$a_8=2S_8^{①}-S_8^{②}=2\times55.16-49.34=60.98$$

$$b_8=\frac{a}{(1-a)}(S_8^{①}-S_8^{②})=\frac{0.3}{(1-0.3)}\times(55.16-49.34)=2.49$$

建立预测模型:

$$Y_{t+T}=60.98+2.49\times T$$

2022 年 1 月和 2 月的预测销售量分别为:

$$Y_{2022-01}=60.98+2.49\times1\approx63.5(盒)$$

$$Y_{2022-02}=60.98+2.49\times2\approx66.0(盒)$$

(5)直线趋势延续法:这种方法是按照时间序列数据呈现的变动趋势规律,建立相应的数学模型,预测医药市场未来发展趋势。其使用条件是时间序列数据在一定时期内呈现持续上升或下降的线性变化趋势,且逐期的增减幅度不发生突变。直线趋势延伸法是医药市场预测中应用较多的一种方法。

直线趋势延伸法预测模型为:

$$Y=a+bt \hspace{3cm} 式(3-17)$$

式中,a,b——方程式的参数;Y——第 t 期预测值;t——时间变量。

参数 a 和 b 的计算公式是:

$$a=\frac{\sum y}{n}-b\frac{\sum t}{n} \hspace{3cm} 式(3-18)$$

$$b=\frac{n\sum ty-\sum y\cdot\sum t}{n\sum t^2-(\sum t)^2} \hspace{2cm} 式(3-19)$$

上述两个公式计算很复杂,可以通过使 $\sum t$ 取值为零将使公式简化,具体做法是:当时间序列的期数 n 为奇数时,将 $t=0$ 置于时间序列的中间,前面为 $-1,-2,-3,\cdots\cdots$,后面为 $1,2,3,\cdots\cdots$,这样,$\sum t=0$。当时间序列的期数 n 为偶数时,则将 $t=-1,t=1$ 置于时间序列中央的上下两期,前面为 $-1,-3,-5,\cdots\cdots$,后面为 $1,3,5,\cdots\cdots$,可得 $\sum t=0$。上述方程组简化为:

$$a=\frac{\sum y}{n} \hspace{4cm} 式(3-20)$$

$$b=\frac{\sum ty}{\sum t^2} \hspace{4cm} 式(3-21)$$

将求得的参数 a,b,代入方程式 $Y=a+bt$,即得到预测直线模型。

例如,用直线趋势延伸法对上例进行预测。因时间序列的期数 n 为偶数,变量 t、t^2 及 ty 计算如表 3-16。

表 3-16　某药品经营企业某药品销售预测参数计算表

t	实际销售量(y)	t^2	ty
−7	40	49	−280
−5	43	25	−215
−3	45	9	−135
−1	48	1	−48
1	51	1	51
3	55	9	165
5	59	25	295
7	63	49	441
Σ	404	168	274

计算参数:

$$a = \frac{\sum y}{n} = \frac{404}{8} = 50.5 \qquad b = \frac{\sum ty}{\sum t^2} = \frac{274}{168} = 1.63$$

建立预测模型:

$$Y=50.5+1.63t$$

2022 年 1 月和 2 月的预测销售量分别为:

$$Y_{2022-01}=50.5+1.63\times9 \approx 65（盒）$$
$$Y_{2022-02}=50.5+1.63\times11 \approx 68（盒）$$

2. 回归分析法 时间序列分析法仅将时间作为医药市场发展变化趋势的唯一自变量,而医药市场的发展变化趋势往往受多种因素的共同影响,如经济发展水平、居民收入水平、产品价格等。对于受多因素影响的医药市场变化趋势的预测,无法用时间序列分析法完成,一般用回归分析法。回归分析的基本思路是:分析预测对象与有关影响因素的相互关系,建立相应的回归方程(预测模型)。

(1)一元线性回归预测:如果医药市场的发展变化趋势(因变量 y)只受一个市场因素(自变量 x)影响,且两者具有线性相关关系时,就可以用一元线性回归分析法进行预测。一元直线回归预测模型为:

$$y=a+bx \qquad\qquad 式(3\text{-}22)$$

式中,a,b——回归系数;x——自变量;y——因变量。

参数 a 和 b 的计算公式是:

$$b = \frac{\sum_{i=1}^{n} x_i y_i - n\,\bar{x}\,\bar{y}}{\sum_{i=1}^{n} x_i^2 - n\,\bar{x}^2} \qquad\qquad 式(3\text{-}23)$$

$$a = \bar{y} - b\,\bar{x} \qquad\qquad 式(3\text{-}24)$$

例如,调查表明,乙肝病毒携带者的家庭月收入(x)与其每月购买护肝保健食品的消费水平(y)密切相关,调查数据见表 3-17。请预测家庭月收入为 5.0 千元的乙肝病毒携带者每月购买护肝保健食品的消费水平。

表 3-17   家庭月收入(x)与护肝保健食品的消费水平(y)调查结果

序号	家庭月收入 X_i/千元	保健食品消费 Y_i/元	序号	家庭月收入 X_i/千元	保健食品消费 Y_i/元
1	1.0	25	6	2.9	69
2	1.3	28	7	3.4	100
3	1.8	32	8	3.8	126
4	2.1	40	9	4.2	169
5	2.5	49	10	4.5	180

建立回归预测模型:

$$y=a+bx$$

通过计算得知:

$$\bar{x}=2.75 \qquad \bar{y}=81.8$$

$$\sum X_i=27.5 \quad \sum Y_i=818 \quad \sum X_i^2=88.89 \quad \sum X_iY_i=2\ 864.2$$

求参数 a 和 b 的值:

$$b=\frac{\sum_{i=1}^{n}x_iy_i-n\bar{x}\bar{y}}{\sum_{i=1}^{n}x_i^2-n\bar{x}^2}=\frac{2\ 864.2-10\times2.75\times81.8}{88.89-10\times2.75^2}=46.34$$

$$a=\bar{y}-b\bar{x}=81.8-46.34\times2.75=-45.64$$

求得回归预测模型:

$$y=a+bx=-45.64+46.34x$$

家庭月收入 5.0 千元时,乙肝病毒携带者每月购买护肝保健食品的消费水平是:

$$y=-45.64+46.34\times5.0=186.06(元)$$

(2)二元(或多元)线性回归预测:如果医药市场的变化趋势同时与两个或两个以上市场影响因素相关,就需要应用二元线性回归分析法或多元线性回归分析法进行市场发展变化趋势预测。二元线性回归预测模型为:

$$y=a+b_1x_1+b_2x_2$$

式中,a,b_1,b_2——回归系数;x_1,x_2——自变量;y——因变量。

多元线性回归预测模型为:

$$y=a+b_1x_1+b_2x_2+\cdots\cdots+b_mx_m$$

式中,$a,b_1,b_2,\cdots\cdots,b_m$——回归系数;$x_1,x_2,\cdots\cdots,x_m$——自变量;$y$——因变量。

二元(或多元)线性回归的回归系数的计算公式(略)。

[**本章小结**]

医药市场营销调研是指在市场营销观念的指导下,运用科学的方法,系统地收集、记录、整理、分析和研究有关医药市场各种基本状况及其影响因素的信息资料,为医药企业制定相应的市场营销策略提供依据的活动和过程。

医药市场营销调研的内容主要有:人口环境、经济环境等宏观市场环境调研,市场结构和竞争对手等竞争环境调研,市场需求、消费心理、消费行为等市场需求调研,以及产品调研、价格调研、促销调研、分销渠道调研等市场营销组合要素调研。

医药市场信息的获取,一是通过实地调查(访问法、观察法和市场实验法),收集医药市场的第一手资料;二是通过文案调查,从各种文献档案中收集医药市场的历史性信息资料。

市场需求与市场潜量的测量是企业估计企业市场需求量与企业市场潜量的依据。市场需求与市场潜量的变化与营销努力水平有关。

常用的医药市场定性预测方法有集合意见法、专家会议法和德尔菲法。常用的定量预测方法有时间序列分析法和回归分析法。

[关键名词]

市场营销调研、医药市场营销调研、医药市场信息、实地调查法、文案调查法、抽样调查、随机抽样、非随机抽样、变量序列、市场需求、市场潜量、市场需求量、医药市场预测、定性预测、定量预测

[思考题]

1. 如何理解医药市场营销调研及其含义?
2. 医药市场营销调研的作用是什么?
3. 医药市场竞争环境调研的主要内容有哪些?
4. 市场营销组合要素调研的主要内容有哪些?
5. 如何理解医药市场信息的特征与作用?
6. 访问调查法的主要形式有哪些? 每种形式的优缺点是什么?
7. 观察法的优缺点是什么? 实验前后有对照对比实验的原理是什么?
8. 文案调查的优缺点是什么?
9. 抽样调查的优点有哪些?
10. 在对调研资料进行审核时,如果发现有缺失值可以采取哪些方法进行处理?
11. 如何理解市场需求、市场潜量和市场需求量?
12. 移动平均法的基本思想是什么? 有何缺点?

[本章实训]

实训一　抽样调查法应用

实训目的:熟悉调查问卷设计的方法和要求,理解类型抽样的程序与特点。

实训内容:调查医生对某个品牌药品疗效的认知情况。

实训组织:由若干同学组成调研小组,自制调查问卷,利用类型抽样选取100名医生作为调查样本,调查医生对某个品牌药品疗效的认知情况。

实训考核:调研小组课堂汇报调查实施过程与调查结果,教师点评、记录学生成绩。

实训二　观察法应用

实训目的:熟悉结构观察法,理解观察法的优缺点。

实训内容:观察零售药店顾客购药的决策过程。

实训组织:由若干同学组成观察小组,自制观察记录表格或观察记录卡,以结构观察的方式,到零售药店观察顾客购药的决策过程,并对观察结果作出分析。

实训考核:调研小组课堂汇报观察过程与调查结果,教师点评、记录学生成绩。

实训三　时间序列分析法在医药市场预测中的应用

实训目的:掌握医药市场预测常用的二次移动平均法、二次指数平滑法和直线趋势延续法。

实训内容:利用表 3-18 给出的某医疗器械生产企业 2021 年 1 至 10 月份电子血压仪的销售量记录,分别用二次移动平均法、二次指数平滑法和直线趋势延续法预测 2021 年 11 月份和 12 月份的销售量(取 $n=3$)。

表 3-18　2021 年 1—10 月电子血压仪的销售量记录

时间序号	实际销售量 / 台	时间序号	实际销售量 / 台
1	320	6	372
2	328	7	383
3	339	8	391
4	350	9	402
5	361	10	427

实训组织:由同学自己或分组分别应用二次移动平均法、二次指数平滑法和直线趋势延续法计算预测值。

实训考核:由同学自己或分组课堂汇报预测结果,并对预测结果进行比较分析,教师点评、记录学生成绩。

第三章
同步练习

(孔祥金)

第四章

医药营销战略

0401
第四章
教学课件

第一节　医药营销战略规划

随着我国市场竞争的日益激烈和市场经济体制的不断成熟,顾客导向成为企业生产经营活动的出发点。同时,医药商品是与人们生命密切相关的一种特殊商品,因此在医药商品营销管理链条上涉及的因素更为广泛,企业要想获得长期的可持续发展,更需要在营销战略的设计上投入更多的关注和努力。准确制定适合医药企业的市场营销战略,首先必须理解组织的整体战略规划过程。

公司范畴的战略规划(strategic planning)是指企业从长远利益出发,在分析外部环境和内部条件的基础上,确定企业目标,对企业营销活动进行总体的、长远的谋划的过程。它决定了企业能否与市场营销环境的发展变化相适应,是一种总体的、较长期的、适当超前的、高瞻远瞩的规划,用于指导市场营销战略和计划。而战略规划的核心实质上是一个环节,这个环节是指在组织目标、组织能力与不断变化的市场机会之间建立和维持战略适配的过程。医药企业所处环境与一般企业有着很大的差异,相比较而言,医药企业所受到的政策制约较多;同时,它所经营的商品是具有特殊性的,不可随便乱用。因此,医药企业若想在特定的情境、目标、机会和有限的资源下谋求长期生存和发展,就必须制定企业发展战略。

军事战略家克劳赛维茨曾说:"战略中的一切都很简单,但这并不意味着战略中一切都很容易。"战略规划是站在未来看企业的发展,它是针对相对较长时间的对全局的决策,具有指导性、长远性、全局性、系统性、竞争性、风险性的特点。在公司层面,通常准备年度计划、长期计划和战略规划。年度计划和长期计划安排公司的当前业务,并指导如何使这些业务保持良好状态。而战略规划涉及通过整合公司资源,利用环境变化中蕴涵的机会。

制定战略规划的一般步骤如图 4-1 所示。首先要确定使命和整体目标,也就是确定企业的总目标和大方向,然后将大方向转变为指导整个企业的相应的具体目标,接着规划业务组合和选择适合公司发展的产品,以及给予每种业务或产品支持。相应地,每一种业务和产品单位都要制订详细的市场营销计划以及其他部门计划,以支持企业层面的计划。最后,针对特定市场营销机会制订更加详细的计划,有力地支持公司整体的战略规划。

图 4-1　战略规划的步骤

一、确定市场导向的使命

"道、天、地、将、法"是《孙子兵法》开篇理念,军队在战争开始前,要首先考虑"道",即明确出师的使命,才可以做到君民、将士上下同心,生死与共。当今的企业争夺市场,就如历史上的英雄争霸。市场如战场,能最终成就大事者,都是首先明确了自身的"道",从而顺应民心,最终赢得顾客和市场。

传统企业是以公司本身利益为中心,而现代企业则是以市场需求为中心来安排生产经营活动的,其核心是以顾客满意为目标,从而扩大销售,获取最大利润。这一核心思想阐明了企业的根本性质与存在的目的或理由,也就是企业的使命。企业使命是指企业在社会进步和社会经济发展中所应担当的角色和责任,是指企业的根本性质和存在的理由,说明企业的经营领域、经营思想,为企业目标的确立与战略的制定提供依据。使命的意义在于:它能使企业产生合力,统一各个部门的思想,为顾客创造价值;亦能够说明企业的经营领域、经营思想,明确企业在满足社会需求中所承担的责任,表明对未来较长时间内企业发展的愿望,为企业目标的确定和战略的制定提供依据;同时,对内部员工和外部顾客均能产生吸引和鼓舞的作用。优秀的市场导向使命要求我们回答以下问题:我们的企业是干什么的?谁是我们的顾客?顾客看重什么?我们的事业应该是什么?这些问题都需要慎重、完整、简洁地回答。

使命陈述(mission statement)的思想最早由管理大师德鲁克提出,是指对企业使命或宗旨的明确界定。他认为清晰的企业使命陈述犹如一只"看不见的手"引导着组织中的每一个人。研究表明,拥有良好使命陈述的企业往往能够取得更好的财务业绩,得到更好的发展。

有很多医药企业认为自己是在"卖药"。明显地,他们是从自身的角度来看待企业的性质,而没有仔细深入地考虑过人们真正的需求。实际上,人们需要健康,同时还需要良好的服务体验。表4-1提供了一些公司的例子,对比产品导向的和市场导向的业务定义有何不同。

表4-1　产品导向和市场导向的业务定义举例

公司	产品导向的定义	市场导向的定义
A公司	致力于产品的研发、生产、销售以及服务	通过提供创新的药物、信息和出色的客户服务,为客户提供"回应与承诺",使人们生活得更长久、更健康、更有活力
B公司	拥有集科技研发、工业制造、物流分销、零售连锁、医疗健康、工程技术、专业会展、国际经营、金融投资等为一体的大健康全产业链	始终秉承"关爱生命,呵护健康"的企业理念,积极履行中央企业政治责任、社会责任和经济责任,为保障人民健康和社会稳定发挥重要作用
C公司	从事医药创新和高品质药品研发、生产及推广的医药健康企业	一直秉承"科技为本,为人类创造健康生活"的理念,以建设跨国制药集团为总体目标,不断实现企业发展的新跨越和新突破

一个公司的使命不应该仅仅说成生产出怎样的产品、增加多少销量、获取多高利润。产品和技术最终总会过时,始终不变的是基本的市场需求。企业使命若以产品为导向将会导致市场营销"近视症"。因此,企业使命必须以市场为导向,才能永葆活力。

一个企业不必刻意追求一个伟大的理念,而是要切合自身实际,确立一套能激励和凝聚员工的理念,并贯穿渗透下去,形成全体员工的共同目标,使它成为能在竞争中取胜的"利器"。美国学者弗雷德·R·戴维提出企业使命陈述的基本要素,他认为应该从九个方面来思考和阐述企业的使命,它们分别是:①用户,公司的顾客是谁?②产品或服务,公司的主要产品或服务项目是什么?③市场,公司在哪些领域参与竞争?④技术,公司的基本技术和优势是什么?⑤对生存、增长和盈利的关切,公司是否努力实现业务的增长和良好的财务状况？⑥经营哲学,公司的基本价值观、信念和道德倾向是什么？⑦自我认识,公司最独特的能力或最主要的竞争优势是什么？⑧对公众形象的关切,公司是否对社会、社区和环境负责？⑨职工,公司是否视员工为宝贵的资产？

一个优秀的使命陈述能够对企业内所有的个体行为都有影响力,能反映组织独特的优势,并将其建立在组织优势和弱点客观认识的基础之上,它必须是有足够的弹性并且是现实可行的。

二、设定公司目标

当企业使命确定后,公司需要将其转化为针对每一个管理层次的详细的支持性营销战略目标,将企业使命变得具体化、可操作化。营销战略目标是企业在一定时期内,根据企业外部环境变化和内部条件的可能,通过战略期内的营销行动来达到所预期的营销成果。如管理学大师德鲁克所说:"各项目标必须从'我们的企业是什么,它将会是什么,它应该是什么'引导出来。它们不是一种抽象,而是行动的承诺,借以实现企业的使命;它们也是一种用以衡量工作成绩的标准。换句话说,目标是企业的基本战略。"营销战略目标是实现企业营销使命,衡量营销战略行为,能使企业的各类资源发挥最大效能的具有挑战性、激励性的一个体系。

营销战略目标是一套层层分解的目标层级体系,它包括业务目标和营销目标。业务目标是基于市场导向而制定的业务,而营销目标是基于使公司生存和发展提出的营销结果。以某制药企业为例,它的使命是"促进人类健康事业发展",根据这一使命可派生出各级目标。首先,该企业需要不断研制高疗效、低毒副作用的药品才能体现出"促进人类健康事业发展"的使命;但是,由于研究费用很高,除了加大投资外,还需要提高利润来支持,这又派生出另一个主要业务目标;利润可通过减少成本或增加销售来提高;销量又可通过改善企业在国内外市场的份额来增加。在该企业的经营理念强调"首先对我们的消费者和客户负责",该企业的品牌策略根植于其经营理念。公司的产品策略、渠道策略、推广策略、定位策略、广告策略、价格策略、人才策略等都在经营理念的指导下展开,共同构成了该企业的目标体系。很明显,这只是初步的市场营销战略,每一项初步的营销战略随后都必须更为详尽和具体地确定下来。

制定高绩效的公司营销目标,应该符合 SMART 原则。

S—明确性(specific):是指目标需要用清楚的语言来说明需要达成的效果,切忌模棱两可。目标需要确定一定的标准,例如目标为"增强客户服务"就没有"采用规范的服务流程,减少顾客的投诉"描述得明确。

M—衡量性(measurable):目标的制定应该是明确的,可以衡量战略的行为,这里要求是能用量化的形式来衡量,把目标转化为各种具体的目的,如"2022 年营业额要增长 20%"这比"2022 年提高营业额"能更明确地判断企业管理的有效性和执行性。

A—可实现性(achievable):目标是企业根据实际情况,对内外部环境进行详细客观的调查研究分析确定的,是可以实现的。目标既不能好高骛远,也不能妄自菲薄。从实际出发制定的目标,要具有激励性,同时还应具有挑战性。

R—相关性(relevant):一个企业有许多目标,各种目标之间应该是相互关联。目标应当是以结果为导向的。如果某一目标与其他的目标毫不相关或相关性较低,那么也没有实质性的意义。

T—时限性(time-based):目标是有时间限制的。根据各工作目标的重要程度、紧急程度、任务权重来制定出各项目标时间要求。为目标设置具体的时间限制,有助于定期检查任务的完成进度与变化情况。

三、规划业务组合

在公司使命和目标的指导下,企业管理部门应着手研究公司的业务和产品,对现有的业务和产品进行分析评价,确定资源在每个业务单元之间的合理分配,即分析当前的业务组合(business portfolio)。业务组合是指组成企业的业务和产品的集合。这一概念是由美国一家咨询公司——波士顿咨询集团(BCG)首先应用于战略规划的。该公司开发了增长-份额矩阵。而最佳业务组合(optimal business portfolio)是指能使企业的强项和弱项最好地适应环境所提供的机会的业务组合。公司业务组合规划分两步走:第一步,公司必须分析当前业务组合,并决定哪些业务应该减少投入或者不再投入,哪些业务应该得到更多支持;第二步,公司必须规划未来成长战略,以构建未来的业务组合。

(一) 分析当前的业务组合

业务组合分析(portfolio analysis)是战略规划中的主要任务,管理者借此对构成公司的各项业务和产品即业务组合进行评价。组合分析涉及两个步骤。第一,确定构成公司的战略业务单位(SBU)。战略业务单位是公司中的关键业务,它是以企业所服务的独立的产品、市场或行业为基础,由企业若干事业部或事业部的某些部分组成的战略组织。一个战略业务单位的组成形式多样,可以是公司的一个产品或品牌、一个部门,或者是一个部门中的一条产品线。SBU 的特点是:①它是单独的业务或一组相关的业务;②可制订自身的业务发展计划并能独立实施;③可以单独考核业务活动与绩效;④它有自己的竞争对手;⑤它有专职的负责人制订战略规划并掌握一定资源,通过实施战略规划为企业创造利润。第二,评估各个 SBU 的吸引力与经营效果,并且决定应该给予各项业务何种支持。当设计业务规划时,公司应增加和支持与公司的竞争能力和核心哲学紧密结合的产品与业务。

利用环境中最有吸引力的机会,寻求最佳途径使公司能够发挥自身优势是战略规划的目的。所以,大多数标准的业务组合分析都从市场或行业吸引力和地位这两个维度评价各个 SBU。其中处于领导地位的管理咨询公司波士顿咨询集团开发了一个较好的业务分析方法。

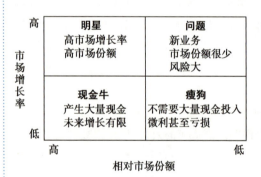

图 4-2   波士顿矩阵

下面通过波士顿矩阵(也称 BCG 矩阵或 BCG 增长-份额矩阵)来对企业的各个业务单位加以分类和评估。如图 4-2 所示。

波士顿矩阵选取市场增长率和相对市场份额两个指标分别作为矩阵的纵、横坐标,它对于企业的 SBU 或产品所处的四个象限具有不同的定义和相应的战略对策。

1. 明星类   明星类业务具有高增长、高市场份额的特点。这类业务或产品当前经营状况较好,处于市场领先地位,其销售增长较快且本企业在该业务上的优势较为明显。若想维持领先地位,需要对其加大投资以支持其迅速发展才有可能成为企业的现金牛产品。从短期来看,明星类产品并非现金创造者,而是资金消耗者,但它未来可能是企业的"财源"。其发展战略是:积极扩大经济规模和市场机会,以长期发展的眼光制定目标,加强竞争地位,提高市场占有率。

2. 现金牛类   现金牛类业务具有低增长、高市场份额的特点。这类业务或产品销售量大,产品利润率高,市场占有率高,可以为企业提供资金,表明其处于领导者地位,已进入成熟期,而且其增长率低,也无须增大投资。结合产品生命周期,现金牛类产品可采用收获战略:即所投入资源以达到短期收益最大化为限。一方面,采用压榨式方法,争取在短时间内获取更多利润,为其他产品提供资金;另一方面,尽量压缩设备投资和其他投资。此外通过进一步细分市场,维持现存市场增长率或延缓其下降速度。

3. 问题类   问题类业务具有高增长、低市场份额的特点。这类业务或产品利润率较低,所需资金不足,负债比率高。大多数业务都是从问题类开始,对问题产品应采取选择性投资战略。即判断这类产品是否具有发展潜力,重点投资那些经过改进可能会成为明星的产品,可选择发展战略,提高其市场占有率,使之转变成"明星产品";而对于没有持续的成长性的产品,则应选择放弃战略。

4. 瘦狗类　瘦狗类业务具有低增长、低市场份额的特点。这类业务或产品利润率低,处于保本或亏损状态,负债比率高,不能给企业带来盈利,甚至可能出现亏损。这类产品往往会占用企业大量资金,但盈利甚少或有亏损,处在产品生命周期的衰退期,故对其应采用撤退战略:首先应减少瘦狗类产品的批量,逐渐撤退,对发展极差的产品应立即淘汰;其次是转移剩余资源;第三是整顿产品系列,最好将瘦狗产品与其他事业部合并,统一管理。

利用这种工具,针对不同类型的业务进行不同的分析,制定不同的竞争战略,合理安排产品系列组合,重点发展明星产品,维持现金牛产品,收获或放弃有问题的、没有发展前途的 SBU 或产品。可选择的战略有四种,如表 4-2 所示。

表 4-2　BCG 矩阵分析后的 SBU 可选战略

战略类型	适用业务类型	目的
发展战略	有发展前途的问题类和明星类	提高相对市场占有率
维持战略	强大的现金牛类	保持现有市场占有率
收获战略	弱小的现金牛类,部分问题类与瘦狗类	增加短期现金流入
放弃战略	没有前途的问题类与瘦狗类	变卖某些业务,集中有限资源

BCG 矩阵为战略规划带来了变革,但是这些集中化的方法也存在局限性:首先,科尔尼管理咨询公司提出,BCG 矩阵方法对外部融资欠缺考虑,它仅仅假设公司业务发展依靠的是内部融资。其次,BCG 矩阵方法假设这些业务是独立的,但许多公司的业务是紧密联系在一起的,例如,放弃具有互补性的瘦狗业务,也许现金牛业务也会受到影响。再次,BCG 矩阵方法执行起来费时费力,而且成本很高。要确定战略业务单位并评价其市场份额和增长速度非常困难。最后,这些方法对将来的业务规划未给予考虑,而是侧重于对现有业务进行分类。

(二) 规划未来成长战略

企业除了考虑已有的各项业务的发展以外,还要寻求公司进一步的发展机会。因而,还必须制定成长战略。企业管理者必须识别、评价和选择市场机会,并且为捕捉这些市场机会制定成长战略。

1. 密集性成长战略　密集性成长战略是在产品与市场的框架内考虑成长问题。确定成长机会的一种有效工具就是产品 - 市场扩展方格,如图 4-3 所示。

(1) 市场渗透:市场渗透(market penetration)是指以现有的产品面对现有的顾客,在不改变目前产品的情况下,使发展焦点转为提高销量,力求增大产品的市场占有率。企业具体可以采用以下三类措施。

	现有产品	新产品
现有市场	市场渗透	产品开发
新市场	市场开发	多角化经营

图 4-3　产品 - 市场扩展方格

1) 鼓励现有顾客进行更多的购买行为:如制药企业在销售产品时,注重向消费者宣传用药安全常识,提醒消费者定期清理家庭药箱中的陈药、过期药和失效药,这样不但可以让药品销售流转速度加快,而且能够得到消费者的好评和认可。

2) 争取竞争者的顾客:在药品的销售促进工作中,企业必须要做到更加具有针对性,抓住消费者的真正需求,并将其有效传递给目标消费者,才能达到市场渗透的目的。尤其是在 OTC 药品的促销中,准确把握本企业产品的特点并将其有效传递给目标消费者就显得尤为重要。

3) 设法吸引新顾客:将必要的相关信息有效传递出去,有利于为企业争取到首次使用者。因此,企业通过卫生知识讲座、义诊等促销手段,可以在提高国民健康意识的同时也达到吸引新顾客的目的。

(2) 市场开发:市场开发(market development)是指提供现有产品开拓新市场。企业具体可以采用以下三类措施。

1）寻找目标市场的潜在顾客：这些消费者尚未购买本企业产品的原因有很多，可能他们还不知道有这样一种产品，或者他们还没有意识到自己需要这种产品等。出现诸如此类的情况时，企业应该加大宣传力度，或者调整宣传手段，使消费者知晓该产品。

2）寻找新的销售渠道：药品在临床上使用一定时期之后，其性质可能由处方药转变成非处方药，也可能会由非处方药再转为处方药。因此，企业可以增加药店销售路线，提高销量。

3）扩大销售区域范围：该方法在药品销售活动中运用比较普遍，目前制药企业一般将国内市场按地理进行划分，在各个地区设立办事处，并在当地招聘医药销售代表开展业务。如果某产品在华东市场取得成功，取得经验之后，就可以考虑在其他有条件的地区设立销售机构，使产品的销售区域进一步扩大。

（3）产品开发：产品开发（product development）是指向现有顾客推出新产品，企业利用现有的顾客关系来借力使力，改变规格档次、花色品种等，推出新一代或是相关的产品给现有的顾客，以扩大现有产品的深度和广度，提高该企业产品的市场占有率。目前，我国医药企业越来越重视新药的研究开发工作，也更加注重投入资金开发新产品，这也是提高医药企业实力的最根本途径。

（4）多角化经营：多角化经营（diversification）是指提供新产品给新市场。采用这种策略需要企业能在销售、渠道或产品技术等上取得某种综效（synergy），这种战略可以充分发挥企业的资源优势，使得企业整体抗击风险的能力增强，但同时也是一种比较冒险的战略。

如果借用军事术语把营销中的市场开拓称为"攻城略地"，那么有效的市场推广手段则是"实现精准打击而非狂轰滥炸"。市场开拓讲究战略，市场推广手段讲究战术。以某药品制造企业为例，该企业通过对降糖药格列喹酮的"分层管理"进行精准营销，其拥有的市场份额在同类产品中遥遥领先。通过该企业的市场分类与营销策略，可以进一步了解营销业务组合是如何在实际营销管理活动中发挥作用的。该企业的营销策略是结合格列喹酮自身特点从市场拓展方面入手进行分层。其中分为4大类：核心市场、维持增长市场、边缘市场、空白市场。对于市场潜力大、产出贡献高的核心市场，该企业首先进行营销版图的筛选，然后对目标竞争对手的人员分布以及自己的营销团队进行适当的布局调整。维持增长市场，注重稳固现有基础。维持增长市场是指具有一定的增长能力，但受潜力制约，即使倾注更多资源，增长空间依然有限的市场。在筛选出的这部分市场上，产品的增长以核心市场的带动为主，在专业推广上以搭建糖尿病基础治疗的学术交流平台或协助相关机构开展安全合理用药的教育为主。在边缘市场上，开展渠道延伸工作。目前，这部分市场主要进行渠道延伸的推广活动，以保证中小医疗终端的公司产品能够及时配送。针对空白市场，该企业推出了寻找战略合作伙伴计划。公司筛选出了专业化的战略合作伙伴，由他们按照公司的策略要求，客观公正地宣传产品，扩大了格列喹酮的覆盖率，满足了临床治疗的需求，也提高了公司的销售收入。一年后，格列喹酮年销售收入超过2亿元，在四类市场上都有所斩获。

2. 一体化成长战略   除了以上通过对产品-市场的分析制定的成长战略外，企业还可以选择另外一种方式，即一体化成长战略（integrative growth strategy）。这种战略是指企业利用自己在产品、技术和市场上的优势，向企业外部扩展的战略。如果企业所在行业的吸引力和发展潜力大，而且企业在供、产、销等方面均有能力实行一体化，且能够带来规模效益，则应采取一体化扩展战略。这种战略分为三种形式：水平一体化、前向一体化、后向一体化。如图4-4所示。

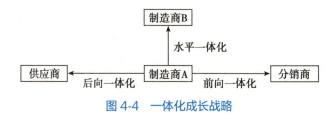

图 4-4   一体化成长战略

（1）水平一体化：是指实行各种形式的联合经营，或者争取同类企业的所有权或者控制权。这样可以取长补短，共同开发某些机会，更重要的是扩大规模和实力，发挥 1+1>2 的效应。

（2）前向一体化：是指企业根据生产技术的可能条件和市场的需要，利用自己存在的优势，把成品进行深加工的战略，是为了获得原有成品深加工的高附加价值。在生产过程中，它的物流是从顺方向移动。换言之，企业控制或拥有整个或部分供应系统。

（3）后向一体化：是指企业利用自己在产品上的优势，自行生产原来属于外购的原材料或零件的战略。在生产过程中，通过获得供应商的所有权或增强对其控制来求得发展，它的物流是从反方向移动。换言之，企业控制或拥有整个或部分分销渠道。仲景宛西制药股份有限公司在河南西峡、武陟、温县，安徽岳西、南陵，四川彭山分别建立了山茱萸、地黄、山药、牡丹皮、茯苓、泽泻六大 GAP 药材种植基地和初加工生产线，实现了六味地黄丸六种药材全部源于 GAP 基地的新突破。

需要注意的是，通过识别市场机会，公司不仅要为其业务组合制定成长战略，还要适当地选择收缩战略（downsizing），如对于"瘦狗"业务。企业希望放弃某些产品或市场的原因很多，可能是市场环境的变化使得企业的产品或市场失去盈利性；也可能是公司增长或进入了自己缺乏经验的领域。企业应立足企业自身，考虑多种因素，以科学决策为指导进行管理。

第二节　战略实施

一、战略实施的部门合作

市场营销者无法单独为顾客创造卓越的价值，合作是世界市场经久不衰的主题。这要求企业管理层在实行客户关系管理的同时也要与公司其他部门中的伙伴紧密合作，形成有效的价值链，为顾客服务。此外，随着市场竞争日益加剧和技术发展，产品同质化倾向越来越明显，仅仅依靠好的产品已不足以差别化企业的竞争优势，而价值链上不同企业间的"协同"能够在同等价格上为顾客提供更高的、更长期的价值，赢得顾客忠诚。在面临营销危机时，价值链的每个环节若能够很好地彼此配合，营销危机就能很快解决。

（一）与公司其他部门合作

公司是由很多个部门组成的，每个部门都可以被视为公司价值链的一个环节。每个部门都有自己需要履行的职责，共同完成设计、生产、递送和支持企业产品并创造价值的任务。因此，各部门必须互相配合，以满足消费者需求和实现公司营销目标为中心原则，从而承担各自的责任并发挥有效作用。例如：某连锁药店提出建立"1+7"的分部组织架构，即 1 个总部总经理 +7 个分部门总经理，通过业务单位的明确分工，来达到使顾客满意的目标。诚然，市场营销本身也需要公司其他部门的帮助。为适应日渐膨胀的连锁体系需要，该连锁药店总部推行了部门总监制，通过总监制来推动各分部的工作。总部设立了财务总监、投资管理部总监、商品总部总监、市场部总监、采购总部总监等。比如所有分部的营销、市场策划等由总部市场部总监统一规划、指挥；所有分部的商品线规划、存货结构的控制、付款风险的掌握由商品总监来推动，以实现公司有效地运营。

"木桶原理"告诉我们，每个企业都有它的薄弱环节。正是这些环节使企业许多资源闲置甚至浪费，发挥不了应有的作用。如常见的互相扯皮、决策低效、实施不力等薄弱环节，都严重地影响并制约着企业的发展。因此，企业要想做好、做强，必须每个环节都为一个目标——做到位才行。成功的企业必须使所有部门都"为顾客着想"，以满足顾客的需求为根本目的，并建立一条能够顺畅地完成各项职能的价值链。

（二）与营销系统内的其他企业合作

在营销系统内，企业需要将视野超越自己的价值链，扩展到供应商、经销商以及最终顾客的价值链。例如某中药厂为了全面提升止咳丸产品的品牌知名度和市场竞争力,该中药厂与国内医药行业最具丰富实战经验的策划团队达成了长期战略合作,全力推进止咳丸产品的市场营销工作。协助区域特约经销商进行二级分销网络建设;协助零售商进行终端的促销和价格维护。该企业找准了渠道和终端的发力点,结果事半功倍。

随着全球化经济的发展,市场的竞争已转变为供应链与供应链间的竞争。在药品零售行业,某些连锁药店采取厂家直供的模式,在供应链上减少了中间流通环节,取消了中间商的利润,使零售商在与厂家谈判中获得更低的采购价格和更多的费用支持等。此外,厂家通过对终端的掌控与投入,提升其产品的销量,从而增加零售商的利润。企业强调和品牌商合作的重要性:"这种合作是面向顾客的新型工商关系,因为有了共同的利基,会更加友好和稳固。"

二、战略实施过程与要求

好的战略规划还需要有效的实施,才能实现战略目标,完成企业的使命。图4-5描述了战略实施的基本过程。

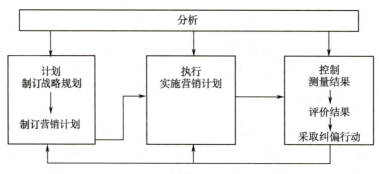

图 4-5　战略实施过程

战略实施是建立在战略规划的基础上的。首先要求企业以战略规划为基础,制订营销计划,然后将营销计划细化为每个部门、产品和品牌;其次,通过执行营销计划,将计划转化为行动;最后,要依据行动结果与计划的差异进行有效控制。

托马斯·彼得斯等人认为,只有战略是不够的,战略只是企业成功的要素之一,他们还提出了企业成功的"7S"结构,指出其中的战略(strategy)、结构(structure)、制度(systems)等因素是保证成功的"硬件",作风(style)、人员(staff)、技能(skills)和共同的价值观(shared values)等是成功的软件因素。

托马斯·彼得斯等人在研究了许多成功的公司后发现,"软件"因素甚至比"硬件"因素对企业的成功更为重要。作风,表现为企业员工具有其独特的、与战略相适应的文化素养,全体员工要有与战略目标一致的言行举止;人员,企业要有一批有业务能力的员工,并能做到知人善任,人尽其才;技能,员工具有实施战略的某些特长或技术;共同的价值观,企业自上而下都认同并践行企业核心价值观。

战略实施过程中,企业要对战略实施的环境要素进行监测,并不断对战略实施的效果进行跟踪和评价。当发现战略规划存在与环境或企业能力不相适应的情况时,要及时对规划进行调整、修订或补充,甚至改变战略和目标。此外,为保障战略规划的有效实施,企业应注重分析托马斯·彼得斯提出的"7S"结构在企业战略实施过程中的状况,通过优化和加强结构要素,以提升战略的执行力。

[本章小结]

战略规划大体需要经历确定公司使命、设定公司目标和规划业务组合三个步骤。

使命陈述是指对企业使命或宗旨的明确界定。企业使命陈述的基本要素包括:用户,产品或服务,市场,技术,对生存、增长和盈利的关切,经营哲学,自我认识,对公众形象的关切和职工九个要素。

目标应该符合SMART原则,即:明确性(specific)、衡量性(measurable)、可实现性(achievable)、相关性(relevant)和时限性(time-based)。

波士顿矩阵分析可以将业务分为:明星类业务是指具有高增长、高市场份额的业务;现金牛类业务是指具有低增长、高市场份额的业务;问题类业务是指具有高增长、低市场份额的业务;瘦狗类业务是指具有低增长、低市场份额的业务。

密集性成长战略有四种战略类型:①市场渗透战略是指以现有的产品面对现有的顾客,在不改变目前产品的情况下,使发展焦点转为提高销量,力求增大产品的市场占有率。②市场开发战略是指提供现有产品开拓新市场。③产品开发战略是指向现有顾客推出新产品,企业利用现有的顾客关系来借力使力,改变规格档次、花色品种等,推出新一代或是相关的产品给现有的顾客,以扩大现有产品的深度和广度,提高该企业产品的市场占有率。④多角化经营战略是指提供新产品给新市场。

一体化成长战略是指企业利用自己在产品、技术和市场上的优势,向企业外部扩展的战略。水平一体化战略是指实行各种形式的联合经营,或者争取同类企业的所有权或者控制权。前向一体化战略是指企业根据生产技术的可能条件和市场的需要,利用自己存在的优势,把成品进行深加工的战略,是为了获得原有成品深加工的高附加价值。后向一体化战略是指企业利用自己在产品上的优势,自行生产原来属于外购的原材料或零件的战略。

需要注意的是,通过识别市场机会,公司不仅要为其业务组合制定成长战略,还要适当地选择收缩战略。

[关键名词]

战略规划、企业使命、使命陈述、战略业务单位、市场渗透战略、市场开发战略、产品开发战略、多角化经营战略、一体化成长战略、水平一体化战略、前向一体化战略、后向一体化战略、SMART原则、BCG矩阵、战略实施7S模型

[思考题]

1. 企业战略规划的步骤是怎样的?
2. 企业使命陈述为什么很重要?
3. 目标设定的SMART原则是指什么?
4. 如何运用波士顿矩阵对企业现有业务进行分析?
5. 密集性成长战略包括哪几种类型? 这些战略的适用条件分别是什么?
6. 一体化成长战略包括哪几种类型? 这些战略的适用条件分别是什么?
7. 简述战略实施的过程。

[本章实训]

战略的制定

实训目的:了解战略的内涵,并掌握制定战略的具体步骤。

实训内容:根据本章所学知识框架去查询某企业战略,并形成战略分析报告。

实训组织:由同学组成几个小组,分别选择不同的医药企业,通过调研、实地考察或网络信息收集等方法,查询该企业战略,并以小组为单位撰写战略研究报告。

实训考核:每组分别在课堂上汇报本组战略研究报告,教师点评、记录学生成绩。

第四章
同步练习

（何　强）

第五章

医药目标市场营销策略

第五章
教学课件

第一节　目标市场营销相关理论

现代市场营销理论的核心就是 STP 营销,它包括市场细分(market segmentation)、市场选择(market targeting)与市场定位(market positioning)三个要素,如图 5-1 所示。

一、市场细分的概念、发展及其作用

(一) 市场细分的概念

1956 年美国市场学家温德尔·史密斯(Wendell R. Smith)提出了"市场细分"的概念。市场细分(market segmentation)是指营销者通过市场调研,依据消费者的需要和欲望、购买行为和购买习惯等方面的差异性,把需求相同或类似的消费者划分为一个群体,从而把

图 5-1　STP 营销

某一(类)产品的市场整体划分为若干消费者群的市场分类过程。每一个消费者群就是一个细分市场,每一个细分市场都是具有类似需求倾向的消费者构成的群体。

如我国庞大的感冒药市场,一直是跨国公司和国内医药企业争夺的领域,目前中国几千家药企中有很大的比例都在做感冒药,市面上的感冒药品种高达百余种。在众多的感冒药生产企业中,没有哪个医药企业能够独占整个市场。医药企业通常依据消费者的年龄、感冒症状的轻重、药物自身的性质等将市场进行细分后,然后结合自身产品特色,占据着细分市场的主导份额。

(二) 市场细分的发展

市场细分又称为市场分割或市场区隔,是企业在市场营销的实践经验基础上产生与发展起来的,从一开始就具有很强的实践性。从总体上看,有什么样的市场条件,就会产生什么样的营销战略思想。市场细分作为现代市场营销理论的产物,其产生与发展经历了大量营销、产品差异化营销和目标市场营销三个阶段。

1. 大量营销阶段　20 世纪 20 年代以前,生产力低下,商品供不应求,是典型的卖方市场,生产观念支配销售理念。西方经济发展的重心是速度和规模,企业市场营销的基本方式是面向市场所有消

费者,不加区别地大批量生产品种规格单一的产品并通过大众化的渠道推销。企业这样做可以降低成本和价格,并开拓最大的潜在市场。

2. 产品差异化营销阶段 在 20 世纪 30 年代,发生了震撼世界的资本主义经济危机,西方企业面临着产品严重过剩的局面。市场迫使企业开始转变经营观念,卖方市场逐步向买方市场过渡。在此阶段,企业意识到产品差异的价值,生产几种具有不同规格、外观、性能、品质的产品,其目的是向消费者提供多种产品,方便消费者选择。在产品差异化营销阶段,企业仍没有重视市场需求的研究,市场细分仍无产生的基础和条件。

3. 目标市场营销阶段 20 世纪 50 年代以后,在科学技术革命的推动下,生产力水平大幅度提高,产品日新月异,生产与消费的矛盾日益尖锐,以产品差异化为中心的推销体制远远不能解决西方企业所面临的市场问题。于是,市场迫使企业再次转变经营观念和经营方式。此阶段企业以消费者的需求为出发点,在对整体市场进行调研的基础上对市场进行细分,选择出最适宜公司的有利可图的目标细分市场,进行市场定位,设计营销组合策略。由此可见,营销已由产品差异化转向以市场需求为导向的目标营销,即企业在研究市场和细分市场的基础上,结合自身的资源与优势,选择其中最有吸引力和最能有效地为之提供产品和服务的细分市场作为目标市场,设计与目标市场需求特点相互匹配的营销组合等。市场细分策略应运而生。

市场细分理论的产生,使传统营销观念发生了根本变革,在理论和实践中都产生了极大的影响,以至于被西方理论家称之为"市场营销革命"。目前我国大多数药品都已进入目标市场营销阶段。

(三) 市场细分的作用

细分市场是从最终消费者的角度进行划分的市场,是从消费者的需求、动机、购买行为的多元性和差异性来划分的市场,因此,市场细分对企业的生产、营销起着极其重要的作用,主要表现在以下几个方面。

1. 有利于企业发掘市场机会,开拓新的市场 通过市场细分,企业可以对每一个细分市场的购买潜力、满足程度、竞争情况等进行分析对比,探索出有利于本企业的市场机会,使企业及时作出投产、销售决策或根据本企业的生产技术条件实施新产品的开发计划,进行必要的产品技术储备,掌握产品更新换代的主动权,开拓新市场,以更好适应市场的需要。

2. 有利于企业选择目标市场和制定市场营销策略 市场细分后的子市场比较具体,比较容易了解消费者的需求,企业可以根据自己的经营思想、方针及生产技术和营销力量,确定自己的服务对象,即目标市场,从而进行市场定位,有利于企业认识在不同子市场中与竞争对手的优势与劣势,扬长避短,制定有针对性的营销策略。同时,在细分的市场上,信息容易了解和反馈,一旦消费者的需求发生变化,企业可迅速改变营销策略,制定相应的对策,以适应市场需求的变化,提高企业的应变能力和竞争力。

3. 有利于企业集中人力、物力投入目标市场 任何一个企业的人力、物力、资金资源都是有限的。通过细分市场,选择适合自己的目标市场,企业可以集中人、财、物及资源,去争取局部市场上的优势,然后再占领目标市场。

4. 有利于企业提高经济效益 通过市场细分,找准目标市场,企业生产出适销对路的产品,既能满足市场需要,又可增加企业的收入。产品适销对路可以加速商品流转,加大生产批量,降低企业的生产销售成本,提高生产工人的劳动熟练程度,提高产品质量,全面提高企业的经济效益。

市场细分给企业提供了更好的营销机会的同时,也有自身一定的局限性,如市场细分的投入费用很高;保持每个细分市场所需要的总投资成本上升;为每个细分市场宣传的广告成本上升;同时,对于实施几个不同的细分市场项目的管理成本也会上升。

二、市场细分的原理

依据消费者的需要和欲望、购买行为和购买习惯等方面的差异性,可以把市场划分为若干类。通常根据市场细分程度的不同分为：完全无细分市场、完全细分市场、按主导因素细分市场、按多项因素细分市场。如图 5-2 所示。

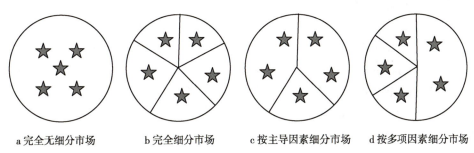

a 完全无细分市场　　　　b 完全细分市场　　　　c 按主导因素细分市场　　　　d 按多项因素细分市场

图 5-2　细分市场示意图

1. 完全无细分市场　假如市场上有 5 个消费者构成了一个市场，在这个市场中，5 个消费者的需要与欲望基本上是一致的，市场就没有必要再细分。虽然他们的需求常常也是有细微差异的，但企业为减少生产和运营成本，以强调市场中的共性为主，漠视个性（图 5-2a 所示），如作为生产要素的水、煤炭、电力等。

2. 完全细分市场　企业强调市场上这 5 个消费者的独特的需求和愿望，把每个消费者都作为一个单独的市场，并逐个以适当的商品和服务及营销策略来满足消费者的需求，如图 5-2b 所示。

在实际经营中，这种消费者的数量等于细分后的子市场的数目的情况是一种极端的现象，只有在市场内的购买者数目很少，同时又有很大差异需求时，可考虑分别满足消费者各自的需要。中医的辨证施治和个性化给药以及现在所提倡的"精准医疗"等与这种市场细分方式大体类似。由于市场细分过细，造成产品差异过大，不能进行批量生产，使生产成本增加。

3. 按主导因素细分市场　对某些通用性强、挑选性弱的产品，可依照对消费者需求影响强度最高的一个因素细分。如图 5-2c 中以消费者的年龄作为细分的标准将市场分为三个不同年龄组的子市场。例如补钙制剂常常采用这种手段，将市场分成儿童市场、中年市场和老年市场。

4. 按多项因素细分市场　在购买过程中，大多数消费者的需求与行为都是多种因素影响的结果。患同种疾病的人，由于生理与心理的差异、年龄的差异以及经济承受能力的不同，对药品的需求有所不同，即使同一年龄组的人，由于性别、收入的不同，也表现出差异。因此，一般情况下企业都按照两个或两个以上的因素细分。如图 5-2d 用消费者的年龄和收入两个因素进行细分，可出现多个子市场如老年高收入、中年高收入等。

三、市场细分的标准

市场细分的前提是消费者需求的差异性，产生这些差异的因素就是进行市场细分的标准，也称为市场细分的依据或市场细分的变量。市场细分的标准一般有以下几种。

1. 按地理因素细分　是按消费者工作或居住的地理位置特征进行市场细分，包括地形、城乡、气候、交通、人口密度、行政区等因素。

以地理因素作为市场细分的标准是因为地理因素影响消费者的需求和反应。各地区由于自然气候、交通条件、通信条件、传统文化、经济发展水平等因素的影响，便形成了不同的消费习惯和偏好，具有不同的需求特点。

2. 按人口因素细分　是按人口特征进行细分市场，包括年龄、性别、家庭人口、家庭生命周期、收入、教育程度、社会阶层、宗教信仰或种族等因素。

人是市场营销活动的最终对象，也是造成市场需求差异的本质性动因。人口统计变量比较容易衡量，有关数据相对容易获取，因此，企业经常以它作为市场细分的依据。

3. 按心理因素细分　是按消费者个性或生活方式等心理因素进行市场细分。主要包括消费者的个性、生活方式、社会阶层、动机、价值取向、对商品或服务的感受或偏爱、对商品价格反应的灵敏程度以及对企业促销活动的反应等。

在市场营销活动中,常常出现这种情况,即在人口因素相同的消费者中间,对同一商品的爱好和态度截然不同,这主要是由于心理因素的影响。市场细分的心理因素十分复杂而广泛,涉及消费者一系列的心理活动和心理特征。

4. 按消费者购买行为细分　是根据消费者对品牌的了解、态度、使用情况及其反应而将他们分为不同的群体。包括时机细分、利益细分及对品牌的忠诚度等。

此外还有社会文化细分、使用者行为细分等。

四、市场细分的原则

细分市场并不是越细越好,否则企业会增加成本,对市场进行有效细分并非易事。市场细分的结果是否科学合理,可从以下几个方面来进行评判,这也是进行成功、有效的市场细分时所应遵循的基本原则。

1. 可衡量性　可衡量性是指用来细分市场的标准和变量及细分后各分市场消费者的特征、市场规模和范围、购买力大小等有关资料能够通过市场调研及其他方式获得,是可以识别和衡量的,对范围和容量应当明确。既有明显的区别,又有合理的范围,可清晰描述分市场的概貌轮廓。如果某些细分变量或购买者的需求和特点很难衡量,细分市场后无法界定,难以描述,那么市场细分就失去了意义。一般来说,一些带有客观性的变量,如年龄、性别、收入、地理位置、民族等都易于确定,并且有关的信息和统计数据也比较容易获得;而一些带有主观性的变量,如心理和性格方面的变量,就比较难以确定。

2. 可进入性　可进入性是指企业应有能满足细分市场的相应的人力、物力、财力资源。企业有能力进入所选定的分市场,能进行有效的促销和分销,实际上就是考虑营销活动的可行性。一是企业能够通过一定的广告媒体把产品的信息传递到该市场众多的消费者中去,二是产品能通过一定的销售渠道抵达该市场。

3. 可盈利性　可盈利性是指细分市场的规模要达到能够使企业足够获利的程度,并具有发展潜力,从而提高企业的竞争力。使企业值得为它设计一套营销规划方案,以便顺利地实现其营销目标,以保证企业能按计划获得理想的经济效益和社会服务效益。

4. 相对稳定性　细分后的市场能在一定时间内保持相对稳定,以利于企业制定长期市场营销策略。特别是大中型企业以及投资周期长、转产慢的企业,更容易造成经营困难,严重影响企业的经营效益。

5. 差异性　即细分市场之间的异质原则和细分市场内的同质原则。异质原则是指不同细分市场的消费者的需求应具有差异性。同一市场营销组合方案,不同细分市场会有不同的反应。对于细分出来的市场,企业应当分别制订营销方案。同质原则是指在同一细分市场中消费者的需求应是相同或相似的。同一市场营销组合方案,有相似的反应。若差异大,还应进一步进行细分。

五、市场选择

(一) 市场评估

由于资源条件的限制,任何企业都不可能有能力进入细分市场中的每一个子市场,也不是所有的子市场都有吸引力,这就要求企业首先对细分后的子市场进行评估,在评估各个细分市场时,企业必须考虑:细分市场对企业的吸引力、企业的自身资源、市场竞争者数量与实力等诸多因素。

1. 细分市场的吸引力　细分市场是否具有足够的吸引力,企业不仅要看细分市场的规模及成长性,也要看细分市场的盈利性。在市场细分过程中,要充分考虑产品的销售情况。没有足够的销售量,难以保证合理的盈利水平,无法形成现实的市场,也就无法选择这样的细分市场作为目标市场。分析市场的规模,既要考虑现有的水平,更要考虑其发展潜力,以保证企业有长期稳定的发展前景。市场规模大小是相对的,应根据企业的实力选择适当的规模。有适当的规模和成长性的市场若缺乏盈利性同样不能成为目标市场。此外,细分市场竞争性也是影响其吸引力的重要因素,特别是竞争者的数量与实力也决定一个市场是否能长期盈利的重要因素,波特五力模型中的五个力量(即进入壁垒、替代品威胁、买方议价能力、卖方议价能力以及现存竞争者之间的竞争)均在某种程度上影响细分市场的竞争性。

2. 企业的自身资源　细分市场的评估除了考虑细分市场的吸引力外,还要分析企业自身的目标和资源状况。往往某些细分市场具有一定规模和发展潜力,也具有吸引力,但如果与企业的长远目标不适,企业现有的人力、物力、财力资源不具备在该市场营销获胜所必备的能力,那么,这样的细分市场对企业也是不合适的,不能选择。

(二) 市场选择模式

企业在对不同的细分市场评估后要选择目标市场,常见的目标市场的选择模式有五种,如图 5-3 所示。

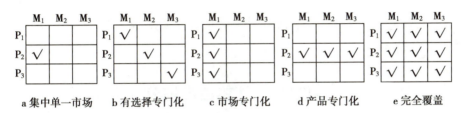

图 5-3　目标市场选择的模式图

注:M 代表市场(M_1、M_2、M_3 代表不同的细分市场),P 代表产品(P_1、P_2、P_3 代表不同的细分产品),这些模式分别适合不同规模的企业和特定的营销环境。

1. 集中单一市场模式　集中单一市场也称为产品 - 市场集中化。该种模式是指企业只选择一个细分市场集中营销,就是说只生产一类产品供应一个消费群。它通过生产、销售和促销的专业化分工,使企业集中力量,在该细分市场建立巩固的市场地位,使产品有较高的市场占有率,并易于树立企业的声誉。这种方法适用于中小企业,如果细分市场补缺得当,企业的投资便可获得高额报酬。大企业采用这种策略,则是因为初次进入某个市场,把这个分市场作为继续扩大的起点。

然而,集中单一市场比一般情况风险大,因为目标市场范围狭窄,一旦该市场萎缩,企业有可能陷入困境,基于这些原因,许多公司都选择在若干个细分市场分散经营。

2. 有选择专门化市场模式　有选择专门化市场模式也称为多角形经营模式。该种模式是指企业为降低集中单一市场模式的风险,选择若干具有良好的盈利潜力的细分市场作为目标市场,在各细分市场之间很少有或者根本没有任何联系,其中每个细分市场不仅符合公司的目标和资源,并且在客观上都有吸引力,每个细分市场都有可能盈利。这种多细分市场目标优于单细分市场目标,此模式优点是可以规避风险,即使某个细分市场失去吸引力,公司仍可继续在其他细分市场获取利润。缺点是分散了企业资源,增加了营销的难度和成本。因此要求企业具有较强的营销能力及资源条件。

3. 市场专门化市场模式　市场专门化是指企业专门为满足特定消费群的某方面的各种需要而提供多种产品。这种模式的优点是能够深入研究目标消费者的需求,提供满足其需要的产品。缺点是如果该类消费者的偏好或购买力下降,企业的经营会受到严重影响。这就要求企业在该市场模式下不断挖掘新的潜在需求,并在时机成熟的条件下及时调整市场模式。

4. 产品专门化市场模式　产品专门化是指企业只集中生产一种产品满足各类消费者的需求。

这种模式的优点是企业专注于某类产品,容易形成人力、生产、技术和营销等方面的优势。缺点是如果行业出现强劲对手或出现替代产品,会对企业产生较大的不利影响。要求企业不断提高自身的科研创新能力。

5. 完全覆盖市场模式   完全覆盖市场模式也称为全方位进入模式。该种模式是指企业想用各种产品满足各种消费群体的需求。这种策略在实际中很难实现,一般只是大企业应用,通常可用无差异市场营销或差异市场营销这两种主要的方法,达到覆盖整个市场的目的。一般情况下,只有实力雄厚的大型企业发展到一定阶段时会选用这种模式。

六、市场定位

如何在众多的竞争对手中突出自己的个性和特色,使自己在竞争中处在有利的位置,是每一个企业都要面临的问题,市场定位就是解决这一问题的。

市场定位(marketing positioning)是由美国营销学家艾·里斯和杰克·特劳特在 1972 年提出的,也称作"营销定位",是企业及产品确定在目标市场上所处的位置。针对消费者对该种产品的某种特征、属性和核心利益的重视程度,强有力地塑造出本企业产品与众不同的、给人印象深刻、鲜明的个性或形象,并通过一套特定的市场营销组合把这种形象迅速、准确而又生动地传递给消费者,影响消费者对该产品的总体感觉。

简而言之,市场定位实质就是在目标市场上取得的竞争优势,通过在客户心目中树立独特的形象,从而吸引更多的顾客。

第二节   医药市场细分

一、医药市场细分的理论依据

市场细分的理论基础,是基于药品市场产品供应的多元性,消费者需求的"绝对差异性"和"相对相似性"以及企业资源的有限性。

1. 药品市场产品供应的多元性   随着科学技术的发展与人类保健事业需求的增长,新技术、新工艺、新材料(原料、辅料)的研究开发,使得药品已经成为一类不断"推陈出新"的特殊商品。在药品市场上,众多的生产者各具不同的新药研发能力、资源和生产经营能力,向市场提供各具特色的医药商品。即使针对同一病症,不同企业也有不同规格、不同剂型、不同包装、不同价格的同种或不同品种的药品。造成药品市场产品供应的多元性的主要原因如下。

(1) 研发能力不同:各企业在产品设计、开发的技术能力上的不同,造成产品结构和品种不同,如创新药、仿制药等。

(2) 生产线不同:企业的生产设备及工艺流程不同,所能生产的产品剂型也不同,特别是新型制剂,如缓控释制剂、脂质体制剂等。

(3) 企业的定位不同:企业的生产方式、技术力量和产品的定位方向不同,如中药制剂厂、化学药品制剂厂。

2. 消费需求的"绝对差异性"和"相对相似性"   在整体药品市场上,消费者包括了药品的使用者(患者)和药品使用的指导者(医生),他们对企业提供的药品的各种特性和企业市场营销策略的要求各不相同。例如,药品市场中的药品,其适应证、剂型、用法、用量、疗效各不相同,消费者在居住地区、教育程度、用药习惯等方面存在差异,消费者购买药品总是寻找自己适用的产品,这样就产生了不同的消费动机和消费行为。这就是消费需求的"绝对差异性"。正是这种需求的异质性,才能划分不同的细分市场。消费者的需求也具有相对的相似性,就是说消费者的个体之间有需求和行为近似的一面。药品选择最基本的利益要求就是药品的治疗效果,医生对相同的疾病、相似的病理生理表现的患者习惯用相同的药物,患者在消费需求上也表现为一定的相似性。这种需求的同质性使市场细分可以把类似的消费者组合成一个个小市场。

3. 企业资源的有限性　消费者需求的"绝对差异性"和"相对相似性"是市场细分的内在基础,而企业资源的限制和有效的市场竞争则是市场细分的外在强制条件。由于资源和其他条件的约束,无论企业的规模和实力多么强大,都不可能具备生产所有剂型、所有规格、所有品种的能力,都不可能在市场营销的全过程中有绝对的优势。

二、医药市场细分的标准

前面基本理论已经分别介绍了市场细分的标准,本节只讨论该理论在药品消费者市场中的具体应用。

(一)药品消费者市场细分的标准

药品市场细分是以消费者需求的差异性为基础的。不同消费者的病理及生理特征、健康意识、医药知识、心理特点各不相同,对产品的偏好、信任也各不相同。随着市场细分化理论在企业营销中的普遍应用,对市场细分标准的研究也愈来愈被人们所重视。市场细分并没有严格统一的标准,不同的企业、不同的药品类别应根据实际情况选择适宜的细分变量。归纳起来,常见的市场细分标准包括两大类:一类以不同的地理因素、人口因素、心理因素、购买行为因素为标准(如表5-1所示),这些因素有些是相对稳定的,但大多数处于动态变化中;另一类以产品用途和消费者所追求的利益的反应为标准。

表 5-1　市场细分的标准与变量

细分标准	细分变量
地理因素	地理位置、自然环境,具体变量包括:国家、地区、城市规模、气候及人口密度等
人口统计因素	年龄、性别、职业、收入、民族、宗教、教育、家庭人口、家庭生命周期等
心理因素	生活方式、性格、购买动机、态度等
购买行为因素	购买时间、购买数量、购买频率、购买习惯(品牌忠诚度),对服务、价格、渠道、广告的敏感程度等

1. 地理因素细分　地理因素细分(geographic segmentation)是较为传统的划分方法,即按照消费者所处的地理位置、自然环境来细分市场。具体变量包括国家、地区、城市规模、不同地区的气候及人口密度等。之所以将地理环境因素作为细分消费者市场的首要依据,是由于处于不同地理位置和环境下的消费者,对同一类产品往往会呈现出差别较大的需求特征,以至于对企业营销组合的反应也常常存在较大的差别。例如,防暑降温、御寒保暖之类的消费品按照不同气候带细分市场;某些基本生活资料的市场按照不同地区的人口密度来细分,都具有重要意义。

总之,地理因素是静态因素,容易考察、分析、判断,是细分市场时应予考虑的基本因素。但同时,地理环境因素又是一种相对静态的变量,处于同一地理位置的消费者对某一产品的需求仍会存在较大的差异。因此企业选择目标市场,还必须同时依据其他因素进行市场细分。

从药品营销角度看,各地的水土、饮食和生活习惯各异,流行病学方面的特点也不同,致使各地流行病的发病概率及发病人口的比率不同,如风湿病、气管炎受气候因素影响大;城乡居民收入和医保制度差别造成对药品需求的差异,城市居民倾向于选择新药和医保药品,农村居民倾向于选择普药、中成药。市场位置和交通条件使市场潜量和成本费用不同,从而营销方式和营销手段不同。

以地理因素作为细分的常用变量见表5-2。

表5-2   按地理因素细分市场

地理因素	具体因素
地区	沿海、内地；华东、华北、东北、西北、西南等
地形	高原、平原、森林、山地、盆地、丘陵
气候	热带、亚热带、温带、寒带
城市或乡村	城市（特大型城市、大城市、中城市、小城市）、农村（近郊、远郊、边远乡村）

2. 人口统计因素细分   按人口统计细分（demographic segmentation），就是按照人口统计资料的内容，如年龄、婚姻、性别、家庭人数、家庭生命周期、收入、职业、教育、国籍、宗教、种族等进行细分。人口变量比较容易获得和衡量，与需求差异性之间存在着密切的关系，是区分消费者群体最常用的基础。然而年龄、收入、受教育程度不同的消费者在价值观念、生活情趣、审美观念和生活方式等方面会有很大的差异。即使同年龄同收入的人也有不同的产品偏好和用药习惯，故应综合其他因素，以增加对购买行为的预测和理解。

年龄和性别是常用的细分变量，所有的药品生产企业对年龄构成比都很注意，因为在一定程度上可划分出老年、成人、青少年及儿童医药市场，对于复合维生素产品细分市场包括儿童、30 岁左右的女性、25~40 岁的男士白领、50 岁以上的老年人这四大主要人群，这四大人群对维生素种类和含量的实际需求各不相同，对产品宣传的接受途径也有很大差异。某药厂的复合维生素产品就先主打儿童市场，直接面向 2~14 岁的儿童，目标消费人群非常明确。男女的生理特征不同，所以生产雌激素、避孕药等的厂家，就最为关注女性的人口统计数据。

收入高低决定了人们可投入药品市场的费用，影响用药结构和消费观念，高收入者多注重有效性和安全性，低收入者多注重近期效果和价格。

以人口因素作为细分的常用变量见表5-3。

表5-3   按人口因素细分市场

人口因素	细分变量
年龄	幼儿、儿童、少年、青年、中年、老年
性别	男、女
职业	工人、农民、商人、学生、公务员、离退休者、失业者、教师、技术人员、管理人员等
文化教育程度	小学及以下、初中、高中、大专、本科、硕士、博士
收入	高收入、中收入、低收入
民族	汉族、满族、回族、壮族、藏族、蒙古族、其他

3. 心理因素细分   按心理因素细分（psychographic segmentation）即按照消费者的心理特征细分市场。心理因素十分复杂，包括个性、购买动机、价值观念、生活格调、追求的利益等。消费者的心理因素会直接影响其购买趋向，虽然心理因素较为抽象，不易把握，但其重要性日益显著，心理因素细分的常用变量见表5-4。

表5-4   按心理因素细分市场

心理因素	细分变量
价值观念	经济实惠、求新、求美、求奇、求快
生活方式	时尚新奇、艰苦朴素、实惠大方
个人性格	内向型、外向型、自信、乐观、自卑、悲观

（1）价值观念：由于药品消费是一种特殊的消费，因此存在一些特殊现象。比如，对于危重病患者，就会仅仅以能延长生命时间为期望。而对于一般的保健、医药美容品的消费，如除螨、排毒、洗肠、洗肺等就是抓住了人们对于各种新概念的新奇感，以及求美、求健康的心理。

（2）生活方式：生活方式是人们对工作、生活、消费和娱乐活动的特定习惯和方式。不良的生活方式一方面会影响人们的健康，导致某种疾病，同时也会影响人们的医疗消费方式。

（3）个人性格：内向、自卑的人有时比外向自信的人更在意自己的疾患；乐观的人比相对悲观的人在重疾面前更易于接受新药。

4. 购买行为因素细分　购买行为因素细分（behavioral segmentation）可以从消费者对购买产品的了解程度、购买态度、使用情况和反应等方面判定不同的消费者群体。行为变量包括使用者、使用产品频率、忠诚度和购买时机等，这些因素是对建立细分市场至关重要的出发点。

根据消费者的购买行为细分市场的变量见表5-5。

表5-5　按购买行为因素细分市场

行为因素	细分变量
购买状态	无知、知晓、偏好、愿尝试、试用、常用
购买动机	治疗、滋补、馈赠
使用频率	经常购买、偶尔购买
使用者	从未使用者、潜在使用者、初次使用者、曾经使用者、按期使用者、经常使用者
购买偏好	对价格、服务、广告宣传的敏感程度 对商标、产品、分销渠道的信任程度

每个市场由不同数量的四种购买者组成，分别是铁杆品牌忠诚者、有限品牌忠诚者、游移品牌忠诚者和非忠诚者四种，忠诚状况和使用者、使用频率、购买状态等都具有一定的内在联系，企业应根据消费者不同的购买偏好、购买习惯出发，从商品形式、品牌设计、广告宣传、售后服务、销售渠道等各方面，满足消费者的需求，刺激消费者的购买欲望，使其成为铁杆品牌忠诚者。

5. 利益因素细分　利益细分（benefit segmentation）考虑了产品类别和消费者的价值体系。

药品是特殊商品，对于药品消费，在期望的价值上，人们普遍希望疗效好、药效持久、无毒副作用、价格低廉等。根据药品的自然属性、人的生理特征、病因病机、药物的作用机制以及药物的治疗范围，将药品进行市场分类，是医药企业目前采用最多的分类方式，如表5-6。因为每个药品选购者最关心的利益点在于产品的用途，即产品的适应证。而处方药的决定者（医生）用药时也是依据该项分类，如外科医生常用的抗感染药、镇痛药；肿瘤科医生常用的化疗药；呼吸科医生常用的感冒药等。

表5-6　按利益因素细分的细分市场标准

利益因素	细分变量
产品的适应证	感冒、上呼吸道感染、心脏病、糖尿病
产品的作用	预防、诊断、治疗、保健
产品的有效性	痊愈、显效、进步、无效
产品的安全性	不良反应、致癌、致畸、致突变、禁忌
产品的稳定性	物理特性、化学特性、生物学特性
产品的剂型	临床顺应性、使用方便性
产品的经济性	价格昂贵、价格中等、价格低廉

另外,医药企业还可按照药品的管理分类细分:如处方药市场、非处方药市场;按照药品的销售渠道细分:如药店、医院、普通商店等,其销售方式、促销手段有很大不同。

总之,市场细分是以调查研究为基础的分析过程,市场细分的标准是客观存在的,但究竟以何种方式细分,没有固定不变的模式,多数情况是首先从消费者追求的最大利益出发以确定产品的范围和产品种类,再根据消费者对该药品的潜在需求,取几个对消费者影响大的因素作为细分标准,同时考虑各因素之间的相关性和重叠性,循序渐进,逐步细分。

一个细分市场往往要根据具体情况把多种因素结合起来细分,以求得最佳营销机会,获得最好经济效益。

(二)生产者市场细分的标准

生产者市场与消费者市场有一定的联系,许多用来划分消费者市场的影响因素,同样可以作为划分生产者市场的标准,如地理因素、人文因素、购买行为等。但还需另外使用一些新的变量,用于生产者市场的细分(表5-7)。

表 5-7　生产者市场细分的标准

购买组织的特点	细分变量
组织类型	制造业、医院、经营单位、政府机关
组织规模	年销售额、销售对象、购买力
购买情况	直接续购、修正重购、首次购买
决策者	采购者的职能组织、权力机构、采购政策
购买情景	紧急、特别用途、日常订货
对供应商态度	专一、动摇、转移、犹豫

对生产者市场细分的标准应从多方考虑,要了解购买产品的用户的组织性质,用户的行业特征,购买产品的政策、标准、用途,购买决策者的特点等。

首先应重点考虑的是最终用户的要求,不同的最终用户对同一种产业用品往往追求不同的利益,从而对产品提出不同的质量标准和使用要求。如选择同种原料,制备不同的剂型,片剂和注射剂所用的原料的标准不同。

其次,要关心用户规模,可通过分析用户的职工人数、销售对象户数、销售规模、市场占有率等因素,得出用户的规模和购买力大小,企业应针对大、小用户的特点,分别采取不同的营销策略。

此外,要了解用户的地理位置,按用户的地理位置来细分市场,可使企业把一个地区的目标用户作为一个整体考虑。这样,企业的促销和广告宣传由于针对性强,从而使企业不但大大节约了促销费用和广告成本,而且大大节省推销人员往返于不同用户之间的时间,还可以有效地规划运输路线,从而节省运输费用和提高效率。

对于上述生产者市场的细分标准,同消费者市场的细分标准一样,企业并不只用一种单一的标准来进行细分,而是有层次地交错使用一系列因素来细分。

三、医药市场细分的方法和步骤

(一)市场细分方法

1. 单一变量细分法　所谓单一变量细分法,是指根据市场营销调研结果,把选择影响消费者需求最主要的因素作为细分变量,从而达到市场细分的目的。如按人口年龄变量把感冒药分成成人市场和儿童市场,有些医药企业的产品就是专门针对儿童感冒药市场。

这种细分法以公司的经营实践、行业经验和对组织客户的了解为基础,在宏观变量或微观变量间,找到一种能有效区分客户并使公司的营销组合产生有效对应的变量来进行细分。

2. 多个变量综合细分法　多个变量综合细分法即用影响消费需求的两种或两种以上的因素进行综合细分。例如高血压药物市场按年龄及病情程度可细分为青年患者的轻、中、重度高血压,中年患者的轻、中、重度高血压,老年患者的轻、中、重度高血压等 9 个细分市场,见表 5-8。

采用多个变量综合细分法,变量增加,细分市场的数量会按几何级数增加,如表 5-8 所示。目前,大多医药企业采用多个变量综合细分法。

表 5-8　按年龄和病情程度对高血压药品市场的细分

年龄	病情程度	细分市场
青年	轻度	青年轻度高血压
	中度	青年中度高血压
	重度	青年重度高血压
中年	轻度	中年轻度高血压
	中度	中年中度高血压
	重度	中年重度高血压
老年	轻度	老年轻度高血压
	中度	老年中度高血压
	重度	老年重度高血压

3. 系列变量细分法　当细分市场所涉及的因素是多项的,并且各因素是按一定的顺序逐步进行,可由粗到精、由浅入深,逐步进行细分,使目标市场更加明确而具体,有利于医药企业更好地制定相应的市场营销策略,这种方法称为系列变量细分法。如按此方法将高血压药物市场按年龄、病情程度、收入高低等进行细分,如图 5-4 所示。

图 5-4　系列变量细分法

(二)市场细分的步骤

美国市场营销学家麦卡锡(Y. J. Mecarthy)提出了一套实用性很强的市场细分程序步骤。

1. 选定产品市场范围　在符合企业任务和发展战略的前提下,通过对市场环境进行充分的调研后,选定一个能够满足市场需求的产品市场范围。

了解顾客的需求和偏好是构成细分市场的基础。正确地选择目标市场是医药企业成功的关键,同时也是一项复杂的任务。说它是成功的关键,是因为任何营销活动的成功都取决于是否有效辨别顾客的需求并为其提供满足其需求的特定产品;说它复杂是因为市场处在不断变化之中,这种体现市场特征的需求往往不易判断。

2. 评估潜在顾客的基本需求　企业营销决策者通过市场调查,从地理因素、心理因素和行为因素等方面对潜在顾客对产品的基本需求进行评估,从而为进一步的市场细分作准备。

3. 分析潜在顾客的不同需求　通过调查,向不同的潜在顾客了解有哪些需求差异,上述需求中哪些对他们更重要,哪些相对不重要,从而初步形成几个消费需求相同或相近的细分市场。

4. 移除潜在顾客的共同需求　对初步形成的几个细分市场之间潜在消费者的共同需求加以移除,找到各个细分市场之间显著的差异性,以它们之间需求的差异性作为细分市场的基础,筛选出最能发挥企业优势的细分市场。

5.　确定细分市场名称　对上述需求差异性显著的市场分别命名。在命名时要富有创造性和远见性,要能充分抓住消费者的心理。

6.　进一步认识各细分市场的特点,作进一步的细分和合并　对于已经选定并命名的市场进行进一步的分析、考察、评估,从而对其有更深入的了解,特别是了解其有别于其他市场的特点,在此基础上进行再细分和整合。

7.　测量各细分市场的大小,确定细分市场　利用各种统计调查方法,在充分了解各个市场特点的基础上,测量各细分市场的规模、容量及发展潜力,找到对企业最有利可图的细分市场。

第三节　医药目标市场选择

一、医药目标市场营销策略的类型

医药目标市场,就是医药企业在市场细分化的基础上,结合企业自身资源、经营条件和环境所选定的,利用相应的医药产品或服务去进入并满足其需求的市场。

目标市场的选择模式和目标市场营销策略之间具有一定的联系,医药企业目标市场营销策略是指医药企业选定的、作为其生产和经营目标的细分市场的营销决策。可供医药企业选择的目标市场营销策略有:无差异性市场营销策略、差异性市场营销策略、集中性市场营销策略。

1.　无差异性市场营销策略　无差异性市场营销策略(undifferentiated marketing)也称为无选择性市场营销策略,是指医药企业注重消费者需求中的相同之处,忽略细分市场间的区别,只向市场推出一种产品和制订一种市场营销计划,以迎合市场上的多数购买者,为整个药品市场服务的策略。它通过广泛的销售渠道和大规模的广告宣传,使其经营的产品在人们的心目中树立最佳的印象。

医药企业采取这种策略一般是基于三点考虑:一是认为企业所经营的药品对多数消费者是一种共同需求;二是消费需求虽然存在差异,但是差异的程度很小,医药企业可以舍弃这些差异;三是单一产品批量生产及促销可实现规模效应,降低促销费用。

无差异性市场营销策略体现的是生产观念下的大众营销。其最突出的优点是:①该产品在每一个细分市场中所占的份额可能不大,但各个细分市场的份额总和可能较大;②单一品种及大批量生产,便于生产过程的管理和控制,使单位生产成本降低;③单一的营销组合,单品种的广告宣传和促销,可以简化企业调研、促销等费用支出;④单一品种的广告宣传和促销,有利于强化医药企业形象,甚至于创造名牌产品。采用这种策略的缺点是:①医药企业忽视消费者需求上的差异,可能会失去一些很好的市场机会和企业机会。②对于具有较高吸引力的市场,会引来众多的竞争者,以致竞争过度,不同程度地损害所有同类医药企业的利益;而许多小的细分市场无人问津,呈现消费者需求得不到满足的状况。③医药企业过分依赖单一品种,会降低企业对市场的应变能力,有一定的市场风险性。

事实上,随着人们健康保健意识的增强,对药品的有效性、安全性、稳定性和方便性的要求越来越高,市场上药品的需求差异越加明显,医药企业不可能长期保持此种目标市场营销策略。

2.　差异性市场营销策略　差异性市场营销策略(differentiated marketing)也称为选择性市场营销策略,是指企业以两个或两个以上的细分市场为目标市场,并根据各目标市场消费者的不同需求,分别生产经营不同的产品和运用不同的营销组合。

采用差异性市场营销策略,医药企业既可利用同种原料和不同的辅料、生产线,制备不同剂型,以提高患者的用药依从性,如口含片、泡腾片、缓释片、控释剂、经皮给药等剂型。同时,医药企业也可利用相同生产线和不同的原料、辅料,生产不同的产品,以满足不同细分市场中不同消费者的需求。差异性市场营销策略,可有不同的覆盖市场的方式:一是品种覆盖策略,是指医药企业以品种的系列化覆盖目标市场需求的多样化,如抗生素品种青霉素、头孢类等;二是流通覆盖策略,是指医药企业对流通各环节分别采取不同的营销手段,以适应流通环节的各种消费需要;三是服务覆盖策略,是指医药企业对各个目标消费者群提供尽可能详尽周到的营销服务,以满足各消费者群的个性需要。

差异性市场营销策略的优点是:①由于产品品种、产品生产线和细分市场较多,可以避免因过分集中于某一细分市场引起的激烈竞争给医药企业带来风险;②这种多品种、多渠道、多促销手段、多市场的经营方式可以更好地满足消费需要,取得更好的市场机会,同时提高消费者对医药企业的信任感,争取长期稳定的消费者,从多方面取得利润,增加利润总量。缺点是:①由于品种和市场营销策略的多样化,会造成医药企业成本的增加以及营销费用的上升,如生产成本、管理成本、存货成本和销售成本的增加;②由于生产经营过程的多样化,增加了管理控制的难度。

由于差异性市场营销策略在使销售额增加的同时,也使得成本增加,因此事先一般难以预见这种策略的盈利率。

医药企业在采用这种策略的同时,应根据实际情况,有时市场分得过细,提供品牌太多,会使成本过大,因此应结合反细分策略,从而降低成本。

3. 集中性市场营销策略　集中性市场营销策略(centralized marketing)也称为密集性市场营销策略,是指医药企业以一个或少数几个细分市场作为它的目标市场,针对一部分特定的消费需求,实行专业化生产和经营的策略。

该营销策略是与集中单一市场模式或有选择专门化市场模式相匹配的。这种营销模式出发点是争取在一个小的市场当中,获得比较大的占有率,即体现了"大中求小,小中求大"的战略思想,医药企业主要是考虑要避免财力资源的过分分散,尤其适合实力弱的中、小医药企业。

采用这种策略的优点是:①医药企业将研发、生产、营销等各方面力量集中于单一(或少数几个)品种,为一个或少数几个细分市场服务,易于贴近消费者需求,对目标消费者及目标市场中的情况有较深的了解;②医药企业在市场营销等方面实行专业化,能够在目标市场上具有相对优势,可以集中精力创名牌和保名牌;③可以实现规模经济,从而降低成本,提高企业的投资效益率。缺点是:实行这种策略对医药企业来说要承担更多风险,因为医药企业将其全部力量都投放在范围较小的一个或几个细分市场上,一旦这个市场的情况突变,预测不准或是营销方案制订有误,企业可能会陷入困境。

二、选择目标市场营销策略的条件

不同的目标市场营销策略各有利弊,各自适用于不同的情况,医药企业在选择目标市场营销策略时,必须全面考虑各种因素,权衡得失,慎重决策。

1. 医药企业的实力　医药企业的实力主要包括医药企业的设备、技术、资金等资源状况和营销能力等。一般地讲,对于掌握专有技术,居于市场垄断地位的医药企业可采用无差异性市场营销策略;对于规模大、实力强、资金多、原材料比较充足的大型医药企业,就有条件采用无差异性市场营销策略和差异性市场营销策略。许多大型企业,基本上均采用这两种策略。那么,反过来,如果没有这个实力,就适合把力量集中起来专攻一个或两个细分市场。中小企业比较适用集中性市场营销策略。

2. 市场竞争状况　医药企业的目标市场营销策略应与竞争对手有所区别。对于竞争对手采用无差异性市场营销策略,企业本身不宜跟进采用同种策略,而适合采用差异性或集中性市场营销策略。对于竞争对手采用差异性市场营销策略或集中性市场营销策略,医药企业一般不能选择无差异性市场营销策略,如能证明竞争企业出现明显的营销错误或本企业实力远强于竞争企业时,可以选定和竞争企业相同的营销策略;倘若实力不足,应结合自身优势发现新的细分市场,选择对方忽视的市场,采用集中性市场营销策略。然而,这只是一般原则,并非固定模式,营销者应根据竞争双方的实力对比和市场具体情况灵活抉择。

3. 市场特点　当市场上的消费者对医药产品的需求、偏好相似,对营销的敏感性和对品牌、分销渠道的信任程度类似,即购买偏好类似,则可视为"同质市场",医药企业可以采用无差异性市场营销策略;反之,若消费者在如上方面表现出了很大的差异性,则为"异质市场",适合选择差异性或集中性市场营销策略。

4. 产品特点   医药企业应根据产品的特性和消费者对产品的认知及挑选程度的不同进行目标市场营销策略的选择。对于品质差别小、消费者认知程度高、挑选程度低(一般来讲,消费者对产品的认知程度越高,其购买就越趋于理性,购买目标越明确)的产品,医药企业可采取无差异性市场营销策略;对于品质差别大、消费者认知程度低、挑选程度高的产品,企业可采取差异性或集中性市场营销策略。对药品而言,其产品的升级换代、剂型、包装、促销方式等对消费者的选择影响很大,多数适合差异性或集中性市场营销策略。

5. 产品生命周期   产品生命周期的阶段为导入期、成长期、成熟期和衰退期。处于不同的生命周期阶段,应采用不同的目标市场营销策略,如表5-9所示。当产品处于导入期、成长期时,通常采用集中性或无差异性市场营销策略,以降低营销成本,探测市场容量,分析潜在消费者需求;当产品进入成熟期或衰退期时,应采取差异性或集中性市场营销策略,以开拓市场,维持和扩大销量,延长产品生命周期。

表 5-9   选择目标市场营销策略时应考虑的因素

影响因素	无差异性市场 营销策略	差异性市场 营销策略	集中性市场 营销策略
企业实力	规模大、实力强、资金多,大型企业	规模大、实力强、资金多,大型企业	规模小、实力弱,中小企业
市场特点	同质市场	异质市场	异质市场
产品特点	品质差别小	品质差别大	品质差别大
产品生命周期	导入期、成长期	成熟期或衰退期	导入期、成长期、成熟期或衰退期

总之,企业选择适合的目标市场营销策略,应综合考虑各方面因素,还要知道这些因素是在不断变化的,如企业的内外环境,包括研发能力、技术水平、仪器设备、生产能力,产品状况、竞争对手情况等。企业要扬长避短,发挥优势,采用恰当、灵活的目标市场营销策略,才能立足市场,获得更多的利益。

三、选择目标市场的过程

目标市场选择是指评估每个细分市场的吸引力程度,并选择进入一个或多个细分市场。其选择过程是企业在划分好细分市场之后,对市场进行相应的评估,选择适当的进入模式进入既定市场中的一个或多个细分市场,并在细分市场中确定自己产品的位置。

1. 市场评估   一个企业要选择适合的目标市场,必须在市场细分后,对市场进行评估,因为受其资源条件的限制,对任何企业而言都不可能进入细分市场中的每一个子市场。如前所述,企业在评估各个细分市场时,需要从细分市场的角度,考察其吸引力和该细分市场的竞争性;需要从企业的角度,考察企业自身的资源优势。

2. 选择进入模式   企业对不同的细分市场评估后要选择目标市场,常见的进入目标市场的模式有:①集中单一市场模式;②有选择专门化市场模式;③市场专门化市场模式;④产品专门化市场模式;⑤完全覆盖市场模式(如图5-3所示)。

3. 确定自己产品的位置   企业根据自身的优势和市场的实际情况,选择相应的模式进入子市场后,为相应的子市场的消费者提供产品或服务,并为自身的产品或服务创造特定的市场形象,使之区别于竞争对手的产品或服务,以求在目标消费者心目中形成一种特殊的偏爱。

第四节　医药市场定位

一、医药市场定位方式

药品市场定位是指根据竞争者现有药品在市场上所处的位置以及顾客对某种产品属性的重视程度,给本企业的产品创造、塑造出该产品与众不同的鲜明个性或形象,并传递给目标消费者,树立一定的市场形象,并在为数众多的产品概念中,发现或形成有竞争力的、差别化的产品特色及重要因素。

医药企业在市场定位时,必须先对竞争环境、目标市场和同类产品及目标消费者进行调查研究,必须把产品定位建立在摸清摸准国情、行情(市场情况)、厂情(企业情况)、心情(消费者心理)的基础之上。调查消费者在选择产品时排列产品属性的顺序,进行系统分析,将目标细分市场的消费者划分为重视品牌、价格或重视质量、服务等,从而确定产品在市场上的位置。

市场定位并不是对产品本身采取什么行为,而是针对现有产品的创造性思维活动,是针对目标消费者所采取的行动。市场定位的方法可以归纳为以下几种。

1. 产品的利益定位　利益定位是将产品与消费者所追求的某种利益相联系的定位方法。消费者所追求的利益有三种主要类型:功能性利益、情感性利益和自我表现利益。

(1) 功能性利益:大多数治疗性用药都是以功能性利益为诉求的,既可以是单项利益,也可以推出多重利益,如疗效高、不良反应小、用药方便等。

(2) 情感性利益:许多儿童药物迎合了父母关爱孩子的情感性利益诉求,而保健药也多以对父母、朋友的情感性利益诉求为主。

(3) 自我表现利益:如某种药品,在格调上大胆以"胃痛,光荣!"为诉求,从而定位于忙碌而有成就感的人。

2. 用途定位　强调用途是设计定位的一种有效手段。这种定位有两种情况:

(1) 将产品与其用途、应用的情况或使用的场合相联系的定位方法。例如某药企分析国际药品市场时发现多潘立酮(吗丁啉)在比利时、英国等作为止吐药,销售不理想;而德国、法国、意大利等将其作为治疗消化不良的药物,获得销售成功。据此,该企业决定将多潘立酮(吗丁啉)当作胃动力药物推向中国市场,从而大获成功。

(2) 许多药品在临床应用中又逐渐发现一些新用途,从而为该产品开辟了新的市场。例如,阿司匹林除解热镇痛的用途外,还有抗血栓形成的作用,可预防心脑血管疾病。

3. 价格和质量定位　高质高价,在消费者心中早已达成共识,当产品具有高质量时可定高价,以博得优质、高档品的市场形象。如高技术水平的控释、缓释制剂,由于工艺技术的改进,生物利用度的提高,药效作用更显著,服用起来更方便,所以一般采取高价定位。另外,具有自主知识产权的品种、合资医药企业的产品、进口品种也常常采用该种策略,并被广大消费者所接受。

4. 使用者定位　使用者定位是以使用者对产品的观察点和使用点来确定产品的形象。如维生素和钙制剂的产品已进入大众的日常生活中,人们已逐渐把它们作为食品添加剂或日常的滋补品,因此在药品的宣传中就要更加贴近生活。治疗口腔咽喉疾病的西地碘含片(华素片),根据咽喉类药品品种众多的特点,定位于口腔疾病患者。

5. 产品特征定位　产品特征定位是指产品策划需要回归产品本身,结合产品本身固有的特色找出真正的利益点,而不是用统一的模式去套用所有的产品。从产品属性、特征定位,可以使消费者产生特殊偏好从而赢得市场。

6. 竞争性地位定位　这种方法是指将产品定位于与竞争直接有关的属性或利益,强调产品与竞争对手比具有与众不同的地方。例如,某感冒药借其"中成药不含PPA(苯丙醇胺)"的卖点迅速切入市场,它以标本兼治、毒副作用低的独特卖点进行广泛宣传,深受消费者的青睐。这种定位方法的关键在于找出本企业产品的竞争优势,从而吸引消费者,突出自身形象。

7. 综合定位　医药企业综合利用上述多种方法给产品定位。

二、药品市场定位的步骤

1. 识别潜在的竞争优势　企业在进行产品定位的时首先要明确三个问题:一是目标市场中的消费者最需要什么? 二是目标市场上的竞争者的核心优势是什么? 三是本企业能够为顾客做些什么? 在哪些方面能够比竞争对手做得更好? 通过对这三个方面的了解再结合本企业的实际,从而明确本企业在市场竞争中的潜在优势是什么。

2. 选择相对竞争优势　相对竞争优势是企业与竞争对手相比,企业相较于竞争者拥有的可持续性优势。这种优势既可以是现有的,也可以是潜在的。企业可以在自身拥有的各种资源、产品创新、产品服务质量、管理模式等方面形成明显优于竞争者的核心竞争力。努力做到人无我有、人有我优、人优我强。

3. 彰显独特竞争优势　企业一旦选择好市场定位,就必须制定明确能够发挥其核心竞争能力的市场战略将其独特竞争力传达给目标消费者。企业所有的市场营销组合必须支持这一市场定位战略。这一步骤的主要任务是通过一系列的宣传促销活动,将其独特的市场竞争优势准确传递给消费者,并在消费者心目中留下独特的形象。因此,企业首先要通过一系列的营销活动使消费者认识、熟悉、认同本企业的产品。其次,要将产品的理念转化成顾客能理解的信息传达给顾客,医药企业通过一切努力强化在目标消费者中的形象,稳定目标消费者的态度和加深目标消费者的感情来巩固与市场相一致的形象。

三、医药市场定位策略

医药企业的市场定位策略可以从产品的实体特征、消费者的心理需求和竞争者的产品对比中表现出来,以产品在消费者心中的形象得以体现。常用的市场定位策略主要有以下几种。

1. 创新定位策略　创新定位策略是指寻找新的尚未被医药企业占领但有潜在市场需求的位置,填补市场上的空缺。企业生产在目标市场上没有的、具备某种特色的医药产品,树立起一种明显区别于各竞争对手的新产品或新服务,突出宣传自己与众不同的特色,在某些有价值的产品属性上取得领先地位。采用这种定位方式时,企业应明确创新定位所需的产品在技术上、经济上是否可行,有无足够的市场容量,能否为企业带来合理而持续的盈利。

2. 对峙定位策略　对峙定位又称为迎头定位、直接对抗定位或针锋相对定位,是指医药企业根据自身的实力,与市场上实力强劲的竞争对手进行正面竞争,而使自己的产品进入与竞争对手相同的目标市场,争夺同样的消费者。也就是企业把产品或服务定位在与竞争者相似或相同的位置上,同竞争者争夺同一细分市场。如果竞争对手实力很强,且在消费者心目中处于强势地位,企业实施直接对抗定位策略有一定的市场风险,这不仅需要企业拥有足够的资源和能力,而且需要在知己知彼的基础上,实施差异性竞争,否则将很难化解市场风险,更别说取得市场竞争胜利了。一般来说,当企业能够提供比竞争对手更令消费者满意的产品或服务,比对手更具有竞争实力时,可以实行这种定位策略。如果实力相当,医药企业又能赋予产品以新的特色和创意时,可称为匹敌策略;如果企业实力强大,产品比竞争者具有明显优势,有把握将多数消费者从竞争者那里争取过来,这种情况我们也称为取代策略。对峙定位的优点是竞争过程中往往相当惹人注目,甚至产生所谓轰动效应,企业及其产品可以较快地为消费者所了解,易于达到树立市场形象的目的。缺点是具有较大的风险性。

3. 填补定位策略　填补定位策略又称为避强定位策略或补缺式定位策略,是指企业把自己的市场位置定在竞争者没有注意和占领的市场位置上的策略。是医药企业力图避免与目标市场上的竞争者直接对抗,通过对市场和现有产品的认真分析,发现消费者实际需求未能很好满足的部分及市场缝隙,开发研制相应产品以填补市场空白,使自己的产品在某些特征或属性上与强劲的对手有显著的区别,并利用4P营销组合[即产品(Product)、价格(Price)、渠道(Place)、促销(Promotion)]去开拓新的市场。填补定位策略的优点是能使企业较快地在市场上站稳脚跟,并能在消费者中树立形象,风险小。缺点是这种策略往往意味着企业必须放弃某个最佳的市场位置,很可能使企业处于最差的市场位置。

4. 重新定位策略　重新定位策略是指医药企业发现最初市场定位策略不科学、不合理,市场情况发生变化导致营销效果不明显,从而及时采取更换品牌、更换包装、改变广告诉求等方式重新进行目标市场定位的策略。重新定位是以退为进的策略,企业重新定位的目的在于能够使企业获得新的、更大的市场活力。如果医药企业的产品不再处于最佳的位置,发生下列情况时,就应考虑重新定位:①竞争者推出和本企业同类的可替代的新产品,使产品的市场占有率下降;②竞争者定位与本企业接近,侵占了本企业部分市场;③消费者的需求转移和疾病谱的转变,使消费者形成新的需求从而为企业带来新的机会;④消费者的偏好发生变化,继续实施下去很难获得强势市场地位等。

在制定重新定位策略时要考虑定位成本和预期效益,包括新市场消费者的购买力、竞争者的企业实力、同类产品的价格水平等因素。

[本章小结]

现代市场营销理论的核心是STP营销,它包括市场细分、目标市场选择与市场定位三个要素。

市场细分是指营销者通过市场调研,依据消费者的需要和欲望、购买行为和购买习惯等方面的差异性,把需求相同或类似的用户划分为一个群体,从而把某一(类)产品的市场整体划分为若干消费者群的市场分类过程。市场细分的前提是消费者需求的差异性,产生这些差异的因素就是进行市场细分的标准,一般包括地理因素、人口因素、心理因素、消费者购买行为。市场细分的步骤包括选定产品市场范围、评估潜在顾客的基本需求、分析潜在顾客的不同需求、移除潜在顾客的共同需求、确定细分市场名称、对各细分市场作进一步的细分和合并、确定细分市场的大小等七个步骤。根据市场细分程度的不同,可分为完全无细分市场、完全细分市场、按主导因素细分市场和按多项因素细分市场。细分市场并不是越细越好,否则企业会增加成本。市场细分应遵循可衡量性、可进入性、可盈利性、相对稳定性和差异性等基本原则。

企业在对不同的细分市场评估后要选择目标市场。常见的进入目标市场的模式有集中单一市场、有选择专门化、市场专门化、产品专门化和完全覆盖五种。可供医药企业选择的目标市场营销策略有:无差异性市场营销策略、差异性市场营销策略、集中性市场营销策略。

市场定位并不是对产品本身采取什么行为,而是针对现有产品的创造性思维活动,是针对目标消费者所采取的行动。市场定位的方式包括:产品的利益定位、用途定位、价格和质量定位、使用者定位、产品特征定位、竞争性地位定位和综合定位。医药产品的市场定位包括识别潜在的竞争优势、选择相对竞争优势、彰显独特竞争优势等三个步骤。常用的市场定位策略有:创新定位策略、对峙定位策略、填补定位策略和重新定位策略。

[关键名词]

STP营销、市场细分、目标市场选择、市场定位、单一变量细分法、多个变量综合细分法、系列变量细分法、无差异性市场营销策略、差异性市场营销策略、集中性市场营销策略、创新定位策略、对峙定位策略、填补定位策略、重新定位策略

[思考题]

1. 简述市场细分的作用。
2. 市场细分的标准有哪些?
3. 简述市场细分的原则。
4. 目标市场选择的模式有哪些? 各有何利弊?
5. 医药目标市场营销策略有哪些类型?
6. 医药市场定位方式有哪些?
7. 简述医药产品市场定位的步骤。
8. 什么是药品市场定位? 如何获得定位成功?

[本章实训]

STP 营销训练

实训目的:使学生在实践中掌握医药市场细分、目标市场选择和产品定位的过程。

实训内容:选择一家企业,考察该企业是如何进行医药市场细分、目标市场选择和市场定位的。根据考察结果,撰写考察报告。

实训组织:组织学生实地考察某医药企业,将同学分成几个小组,每组根据考察结果撰写该企业的 STP 营销报告。

实训考核:各组分别在课堂汇报报告结果,教师点评、记录学生成绩。

第五章
同步练习

(万晓文)

第六章

医药消费者市场与购买行为

0601

第六章
教学课件

第一节 医药消费者与医药消费者市场

消费者构成企业的市场,是企业营销活动的起点和终点。消费者购买行为的多样性、差异性等特征,决定了营销活动的艺术性。企业透过千差万别的消费行为,深入研究其行为背后的规律,决定了营销活动的理论性。企业只有比竞争对手更好地了解目标消费者市场,才能有针对性地作出营销策略,更好地满足消费者的需求。

一、医药消费者

(一) 医药消费的定义

广义的消费指的是人类为了某种目的消耗各种资源的过程。资源包括:①人类生存环境中的任何物质和能量;②经过人类劳动作用过的各种物质产品、劳务、信息等。狭义的消费指的是一般意义上的消费,即生活消费。

相应的,狭义的医药消费指的是由人们防病治病和保健需求而引发的一种医药产品和服务的消费。广义的医药消费指的是医疗消费,医治人的疾病所使用的药品、医疗器械和医疗辅助用品及相关服务。其区别在于医药包括消费者为了医疗和保健而购买的药物,包括中草药、中成药和西药等。医疗包括消费者为了治疗疾病而进行的药物治疗、手术治疗、物理治疗等。由此可见,医疗消费包括了医药消费。医疗消费中的一些消费,比如手术治疗、物理治疗等,对于消费者而言,主动选择性较弱,具有一定的被动性。

(二) 医药消费者的分类

1. 按购买可能性划分 按购买的可能性,可以把医药消费者分为现实消费者(即通过现实的市场交换行为,获取某种消费品并从中受益的人)、潜在消费者(即在目前对某种消费品尚无需要或购买动机,但在将来某一时刻有可能转变为现实消费者)和永不消费者(是指当时或未来都不会对某种消费品产生需要和购买愿望的人)三种。

对于现实消费者,可以通过使用营销策略刺激消费者增加购买量,对于永不消费者和潜在消费

95

者,可以在一定条件下,使潜在消费者和永不消费者向现实消费者转化。

以下是一些潜在消费者和永不消费者的成因,通过了解潜在消费者和永不消费者的成因,可以实现将两者向现实消费者的转化。

潜在消费者和永不消费者的成因主要包括如下几点。

(1) 需求意识不明确:比如消费者面对疲劳时并不明确知道应对策略,是服用六味地黄丸还是金匮肾气丸,或是去健身房健身,增强体质等,从而,在未明确需求之前,该消费者成为六味地黄丸、金匮肾气丸和健身卡的潜在消费者。

(2) 需求程度不强烈:比如某些消费者容易上火,但还不至影响生活,进而没有引起重视,从而成为黄连上清丸、牛黄解毒丸等清热泻火药品的潜在消费者。

(3) 购买能力不足:有些药品价格高昂,致使消费者无力购买。

(4) 缺乏有关药品信息:比如一些新药,消费者因不了解购买信息或不具备购买途径,而成为该新药的潜在消费者。

(5) 市场上缺乏能满足需要的药品或消费环境限制:如人类长期有长生不老、返老还童的需求,而市场却没有相应的药品来满足需要。

(6) 涉及隐私,碍于面子,不能购买:比如性保健及情趣用品,一些消费者因为认知偏差,虽然有购买欲望,但却传统保守而羞于购买,从而成为潜在消费者。

(7) 政策限制:如一些麻醉药品、止痛药品,虽然患者自己认为需要此类药品,但是,医生根据其病情并没有给予处方。

(8) 生理限制:如肝肾功能不全,就会严格避免使用对肝肾具有毒副作用的药品,从而成为永不消费者。

2. 根据消费者购买态度和要求划分　根据消费者购买态度和要求可以将医药消费者分为四种类型。

(1) 习惯型:在医药消费领域,对于慢性病患者,久病成医,通过长期的治疗过程,对自身疾病有了一定的药品知识,经过长期的使用和筛选,形成了自己的认知、情感和态度,表现为忠诚于某一品牌和剂型的药品,长期购买,而不轻易改变已有选择。属于保守型的购买者,一般不受广告宣传等营销手段的影响。

(2) 经济型:这类患者可能由于经济条件的限制,或者是药品价格过于高昂,廉价的替代药品或者相应的廉价购买渠道对于他们最具有吸引力,甚至可以牺牲一定的药品疗效。

(3) 理智型:由于购买决策对于其自身具有重大影响或者重大意义,这类消费者表现得比较理性,在作出购买决策前,往往对所要购买的药品或医疗服务反复考量,持十分谨慎的态度,只有在自身认为掌握了充分信息后,才会作出决策。

(4) 盲目型:即有病乱投医型,对于一些疑难杂症,久治不愈的患者,往往会产生试试看的侥幸心理,喜欢尝试一些新药。这种消费者容易受到药品广告和医药消费人员的诱导,从而盲目地购买药品。

3. 按消费者购买目标的选定程度划分　按消费者购买目标的选定程度,可以将消费者划分为如下三类。

(1) 确定型消费者:这类消费者在进入药店发生购买行为之前,已经有非常明确的购买目标,对所购买的药品种类、品牌、价格、性能、规格、数量等均有具体要求,一旦价格合适,便会毫不犹豫地购买。这类消费者具备一定的医药知识,不需要店员等相关人员的介绍、帮助和提示,除非患者有重大的用药误区,否则店员只需给予必要的肯定即可,但在实际营销活动中为数较少。

(2) 半确定型消费者:这类消费者在进入药店购买前,已有大致的购买意向和目标,但是具体用药的品牌、中药还是西药等不是很具体、明确。他们在医药消费者中为数众多,应是服务的对象,药店店员及相关人员需要与消费者进行充分沟通,了解其需求的信息,给予相应的指导。

（3）不确定型消费者：这类消费者在进入药店发生购买行为之前，只有相应的生理和心理不适，对具体用药没有任何明确的购买目标。对这类消费者，营销人员应主动热情地服务，帮助其进行分析，明确其症状来源，尽量引起他们的购买兴趣，必要情况下，推荐其去医院就医。

二、医药消费者市场

(一) 医药消费者市场定义

市场有不同的界定方法，见图 6-1。

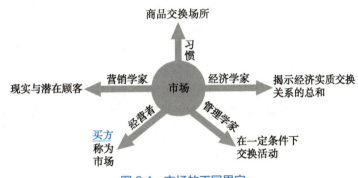

图 6-1　市场的不同界定

本教材从营销学的角度对医药消费者市场进行界定，医药消费者市场指的是进行医药消费的消费者所构成的集合。更准确地讲医药消费者市场是指个人或家庭为了满足其防病、治病、强身健体等健康需要而购买医药商品和接受服务所形成的市场。

(二) 医药消费者市场特点

医药市场需求是随着社会、经济、政治和文化的发展而不断地产生和发展的，它尽管由于受到各种因素的影响而千变万化，但是从总体上分析还是存在着一定的趋向性和规律性，由于消费者的需要不同，使得医药消费者市场要求呈现不同的特点。

1. 广泛性　医药消费者市场人数众多，范围广泛，每一个人都不可避免地会生病，因此，就会不可避免地发生医药消费品购买行为，成为医药消费者市场的一员。

2. 多样性　由于各个消费者所患疾病的种类，以及药品消费者的收入水平、文化程度、职业、性格、年龄、生活习惯不同，对同一类药品甚至是对同一种药品的需求和关注程度，也是千差万别的，从而决定了医药消费者市场的多样性。

3. 发展性　随着社会经济发展和人们生活水平的不断提高，人们对药品的需求，不论是数量上还是质量上都在不断地变化。医药市场发展的趋势也是由低级向高级，由简单向复杂发展。例如，随着人们的生活水平和人均用药水平的不断提高，消费者对营养滋补品和防衰老药品的需求越来越大。因此，医药消费者对医药产品和医药市场服务的需求，是随着药品经济的发展和消费者人均收入的提高而不断发展变化的。过去未曾消费过的高级滋补品进入了消费领域，过去消费少的滋补营养品开始大量消费。

4. 伸缩性　医药产品的需求受内因和外因的影响，具有一定的伸缩性（即弹性）。内因包括消费者本身的身体健康情况、货币支付能力和认识判断能力等；外因包括药品的价格、广告宣传、促销措施、医保制度、季节性疾病等，这些都可能对消费需求产生促进或抑制作用。一般而言，人们对医药产品的需求总量是相对稳定的，但就某一具体药品来讲，其市场需求量决定于多种因素。从外因来讲，包括该药品供应数量的多少、价格的高低、广告宣传的程度、销售服务的优劣等；内因则包括医药消费者取得药品或服务的迫切性和自己的货币支付能力。只要上述因素发生了变化，就会引起医药消费者市场需求的相应改变。这种改变既可能变多，也可能变少，从而表现出医药市场需求的伸缩性。

5. 相关性 医药消费者需求的药品有些是相关产品,相关产品分为相互补充品和相互替代品。有些药品往往配对使用,它们是互补品,一种药品的销售会带动另一种药品的销售。因此,生产和经营互补性的药品,不仅给消费者带来方便,还能扩大药品的销售额。而有些药物之间存在着此消彼长的关系,它们是替代品,如人参与西洋参,人工牛黄与天然牛黄等,这些功效相近的药物在一定情况下可以相互替代。此时一种药品的销售会限制另一种药品的销售。这就要求医药企业及时把握市场发展趋势,适应市场需求变化,有目的有计划地根据医药市场需求规律组织药品和服务的供应,更好地满足医药消费者的需求。

6. 医药产品的特殊性 药品是专用于治病救人的,要在医生的指导下,患什么病,用什么药。并不像一般产品那样彼此之间可以轻易替代。药品用之得当,可以治病;使用不当,失之管理则可危害健康,甚至致命。例如,盐酸吗啡,使用合理是镇痛良药;管理不善,滥用又是成瘾的毒品。药品用于治病救人,只有符合法定质量标准的药品才能保证疗效。国家制定了药品管理法,对药品严格监督管理,并制定和颁布了国家药品标准,规定了严格的检验制度,以保证药品的质量。人只有患病时才需要用药,但药品生产、经营部门平时就应有适当储备。只能药等病,不能病等药。有时药品虽然需用量少,效期短,宁可到期报废,也要有所储备;有些药品即使无利可图,也必须保证生产供应。医药产品的特殊性决定了医药产品的生产经营不可能像普通药品一样自由和随意,医药产品的生产经营受多方面因素制约。

7. 医药信息的不对称性 药品作为专业性很强的产品,消费者无法充分掌握其信息,只能依靠专业人士代理消费。医生因为具有丰富的医学和药学知识,因而往往作为医药产品的消费代理人。以信息优势为基础的代理消费在其具体行为特征上会呈现出许多与普通消费行为不同的特点。医药消费者在医药产品和服务方面自主选择性也非常有限。医生拥有主权地位,以患者的代理人身份为其选择治疗方案、用药方案等。由于医药消费者处于信息失衡的不利端,因此他们必须依靠专业人士来指导甚至决定他们的消费。

8. 医药需求的被动性和不确定性 除了仅占一部分比例的纯粹以保健为目的的医药消费外,绝大部分的医药消费发生都是因为无法忍受的伤病痛苦,因此医药消费的产生通常都不是主观情愿的。同时,由于医药产品在使用过程中需要相对多的专业知识,而大部分消费者无法达到这一要求,消费者缺乏鉴别药品质量和功效的能力,所以其对于用药的品种、数量和方式基本听从专业人士的建议,被动消费的特点十分明显。另外,由于个体对于什么时候患病、患什么病都是不确定的,因此医药消费需求又具有不确定性,即很难预测具体的患病时间、疾病的类型、严重程度和医药需求的类型与数量。

第二节 医药消费者购买行为的基本动机与模式

一、基本动机

购买动机是为了满足人们的某种需要(这种需要既可以是出于本身的本能需要,也可以是因受到外界刺激而产生的需要)而引发购买行为的可预知并带有目的性的、受购买习惯影响的愿望或意念,是推动购买行为的内在动力。

购买动机按照不同的划分依据,可以分成不同的类型。目前学术界对购买动机的划分有以下几种:生理动机和心理动机、个人动机和社会动机、外显动机和内隐动机、积极动机和消费动机、理性动机和情感动机、原始性动机和习得性动机。

股市里股民有追涨杀跌的心理行为,商场里顾客有追求物美价廉的心理行为,而对于医药消费者,根据目前学术界的研究,其主流的购买动机如下。

(一) 求实动机

以追求药品的实际使用价值和疗效为主的购买动机,该类消费者比较务实,讲求经久耐用,注重药品的功能质量以及较低的毒副作用,其收入水平较低,思想较保守,注重传统习惯和个人购买经历。

(二) 求廉动机

以追求药品价格低廉为主的购买动机,该类医药消费者特别重视药品价格,希望以较少的货币获得较多的物质利益,故价格敏感是该类消费者最大的特点,促销活动对其影响较大,通常其收入水平较低,这类药品常常表现为常备用药。

(三) 求新动机

对于一些久治不愈的慢性病患者,希望通过新产品的使用缓解或者治愈病痛。或者是市场领先者,会倾向于接受新事物,更多地使用新药。

(四) 求名动机

由于药品信息的不确定性和专业性,加大了消费者的购买决策难度。这类消费者在购买药品时,第一,会表现为选择品牌,会优先考虑大的制药企业或者品牌,如同仁堂、辉瑞等大公司的产品,或者是表明产地的道地药材,如怀庆府的山药,东北的人参、鹿茸等;第二,会表现为从众行为,受消费环境和他人经验、介绍推荐影响较大,药店推销人员可以对这类消费者进行说服,以扩大销量。

(五) 求美动机

以追求药品美观为主的购买动机,该类消费者注重药品的在造型、色彩、款式等方面的美学价值和艺术欣赏价值,对药品的实用性要求不高,强调药品的美感,通常文化素质和生活品味较高,注重个人穿着的修饰美、家庭陈设的布局美。这类消费者是医疗美容产品的主要消费者。

(六) 求速动机

以追求效果迅速为主的购买动机,该类消费者可能是由于客观因素如工作繁忙或者主观因素如性格急躁,希望药品能够尽快起效,缓解病痛。一些速效药物成为他们购买的首选,如速效感冒胶囊、速效救心丸等。

(七) 求便动机

某些药品有着复杂的使用流程,比如需要自己熬制的中药,或是一天 3 次的使用频率等,受限于消费者的能力和时间,现实中很难满足。这时,一些用法简单、使用方便的药品,就会受到消费者的青睐。

二、基本模式

消费者购买行为的主要模式主要有 SOR 模式、尼科西亚模式、EBK 模式和霍华德 - 谢思模式,它们是四个著名的消费者购买行为模式。

(一) SOR 模式

即 "刺激——个体生理、心理——反应" 模式,刺激来源于需求,需求产生压力和焦虑。消费医疗的用户群不是针对患者,而是消费者。消费者购买行为模型是营销实战中的一个重要工具,它用于认识消费者购买前以及购买过程中的各种因素,从而帮助销售人员更好地把握销售主动。

该模式将消费者的购买行为分为三个阶段:第一阶段就是由内外刺激引起需求,如疲劳的刺激产生保健的需求,医药企业促销或他人消费引起购买需求等。从传统上区分,医疗服务需求可划分为生存需求、保健需求和审美需求。三个层次是从低级向高级不断递进的。生存需求是指人们的身体因受自身体质和外部因素的作用,健康受到影响必须就医的需要;保健需求是指身体基本健康,但为了维持和促进健康而消费医疗产品的需要;审美需求是指为了达到精神上某种需要,改变自身外表某一特征而消费医疗产品的需要。消费者不同的需求产生不同的购买动机,这是购买行为的第二阶段。消费者处于不同的社会阶层 / 家庭环境,有不同的收入水平、年龄、性别、个性等,不同特性的消费者购买心理不同,购买动机不同,因而有不同的购买决策。由于这一阶段消费者的内心活动起着关键作用,且内心活动不易为人了解,因此,购买决策过程被称为消费者的"黑箱"。外部及内部各种因素对购买行为的影响,正是在这个黑箱中综合反映出来的。第三阶段是消费者最终的反应,包括是否购买、买什么、怎样买等等。从心理学、行为学的角度看,每一次购买行为都可分为以上三个阶段。根据以上分析,结合消费者购买行为中的刺激因素、动机因素和反应结果,可以建立起购买行为的基本模式。

(二)尼科西亚模式

尼科西亚模式主要是将消费者购买过程划分成决策程序的流程图,以此对消费者决策过程进行模拟。

该模式由四大部分组成:

第一部分,从信息源到消费者态度,包括企业和消费者两方面的态度。主要表现为信息流程,厂商将有关产品的信息通过广告等媒介传至消费者,经过消费者的内化后,形成态度。

第二部分,消费者对医药商品进行调查和评价,并且形成购买动机的输出。主要表现为信息寻求及方案评估,消费者态度形成后,对厂商的产品产生兴趣,通过信息收集作为评估准则,因此而产生购买动机。

第三部分,消费者采取有效的决策行为。主要表现为购买行动,消费者将动机转变为实际的购买行动,这一过程受品牌的可用性、经销商因素的影响。

第四部分,消费者购买行动的结果被大脑记忆、贮存起来,供消费者以后的购买参考或反馈给企业。主要表现为信息反馈,消费者购买产品以后,经过使用过程,对所购买的产品产生实际的经验,由购后使用的满意程度,影响再购行为;同时厂商也由消费者的购买意向与使用的满意程度,获得信息的反馈,以作为品质改进、定价、广告以及其他营销策略的参考依据。

(三)EBK 模式

EBK 模式又称恩格尔模式,为目前消费者行为中,较为完整而清晰的一个理论。整个模式分为四部分:①中枢控制系统,即消费者的心理活动过程;②信息加工;③决策过程;④环境。

EBK 模式认为,外界信息在有形和无形因素的作用下,输入中枢控制系统,即对大脑引起:发现、注意、理解、记忆与存储的个人经验、评价标准、态度、个性等进行过滤加工,构成了信息处理程序,并在内心进行研究评估选择,对外部探索并选择评估,产生了决策方案。在整个决策的研究、评估、选择过程中,同样要受到环境因素,如收入、文化、家庭、社会阶层等影响。最后产生购买过程,并对购买的药品进行消费体验,得出满意与否的结论。此结论通过反馈又进入了中枢控制系统,形成信息与经验,影响医药消费者未来的购买行为。

(四)霍华德 - 谢思模式

霍华德 - 谢思模(Howard-Sheth)式的重点是把消费者购买行为从四大因素去考虑:①刺激或投入因素(输入变量);②外在因素;③内在因素(内在过程);④反应或者产出因素。

霍华德 - 谢思模式来自于"刺激 - 反应"概念,整个模式包含三部分:①投入,借外界的刺激让消费者接收信息,此部分包括了三种刺激来源,分别为实体刺激、符号刺激及社会环境刺激;②知觉与学习构建,此部分主要是描述消费者得到刺激或信息后,如何处理在脑中所形成的印象,加上消费者本身的动机、信心等因素后如何产生意愿的过程;③产出,消费者在经过前述的刺激、认知和学习等反应后,最后的结果便是产生购买行为,分别为注意、品牌认知、态度、意愿及购买行为。

霍华德 - 谢思模式认为投入因素和外界因素是购买的刺激物,它通过唤起和形成动机,提供各种选择方案信息,影响购买者的心理活动(内在因素)。消费者受刺激物和以往购买经验的影响,开始接受信息并产生各种动机,对可选择产品产生一系列反应,形成一系列购买决策的中介因素,如选择评价标准、意向等,在动机、购买方案和中介因素的相互作用下,便产生某种倾向和态度。这种倾向或者态度又与其他因素,如购买行为的限制因素结合后,便产生购买结果。购买结果形成的感受信息也会反馈给消费者,影响消费者的心理和下一次的购买行为。

霍华德-谢思模式是对以前几种消费者购买行为模式的糅合,逻辑性强,内容全面,足以用来解释不同类型的产品,如新老产品、消费品和工业品的购买行为。特别是它能够解释一定时期内消费者的品牌选择行为。但这种模式过于繁杂,不易掌握和运用。

这些模式对消费者购买行为产生过程的描述皆有不尽如人意之处:有的模式过于抽象,有的模式不够完整,还有的模式过于烦琐,这均造成实际应用时的困难。

第三节　医药消费者的购买心理过程与购买决策过程

一、购买心理过程

借助普通心理学的方法,按照心理活动的不同形态和作用,分为三个确定的领域:认识过程、情感过程、意志过程。

(一)消费者心理活动的认识过程

消费者心理活动的认识过程可以划分为:

1. 感性认识阶段　消费者通过感知得到对商品直观的、形象的反映,并由记忆将感知过的经验积累起来。

2. 理性认识阶段　消费者以思维的方式反映客观事物,理智地分析、判断;产生联想,深化认识,诱发购买欲望。

可以把消费者心理活动的认识过程看作是学习的过程。心理学谓之学习即由经验导致的行为方式的改变。人类(在此可理解为消费者)的学习与动物有三点重要区别。

(1) 功能、动力不同:人类学习不仅是满足个体的生理需要,更重要的是为满足社会生活的需要。

(2) 形式、内容不同:人类学习不仅以个别的、直接的方式取得个体经验,而且在同其他消费者交往中,以间接的方式接受他人的经验。如消费者购买食品,有时是根据自己的经验,有时是经售货员或其他消费者的介绍而购买。

(3) 机制不同:人类学习不仅是本能的生理反应的作用,而且是以语言为标志的第二信号系统的作用。

事实上,很多消费者的很多次购买活动,并非在市场上接触到某件商品实物后才去感知它、记忆它、思维它。广告媒介、社会传播、各种市场信息都是消费者认识商品的途径。商业经营活动应针对商品特性和购买对象,依据消费者认识过程的规律,通过各种可能的方式,增强商品的吸引力,刺激消费者的感官,调动消费者认识功能的作用,为其购买商品奠定基础,创造条件。

(二)消费者心理活动的情感过程

消费者在认识商品的过程中,必然产生自身的主观体验,并通过神态、表情、语言和动作等形式表现出来。

情感过程基本可分为:

1. 初步印象阶段　消费者对商品表示是否满意,产生优或劣的印象,流露出喜或厌的情绪。这些心理上的感受不仅来自商品设计(造型、结构)、包装(色彩、质量)、价格、效用等方面,还来自商店布局、商品陈列、广告宣传、服务态度等方面。

2. 激起情感阶段　在消费者感受到舒适、惬意、愉快,对商店或某种商品产生良好印象的基础上,引起强烈的购买欲望和热情。有些消费者受到周围环境的影响或自身情感的促动,可以迅速地采取购买行动。有些则会由于体味到不良感受而触发强烈的消极情感,进而终止购买行动。

商业经营活动要为消费者创造良好的气氛,使商店的商品、服务和设施有利于激发消费者积极的购买情绪,消除烦躁、厌恶的情感,推动购买活动顺利发展。

(三) 消费者心理活动的意志过程

当前,我国消费者的购买能力仍很有限,大多数消费者在购买商品(尤其是耐用消费品)之前,是有目标、有计划的。所谓意志,就体现在消费者确定购买目的,选择购买方式,排除各方面因素干扰实现目标诸方面。例如一个有固定收入的消费者,当他确定了要买一台电视机的目标后,必须在一定时间内有计划地积蓄货币,并相应缩减其他有碍于实现这一目标的开支;当他去商店实际购买时,也不会轻易把这笔款转作他用。

意志过程分为:

1. 评价阶段   消费者虽然有时对商品"一见钟情",但在大多数情况下,要对商品运用经济的、社会的等多种价值标准进行评估。如商品的质量是否可靠;价格是否合算;社会上是否流行;是否符合使用者的身份等。通过评价,使情感与理智趋于统一。

2. 决策 - 行动阶段   消费者面对千姿百态的商品,需根据自己需要的轻重缓急程度及客观经济条件,作出购买与否或购买顺序的决策;进而在具体商品的各种不同牌号中进行抉择。一旦下定购买决心,便付诸行动,履行一定的购买手续,获得商品。

3. 买后感受阶段   消费者购买商品并使用后,会根据其家庭成员、社会舆论的品评来检验、审视自己的购买行为结果。如重新考虑所购之物效用是否理想;是否需要重复或扩大购买等。商业经营活动可以通过市场调研,掌握消费者有计划的购买力投向,适时适量组织货源,保障供应;对于可任意支配的潜在购买力需积极引导,促进购买。

意志过程与认知过程、情绪过程是紧密结合、密不可分的,统一过程往往既是认知的又是情绪的,也是意志的。将其区分为三个过程是为了更好地了解消费者的心理活动过程。

二、购买决策过程

消费者购买决策过程也是消费者购买行为模型的重要内容,了解这一过程,有助于促销政策的制定。这个过程是由一系列相关联的活动构成的,它始于购买行为之前,一直延续到购买行为之后。营销经理把握消费者购买决策过程,有利于根据消费者的决策"节拍",采取相应的促销手段和策略。消费者购买决策过程包括五个基本环节,如图 6-2 所示。

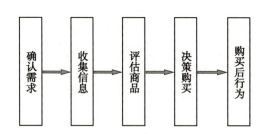

图 6-2   消费者的购买决策过程

1. 确认需求   确认需求是消费者在决定去购买某种药品之前的行为,它主要解决"我需要什么"这一问题,有需求,才会有购买。科特勒认为,营销管理的实质就是需求管理,即对需求的水平、时机和性质进行有效的调解。需求管理的核心是作为"较少弹性"的企业对"不断变化"的市场的根源——需求的不确定性进行有效控制和导引。在营销管理实践中,企业通常需要预先设定一个预期的市场需求水平,然而,实际的市场需求水平可能与预期的市场需求水平并不一致。这就需要企业营销管理者针对不同的需求情况,采取不同的营销管理对策,进而有效地满足市场需求,确保企业目标的实现。

2. 收集信息   信息是决策的依据,消费者在作出购买决定之前,肯定会收集相关信息,包括药品信息的了解,查阅相关资料,向有消费经验的人咨询,征求家人的意见等。所不同的是,购买重要或者价格较高的药品,信息收集工作很深入,而购买常备药品,则可能不深入。比如,做一次整容手术,就会有一个较长时期的信息收集过程,包括不同医院的资质比较、恢复时长、手术方式等,甚至会向有整容经验的人咨询。而购买感冒药品,信息收集就简单得多,通常是从广告中得到信息,这种信息可能在多次购买中重复使用,比如某人认准了"白加黑"是好的感冒药,那他每次都可能使用"'白加黑'是好的感冒药"这一信息。

3. 评估商品　在掌握了较全面的信息后,消费者就会根据这些信息,来对比不同品牌的药品,对药品本身作出一个疗效、价格和毒副作用等的评价。如果作出了肯定的回答,这种品牌就可能进入消费者决策集,进入下一个决策阶段;如果是否定的回答,那么这种品牌就被淘汰。

4. 决策购买　通常是在药品评价的基础上顺理成章。但有时候,消费者虽然认为某药品好,并且是有疗效的,但可能因为他人的态度、收入问题、未来风险的不确定性等影响,而犹豫不决。这个时候,就需要促销人员采取适当的方法,激起消费者的购买冲动。

5. 购买后行为　包括对自己的购买行为作出评价,对药品的再次评价,以及对出现的问题作出抱怨、投诉等行为。购买后行为表面上看是消费者的事情,但实际上却直接关系着制药企业、药店或者医院的利益,如果消费者购买之后产生后悔情绪,或者药品不能令他满意,或者投诉得不到很好的解决,则可能影响到产品的美誉度,可能失去回头客。

消费者角色就是指消费者在消费过程中的各种角色。根据消费者购买决策过程,消费者角色可以分为五种:即消费的倡导者、决策者、影响者以及购买者和使用者。

(1) 消费倡导者:即本人有消费需要或消费意愿,或者认为他人有消费的必要,或者认为其他人进行了某种消费之后可以产生所希望的消费效果,他要倡导别人进行这种形式的消费,这个人即属于消费的倡导者。

(2) 消费决策者:即有权单独或在消费中拥有与其他成员共同作出决策的人。

(3) 消费影响者:即以各种形式影响消费过程的一类人,包括家庭成员、邻居与同事、购物场所的售货员、广告中的模特、消费者所崇拜的名人明星等,甚至素昧平生、萍水相逢的过路人等。

(4) 购买者:即做出最终购买决定的人。购买者,即直接购买药品的人。

(5) 使用者:即最终使用、消费该药品并得到药品使用价值的人,有时称为最终消费者、终端消费者、消费体验者。

这里的每个角色可以分别由不同的消费者扮演,也可以由一个人扮演多个角色。

第四节　医药消费者购买行为的主要影响因素

消费者生活在纷繁复杂的社会之中,购买行为受到诸多因素的影响,要透彻地把握医药消费者购买行为,有效地开展市场营销活动,必须分析影响医药消费者购买行为的有关要素。

一、消费者外在特征因素

个人的基本特征对消费者行为具有一定的影响,消费者外在特征因素主要从收入水平、年龄、受教育程度等几个方面来分析个人因素对消费者行为的影响。

1. 收入水平　收入水平决定着消费水平,也决定需要的层次,从而决定了医疗消费结构的变化。收入水平愈高,医疗消费层次也会愈高。

2. 年龄　不同年龄层次的人群对健康需要也不同。消费者随着年龄的增长,在医药上所投入的花销会越大;而年龄越小的消费者,在医药上的投入则越小。这主要是因为老年人的身体抵抗力弱更容易生病,而生病时更多是多种疾病共同作用,并且有些老年人需要长期吃药,这就导致该年龄段消费者的医药费较其他年龄段高。

3. **受教育程度**   受教育程度在一定程度上体现其学习能力,几乎所有的医药消费者行为都源于学习。主要是经验上的学习和概念上的学习。受教育水平越高,消费者对各种广告与促销宣传也有很强的识别能力和判断能力,不会盲从于这些宣传手段,这些知识水平较高的消费群体对环境保护和农药残留的认识较深,对药品质量要求较为严格,会注意看药品的成分、毒副作用和有效日期,并且也愿意从多方面的途径去主动学习疾病的相关知识,企业应主动完善和丰富药品的信息,医院也应多方面宣传,以便消费者了解学习。

二、消费者内部心理因素

影响医药消费者购买行为的心理因素很多,概括起来,主要有以下几个方面。

1. **个性**   个性是一个人身上表现出的经常的、稳定的、实质性的心理特征。个性的差别也将导致购买行为的不同。例如,外向型的消费者,一般喜欢与售货员交谈,表情容易外露,很容易表现出对药品的态度,但也容易受外界的影响;内向型的人大多沉默寡言,内心活动复杂,但不轻易表露;理智型的人喜欢对药品进行反复比较、分析和思考,最后才作出购买决定。可见,消费者的个性也是影响消费者购买行为的一种重要因素。

2. **态度**   消费者的态度是由认知、情感和行为倾向三种成分组成的复合系统。其中认知成分是个体对态度对象的意识、知识、信念和印象;情感成分,也就是情绪以及喜欢或不喜欢的感觉,这里认为是对商品的认可;行为倾向,是消费者试图对态度对象所做的事情:是否去接近它、拒绝它、购买它等。

影响消费者对药品态度形成的因素主要基于如下评价:对药品的了解程度,消费者对药品质量的评价,消费者对药材中农药残留情况的评价,消费者对药品生产标准化程度的评价,消费者对药品包装的评价,消费者对药品功效和使用禁忌的了解程度,消费者对中西药价格、疗效、毒副作用和治疗速度的评价,亲朋好友对药品购买的认可情况,对药品剂型的偏好等方面。

因此,医药企业应根据消费者的态度设计和改进医药产品,使产品很好地符合他们的要求,或者利用促销手段不断改变他们的态度,以利于医药产品的销售。

3. **感觉**   感觉是指人利用眼、耳、鼻、舌、身等感觉器官,接受产品的色、香、味、形等刺激而引起的内在反应。任何消费者在购买药品时,都要通过自己的感觉器官,对药品或服务产生一定的印象,在对其进行综合分析后,才能作出是否购买的决定。所以,一切产品的宣传,只有通过消费者的感觉,才能影响消费者的购买行为。因此,医药企业为了形成消费者对产品和服务的最佳感觉,从而更好地刺激需求,就必须采取多种营销手段,把医药产品的外观、色泽、功能、特性等充分展现给消费者,引起消费者的注意,加深其印象,以激发购买。

4. **消费观念**   消费观念的变化也影响着医疗消费结构的变化,生活水平的提高,消费观念的改变,对生活质量的要求越来越高,不仅满足于生存的需要,而且对保健需要和审美需要的愿望也增强。

三、药品因素

药品因素主要考察的是药品本身及相关方面对消费者购买行为的影响,主要有药品疗效的影响、药品毒副作用的影响、药品价格的影响、是否是医保药品的影响、药品服用方便性的影响、药品品牌的影响、药品包装设计的影响、药品相关广告和电视节目的影响。

通过多方面的比对发现,首先,消费者非常重视药品疗效,认为这是判断药品好坏的标准。这也是因为疗效是最直观的带给消费者的体验,也是消费者购买药物的目的——治疗自身患有疾病。所以,在药品因素中疗效作用最为显著。其次是药品价格,消费者都是资源有限的,在购买决策过程中,疗效和价格构成了药品的基本评价标准——性价比,因为,医保卡里面的资金只能用于药品消费,能否使用医保卡也成为价格考量的一个组成部分。再次,药品作为一种特殊商品,药品的毒副作用会被一些谨慎的或者自身存在药品代谢障碍的消费者所关注,尤其一些治疗慢性病的药品,由于需要长期服用,对于药品的安全用药问题的考虑会变得更为显著。

四、相关群体

相关群体指能够影响医药消费者购买行为的个人或集体。总而言之,只要某一群人在消费行为上存在相互影响,就构成了一个相关群体,不论他们是否相识或有无组织。

某种相关群体的有影响力的人物称为"意见领袖",他们的行为会引起群体内追随者、崇拜者的仿效。

相关群体对医药消费行为的影响表现为三个方面:一是示范性,即相关群体的消费行为方式为消费者提供了可供选择的模式;二是仿效性,即相关群体的消费行为引起人们仿效的欲望,影响人们的药品选择;三是一致性,即由于仿效而使消费行为趋于一致。相关群体对购买行为的影响程度视医药产品的类别而定。据研究,相关群体对药品等医药产品的购买行为影响较大。

其中家庭构成了一个主要的相关群体。家庭成员和其他有关人员在购买活动中往往起着不小的作用并且相互影响,构成了消费者的基本"相关群体"。

社会学家根据家庭权威中心点不同,把所有家庭分为四种类型:各自作主型:亦称自治型,指每个家庭成员对自己所需的药品可独立作出购买决策,其他人不加干涉;丈夫支配型:指家庭购买决策权掌握在丈夫手中;妻子支配型:指家庭购买决策权掌握在妻子手中;共同支配型:指大部分购买决策由家庭成员共同协商作出。

"家庭权威中心点"会随着社会政治经济状况的变化而变化。由于社会教育水平增高和妇女就业增多,妻子在购买决策中的作用越来越大,许多家庭由"丈夫支配型"转变为"妻子支配型"或"共同支配型"。

医药企业在市场营销过程中必须充分重视消费者的相关群体对其购买行为的影响力。在制定营销策略时,选择好目标市场。以关系最密切、传递信息最迅速、影响力最大的相关群体为中心,了解其消费心理与爱好,做好产品促销工作,以便提高医药企业和产品的知名度,扩大产品销售。应注意避免由于相关群体定位不当,如用消费者普遍反感的人物类型做广告,用"义诊"方式强行推销药品等而造成负面效果。

五、社会文化因素

社会文化对消费者行为的影响主要表现在特定社会文化环境下,消费者之间通过互相认同、模仿、感染、追随等方式,形成共有的生活方式、消费习俗、消费观念、态度倾向、偏好禁忌等。

在传统文化对医药消费产生影响方面,中国医药消费者对于中药的接受和认可程度显著高于外国消费者。同仁堂等通过影视剧的方式向消费者传达中医药的传统文化,消费者对于传统文化的了解和接受,促进了中医药的消费。

国家政策对于中医药的扶植和宣传,关于民族自信、文化自信的提出,使中国消费者对于中医药、蒙药和藏药等都有了更进一步的认识和了解,促进了相关药品的销售。

[**本章小结**]

　　医药消费者可以从不同角度划分,按购买的可能性,可以把医药消费者分为现实消费者、潜在消费者和永不消费者三种。根据消费者购买态度和要求可以将医药消费者习惯型、经济型、理智型和盲目型四类,消费者购买目标的选定程度,可以将消费者划分为确定型、半确定型和不确定型消费者三类。

　　与其他消费者市场相比，医药消费者市场有着比较明显的特性，即医药产品的特殊性，医药信息的不对称性，医药需求的被动性和不确定性，医药的伸缩性和医药消费的相关性。医药营销要综合考虑上述特性。

　　购买动机的划分有以下几种：生理动机和心理动机、个人动机和社会动机、外显动机和内隐动机、积极动机和消费动机、理性动机和情感动机、原始性动机和习得性动机。消费者购买行为的主要模式主要有 SOR 模式、尼科西亚模式、EBK 模式和霍华德 - 谢思模式，它们是四个著名的消费者购买行为模式。

　　消费者心理活动主要分为三个方面：认识过程、情感过程、意志过程。医药消费者决策过程包括发现需求、收集信息、评价方案、实际购买、评估疗效五个过程。

　　价值观、审美观、风俗习惯、宗教信仰、亚文化、参照群体、家庭状况、社会阶层、感知觉、需要、动机、个性、性别与年龄、职业与教育、生活方式、卖场的物理环境和人际环境等，都在一定程度上影响着消费者行为。

[关键名词]

　　医药消费者市场、医药消费者购买决策、消费者购买心理过程、消费者购买行为模式、消费者、SOR 模式、尼科西亚模式、霍华德 - 谢思模式、相关群体、意见领袖

[思考题]

1. 请说明医药消费者市场和行为的研究有什么重要性？
2. 医药消费者市场有何特征？
3. 医药消费购买心理过程是怎样的？请举例说明。
4. 医药消费行为购买的决策过程是怎样的？请举例说明。
5. 医药消费者的购买动机有哪些？
6. 医药消费者的购买模式有哪些？
7. 以某一商品为例，说说哪些因素可能影响消费者决策？

[本章实训]

实训一　消费者购买行为观察

　　实训目的：熟悉医药消费者的购买行为，理解影响医药消费者购买行为的情景因素。

　　实训内容：选择一个学校附近的药店进行消费者行为观察。要求观察 5~10 人并回答以下问题：

1. 他们的购买行为有何特点？分别属于什么类型的购买行为？
2. 他们在购买过程中受到了哪些因素的影响？
3. 服务人员提供的服务是否有效？为什么？

　　实训组织：3~5 人组成一个小组，做好观察计划，准备好观察工具，现场观察并记录观察情况。观察结束后小组进行讨论。

　　实训考核：小组课堂展示观察记录并进行分析，由教师给予评价。

实训二 消费者购买行为调查

实训目的:明确消费者购买决策过程,理解消费者特征与购买行为的关系。

实训内容:随机访问 5~10 名医药消费者,调查以下问题:

1. 消费者的购买动机是什么?

2. 消费者的外在特征因素调查:年龄、性别、职业、收入、民族、家庭状况。

3. 消费者对哪些方面更为敏感? 如:①价格;②性能、质量;③购买方便;④明星代言等的说服作用。

4. 消费者面对不同类型服务人员的心理感受是怎样的?

实训组织:3~5 人组成一个小组,每位同学在药店或医院随机拦截访谈调查,根据调查结果完成调查报告,调查问题可以根据自己的学习体会进行增删修改,并不完全局限于上述问题。

实训考核:撰写调查报告,小组课堂汇报讨论分析过程及结论,教师给予评价。

第六章
同步练习

(梅占军)

第七章

医药组织市场与购买行为

第七章
教学课件

第一节　医药组织市场概述

一、医药组织市场的概念与类型

(一) 医药组织市场的概念

一般而言,商品的市场有两种:消费者市场和组织市场。消费者市场是由商品的最终消费者的需求和消费组成的市场;而组织市场则是与消费者市场相对应的,由组织机构的需求和消费组成的市场。这些组织机构可以包括生产企业、政府部门、提供服务的机构(如医院、教育机构、公共机构等)、批发商和零售商等。

和其他商品一样,医药商品的市场也包括消费者市场和组织市场。医药消费者市场由药品直接消费者(即患者)的需求和消费组成,医药组织市场由医药生产企业、医药经营企业(包括批发企业和零售企业)、医疗机构等组织机构的需求和消费组成。医药组织市场的特点、购买行为等均与医药消费者市场有显著的差异,研究医药组织市场,对于医药企业的市场营销工作有重要意义。医药组织市场是指以组织为购买单位的购买者所构成的市场,购买目的是生产、销售、维持组织运作或履行组织的职能。具体而言,医药组织市场的主体包括医药生产企业、医药批发企业、医药零售企业、医疗机构和政府机构等。医药组织市场不同于消费者市场,其购买者是组织而非个人,其购买医药产品的目的也不是自己使用以防病治病,而是为了进一步生产或者销售而获利,而政府通过药品集中采购,其目的则更多地是提高百姓药品的可及性。

许多医药产品,如原料药、某些医疗器械等,其最终用户就是组织,即药品制剂的生产企业和医疗机构,而非个人消费者(患者),所以其市场就是医药组织市场。另外,根据国家有关法律规定,药品不允许直销,即药品生产企业和药品批发企业不能够将其生产、经营的药品直接销售给患者,所以药品的销售一般要经过"药品生产企业→药品批发企业→医疗机构或者零售药店→最终消费者(患者)"这一途径。这些中间环节的需求也构成医药组织市场的一部分。

(二) 医药组织市场的类型

按照购买主体不同,医药组织市场可以分为医药生产者市场、医药中间商市场、医疗机构市场、政府机构市场。

1. 医药生产者市场　医药生产者市场指医药产品生产企业购买医药原材料或半制成品、制成品,生产医药产品以供销售获取利润而形成的市场。医药产品生产企业既可以向医药原材料供应企业购买医药原材料或半制成品,又可以向其他医药产品生产企业购买医药制成品进行生产。因为只有对少数原料药生产商而言需要面对医药生产者这一组织市场,所以本教材没有具体讨论该种医药市场组织类型。

2. 医药中间商市场　医药中间商市场是指在医药商品生产者和消费者之间,专门从事医药商品流通经营活动的医药中间商,购买医药商品进行销售以获取利润而形成的市场。按医药中间商在流通中所起的作用不同,医药中间商市场包括医药批发商市场和医药零售商市场。

3. 医疗机构市场　医疗机构市场是指医疗机构购买医药商品为消费者提供医疗服务而形成的市场。医疗机构包括各级各类医院和诊所,他们的购买行为有一定的特殊性。与医药中间商市场相比较,医疗机构市场更关注医药商品的质量、疗效和不良反应。医疗机构市场受国家政策法规的影响较大。例如,国家对县级以上政府所属的公立医疗机构购买医药产品的形式,明确要求公开招标采购。

4. 政府机构市场　政府机构市场是指为了履行国家职能和满足公共医疗需要或为了满足各政府机关的从业人员的医疗需要,维护政府的正常运转,各级政府机构及机关单位购买医药商品而形成的市场。政府机构既可以向医药中间商购买,也可以向医疗机构购买,必要时也可从医药生产企业进行直接调货,以应对紧急情况。例如对紧急救灾药品的购买。政府机构购买受政府财政约束,受社会公众监督,具有公开性,一般实行招标采购。对于一般的医药企业来说,政府机构市场不是营销重点,所以该种类型组织本教材也不作详细阐述。

二、医药组织市场的特点

不同于医药消费者市场,医药组织市场具有以下特点。

1. 购买的目的是再生产或销售　消费者市场的消费者购买医药商品是为了满足个人或家庭的消费,而医药组织市场的购买目的是再生产或销售。例如,对于医药中间商而言,他们在中间连接生产厂家与消费者,将采购的药品出售给消费者,通过进销差价获取利润。

2. 购买者的数量相对少　医药组织市场的购买者一般而言是企业法人,法人组织通常都具有一定的规模,它的成立需要通过合法的程序,有具体的登记记录,较消费者而言数量相对较少。

3. 购买规模大,业务相对稳定　医药组织市场购买目的是生产和销售,生产的规模效应和销售所面对的市场范围决定了医药组织市场的购买规模较大。而且为了保证生产和销售的稳定性,医药组织市场的购买也比较稳定,一旦合作成功,其关系会长久维持下去。

4. 购买者地理位置集中　医药组织市场的分布和规模,因各地区的自然资源、经济发展水平和投资环境不同而具有较大的差异。一般经济发达地区、医药自然资源丰富地区、投资环境良好的地区,都是医药组织市场集中地区。例如,我国的医药生产企业密集区以东部沿海经济发达的地区为主,如上海、北京、天津、广东、山东、江苏、浙江等地。大型医药商业企业、零售企业和大型医院都集中在大中城市里。

5. 属派生需求,需求的价格弹性小　医药组织市场的需求属于引申需求或衍生需求,即医药组织市场的购买动力最终取决于医药消费者市场的需求水平。派生需求往往是多层次的,形成一环扣一环的链条,消费者需求是这个链条的起点,是原生需求,是医药组织市场需求的动力和源泉。

6. 购买的专业性强,程序相对较复杂　由于医药组织市场购买的规模大、技术性强、质量要求高,而且需要控制购买的成本,所以医药组织市场的购买需要成立专门的购买机构或部门,配备专业的购买人员,规定各部门在采购工作中的职责,制定严格的采购程序。

三、医药组织的购买类型

根据购买的新奇度分类,医药组织的购买可分为新购型(new buy)、修正重购型(modified re-buy)

和直接重购型(direct re-buy)三种。

1. 新购型   新购是指购买者第一次购买某种产品和服务。这是组织购买中最复杂、成本风险也相对较大的一种类型。当组织因为受到内外方面的刺激,而需要采购以往从未使用过的产品和服务。例如,新的产品线的扩充会导致企业对新的原材料、新部件的需求;或者为了满足客户的新需求而添置新的设备等。通常新购借助于已往采购的经验很难达到满意的效果。所以,一般情况下,这时候组织需要在采购之前收集最广泛的信息以作出购买决策。

有些学者把新购过程分为认识、兴趣、评估、试用和采用阶段,并且认为在每一阶段中信息传递工具所起的作用不尽相同。在最初的认识阶段,大众媒体对于组织购买决策的作用最为突出;在兴趣阶段,销售人员的经验和技巧起到主要影响作用;在评估阶段,技术信息源最为重要;在试用阶段,产品本身的质量和性能是关键因素,营销人员的努力也能够产生影响。因此,营销人员应该根据在新购过程中的不同阶段采取不同的策略。

2. 修正重购型   修正重购是指组织购买者对产品的规格、价格、交货条件或者其他条款等要素进行修正的购买行为。通常造成修正重购的可能原因有:计划外的发展问题(如质量、供应状况、存货)或者环境的变化(如经济法律、最终用户需求、技术变革);客户需求的变化(如数量、服务水平、交付期限)或者供应商供应的变化(如价格、产品开发);供应商或者客户对购买的定期复查。当决策者认为,对可选产品和供应商的再评估能够获得重大利益时,组织采购者倾向采取修正重购,诸如质量改进或者成本降低。

3. 直接重购型   直接重购是指组织购买者对组织购买行为的评价表示满意,再次直接向选定的供应商实施采购的行为。当供应商能够保证产品质量,及时准确地完成送货服务,以及提供合理而有竞争力的价格时,购买者往往进行直接重购。直接重购是建立在购买者和供应商之间良好的关系基础上的。

由于交易成本的存在,任何组织都愿意建立长期供应关系。直接重购中,购买组织往往已经具备了丰富的购买经验和完善的采购标准,操作起来显得相对简单。有学者认为,建立经济关系的全部目的就是从所选择的供应商处获得有价值的资源和技术,所以通常购买者更倾向于直接重购。

四、医药组织的采购中心

组织的购买过程往往是个很复杂的过程。有学者认为,组织往往存在采购中心,该非正式的跨部门组织,通过获取、传递、分享和处理有关组织购买的信息进行运作,共同决策并共同承担风险,最终作出购买决定并予以实施。通常,采购中心的组成成员随着购买类型、购买阶段、购买的复杂难易程度等因素不同而改变,一般包括以下几种角色。

1. 使用者   是具体操作、使用所购买产品或者服务的有关人员,也往往是最初提议购买的人。使用者对所购产品的品种、规格决策有着重要的影响。如果产品使用以后达不到预期目标,使用者所受损失最大。所以在"采购中心",他们往往会被赋予一定的行政上的权力,他们的意见也更为其他同事看重。如果他们拒绝接受或使用某一供应商的产品,"采购中心"的其他角色很有可能作出妥协。

2. 影响者   是在组织内部和外部能够直接或间接影响购买决策的人员。他们通常以自己的技术知识施加影响,还运用定价、交易方面的专业知识,对购买决策人员施加影响,协助决定所购品种及规格。

3. 采购者   是有组织采购工作正式职权的人员,他们负责选择供货单位,参加谈判。在较复杂的购买活动中,采购者还会包括单位内部的高层管理人员。

4. 决策者   有正式和非正式权力决定购买与否的角色。在一般的例行采购中,采购者常常就是决策者;若是较复杂的采购,决策的常常是组织或部门的领导者。作为决策者,他们对采购中心的其他成员具有否决权。因此对于供应商来说,查明谁是决策者十分必要,这样可以有效地促成交易。

5. 批准者　那些有权批准决策者或采购者所提行动方案的人员。比如医疗机构的药事管理与药物治疗学委员会主任委员或者医院院长。

6. 信息控制者　指在组织内部和外部,能够控制有关信息流向决策者、使用者的人员。比如采购代理商、技术人员,他们可以拒绝或终止某些供应商以及某些价格信息与采购中心主要成员接触。有的时候,甚至秘书、接待员、电话接线生和门卫,也可以阻拦推销人员与使用者、决策者取得联系。

以上是采购中心一般所包括的各种角色或成员。并不是任何产品的采购都必然有这样六种角色参加。实际上,任何组织的采购中心,其大小和组成都因产品的不同而异。因此,作为供应商必须弄清的问题是,谁是主要的决策参与者,他们能够影响哪些决策,他们的影响力如何,以及每一位决策参与者所使用的评估标准是什么。

五、影响医药组织购买的主要因素

影响医药组织购买的主要因素包括环境因素、组织因素、人际因素和个人因素等。

(一) 环境因素

环境因素是影响组织购买的一切外部因素,主要包括经济状况、技术环境、社会文化、法律和政治、自然环境、产业与渠道环境等因素。这些因素影响着工业市场的整体发展和组织购买行为活动。这些因素的影响可能是由社会和经济机关等团体所施加的,是客观存在的。同时,环境因素是多变而广泛的,环境波动时可能给组织带来意想不到的或好或坏的影响。通常组织无法改变外在环境,组织总是寻求适应环境的渠道和方法,或者利用环境资源发展组织自身,或者将环境对组织的不利影响降低到最小程度。总之,组织需要保持对环境充分的估计和形势的灵活把握,密切关注当前各环境状况以及预期的状况,同时监视技术发展和革新、政治法律的调整以及产业和渠道环境状况等因素,并作出准确及时的应对。

环境因素包括许多不可预料的情况,环境的变化可能会影响到组织的方方面面。由于国家或者地方政策法规及相关内容的实施或变化,可以导致组织的购买行为产生很大改变;由于经济滑坡市场需求疲软,导致消费者购买力不足,对原材料、组织产品和服务的需求相应下降,购买组织可能因此减少投资,降低购买规模,调整原有计划和库存量;政府对于工业行业或者购买企业的扩张性政策导向会拉动组织购买需求;技术的迅猛发展可能导致采购经理在决策过程中的地位下降,而技术人员的作用提升;由于文化、风俗、习惯的差异性会影响组织的结构和功能,并导致针对不同文化环境的购买行为和决策等。

环境因素影响广泛,识别它们目前处于什么状况是多少有点困难的。但是,它们的重要性已为大家所认识。这些环境因素决定了市场方向,也决定了各企业的购买计划和购买决策。组织营销者应该注重对各方面环境的分析,敏锐地抓住机遇,寻求自身的经济增长点。

(二) 组织因素

组织因素是指组织内部的各种因素,主要包括组织目标、组织结构、政策和制度、业务程序等。这些因素将从组织内部的利益、经营与发展战略等方面影响组织机构购买的决策和行为。

组织目标可分为商业的、政府的、非营利的和合作的四种类别,不同类别的组织目标不同,同一类别的不同组织的目标也各不相同,有的可能追求高的市场份额,有的寻求利润最大化。无论目标是长远的还是短期的,是复杂的还是简单的,都会影响购买人员的工作行为方式。因为在组织购买中,需要考虑到组织的发展战略计划和整体目标,在大的方向指导下进行购买决策;组织内部成员的结构会影响组织文化,进一步对购买人员的行为产生影响,比如一个生物制品研发公司可能大部分是由受过高等教育的技术人才组成;组织的政策和制度、组织的业务程序等方面也可能对组织购买决策行为形成某种限制或者推动作用。营销人员应该关注收集有关组织的各方面因素,对组织环境进行分析,以制定对应的策略和方式。

（三）人际因素

人际因素表现为组织内部的人事关系。以药品生产企业的购买中心成员为例,中心成员的角色地位对于药品生产企业所需的原材料或生产设备的购买会产生重要影响。如果该企业的购买机构既是影响者、购买者,又是信息控制者,且组成成员可能都起某一种角色的作用。由于购买中心的各类成员都参与决策。决策者的地位、职权、影响力以及他们之间的关系的不同,对购买决策也会产生不同的有时甚至是微妙的影响。

（四）个人因素

个人因素即参与决策人员的个人动机、感知、个性和购买风格等。购买决策过程中的每个参与者因为年龄、教育水平、性格特点等因素的影响都具有不同的动机、直觉和购买偏好。由于组织购买者是由若干个人组成的,而每个人的期望、个性、行为都具有差异性,不同的组织购买者的决策过程就大不相同。例如,在各成员重点关注的因素方面,使用者往往主要考虑交货时间和可靠性能;专业技术人员主要考虑有关产品质量的各因素;购买人员往往强调可靠性和价格等。这些个人因素必然对组织购买产生潜移默化的作用。考虑到个人因素的影响作用,营销人员应该了解采购核心各个成员的性格特点、偏好,并处理好与他们的关系,这将有助于营销业务的开展。

第二节　医药组织市场购买行为

一、医药中间商市场与购买行为

（一）医药中间商市场的概念与类型

医药中间商是指那些将购入的医药产品再销售以获取利润的厂商或组织,包括医药批发企业和医药零售企业。因此,医药中间商市场可以分为医药批发商市场和医药零售商市场。

1. 医药批发商市场　是指医药批发企业大规模购买医药商品进行转售获取利润而形成的市场。医药批发企业采购医药商品既可直接向医药生产企业购买,也可以从其他医药批发企业调货。该市场具有购买主体特定性强、购买规模大等特点。

2. 医药零售商市场　是指医药零售企业为了获得利润从医药生产企业或医药批发企业零星购买医药商品以出售给最终消费者而形成的市场。医药零售企业的类型包括个体医药零售药店、社区便利药店、平价药品超市或连锁药店、专业药房等。相对于医药批发市场,医药零售市场的购买频次较高,一次购买数量较小,它是医药商品流通的最后一个环节。所以医药零售企业的购买需要,直接受消费者市场的影响。

（二）医药中间商的购买行为

依据医药中间商购买活动的稳定性来分,医药中间商的购买行为可以分为以下几种主要类型。

1. 直接重购　直接重购是指采购部门按照过去的订货目录和交易条件继续向原先的供应商购买医药商品。医药中间商会对以往的供应商进行评估,选择满意的,在库存商品低于规定水平时就按照常规进货。

2. 新产品采购　新产品采购是指中间商对是否购进以及向谁购进以前未经营过的某些新产品作出决策。新产品采购内容主要包括"是否购买"及"向谁购买"两个内容。

3. 最佳供应商选择　最佳供应商选择是指医药中间商已经确定需要购进的商品,正在寻找最合适的供应商。这种购买类型的发生往往有以下原因:只能选择经营某些品牌;在原来供应商中选择最佳的确立战略合作关系;基于消费者的反馈,优化供应商结构。

4. 改善交易条件采购　改善交易条件采购是指中间商希望现有供应商在原交易条件上再作些让步,保证公司得到更多的利益。有时,虽然更换供应商要付出成本,但对于谈判而言,这是一种施加压力的手段。

（三）医药中间商的购买参与者

中间商的购买参与者的多少与中间商的规模和类型有关。为了降低采购成本,提高采购质量,一定规模的医药批发企业和医药零售企业都设立专门的采购部门,配备专业的采购人员。参与医药批发商与医药零售商采购决策的人员和组织如下。

1. 采购经理　采购经理是医药批发商与医药零售商专职采购人员,分别负责各类商品的采购任务,收集同类产品不同品牌的信息,选择适当的药品品种和品牌。有些商品经理拥有较大的权力,可以自行决定接受或拒绝某种新产品或品牌。有些采购经理权力较小,只负责审查与甄别,然后向上级领导提出建议。

2. 采购委员会　采购委员会通常由中间商总部各部门经理和采购经理组成,负责审查和最终确定采购。但是需要注意,虽然采购委员会由多人构成,但实质上多由采购经理控制信息和提出建议,所以采购经理仍有决定作用。采购委员会只是起到平衡各种意见的作用,在新产品评估和购买决策方面发挥重要作用。

3. 分店经理或产品销售经理　分店经理是药品零售商连锁药店下属分店的负责人,掌握着分店一级的采购权。有时被药品中间商总部接受的药品,也可能会被分店拒之门外。产品销售经理是药品批发商专门负责某种药品销售的主管人员,他们的积极性、评价和态度对药品的销售业绩也至关重要。

（四）医药中间商市场购买的影响因素

影响医药中间商市场购买的因素也包括宏观的环境因素和微观的环境因素。而医药中间商市场作为医药生产企业的下游市场,更多考虑的是具体市场的变化。影响医药中间商购买决策的主要因素包括医药供货商因素、医药消费者因素、竞争者情况、中间商本身因素等内容。

1. 医药供应商因素

（1）医药供应商信誉:主要包括其合法性和信誉是否良好。医药生产企业或医药批发企业主体是否合法,能否提供合格的产品报验资料、药检报告、授权委托书、增值税发票等;企业的信誉如何,是否在行业内具有很高的知名度和美誉度。

（2）医药商品本身特性:主要包括医药商品的生产或经营是否符合国家政策法规;医药商品的质量如何;医药商品的价格是否合理;包装是否有利于保证质量和进行销售。

（3）市场支持情况:医药中间商很在乎供应商的市场支持情况,主要包括:医药生产企业能否提供全套的市场开发操作计划;广告力度、促销支持和服务水平如何;有无严格的市场保护措施以杜绝窜货和不正当竞争;有无完备的退货制度;医药生产企业或医药批发企业的付款是否具有优惠条件。

2. 医药消费者因素　医药中间商购买的目的是面对医药消费者实现最终销售,所以医药消费者的市场需求水平、消费者的要求是影响医药中间商购买行为的重要因素。

（1）市场需求水平:主要包括医药商品的市场覆盖范围如何;目标市场的需求量;消费者对药品的评价如何;拟采购的医药商品是否得到医疗机构的青睐。一般医疗机构比较看好的药品,医药批发商和医药零售商也比较热衷。

（2）医药消费者的要求:最终医药消费者的要求是医药中间商经营的导向。医药批发商与医药零售商通过与最终消费者市场的接触,能够了解医药消费者市场的消费趋向,从而对采购提出新的要求。

3. 竞争者因素　竞争者因素包括:医药商品面临的竞争是否激烈;同行采购同种医药商品的情况如何;供货方的竞争是否激烈。

4. 中间商自身因素　作为采购主体,中间商自身的一些情况也是影响其采购行为的主要因素,主要包括:医药批发企业和医药零售企业的采购程序、组织机构、采购目标等因素;中间商企业的人际关系因素;中间商企业采购工作相关人员的个人因素。而医药中间商市场作为医药生产企业的下游市场,更多考虑的是医药中间商处于医药产品生产者与医药产品消费者之间,专门从事药品流通,供应商应该把中间商视为医药消费者的代理人而不是自己的销售代理人,帮助他们为消费者做好服务。

(五) 医药中间商的购买决策

1. 医药中间商购买决策的类型   医药中间商购买决策主要包括三个方面:①配货决策,是指中间商决定经营的医药商品的品种组合;②医药供货商组合决策,是指中间商是选择一家供货商还是选择多家供货商;③供货条件的组合决策,是指中间商在采购医药产品时的价格、质量、服务、促销等条件的组合。

医药中间商的配货决策有四种:①独家配货,是指医药中间商只经营一家医药企业的医药商品,如独家经销商和医药专卖店;②专深配货,是指医药中间商经营多家医药企业生产的同类医药商品,例如都经营中药产品或都是 OTC 药品;③广泛配货,是指医药中间商经营多家医药企业生产的多种医药商品,但这些商品都是医药商品,没有跨越医药行业界限;④杂乱配货,是指医药中间商经营的商品关联度小,既有处方药品和非处方药,又有保健食品或食品,还有家庭生活用品等,例如有些平价医药超市。

医药供货组合决策有四种:①长期供货商,是指医药中间商对某一供货商的医药商品比较满意,与此供货商有着长期的良好的业务关系,并且建立了业务情感。②随机供货商,是指医药中间商在经营长期业务过程中,为了应对市场或其他外在条件的有利时机,随机向供应商进行采购。随机供货商有可能转化为长期供货商。③最佳交易供货商,是指医药中间商在经营的过程中,并不是一成不变地按固有的交易条件从长期供应商采购商品。他们会关注市场动向,改变交易条件,从而选择最佳交易条件的供货商。如果长期供货商能够满足这些条件,他们仍然会选择长期供货商供货,否则,将会减少或不从长期供货商处进货,而重新选择供货商。④创造性供货商,是指医药中间商根据市场需求提出一些创造性的想法,并且准备把此想法付诸实践。他们或向原有的供货商提出要求,或寻找新的供货商。

供货条件的组合是指医药中间商对医药供应商供货的具体条件如产品、价格、渠道、促销进行组合。比如,如果采购产品价格高,那么医药供应商在服务、渠道、促销方面是否能够提供支持,如果能够提供,中间商可能会接受供货价格,否则不接受。

2. 医药中间商购买决策的程序   中间商采购决策过程有时简单,有时复杂。中间商完整的购买过程可以分为八个阶段,分别是:认识需求、确定需求、说明需求、物色供应商、征求供应意见书、选择供应商、签订合约和绩效评价。完善交易条件的采购和最佳供应商选择可能跳过某些阶段,新产品采购则会完整地经历各个阶段。

(1) 认识需求:认识需求是组织采购过程的开始阶段,往往能导致一项采购活动。这一阶段一般由内部因素和外部因素的刺激所产生的。其中,内部因素包括:组织原有的产品落伍了,需要开发新产品,由此产生对新设备和新材料等的需求;原有的供应商在某些方面,如价格、送货情况或售后服务不太理想,组织希望能寻找替代供应商。有些时候,外在的刺激可能会导致对需求的认识。例如:供应商的营销人员可以通过药品展览会或主动与组织购买者沟通接触的机会,来证明自身产品在价格、性能或服务等方面的优越性,以激发组织的潜在购买欲望。

(2) 确定需求:确定需求主要是确定需求的特征和数量。组织的某些需求在内部因素或外部因素的刺激作用下被认识之后,采购者便开始确定所需医药商品的总特征和需求的数量。

(3) 说明需求:说明需求即描述所采购医药商品的特征和数量阶段,该阶段是第二阶段的延伸,主要对需求药品的特征进行更为详细和准确的描述。这一阶段对以后供应商的选择有着非常关键的影响作用,因为一旦需要医药商品的特征确定之后,就意味着只有能提供完全符合这些需求特征的医药商品的供应商才可能成为最终的供应商,否则,在这一阶段就已失去了竞争的资格。如果供应商的营销人员能够尽早地介入组织购买决策过程,并且通过与有关人员的密切沟通和交流来使作出的组织购买决策朝有利于自身的方向发展是至关重要的。

(4) 物色供应商:物色供应商即寻找和判断潜在的供应来源阶段。一旦组织确定了它们需要的医药商品,便通过厂商名录、网络、产品展示会等方式寻找和判断潜在的供应来源。当然,对于供应商来说,这一阶段并不是被动地等待着被发现的过程,完全可以主动地与顾客建立联系,甚至在更早的阶段就介入,从而增加成为最终供应商的可能性。

(5) 征求供应建议:邀请合格的医药商品供应商提交供应建议书,确定所购医药商品的供应商。这一过程也是逐渐淘汰一些不符合要求的供应商的过程。鉴于这一过程的特点,供应商的营销人员必须精于调查研究、书写和提出建议。

(6) 选择供应商:组织的采购中心通常根据所规定的要求,对各潜在供应商的书面建议进行评估。例如,采购中心就医药商品供应商的技术能力和生产能力、财力、产品可靠性、交货可靠性、服务能力等指标比较评价,按照一定的评分标准逐项给每个供应商打分,分数最高者无疑是最适宜的供应商。

(7) 签订合约:确定供应商之后,组织的采购人员就可以向确定的供应商发出订货单,准确地列出对医药商品的需求量、产品技术说明、交货时间及地点、付款方式、退货政策等。长期有效采购合同的签订能使买卖双方建立起一种长期的、稳定的采购供应关系,在这种关系下,供应商根据协议供货给采购者,并尽量减少采购者的库存,从而降低其库存费用。在这种合同下,买卖双方的关系非常紧密,其他供应商则很难打破这种关系,很难介入双方稳定的业务合作。

(8) 绩效评价:绩效评价其内容是对供应商执行情况反馈与评价。这一阶段,组织采购者对各具体供应商的执行情况进行反馈并评价。对于供应商执行情况的反馈和评价,既可能通过正式渠道,也可能通过非正式渠道。而且这一过程不仅涉及采购部门,也涉及营销、生产等部门。反馈及评价的结果是组织继续向原有供应商购买医药商品,也可能导致组织终止采购合同的执行,其关键的因素就在于供应商是否能够完全彻底地执行有关协议,并在这一过程中,与组织购买者保持良好的联系与沟通,及时了解对方需求的变动情况并积极应对。

二、医疗机构市场与购买行为

(一) 医疗机构的类型

从不同角度,医疗机构可以有多种分类的方法。

1. 按举办人划分　根据举办人不同,医疗机构可以分为公立医疗机构、合资医疗机构、私营医疗机构、股份制医疗机构、个体诊所。不同性质的医疗机构经营的目标有所不同。有的是营利性的,有的则是非营利性的。

2. 按规模划分　根据医疗机构的规模不同,分为大型医疗机构、中型医疗机构、小型医疗机构。规模不同的医疗机构,购买的程序繁简程度有所不同。

3. 按治疗内容划分　根据医疗机构的治疗范围分,可以分为综合型医疗机构和专科医疗机构。综合性医疗机构比专科医疗机构的采购范围要广些。

4. 按级别划分　按级别划分,可分为三级医院(主要指全国、省、市直属的市级大医院及医学院校的附属医院);二级医院(主要指一般市、县医院及省辖市的区级医院,以及相当规模的工矿、企事业单位的职工医院);一级医院(主要指村卫生室、乡镇卫生院和城市街道医院)。每一级医疗机构又可分为甲、乙、丙不同等级。不同级别的医疗机构,其医疗技术水平往往不同。

鉴于医疗机构的多样性,医药企业和营销人员,在开拓医疗机构市场前,必须要调查清楚目标市场的医疗机构的情况,弄清医疗机构的性质、医疗机构购买的参与者以及医疗机构的购买决策程序等。

（二）医疗机构购买的类型

1. 按医疗机构购买活动的稳定性来划分

（1）直接重购：采购部门按照过去的订货记录和交易条件继续采购医药商品，如对基本目录药品的采购。

（2）调整购买：调整购买的内容包括调整药品目录，调整供货商和交易条件等。

（3）全新购买：对新特药品的采购大多属于此类型。医院新特药品，是指不属于医院基本药品目录品种范围内的，虽然国家已有生产或进口，但医院临床使用很少或国内上市不久，临床使用经验不多，或医院尚无使用先例或虽有使用先例但使用经验不足以推广于临床的药品。

2. 按医疗机构参与购买活动的权限划分

（1）自主购买：是指医疗机构的采购活动完全由医疗机构单独完成，医疗机构拥有自己的一套采购程序与制度，并且自己组织实施购买。

（2）集中招标购买：我国从 2000 年开始进行了药品集中招标采购试点工作，而且经过多年发展后，药品集中招标的范围不断扩大。2009 年 1 月 17 日卫生部等 6 部委联合下发了《进一步规范医疗机构药品集中采购工作的意见》，对药品采购的组织、目录、方式等作出了明确的要求；自 2019 年开始，在国家医疗保障局的组织下，我国分批分次对公立医疗机构常用药品采取了国家集中招标采购（带量采购）的方式，在保证药品质量的前提下，极大地降低了药品价格和采购成本，减少了患者和社会的医疗费用负担。

（3）医药分开：是指医院不再承担供药责任，只承担提供医疗服务的责任，而提供药品的责任则由医药商业企业承担，给予患者更大的购药选择权。医药分家有利于打破医院对药品的垄断权，从而促进药品价格的市场化，使患者能够买到低价的药品；同时有利于打破医院"以药养医"的格局，促使医院把更多工夫用在为患者治病上，而不是用在开大处方和"卖药"上，可望有效缓解患者"看病贵"之苦。这是继集中招标购买方式后，又一种新的购买方式，目前仍在试验和探索阶段。

（三）医疗机构购买的参与者

按照医疗机构参与者在购买活动中所承担的任务不同，医疗机构购买的参与者主要包括以下五种角色。

1. 医药商品的使用者

医药商品的使用者是指医疗机构使用这种药品的人。多数情况下，使用者往往首先提出购买建议，并协助确定产品的具体要求。例如，对医疗机构而言很多药品的最终使用者是患者，但就其决定权可以理解为是临床医生。

2. 医药商品购买的影响者

医药商品购买的影响者是指医疗机构内部或外部能够直接或间接地影响采购决策的人。他们协助确定药品规格和购买条件，提供药品评价的情报信息，影响采购决策。比如医生的用药偏好和部分患者的用药意愿都会影响医院药品采购的品种或数量。在药品推广中，医药生产企业的营销策略有时候会对医生的用药产生巨大的影响，进而会影响医院药品的采购。

3. 医药商品购买的决策者

医药商品购买的决策者指有权决定买与不买，及药品规格、数量和供货商的人员。有些购买活动的决策者很明显，有些却不明显，供应商应该设法辨别谁是决策者。在医疗机构中承担这个角色的主要有药剂科主任、临床科室主任、药事管理与药物治疗学委员会以及医院领导人。

4. 医药商品购买的批准者

医药商品购买的批准者指有权批准决策者或购买者所提供购买方案的人员，如医院的分管副院长或院长。

5. 医药商品购买的执行者

医药商品购买的执行者指被赋予权力按照采购方案选择供应商并商谈采购条款的人员，主要指医院药学部门、采购部门或招标采购的执行部门。如果是大宗或重要的采购，采购执行者中会包括医疗机构的主要管理人员。

（四）医疗机构购买的决策程序

医疗机构的药品购买因其规模、所有权性质、运营定位等区别也存在差别。总体而言,医疗机构的药品购买分为两种类型:自主采购和招标采购。药品招标采购又可包括以省为单位的药品集中招标采购和国家药品集中带量采购,其购买决策程序基本相同。

1. 医疗机构药品自主采购程序　拥有自主采购权的医疗机构主要包括个体小诊所、民营医院、县级以下医院、乡镇卫生院、村卫生室等形式。医疗机构的药品自主采购包括以下程序。

(1) 提出采购要求:临床医生根据患者用药的需要,或因医疗、教学和科研需要,结合对药品临床疗效的判断,提出用药要求,送达医疗机构药学部门。

(2) 拟定采购计划:医疗机构药学部门的采购部门根据临床医生的申请,结合药品的库存情况,确定拟采购药品的品种、规格和数量等,填写药品购买申请单(药品计划申购单或新特药品计划申购单)。然后由药学部门主任对拟采购的药品进行梳理,决定能否进药、进哪种药,对药品的质量进行把关。决定后,由采购部门根据确定的采购计划,联系供货商。如果是基本目录的药品采购,采购部门便可直接执行采购工作了。如果是新特药品的采购,或是新采购药品,药学部门还必须将采购信息,再送达给主管药品采购的院长或副院长进行审批。

(3) 采购计划的批准:采购计划拟定后,由主管药品采购的院长和副院长对申请进行审核。如果医院未设立药事管理与药物治疗学委员会,经院长或副院长审核后,药剂科的采购部门便可进行采购。如果医院成立了药事管理与药物治疗学委员会,则还必须经该委员会共同决议。

(4) 采购论证:当医院采购新品牌、新品种、新剂型时,都必须经医疗机构药事管理与药物治疗学委员会论证通过。

(5) 采购执行:经医院药事管理与药物治疗学委员会论证通过后,医院药剂科的采购部门便可进行采购。并且跟踪药品运输情况,直到药品入库。

(6) 入库:入库后,由药库负责对药品的管理,并将根据用药要求将医药商品分发到门诊药房和住院部药房。

(7) 发放使用:门诊药房和住院部药房根据医生处方要求,将医药商品配发至患者用于临床。

(8) 使用后评价:基于患者的用药反馈,如果临床用药效果好,获得临床医生的青睐,临床医生将会建议重复采购。如果临床效果评价不好,临床医生可能会降低用量,或转向其他用药。

2. 医疗机构参加药品集中招标采购程序　需要通过集中招标采购药品的医疗机构类型包括:①县级及县级以上公立医疗机构,包括县及县级以上人民政府、国有企业(含国有控股企业)等所属的非营利性医疗机构;②政府办基层医疗卫生机构(包括乡镇卫生院、社区卫生服务机构)和村卫生室;③纳入基本药物制度管理的非政府办基层医疗卫生机构。政府鼓励民营医疗机构也参加药品集中招标采购。

医疗机构参加药品集中招标采购一般要经过以下程序。

(1) 确定需要参加集中招标采购的药品品种:上述需要通过集中招标采购药品的医疗机构使用的所有药品(不含中药饮片)均应通过省级药品集中采购平台采购。省级药品采购机构依据国家基本药物目录、医疗保险药品报销目录、基本药物临床应用指南和处方集等,编制本行政区域内医院药品采购目录。

(2) 确定招标采购方式:省级药品采购机构编制的本行政区域医院药品采购目录,一般会分类列明:招标采购药品、谈判采购药品、直接挂网采购药品、定点生产药品等。①招标采购药品:一般根据上一年度药品采购总金额中各类药品的品规采购金额百分比排序,将占比排序累计不低于80%且有3家及以上企业生产的基本药物和非专利药品纳入招标采购范围,列入该范围的药品具有临床用量大、采购金额高、多家企业生产的特点。②谈判采购药品:一般将专利药品、独家生产药品设置为谈判采购药品范围。③直接挂网采购药品:妇儿专科非专利药品、急(抢)救药品、基础输液、常用低价药品以及暂不列入招标采购的药品一般列入直接挂网采购药品范围。④国家定点生产药品：按照全国统一采购价格直接网上采购，不再议价。⑤备案采购：对于招标采购中标药品无替代品种和临床必需且在中标药品中无相同规格的药品，以及临床紧缺、抢救危重患者用药、特殊患者用药或因医学科研项目确需使用的药品可纳入备案采购药品范围。遇战争、自然灾害、重大疫情、重大事故和因抢救危重患者而临床急需的药品，医疗机构可先采购使用，但需在一定的时间内补办备案采购手续。

对麻醉药品、精神药品、防治传染病和寄生虫的免费用药、国家免疫规划疫苗、计划生育药品及中药饮片按国家现行规定采购。

（3）向省级药品采购机构报告采购计划：医疗机构要按照不低于上年度药品实际使用量的80%制订采购计划，具体到通用名、剂型和规格，每种药品采购的剂型原则上不超过3种，每种剂型对应的规格原则上不超过2种。药品采购预算一般不高于医院业务支出的25%~30%。

（4）招标完成后签订采购合同：医院签订药品采购合同时应当明确采购品种、剂型、规格、价格、数量、配送批量和时限、结算方式和结算时间等内容。合同约定的采购数量应是采购计划申报的一个采购周期的全部采购量。

（5）采购和支付货款：按照合同约定和医院用药计划进行采购并支付货款。医院应将药品收支纳入预算管理，严格按照合同约定的时间支付货款，从交货验收合格到付款不得超过30天。

[本章小结]

医药组织市场是指以组织为购买单位的购买者所构成的市场，购买目的是生产、销售、维持组织运作或履行组织的职能。可以分为医药生产者市场、医药中间商市场、医疗机构市场、政府机构市场。

医药组织市场的特点：购买的目的是再生产或销售；购买者的数量相对少；购买规模大，业务相对稳定；购买者地理位置集中；属派生需求，需求的价格弹性小；购买专业性强，程序相对较复杂。

医药中间商是指那些将购入的医药产品再销售以获取利润的厂商或组织，包括医药批发企业和医药零售企业。其购买行为有：直接重购、新产品采购、最佳供应商选择和改善交易条件采购。

医药中间商购买决策的类型包括：①配货决策，是指中间商决定经营的医药商品的品种组合；②医药供货商组合决策，是指中间商是选择一家供货商还是选择多家供货商；③供货条件的组合决策，是指中间商在采购医药产品时的价格、质量、服务、促销等条件的组合。其购买过程可以：认识需求、确定需求、说明需求、物色供应商、征求供应建议、选择供应商、签订合约和绩效评价。

医疗机构购买程序：提出采购要求，拟定采购计划，采购计划的批准，采购论证，采购执行，入库，发放使用，使用后评价。参加药品集中招标采购的程序：确定需要参加集中招标采购的药品品种，确定招标采购方式，向省级药品采购机构报告采购计划，招标完成后签订采购合同，采购和支付货款。

[关键名词]

医药组织市场、医药生产者市场、医药中间商市场、医疗机构市场、政府机构市场、医药中间商、医药批发商市场、医药零售商市场

[思考题]

1. 医药组织市场包括哪些类型?
2. 医药组织市场有哪些特点?
3. 医药组织的购买类型包括哪些?
4. 医药组织的采购中心有哪些角色?
5. 影响医药组织购买的主要因素包括什么?
6. 试论述医药中间商市场购买的影响因素。
7. 试论述医药中间商的购买决策的类型和程序。
8. 试论述医疗机构的购买决策类型。
9. 试论述医疗机构自主采购和集中招标采购的差异。

[本章实训]

药品集中招标采购流程

实训目的:掌握药品集中招标采购流程。

实训内容:网上查阅药品集中招标采购公告。根据公告,撰写招标流程和拟投标企业需要提交的材料和投标程序。

实训组织:由若干同学组成几个小组,每组分别通过网络查询不同省份的药品集中招标采购公告,撰写不同省份招标流程和拟投标企业需要提交的材料和投标程序。

实训考核:每组分别在课堂汇报,比较不同省份药品集中招标采购的差异。教师点评、记录学生成绩。

第七章
同步练习

（颜久兴）

第八章

医药市场竞争战略

第八章
教学课件

第一节 竞争者分析及其战略

正确的市场竞争战略是医药企业成功实现营销目标的关键。医药企业要制定正确的市场竞争战略,首先要对竞争者进行分析,正所谓"知己知彼,百战不殆"。

一、竞争者分析

竞争者有广义与狭义之分。狭义的竞争者一般是指那些与本企业提供的产品或服务相似,并且所服务的目标顾客也相似的其他企业。广义的竞争者是指所有与本企业争夺同一目标顾客的企业,不仅包括现实竞争者,还包括潜在竞争者。竞争者分析的内容主要包括:识别竞争者;判断竞争者的目标;评估竞争者的实力;判断竞争者的市场反应模式。

(一) 识别竞争者

一般可以从行业、市场竞争程度、满足市场需求方式、竞争者所处的地位四个角度来识别竞争者。

1. 从行业角度进行识别 行业是一组提供一类或一种密切替代产品的相互竞争的公司,生产和经营同规格、同品种、同类产品和服务,并以同一区域为市场的商家。

(1) 现有竞争者:是指医药行业内现有的与医药企业生产或销售同类产品或服务的其他医药企业,这是医药企业最容易找到的最直接的竞争者。一家生产和销售风寒感冒中成药的医药企业的现有竞争者,就包括所有从事此类产品生产和销售的医药企业。

(2) 潜在竞争者:当医药行业盈利水平较高、发展前景乐观时,就会吸引更多的企业进入该行业,从而抢夺市场份额和主要资源。无论是进入该行业的全新企业,还是进行多元化经营后进入该行业的大型企业,都会使该行业整体供给能力短期内突然增加,从而导致医药产品或服务价格的下降,并进而导致利润萎缩。

(3) 替代品竞争者:具有高度需求交叉价格弹性的产品商家也属于医药企业应密切关注的竞争者。一种产品价格升高会导致另一种产品的需求增大,尤其是突破性技术创新产品,可能会取代以往的某种产品,导致行业的整体利润下降。

2. 从市场竞争程度角度进行识别 按照销售商数量的多少和产品的差异程度,可以区分出四种不同的行业市场竞争类型。

(1) 完全垄断:指在一定地理范围内某一行业只有一家公司供应产品或服务。造成完全垄断的原因包括规章法令、专利权、许可证、规模经济等。一旦行业内出现替代产品或其他竞争危机,完全垄断者会通过改善产品或服务来阻止新竞争者进入的威胁。

(2) 寡头垄断:在寡头垄断的市场条件下,一个行业中只有几家企业,它们所生产和销售的产品在该行业中占很大比重,各企业相互依存、相互制约。在寡头垄断条件下,价格变动会引起竞争者的强烈反应。

(3) 垄断竞争:指某一行业内有许多企业,且相互之间在产品质量、性能、款式和服务方面有差别,消费者对某些品牌有特殊偏好,不同企业以产品的差异性吸引消费者,从而形成竞争优势。在垄断竞争条件下,企业的价格变动不会引起竞争者的强烈反应。

(4) 完全竞争:指某一行业内有许多企业且相互之间没有产品差别。完全竞争大多存在于均质产品市场,买卖双方只能按照供求关系确定的现行市场价格买卖商品,都是"价格的接受者"而不是"价格的决定者"。竞争的焦点是降低成本、增加服务并争取通过产品开发扩大与竞争品牌的差别,或通过广告提升产品形象,造成顾客的心理差别。

3. 从满足市场需求方式的角度进行识别　在市场竞争过程中,竞争对手不仅指同一行业内的竞争,也包括那些满足相同需求或服务于同一顾客群的企业,甚至是那些满足消费者不同需求的企业。从满足市场需求方式的角度出发,竞争者又可以分为:品牌竞争者、形式竞争者、属类竞争者和愿望竞争者。

(1) 品牌竞争者:指产品形式、规格、式样、型号相同,但拥有不同品牌的竞争对手。如藿香正气水就有云南白药、蜀中、同仁堂、太极等不同品牌。

(2) 形式竞争者:指生产同种产品但不同规格、式样、型号的竞争者。如活性物质为环丙沙星的抗菌药,有盐酸盐、乳酸盐、醋酸盐等,每种药又存在片剂、胶囊等相似的口服剂型,仅盐酸环丙沙星片的生产企业就达一百多家。

(3) 属类竞争者:指以不同的产品满足消费者同一需求的竞争者。如青霉素生产厂家与头孢氨苄等厂商之间的竞争。

(4) 愿望竞争者:指提供不同产品以满足消费者不同需求的竞争者。这种竞争的实质是如何能促使消费者更多地购买医药产品。

4. 从竞争者所处市场地位角度进行识别　在同一目标市场中,各个企业所占有的市场份额不同,这就决定了它们在竞争中所处的地位不同。依据地位的不同,可以将其分为市场领导者、市场挑战者、市场追随者和市场利基者。

(1) 市场领导者:在医药产品市场中占有最大市场份额的企业即为市场领导者。市场领导者通常在新产品开发、价格变动、分销渠道的宽度与促销力量等方面处于绝对优势地位。

(2) 市场挑战者:在医药产品市场中居于次要地位(通常为第二或第三名),并且不安于次要地位的企业。市场挑战者往往采取主动竞争的方式,挑战市场领导者,从而扩大自己的市场份额。

(3) 市场追随者:在医药产品市场中居于次要地位,并且安于次要地位的企业。这类企业通过观察、学习、借鉴、模仿市场领导者的行为,以较低的成本和几乎为零的风险提高企业能力。

(4) 市场利基者:也称为市场补缺者,是指行业中相对弱小的中小企业,专注于被大企业忽略的小市场,通过专业化经营获得最大收益。这类企业往往通过提供某种具有特色的产品或服务,逐步成为小市场中的"领导者"。

(二) 判断竞争者的目标

现实中,竞争者通常会确立多个目标,如投资报酬率、市场占有率、技术领先、服务领先、现金流量、低成本领先、信誉领先等,这些目标不同的企业有不同的侧重点,形成不同的目标组合。了解竞争者的战略目标组合及其侧重点可以判断它们对不同竞争行为的反应。比如,一个以低成本领先为目标的企业对竞争企业在制造过程中的技术突破会作出强烈反应,而对竞争企业增加广告投入则不太在意。

竞争者的目标选择不同,其经营模式也会存在差异。在美国,多数企业按照最大限度扩大短期利润的模式经营,因为当前经营绩效决定着股东满意度和股票价值。日本公司则主要按照最大限度扩大市场占有率的模式经营,由于经营中的资金成本低,对利润的要求也较低,故而在市场渗透方面显示出更大的耐心。

(三) 确认竞争者的战略

医药企业所采取的战略越相似,它们之间的竞争就越激烈。在大多数行业中,竞争者可以分为实行不同战略的群组,每个群组由那些实行相同或相似战略的企业组成。医药战略群组是指医药行业内推行相同或相似战略的一组公司。战略的差别表现在产品线、目标市场、产品档次、性能、技术水平、价格、服务、销售范围等方面。公司最直接的竞争者是那些处于同一行业同一战略群组的公司。区别这些战略群组有其特殊的价值。比如,当一家企业准备加入其中的某一群组时,这个群组的成员就将成为该企业的主要竞争者。通常这些群组会设置各不相同的障碍,阻止新的竞争者加入。所以,企业必须认真考虑这些群组成员的实力与战略特征,以求突破障碍而进入。一般作为新进入的企业,只有比原来的企业做得更出色,才有可能获得成功。具体来说,区分战略群组有助于认识以下三个问题。

1. 不同战略群组的进入与流动障碍不同   比如,某医药公司在老年病、多发病治疗药品研制方面积累了丰富的经验,且成本控制能力强,则进入低价格、质量适中、大规模的全民基本医疗战略群组较为容易;具有一线专利优势的医药企业,则适合进入高端处方药的战略群组。

2. 同一战略群组内的竞争最为激烈   处于同一战略群组的公司在目标市场、产品类型、质量、功能、价格、分销渠道和促销等方面几乎无差别,每一公司的竞争战略都会受到其他公司的高度关注并在必要时作出强烈反应。我国制药企业之间的竞争十分激烈,不论是在市场争夺还是规模扩张过程都出现了过度竞争现象。

3. 不同战略群组之间存在现实或潜在的竞争   每个战略群组都试图扩大自己的市场,涉足其他战略群组的领地,在企业实力相当或流动障碍小的情况下尤其如此。因此,虽然在同一战略群组内竞争最激烈,但不同群组之间的抗衡也同样存在。首先,各群组之间的目标顾客群本身就有一些交叉;其次,顾客不会主动去分辨这些战略群组,在它们看来也许这些企业并无多大差别;再次,每个企业都想扩大自己的市场份额。医药产业受技术进步影响最为直接,随着科学进步、医学技术和制药水平的发展,不排除有其他非药物疗法在将来会对人类健康起到积极作用。

(四) 评估竞争者的实力

在市场竞争中,企业需要评估竞争者的实力,分析其具有的优势与劣势,做到真正的“知彼”,才能有针对性地制定正确的市场竞争战略,以避其锋芒、攻其弱点、出其不意,利用竞争者的劣势来争取市场竞争的优势,从而实现企业自身的营销目标。

竞争者优劣势评估的内容主要包括以下八个方面。

1. 产品竞争   企业产品在市场上的地位,产品的适销性,以及产品系列的宽度与深度。

2. 销售渠道竞争   企业销售渠道的广度与深度,销售渠道的效率与实力,销售渠道的服务能力。

3. 市场营销竞争   企业市场营销组合的水平,市场调研与新产品开发的能力,销售队伍的培训与技能。

4. 生产与经营竞争   企业的生产规模与生产成本水平,设施与设备的技术先进性与灵活性,专利与专有技术,生产能力的扩展,质量控制与成本控制,区位优势,员工状况,原材料的来源与成本,纵向整合程度。

5. 研发能力竞争   企业内部在产品、工艺、基础研究、仿制等方面所具有的研究与开发能力,研究与开发人员的创造性、可靠性、简化能力等方面的素质与技能。

6. 资金实力竞争   企业的资金结构、筹资能力、现金流量、资信度、财务比率、财务管理能力。

7. **组织竞争**　企业组织成员价值观的一致性与目标的明确性,组织结构与企业策略的一致性,组织结构与信息传递的有效性,组织对环境因素变化的适应性与反应程度,组织成员的素质。

8. **管理能力竞争**　企业管理者的领导素质与激励能力、协调能力,管理者的专业知识,管理决策的灵活性、适应性、前瞻性。

(五) 判断竞争者的市场反应模式

竞争者的目标、战略、优劣势决定了它对降价、推出新产品等市场竞争行为的反应。此外,竞争者的反应还受到企业经营哲学、内在文化、主导信念和心理状态的影响。因此,当企业采取了某些挑战性的措施之后,竞争者的市场反应模式通常有以下四种。

1. **从容型**　指对某些特定的攻击行为没有迅速反应或强烈反应。原因可能有:认为顾客对自己产品的忠诚度高;重视不够,没有注意到竞争对手的新措施;受制于资金、技术或者经营规模,无法作出相应的反应。例如国内复合维生素市场较为稳定,几家大牌企业占据主要市场,当新厂家进入该领域时,一般不会引发较大市场震荡,市场领导者多表现为从容应对。

2. **选择型**　指对某些竞争者特定的攻击行为作出反应,而对竞争者的其他竞争行为不加理会。这类竞争者只是针对触及其战略环节或核心领域的行动才会作出反应。例如,大多数医药企业对降价这样的价格竞争措施总是反应敏锐,倾向于作出强烈的反应,力求在第一时间采取报复措施进行反击,而对改善服务、增加广告、改进产品、强化促销等非价格竞争措施则不大在意,认为不构成对自己的直接威胁。

3. **凶猛型**　指对所有的攻击行为都作出迅速而强烈的反应,进行激烈的报复和反击,势必将挑战自己的竞争者置之死地而后快,意在警告其他企业最好停止任何攻击。这种报复措施往往是全面的、致命的,甚至是不计后果的。这些强烈反应型竞争者通常都是市场领先者,具有某些竞争优势。一般医药企业轻易不敢或不愿挑战其在市场上的权威,尽量避免与其直接正面交锋。

4. **随机型**　指对竞争者攻击的反应具有随机性、选择性,是否有反应及反应强弱无法根据其以往的情况加以预测。例如,在某些时候可能会对市场竞争的变化作出反应,也可能不作出反应;它们既可能迅速作出反应,也可能反应迟缓;其反应既可能是剧烈的,也可能是柔和的。许多小型医药企业属于此类竞争者。

二、市场领导者战略

市场领导者是指在相关产品的市场上占有率最高的企业。一般来说,大多数产品领域都有一家企业被认为是市场领导者,它在价格变动、新产品开发、分销渠道的宽度和促销力量等方面处于“主宰”地位,并为同行业所公认。例如,默沙东公司在血管紧张素Ⅱ受体阻滞剂(ARB)类降压药市场处于领导者地位;恒瑞医药是国内最大的抗肿瘤药的研究和生产基地,抗肿瘤药销售在国内排名第一。值得注意的是,这种领导地位是在竞争中自然形成的,且非固定不变的。

市场领导者时刻面临三大挑战,即扩大总市场、保护市场份额和扩展市场份额。为了维护其竞争优势,保住领先地位,市场领导者可采取三种战略:一是扩大市场需求总量;二是保护市场占有率;三是提高市场占有率。

(一) 扩大市场需求总量

当行业总的市场规模扩大时,占据最大份额的市场领导者往往受益最大。市场领导者可以通过寻找新用户、开辟新用途和增加使用量来达到目的。

1. **寻找新用户**　市场领导者可以利用技术、品牌等优势,通过转变未使用者或进入新的细分市场、进行地理扩展等方式寻找到新的用户,从而扩大市场需求总量。例如,“健胃消食片”生产企业推出针对儿童的细分产品;同样,“快克”感冒药推出“小快克”,均通过开辟儿童市场寻找新的消费者。

2. **开辟新用途**　开辟新用途是指设法找出产品的新用法和新用途以增加销售量。医药领域有很多老药新用的实践,如呋喃唑酮原用于治疗肠炎、细菌性痢疾、尿路感染等疾病,近年的临床实践证实,该药也可用于治疗消化性溃疡、慢性胃炎和口腔溃疡。

3. 增加使用量 市场领导者通过说服消费者在更多场合更多地使用该产品,从而在顾客规模不变的条件下能增加产品销量。

(二) 保护市场占有率

市场领导者也是市场上最易受攻击的对象,要时刻注意保护自己的"阵地",在努力扩张总市场的同时,必须时刻防备竞争者的挑战。为了保护现有市场份额,市场领导者可以采用多种防御方法。防御战略的目标是减少受攻击的可能性,使攻击转移到危害较小的地方,并削弱其攻势。

1. 阵地防御 阵地防御就是在现有阵地周围建立防线。这是一种静态防御,是防御的基本形式。如果将所有力量都投入这种防御,最后可能导致失败。对企业来说,单纯采用消极的静态防御,只保卫自己目前的市场和产品,容易患上"市场营销近视症"。

2. 侧翼防御 侧翼防御是指市场领导者除保卫自己的阵地外,还应建立某些辅助性的基地作为防御阵地,或必要时作为反攻基地。特别是注意保卫自己较弱的侧翼,防止对手乘虚而入。

3. 以攻为守 这是一种"先发制人"式的防御,即在竞争者尚未进攻之前,先主动攻击对方,这种战略主张"预防胜于治疗"。当竞争者的市场占有率达到某一危险的高度时,就对对方发动攻击;或者是对市场上所有竞争者全面攻击,使人人自危。有时这种方法是利用心理攻势来阻止竞争者的进攻,而不发动实际攻击,但这种虚张声势的做法只能偶尔为之。

4. 反击防御 当市场领导者遭到对手发动降价或促销攻势,或改进产品、占领市场阵地等进攻时,不能被动应战,而是主动反攻入侵者的主要市场阵地,以切断进攻者的后路,以迫使其撤回部分力量守卫其本土,即"围魏救赵"。

5. 运动防御 这种战略是不仅防御目前的阵地,而且还要扩展到新的市场阵地,作为未来防御和进攻的中心。具体实现方式有两种:市场扩大化和多元化经营。

6. 收缩防御 市场领导者若在所有阵地上进行全面防御,有时会得不偿失,必要时可实行战略收缩。所谓收缩防御,即放弃某些疲软市场,把力量集中到主要市场,保证资源集中在优势业务。

总的来说,防御型竞争战略是在市场上具有领导地位或较强实力的企业所应选择的战略。战略成功的关键是要集中力量于影响企业经营成败的关键因素,并进行防守。

(三) 提高市场占有率

一般而言,如果单位产品价格和经营成本均保持不变,企业利润会随着市场份额的扩大而提高。但需注意的是,市场占有率达到一定水平(如60% 左右)后,其增长会与获利率成反比关系。因为,这时再要扩大市场份额,成本会迅速上升。因为市场领导者的市场份额扩张到一定程度后,仍坚持不买的顾客可能是不喜欢本企业,或忠于其他竞争者,或有某种特殊偏好,这些倾向往往是难以改变的。另外,竞争者也可能为保卫其仅有的市场份额而加倍努力,这样,企业若继续坚持扩张市场份额,必须要花费更高昂的公关、广告等促销费用。另外,许多国家有反垄断法,当企业的市场占有率超过一定限度时,就有可能受到指责和制裁。所以,精明的领导者应善于把握火候,适可而止,提高市场占有率时应注意以下几点。

1. 经营成本 当有些产品的市场份额不断增加但未超出一定限度时,企业利润会随着市场份额的扩大而提高,但当市场份额超过某一限度仍继续增加时,由于用于提高市场份额的费用增加较多,经营成本的增加速度会大于利润的增加速度,从而使企业利润随着市场份额的提高而降低。这时企业应将市场份额保持在该限度内,尤其在细分市场盈利能力不高、无法形成规模经济效益、客户独特需求多、退出壁垒高等情况下,市场领导者多会选择主动减少该领域的市场份额。

2. 营销组合 如果企业实行了错误的营销组合,市场份额的提高反而会降低企业的利润。例如,过分降低产品价格,过高支出广告促销费用等。

3. **反垄断法** 现许多国家为了保护自由竞争,防止出现垄断市场,制定了相应的反垄断法,当某一公司的市场份额超出某一限度时,就要强行将其分解为若干个相互竞争的小公司。

4. **承载能力** 短期内迅速增加市场份额,需要服务大量客户,必然占用企业更多的资源。一旦企业并未做好准备,无法承担激增客户的产品或服务需求,不但不能因市场份额提升而得到益处,反而会产生企业生存危机。

总之,市场领导者必须善于扩大市场需求总量,保卫自己的市场阵地,防御挑战者的进攻,并在保证收益增加的前提下,提高市场占有率,这样,才能持久地占据市场领先地位。

三、市场挑战者战略

市场挑战者是指那些相对于市场领先者来说在行业中处于第二及以后位次的,并有实力向领导者及其他竞争者发动全面攻击的企业。市场挑战者首先必须确定自己的战略目标和挑战对象,然后再选择适当的进攻战略。

(一)确定战略目标和挑战对象

战略目标与挑战对象密切相关,一般来说,市场挑战者可在下列三种企业中选择挑战对象,并确定相应的战略目标。

1. **攻击市场领导者** 这一战略风险大,潜在收益也大。当市场领导者在其目标市场的服务效果不佳,或者对某个较大的细分市场未给予足够关注的时候,市场挑战者采取该战略会有显著利益。

2. **攻击与自己实力相当者** 规模相仿、实力相当的医药企业是市场挑战者最主要的攻击对手。市场挑战者要选择那些相对本企业创新不足、财力拮据的同类企业,依靠产品创新及价格折扣等策略,迅速夺取对方的市场份额。

3. **攻击地区性小企业** 市场挑战者还可以"大鱼吃小鱼"的方式,对一些地区性小企业展开攻击,蚕食对方市场,迅速壮大自己的经营规模。

(二)选择进攻战略

在确定了战略目标和进攻对象之后,市场挑战者就要考虑采取何种进攻战略。通常,市场挑战者采取的进攻战略有五种。

1. **正面进攻** 就是集中全力向对手的主要市场阵地发动进攻,即进攻对手的强项而不是弱点。在这种情况下,进攻者必须在产品、广告、价格等主要方面大大超过对手,才有可能成功,否则,不能采取这种进攻战略。正面进攻的胜负取决于双方力量的对比。正面进攻的另一种措施是投入大量研究与开发经费,降低产品成本,从而以降低价格的手段向对手发动进攻,这是持续开展正面进攻战略最可靠的基础之一。

2. **侧翼进攻** 是指集中优势力量攻击对手的弱点。有时可采取"声东击西"的战略,佯攻正面,实际攻击侧面或背面。侧翼进攻可分为两种情况:一种是地理性的侧翼进攻,即在全国或全世界寻找对手力量薄弱地区,在这些地区发动进攻;另一种是细分性侧翼进攻,即寻找领先企业尚未为之服务的细分市场,在这些小市场上迅速填空补缺。侧翼进攻符合现代市场营销观念,提倡发现需求并设法去满足。侧翼进攻也是一种最有效和经济的战略方式,比正面进攻有更多成功的机会。

3. **包围进攻** 是一种全方位、大规模的进攻战略。当挑战者拥有优于对手的资源,并确信完成包围计划足以打垮对手时,可采用这种战略。

4. **迂回进攻** 是一种最间接的进攻战略,完全避开对手的现有阵地而迂回进攻。具体办法有三种:一是发展无关的产品,实行产品多角化;二是以现有产品进入新地区的市场,实行市场多角化;三是发展新技术、新产品,取代现有产品。

5. **游击进攻** 是适用于规模较小、力量较弱的企业的一种战略。游击进攻的目的在于以小型的、间断性的进攻干扰对手的士气,以占据长久性的立足点。但是,也不能认为游击战只适合于财力不足的小企业。持续不断的游击进攻,也是需要大量投资的。还应指出,如果要想打倒对手,光靠游击战不可能达到目的,还需要发动更强大的攻势。

上述市场挑战者的进攻战略是多样的,一个挑战者不可能同时运用所有这些战略,但也很难单靠某一种战略取得成功。通常是设计出一套战略组合即整体战略,借以改变自己的市场地位。

四、市场追随者战略和市场利基者战略

相对于市场领导者和市场挑战者来说,大多市场追随者的竞争实力与挑战者不分上下,但是市场利基者的竞争实力则较弱,对整个医药行业的市场竞争格局,一般短期内也不会产生大的威胁。

(一) 市场追随者战略

市场追随者是指那些在产品、价格、渠道和促销等各个方面模仿或跟随市场领导者的企业。在很多情况下,追随者可让市场领导者和挑战者承担新产品开发、信息收集和市场开发所需的大量经费,自己坐享其成,减少支出和风险,并避免向市场领导者挑战可能带来的重大损失。扮演市场追随者的企业实力与市场挑战者往往难分伯仲,它们的主要区别在于对待市场领导者的态度不同。市场挑战者采取积极进攻的姿态,而追随者则默认领导者地位,只求维持现有市场份额。市场追随者有以下三种战略选择。

1. **紧密追随**　紧密追随是指追随者尽可能地在各细分市场及营销组合方面模仿领导者,完全不创新。由于它们与市场领导者的产品、品牌与包装只在细微之处有稍微区别,顾客不易觉察,价格略低,利用市场领导者的投资和营销组合策略去开拓市场,自己跟在后面分一杯羹,故被视为"寄生者"。

2. **距离追随**　距离追随是指追随者与领导者保持一定差异,而在主要市场的产品创新、价格调整、配销道路上追随领导者,因为这样做不会危及市场领导者的市场计划执行,所以受领导者的欢迎。我国医药企业原研能力比较弱,一般走仿制和仿创结合的新药开发之路。

3. **选择追随**　选择追随是指在某些方面紧跟领先者,而在另一些方面又自行其是。即它不是盲目追随,而是在择优追随的同时还要发挥自己的独创性,但不进行直接竞争。这类追随者有些可能发展成为挑战者。

(二) 市场利基者战略

市场利基者也称市场补缺者,是指精心服务于市场的某些细小部分,而不与主要的企业竞争,只是通过专业化经营来占据有利的市场位置的企业。市场利基者一般是行业中一些相对较弱小的企业,在竞争中为了避免与大企业的正面冲突,选择那些未被满足和未实现需要的部分市场,提供专门的产品或服务,以在大企业的夹缝中谋求生存和发展。市场利基者竞争的关键是选择一个或几个安全并且有利可图的"利基"市场从而进行有效的"拾遗补缺"。

一个理想的利基市场通常满足以下条件:有足够的规模和成长潜力,不被大竞争者重视,企业本身具有为其提供产品和服务的能力,能建立起顾客信誉,从而能有力地抵御进攻者的进入,能获取利润。

市场利基者的战略核心是专业化。为取得利基市场,企业可以选择在市场、顾客、产品或渠道等方面实行专业化,其主要途径有以下几个方面。

最终用户专业化:这是指企业专门致力于为某类最终用户服务。

垂直层面专业化:这是指企业专业化于某种垂直生产水平的生产与分配周期。

顾客规模专业化:这是指企业专门为某一种规模(大、中、小)的客户服务,如有些小企业专门为那些被大企业忽略的小客户服务。

特定顾客专业化:这是指企业把销售对象限定在一个或几个主要的客户上面。许多企业甚至只

是把它们的产品全部出售给一个公司。

地理区域专业化:这是指企业把销售只集中于某一地点或是世界的某一区域。

产品或产品线专业化:这是指企业只生产一大类产品。

客户订单专业化:这是指企业专门按客户订单生产预定的产品。

质量和价格专业化:这是指企业专门生产经营某一种质量和价格的产品,如专门生产高质高价产品或低质低价产品。

服务项目专业化:这是指企业专门提供某一种或几种其他企业没有的服务项目。

分销渠道专业化:这是指企业专门服务于某一类分销渠道。

市场利基者专业化领域有很多,市场利基者只要能发现被别人忽视的专门化领域,并专心开发,就会在强手如林的市场竞争中占有一席之地,逐渐发展为市场挑战者以至市场领导者。但由于利基市场可能会衰退,企业必须不断建立新的利基市场,扩大市场份额,并保护自己的既得利基市场。另外,由于市场利基者多数是弱小企业,所以在进行选择时,企业通常应选择两个或两个以上的利基市场,以确保企业的生存和发展。

第二节　竞争者类型定位与竞争战略选择

一、竞争者类型定位

在分析、预测竞争者优劣势以及反应模式的基础上,企业要在各类竞争者中明确集中优势进攻、加强防守或主动退让的对象。一般而言,市场中竞争者类型有以下两种定位方法。

(一) 按照竞争者的综合竞争能力进行定位

1. 强竞争者与弱竞争者　大多企业将目标瞄准弱竞争者,攻击弱竞争者对提高市场占有率所需耗费的资金和时间较少,但自身能力提高和利润增加也较少。而攻击强竞争者可以提高自己的生产、管理和促销能力,更大幅度地扩大市场占有率和利润水平。

2. 近竞争者与远竞争者　近竞争者是指市场已存在的行业竞争者,而远竞争者是指市场上潜在的竞争者。多数公司重视同近竞争者对抗并力图摧毁对方,但竞争胜利可能招来更难对付的竞争者。反之,攻击远竞争者则可能"坐收渔翁之利"。

3. "好"竞争者与"坏"竞争者　"好"竞争者的特点是:遵守行业规则;对行业增长潜力提出切合实际的设想;按照成本合理定价;把自己限制在行业的某一部分或某一细分市场中;推动他人降低成本,提高差异化;接受为它们的市场份额和利润规定的大致界限。"坏"竞争者的特点是:违反行业规则;企图靠花钱而不是靠努力去扩大市场份额;敢于冒大风险;生产能力过剩仍然继续投资。总之,它们打破了行业平衡。一般来说,公司应支持"好"竞争者,攻击"坏"竞争者。

(二) 按照竞争者的竞争地位进行定位

阿瑟·D.利特尔咨询公司把企业在目标市场的竞争地位分为六种。

1. 主宰型　这类企业控制着其他竞争者的行为,有广泛的战略选择余地。

2. 强壮型　这类企业可以采取不会危及其长期地位的独立行动,竞争者的行为很难撼动其长期地位。

3. 优势型　这类企业在特定战略中有较多的力量可以利用,有较多机会改善其战略地位。

4. 防守型　这类企业的经营状况令人满意,但受主宰型企业的控制,其生存地位改善的机会很少。

5. 虚弱型　这类企业的经营状况不能令人满意,但仍然有改善的机会,不改变就会被迫退出市场。

6. 难以生存型　这类企业经营状况很差且没有改善的机会。

对医药企业而言,企业战略目标的有效实现取决于其资源与能力的构成。因此评估竞争对手需要收集并分析其在业务上的关键数据,如销售量、市场份额、品牌资产与商誉、销售毛利、投资报酬率、现金流量、投资与开发等。

二、竞争战略选择

竞争战略是企业关于如何实现战略目标的基本设想。当今市场竞争日趋激烈,竞争战略的选择与实施是企业生存与发展的基础,而选择何种竞争战略,取决于它具有的优势、特色和所处的市场地位。美国著名战略学家迈克尔·波特从竞争优势的角度提出三种基本的竞争战略:总成本领先(overall cost leadership)战略、差异化(differentiation)战略、目标集聚(cost-or-differentiation-focus)战略。

(一)总成本领先战略

总成本领先战略又称为低成本战略。企业努力减少生产及分销成本,使价格低于竞争者的产品价格,以提高市场占有率。即企业努力发现和挖掘所有的资源优势,特别强调生产规模和出售一种标准化的产品,在行业内保持整体成本领先地位,从而以行业最低价格为其产品定价的竞争战略。

总成本领先战略有一定的适用范围:市场需求价格弹性大;产品生产标准化,工艺简单,便于制造;产品差异度小,主要依靠价格竞争。工业企业、品种比较老化的企业和中小企业会选择总成本领先战略。从价值链分析,成本领先来源主要是规模效应和资源禀赋优势,如企业生产规模大、要素成本低、物流成本低、环保成本低等。典型的如某药企依靠规模优势建立的竞争优势,其市场占有率达到 90% 以上;在国际市场出口占优势的维生素 C 等产品的生产企业也普遍采用总成本领先战略。

(二)差异化战略

差异化战略是企业在产品、服务和企业形象等方面与行业对手有较大差异,以获得行业内具有独特性的竞争优势的战略。该战略的重点是开创全行业和顾客都认为独具一格的产品、服务。医药企业运用这种战略主要是依靠产品和服务的特色,而不是产品和服务的成本。这样可以很好地防御行业中的竞争,获得超额利润,其主要原因是:一是形成进入壁垒。由于产品和服务的特色,顾客具有很高的忠诚度。潜在的进入者要参与其竞争,则需要克服这个壁垒。二是防止替代品的威胁。基于能够赢得顾客的信任,所以在与替代品的较量中,比同类企业处于更有利的地位。

差异化战略的实施一般需要通过客户细分找准市场定位,分析竞争对手,注重客户反馈,检验差异化效果,提升企业服务理念。医药企业实施差异化战略的途径有产品差异化、服务差异化、品牌差异化及渠道差异化等。

1. 产品差异化　产品差异化是生产企业差异化战略实施的核心,没有一流的产品就不会有一流的生产企业。产品差异化的切入点有功能差异化、外形差异化等,其核心在于从功能上满足消费者的差异化需求。因此,实施产品差异化战略的起点是分析消费者的差异化需求。

随着经济增长带来的生活水平提高,人们对生活质量的要求随之提高,对医药产品的使用消费也呈现多样化需求。如在剂型和口味上更适合儿童服用的药物;成年人工作压力大、生活节奏快,需要方便携带和服用简单的药物等。根据对消费者的偏好和多样化需求,医药企业据此实施差异化战略,生产和销售满足不同需求的医药产品,通过实施差异化战略赢得市场,提高企业的市场竞争力。

2. 服务差异化　无论是医药生产型企业还是流通服务型企业,服务差异化战略是赢取竞争优势的最有力的竞争武器之一。当前医药流通行业间的竞争已发展成为“白热化”竞争,由于服务质量和特定服务提供者有紧密的联系,且差异化服务很难被竞争对手学习,为终端客户提供的差异化服务是企业获取核心竞争力的有效途径之一,从而使公司保持持久的竞争优势。为终端客户提供服务主要包括药品配送、客户培训、咨询、信息化服务,以及药品售前、售中和售后服务。

3. 品牌差异化　品牌差异化是指产品或服务在终端客户中寻找一种特殊、永久、优异的定位,便于开展品牌拓展,在激烈的竞争中为企业提供保护。企业通过强烈的品牌意识、成功的形象战略,借助媒体的宣传,使企业在消费者心目中树立优异的形象,从而培养顾客认可品牌及购买习惯,把企业的品牌和形象根植于顾客心目中。

以中成药"六味地黄丸"为例,全国曾有500多家企业争夺六味地黄丸市场,其中"仲景""同仁堂""九芝堂""汇仁""兰州佛慈"等主导品牌占据很大的市场份额。同一剂型的六味地黄丸,具有较高的同质性,价格相差却高达几倍,且价格高的市场份额也高。其根源在于企业从顾客价值出发,更注重塑造企业品牌或产品品牌。如:A品牌的六味地黄丸让消费者感知其价值是"药材好,产地好";B品牌的六味地黄丸传递的价值主张是"精挑细选,精工细做";C品牌的六味地黄丸主打"不含糖",更适合糖尿病患者。

4. 渠道差异化　医药生产企业可以通过设计分销渠道获得竞争优势,如提高渠道的覆盖率、专业性和效益。例如,国内某补血产品在推广产品之初,没有在大中城市与东阿阿胶正面竞争,而是选择农村市场,利用农村消费者贫血群体大、品牌意识不强的特点,降低价格,通过自己强大的营销网络,抢占农村市场获得成功。

(三) 目标集聚战略

目标集聚战略又称为集中战略,是指企业集中力量于少数几个细分市场,而不是将力量均匀地投入整个市场,可分为成本集聚和差异性集聚战略两种。即企业将目标集中在特定的顾客或某一特定的地理区域上,即在行业内很小的竞争范围内建立独特的竞争优势。

与成本领先战略和差异化战略不同的是,目标集聚战略不在于达到全行业内的目标,而是围绕一个特定的目标开展经营与服务。或者说,目标集聚战略的结果是,通过满足特定对象的需要实现差异化,或者在为这一对象服务时实现低成本,或者两者兼得。就医药产业而言,技术领先企业和中成药企业可选择目标集聚战略。典型的如天津药业定位于甾体激素类,在地塞米松等甾体激素类产品技术领先,激素产品在其企业销售中占到95%以上;云南白药、东阿阿胶等企业以几个或几类中成药品种为主发展。

相比较而言,总成本领先和差异化战略一般是在广泛的产业部门范围内谋求竞争优势,而目标集聚战略则着眼于在狭窄的范围内取得优势。从企业长期经营目标出发,医药企业要发挥持久的竞争优势,必须在竞争性定位上进行选择,如果医药企业专一执行某种战略,其竞争优势的追求与发挥就越显著。

【本章小结】

市场经济是充满竞争的经济,企业需要充分理解竞争,并积极应对日益激烈的竞争格局,才能获得成功。医药企业进行竞争者分析的主要内容包括:识别竞争者;判断竞争者的目标;确认竞争者的战略;评估竞争者的实力;判断竞争者的市场反应模式。

医药企业需在竞争市场中选择不同的竞争者身份:市场领导者、市场挑战者、市场追随者和市场利基者。市场领导者是指在相关产品的市场上占有率最高的企业,其战略核心是保护。市场挑战者是指市场占有率仅次于领导者,并有实力向领导者及其他竞争者发动全面攻击的企业,其战略核心是进攻。市场追随者是指那些在产品、价格、渠道和促销等各方面模仿或追随市场领导者的企业,其战略核心是追随。市场利基者是指规模较小、实力较差,起步较晚且市场占有率较低的企业,它们专注于市场上被大企业忽略的某些细小市场,在这些小市场上通过专业化经营来获取最大限度的收益,也就是在大企业的夹缝中求得生存和发展,其战略核心是专业化。

医药企业的竞争战略包括:总成本领先战略、差异化战略、目标集聚战略。总成本领先战略是努力发现和挖掘所有的资源优势,特别强调生产规模和出售一种标准化的产品,在行业内保持整体成本领先地位,从而以行业最低价格为其产品定价的竞争战略。差异化战略是企业在产品、服务和企业形象等方面与行业对手有较大差异,以获得行业内具有独特性的竞争优势的战略。目标集聚战略是指企业集中力量于少数几个细分市场,而不是将力量均匀地投入整个市场,可分为成本集聚和差异性集聚战略两种。

【关键名词】

市场领导者、市场追随者、市场挑战者、市场利基者、成本领先战略、差异化战略、目标集聚战略

【思考题】

1. 医药企业进行竞争者分析的主要内容。
2. 不同竞争地位的医药企业所采取的竞争战略。
3. 医药企业的三种基本竞争战略及内容。
4. 医药企业实施差异化战略的途径。

【本章实训】

竞争战略的选择与实施方案设计

实训目的:选择合适的竞争战略,并制订出战略实施方案。

实训内容:选择某一制药企业实地调研,分析和评估该企业和其竞争对手的竞争优势、市场地位等。依据分析结果,为该企业选择竞争战略,并制订战略实施步骤。

实训组织:由同学组成 8~10 人为一组的调研小组,选出组长 1 名,对组员进行分工,讨论调研提纲和行动计划。依据计划,对选定的某一制药企业进行实地调研。根据调研结果,形成该企业的竞争战略报告。

实训考核:各组代表在课堂上汇报调研结果和竞争战略报告。教师点评、记录学生成绩。

第八章
同步练习

(周　晶)

第九章

医药产品与产品策略

[学习要求]

1. 掌握产品概念,产品组合的概念和变化要素,产品组合策略,产品生命周期的定义和各阶段的特点,品牌与商标的定义与区别,包装的定义,新产品的概念与类型。
2. 熟悉医药产品及组合策略,医药产品生命周期策略,医药产品品牌和包装策略。
3. 了解品牌的作用,包装的功能,医药新产品研发与上市。

第九章
教学课件

第一节　产　　品

一、产品概念与产品组合

营销企业通过向市场提供某种产品或服务来满足顾客需求。所以,在市场营销组合的四个因素中,产品是最重要也是最基础的一个因素。市场营销的其他策略都是围绕着产品策略开展的。产品策略在很大程度上决定着市场营销策略的成败。在激烈的医药市场竞争中,医药企业为了实现自身的价值,更好地满足顾客的健康需求,都努力致力于开发适销对路的医药产品。

(一)产品概念

产品的概念分为狭义和广义。

狭义的产品概念强调产品的物质实体,是指由营销者提供给市场的,为人们所注意、追求、使用或消费的东西。它是看得见、摸得着的东西,如书籍、药品等。通常顾客购买某种产品的物质实体,更重要的是为了获得由这种产品使用而带来的某种需要和欲望的满足。如顾客购买专业书籍,并非只是因为书籍的纸质属性,而是为了从专业书籍中获得专业知识,以满足其对知识探求的目的。因此,产品概念的内涵和外延应被大大扩展。

广义的产品概念是指一切能满足消费者某种需要和欲望的东西,包括物质形态产品和非物质形态的产品。既包括有形的实物及其品质、特色、款式、包装等,也包括无形的服务、思想等这样一些形式。比如咨询公司给人们提供的咨询建议,培训机构提供的培训服务,这些都是产品。

现代营销学意义上的产品概念是指广义的产品,由此延伸出产品的整体概念。产品的整体概念把产品理解为五个层次的有机组合,如图9-1所示。

1. 核心产品　是指产品对于它的购买者来说,真正使之受益所在,即满足顾客需要的产品的基本效用或利益,是购买者所追求的中心内容。这是产品整体概念中最基本和最主要的层次。比如一名顾客在商场购买一台"跑步机",并不是因为"跑步机"是某种金属材质的摆设物,他购买这个产品为的是购买到一种"希望",即使自己变得更健康的"希望"。产品核心层次是产品的实质,没有这一层次,就没有人愿意花钱去购买它,产品也就丧失了交换的价值。

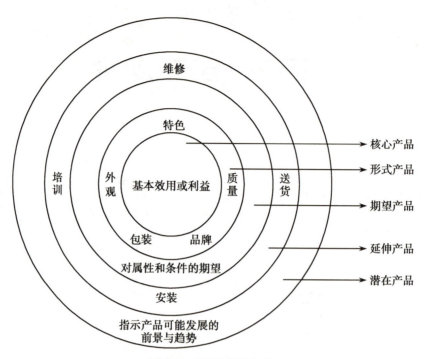

图9-1　产品的整体概念

2. 形式产品　是指呈现在市场上的产品的具体形态或外在表现形式,是核心产品借以实现的形式。主要包括产品的若干特征,通常有产品的外观、质量、特色、品牌、包装等。现实中,顾客购买某种产品,除了考虑该产品的使用价值,还要考虑产品的品质、造型、款式、颜色以及品牌声誉等多种因素。例如,药品阿莫西林,医生根据医治需要,可以给患者使用阿莫西林胶囊,也可以使用阿莫西林注射剂。形式产品是实现核心利益的媒介,消费需求的多样性和产品的差异性体现在形式产品上。因此,市场营销人员必须努力寻找更加完善的外在形式以满足顾客的需要,这是企业在市场竞争中吸引消费者的一个重要方面。

3. 期望产品　是指购买者在购买产品时,期望得到的与产品密切相关的一整套属性和条件。如消费者对旅店服务产品的期望包括干净整洁的床、浴巾、电话、衣橱、电视等;消费者对药品的期望是疗效好、毒副作用小、安全性高、服用方便等。顾客是否获得期望产品会影响其对产品的满意程度及决定是否重复购买。如果顾客取得了满意的期望产品,就会认可该品牌并重复购买。反之,将使顾客对产品失去信任,选择其他产品。

4. 延伸产品　是指顾客因购买产品所得到的附加服务与利益的总和,包括技术培训、送货、安装、维修等。提供这些附加的服务,就可使消费者更好地享受或得到"核心产品"。随着技术的发展和企业管理水平的提高,企业间在核心产品和形式产品上越来越趋同,使得延伸产品愈发重要,逐渐成为决定企业竞争能力高低的关键因素。国内许多企业的成功,在一定程度上归功于他们更好地认识了服务在产品整体概念中所占的重要地位。企业要赢得竞争优势,就应向顾客提供比竞争对手更多的附加利益。能够正确发展延伸产品的公司,必将在竞争中赢得主动权。

5. 潜在产品　是指现有产品包括所有附加品在内的,最终可能会实现的改进和变革。潜在产品指示出现有产品的可能演变趋势和发展前景。

产品整体概念的五个层次,体现了"整体产品观",企业必须为顾客提供整体利益和服务,这样才能使产品最符合顾客的要求。产品整体概念的提出,也给企业带来了新的竞争思路,可以通过在款式、包装、品牌、售后服务等多个方面创造差异性,来表现出比竞争者具有更好的市场号召力和吸引力。

(二) 产品组合

1. 概念 在现代市场经济条件下,由于发展需要,企业生产经营的产品往往不止一种,而这些产品在市场的地位以及对企业的贡献有大有小,随着外部环境和企业自身资源的条件变化,各种产品会呈现出新的发展趋势。因此,企业为了抓住市场机会,规避风险,充分利用企业资源,需要合理确定产品品种、数量和组合方式。如何将多个产品合理组织起来,这就是产品组合问题。

(1) 产品组合:指一个企业提供给市场的全部产品的总称,它包括所有的产品线和产品项目。企业为了实现营销的目标,充分有效地满足目标市场的需求,必须设计一个优化的产品组合。表 9-1 是某医药企业的产品组合。

表 9-1 某医药企业的产品组合

消化系统类	呼吸系统类	心脑血管类	儿科妇科类
藿香正气口服液	急支糖浆	通天口服液	妇宝颗粒
沉香化气片	鼻窦炎口服液	丹参口服液	小金丸
复方黄连素片	复方甘草口服溶液	安宫牛黄丸	逍遥丸
麻仁丸	百咳静糖浆	降脂灵片	益母草膏
龙胆泻肝丸	复方板蓝根颗粒	保心片	儿康宁糖浆

(2) 产品线:指产品组合中的某一大类产品,由一组密切相关的产品项目构成,它们在技术和结构上密切相关。所谓密切相关,是指这些产品功能类似、顾客类似、渠道类似、价格类似,但能够满足同类需求。在表 9-1 中,该医药企业有 4 条产品线,分别是消化系统类、呼吸系统类、心脑血管类、儿科妇科类药。

(3) 产品项目:是构成产品组合和产品线的最小产品单位。具体指同一产品线或产品系列下不同型号、规格、款式、档次和价格的产品,即企业产品目录上列出的每一个产品。它是衡量产品组合中各种变量的一个基本单位。表 9-1 该医药企业的产品组合由 20 个产品项目构成。

2. 产品组合的变化要素 产品组合通常需要对之衡量,以掌握其特征。具体衡量产品变化要素有四个:长度、宽度、深度和关联度。

(1) 长度:指企业各条产品线所包含的产品项目总数。表 9-1 中该医药企业产品组合的长度是 5+5+5+5=20。为了在不同的企业之间进行比较,衡量一个企业产品组合的长度,一般用产品线中所包含的产品项目的平均数来表示,即平均线长。平均线长是总的产品项目数与产品线数的算术平均值。表 9-1 中该医药企业产品组合的平均线长是 20÷4=5。一般来说,增加产品线长度,可以使产品线更加丰富。

(2) 宽度:又称广度,指企业产品组合中包含的产品线的数量。如表 9-1 所示,该医药企业产品组合宽度为 4。产品组合的宽度大小反映企业经营范围的宽窄程度。一般说来,增加产品组合的宽度,有利于扩展经营领域,分散经营风险。

(3) 深度:指企业每一条产品线中包含的产品项目的数量。一条产品线上包含的产品项目越多,说明产品组合的深度越深。它反映一个企业在同类细分市场中满足顾客不同需求的程度。

(4) 关联度:也称产品组合的一致性。指各条产品线之间在最终用途、生产条件、销售渠道以及其他方面相互关联的程度。其关联程度越密切,说明企业各产品线之间越具有一致性;反之,缺乏一致性。如清洁剂、洗衣粉、洗发水、香皂等这几件产品线都与洗涤去污有关,这几大类产品的产品组合就有较强的关联性。产品组合的关联度越强,企业的营销管理的难度就越小,但其经营范围就相对较窄,经营的风险也就相对较大;产品组合的关联度越弱,则要求企业必须具有雄厚的多样资源和技术力量,完善的组织结构和管理体系,增大了营销难度。

　　分析产品组合的长度、宽度、深度和关联度,有助于企业更好地制定产品组合策略,满足目标市场的需要。一般情况下,扩大产品组合的宽度,有利于扩展企业的经营领域,实行多角化经营,可以更好地发挥企业潜在的技术、资源优势,提高经济效益,分散企业的投资风险;增加产品组合的长度和深度,可以占领更多的细分市场,满足更广泛的市场需求;而加强产品组合的关联度,则使企业在某一特定的市场领域内加强竞争力和赢得良好的声誉。

　　3. 产品组合策略　是指企业根据市场需求、自身资源和竞争态势的情况进行产品组合决策。常用的产品组合策略主要有以下几种。

　　(1) 产品专门化:指企业专注于生产和经营某一类产品,并将其推销给各类顾客。这种产品组合策略强调的是产品组合的深度和关联度,而宽度一般较窄。如北京科兴生物制品有限公司,专业从事人用疫苗及其相关产品的研究、开发、生产与技术服务,为重大传染病防控提供技术支撑。

　　(2) 市场专门化:指企业专向某类消费群体提供其所需要的各种产品的组合策略。采用这种策略是强调产品组合的宽度和关联度,而组合深度一般较浅。如某医药公司固定生产儿童使用的药物和保健食品,满足儿童健康需要。

　　(3) 全面化组合:指企业着眼于所有细分市场,提供消费者所需要的一切产品和服务。全面化组合的概念也有广义和狭义之分,广义的全面化组合是指尽可能增加产品组合的广度和深度,产品因此不受关联度的约束。如某些大型国际药企除生产婴儿用品外,还生产化妆品、医药产品等。狭义的全面化组合是指提供某一个行业所需的全部产品,产品组合间的关联度很强。如中国医药集团有限公司,目前为止拥有多个产品线,但其产品都跟医药相关。

　　(4) 有限产品组合:指企业根据自己的专长集中生产和经营有限的甚至是单一的产品线,以适应有限的或单一的消费者需求。如某医疗器械公司专门生产和经营各种轮椅,来满足一部分残疾人和老年人的需要。

二、产品生命周期

　　产品如同人一样,都要经历一个出生、成长、成熟、衰老的过程。随着这种周期性的变化,企业的营销策略也必须相应改变,以增强企业的竞争力和应变能力。

　　1. 产品生命周期的定义　产品生命周期是指产品从开发成功投放市场开始,到被市场淘汰为止的全过程。产品生命周期与产品使用寿命是两个截然不同的概念。产品生命周期是指产品的市场经济生命,决定其长短的是市场因素,与科技发展、社会需要、市场竞争、消费者偏好等因素有关,是抽象的、无形的演变。而产品的使用寿命是指一个产品的有效使用时间,即产品使用价值的消失过程,指产品的自然生命,是一种具体有形的变化。决定使用寿命长短的是产品本身的自然因素,与产品本身的性质、使用条件、使用频率等因素有关。

　　2. 产品生命周期的阶段　根据产品市场销售变化的规律,一个典型的产品生命周期包括导入期、成长期、成熟期和衰退期四个阶段,如图9-2所示。导入期是新产品首次投放市场试销的时期,这个阶段产品销售额和利润增长比较慢;成长期是指产品试销成功后批量生产,销售扩大、利润快速上升的阶段;成熟期是市场已经达到饱和的阶段,此刻销售额逐渐降低,利润开始下滑;衰退期是产品逐渐被市场淘汰的阶段,此阶段销售额加速递减,利润快速下降。

　　图9-2曲线适用于典型的产品生命周期描述,事实上市场上还有许多产品没有按产品生命周期的正常规律发展,还存在着其他形态的生命周期曲线。如图9-3(a)所示,有的产品刚刚进入市场就由于种种原因很快夭折了。也有的如图9-3(b)所示,产品一经上市就急速增长,跳过导入期,直接进入成长期。有的产品如图9-3(c)所示,采取有力的促销策略,通过增加产品特色或不断发现产品的新用途和新的消费群体,使产品焕发新的生命力,实现"循环-再循环"的"扇贝型"曲线。中药品种的

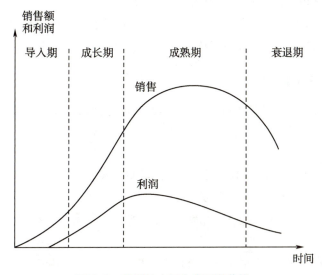

图 9-2　典型的产品生命周期曲线

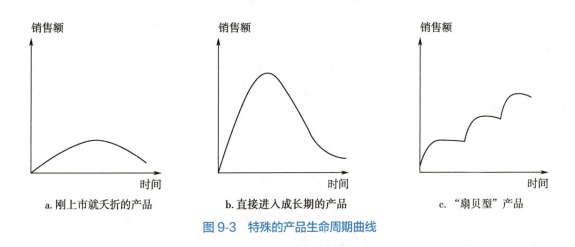

图 9-3　特殊的产品生命周期曲线

很多经典药剂,如云南白药、乌鸡白凤丸等,已经历经数百年,仍然处于成长期和成熟期,没有衰退的迹象。

3. 产品生命周期各阶段特点

(1) 导入期:在导入期,消费者对新产品缺乏了解,大多数顾客不愿放弃或改变自己以往的消费行为,只有少数求新心理的顾客试用性购买,因此购买不活跃,销售量比较少;而且产品的技术、性能、质量等需要不断改进,只能小批量生产,制造成本高;产品的分销渠道还不畅通和固定,销售费用高,销量增长缓慢,产品常处于微利,甚至亏损的状态;产品的前途莫测,大多数竞争者处于观望状态,竞争不太激烈。

(2) 成长期:在成长期,消费者已经对产品熟悉,有越来越多的人愿意购买并且使用这种产品,销量迅速增加;产品性能趋于稳定,已经基本定型,进入大批量生产时期,生产成本和促销费用下降,产品价格下降;随着销量上升,成本下降,利润增长速度加快;同时有竞争者相继加入,仿制品出现,竞争日趋激烈。

(3) 成熟期:产品销售量在市场达到最高峰的饱和阶段。当产品进入成熟期时,随着产品普及并日趋标准化,购买人数增多,成本低而产量大,销售量增长缓慢,逐步达到最高阶段,并逐渐出现缓慢下降趋势;少数用户的兴趣开始转向其他产品和替代品;产量达到最高点,设备利用率高,但销量逐渐减少,利润也从最高点开始下滑;竞争十分激烈,各种同类产品不断涌现。

(4) 衰退期:到了衰退期,产品销售量由缓慢下降变为迅速下降;很多消费者转而购买新产品;价格已经下降到最低水平;很多的竞争者也因无利可图、产品滞销而退出市场;留在市场上的企业逐渐减少产品的附带服务,削减促销预算,以维持最低水平的经营。

三、产品品牌与包装

产品的品牌与包装都是产品整体概念中的"形式产品"的重要内容,对商品的生产经营和消费者都具有重要意义。

(一) 产品品牌

1. 品牌的定义　品牌是用以与竞争对手的产品或服务区别开来的商业名称及其标志,通常由文字、标记、符号、图案和颜色等要素或这些要素的组合构成。品牌不同于企业名称。一个企业只能用一个名称,但一个企业的产品可以用一个品牌,也可用若干个品牌。品牌是一个集合概念,它包括品牌名称和品牌标志。

(1) 品牌名称:也称"品名",指品牌中能够用语言称呼、可以发出声音的那部分,是词语、字母、数字或词组等的组合。如同仁堂、云南白药等。

(2) 品牌标志:也称"品标",指品牌中容易识别、易于记忆但不能用语言称呼的部分,通常由符号、图案或是有特色的色彩、字体等构成。如修正药业的两把开山斧图形、双鹤药业的两只鹤造型、太极集团的太极图案等。

2. 商标的定义　商标是商品的生产经营者为将自己的商品与他人的商品相区别,附在自己生产、制造、加工、挑选、经销的商品上,以表明商品的来源和特定质量的显著标志,通常由一定的文字、图形、字母、数字、颜色等要素组合而成。

品牌与商标概念极易混淆,两者既有联系,又有区别。

(1) 商标是受到法律保护的整个品牌或品牌中的某一部分。在品牌中,凡是不属于商标的部分,是没有专用权的,即别人可以随意使用;而只有商标,才具有专用权,才受到法律保护。改革开放初期,国人对于"商标"保护意识较弱,当国人打开家门走向世界的时候,发现一些国内的知名品牌却在国外"名花有主"。比如说,"同仁堂"在 1989 年的时候就发现被日本一家公司抢注,企业后来经过漫长的申诉和证明过程,最终夺回了"同仁堂"的商标。

(2) 商标可以为企业独有而不使用,而品牌一定要使用。不使用的品牌,没有任何意义。一些知名企业为了保护自己的商标,在注册时同时申请多个相近形式的商标。比如美国柯达(Kodak)公司,在进行商标注册的时候,同时申请了 Lodak、Kedak、Codak 等商标形式。这种方式被称为"保护性"商标注册,可以防范竞争者在本企业的商标驰名后,以相近的商标注册来坐享其成。

3. 品牌的作用

(1) 识别产品:品牌有助于消费者辨认、识别所需商品。随着科学技术的进步,信息和科技传播速度的加快,增加了制造商的模仿能力。对于消费者来说,同种类产品间的差别也就越来越难辨认。由于品牌在消费者心目中是产品的标志,它代表着产品的品质和特色,因此可以帮助消费者在产品选择时,减少选购商品所花费的时间和精力。消费者往往偏爱自己熟悉、知名品牌的产品,以坚定购买的信心。

(2) 保证质量:品牌代表着质量。消费者之所以购买某个品牌的产品,往往是因为这种产品有着较高的质量和良好的服务。对于企业来说,必须提供优质的产品和服务,以维持和提高产品的形象和声誉。

(3) 维护权益:品牌注册成商标后受到法律保护,品牌是企业的无形资产,当企业发现与商标有关的利益受到侵犯的时候,可以通过法律手段来维护自己的权益。消费者也可以利用品牌来保护自己的权益,一旦发生产品质量问题,消费者就有据可查,通过品牌来追查相关厂家和经营者的责任。

（4）促进销售：有了品牌，企业以品牌作为促销基础，树立企业形象。由于品牌是产品质量的标志，所以消费者常常按照品牌选择产品。这就促使生产经营者很关注品牌的声誉，不断更替、改良产品的购买欲望，提高消费者的品牌忠诚度。

（5）推动新产品的上市：市场竞争条件下，企业的产品组合是动态的，当企业开发新产品、扩大产品组合时，消费者会因为对原有知名品牌的认知偏爱易于接受或尝试新产品。

（6）约束企业的不良行为：品牌作为企业的一个"门面"，对企业的市场行为起到一定的约束作用，督促企业的营销活动，兼顾企业、消费者和社会三者的利益，提高产品质量，减少违法违规行为发生。

总之，产品是在工厂里生产的物品，品牌是存在于消费者头脑中的对产品的认知；产品可以被竞争者仿制，品牌却独一无二；产品可能会过时，而成功的品牌会永远存在下去。因此，一个追求在市场上独领风骚、长期发展的企业不仅要不断向顾客提供令人满意的产品，更要拥有自己成功的品牌。

（二）包装

1. 包装的定义　指为了保护商品，便于运输、装卸、储运和销售，采用适当的材料制成与商品相适应的容器，并加以标志和装潢的活动和措施。包装有两方面含义：一是指盛放可包裹产品的容器或包扎物；二是指设计、生产容器或包扎物并将产品包裹起来的一系列活动。在实际工作中，往往两者紧密联系，不可分割。产品的包装一般分为三个层次。

（1）内包装：也称首要包装，直接与产品接触的包装，如盛装药品的瓶子。

（2）中层包装：也称销售包装、次要包装，指保护内包装，方便销售的包装，如容纳并保护药瓶的小纸盒。

（3）外包装：也称储运包装，用于运输、装卸和防止产品破损的包装，如装运输液器的纸板箱。运输包装必须标明各种标识，如指示标识、警示标识等。

大多数在市场上出售的产品只有经过包装，才算完成生产过程，才能有效地保护产品不变质、不损耗，完整地进入流通领域和消费领域，实现产品的价值和使用价值。特别是医药产品这种特殊产品，国家对其包装制定了非常严格标准。

2. 包装的功能　保护商品质量的完好无损、促进销售、方便运输等是商品包装的重要目的，对于医药产品而言，意义更为突出。

（1）保护产品，便于储运：产品包装最基本的功能便是保护商品，便于储存，加快交货时间。其一是保护商品本身。有效的产品包装可以起到防潮、防热、防冷、防污染、防光照等系列保护作用。绝大多数医药产品在储存中需要防潮、避光、防热，一些特殊药品在运输过程中需要防震、防爆。其二是安全环境保护。有些商品属于易燃、易爆、放射、污染或有毒物品，因此必须对它们进行严密包装，以防泄漏造成危害。良好的包装可以使医药产品的质量在整个流通过程中不发生变化，从而保证其使用价值的实现。

（2）指导消费，便于使用：包装设计上按照法律法规在包装上标明厂名、产地、生产日期等基本信息；特别是药品包装上必须附有文字说明，具体介绍产品性能和注意事项，可以起到便于使用和指导消费的作用。

（3）美化商品，促进销售：精致个性的包装可以增强商品的美感，刺激消费者的购买欲望，起到无声的推销员的作用。因此，要使顾客对某一品牌商品在短时间内感兴趣，品牌经营者就必须深思熟虑，把商品的魅力直观地表现在新颖别致的包装上。

四、新产品开发

消费者需求总是不断发展的，为了满足消费者的需求，生产适销对路的产品，企业必须不断开发新产品。企业得以生存和发展的关键就在于不断地创造新产品和改进旧产品。创新是企业的灵魂,是企业持续发展的保证,创新是企业永葆青春的重要途径,新产品开发是企业将来生命的源泉。

(一) 新产品

1. 概念　市场营销学中的新产品是个相对概念,它是指在某个市场上首次出现的或者是企业首次向市场提供的,能满足某种消费需求的产品。只要产品整体概念中的任何一个层次出现全部或局部的变化,使产品有了新的结构、功能、性能甚至增设新的服务项目,能够给消费者带来新的利益满足,就是新产品。

2. 类型　根据产品创新的不同程度,新产品可以分为四类。

(1) 全新型产品:指运用新原理、新工艺、新材料、新技术、新结构研制而成的新产品。这种新产品在市场上既无相同也无类似的产品。它一般是由于科技进步或为市场上出现新的需求而发明的产品,具有明显的新特征和新性能,甚至能改变用户或消费者的生产方式或消费方式。如人类历史上第一次发明了电话、飞机等。全新型产品的开发意味着科学发展史上的重大突破,因此通常全新产品的开发难度大、开发时间长,需投入大量人力、物力和财力,前期成功率较低,市场风险高。

(2) 换代型新产品:也称为革新产品,指在原有产品的基础上,部分采用新材料、新技术、新工艺、新结构制成,在性能上有显著提升的产品。如抗生素从第一代到第二代、第三代、第四代,抗菌谱随着药品的换代而不断扩大。开发换代新产品相对容易,企业风险相对较小。

(3) 改进型新产品:是指利用各种改进技术,对现有产品的质量、特点、外观款式、性能或包装加以全面或局部改进的产品,这种改进型产品或者性能更佳,或者结构更合理,或者特征更突出,或者功能更齐全,更易于为使用者接受。如小儿氨酚黄那敏颗粒,加入水果口感和儿童喜欢的卡通包装,更易于被儿童接受。

(4) 仿制型新产品:指企业对国际国内市场上存在的产品进行研究,仿制出有自己品牌的新产品。这类产品的生产技术已经公开,一般企业都可以合法仿制生产。开发仿制新产品,可以节省研发费用,赢得时间,投资风险小,是医药企业开发新产品的捷径。中国是仿制药大国,目前我国医药工业市场上,仿制药占据了 70% 以上的市场份额。

(二) 新产品开发原则

1. 市场需求性原则　这是最基本的要求。新产品的开发是企业不断满足消费者需求的根本途径。企业开发新产品的目的就是满足尚未得到满足的需求,随着社会经济的发展和消费者购买力的提高,消费需求也日益多样化,从产品的性能消费转向了产品的精神消费。因此,任何新产品的研究开发都应该以市场需求为导向,了解消费者现实和潜在的需求。医药企业在进行新产品开发时,要密切关注人类疾病谱的变化,创造出适应患者需求的安全有效、具有明确功能主治或适应证的医药新产品。

2. 产品特色性原则　新产品与老产品相比必须有相对的优点,在产品内在质量、功能、便利性、安全性、包装、技术等方面要有所创新,这样的新产品才有市场。对于医药企业而言,开发新产品必须在疗效、毒副作用或者服用方式上具有独特的优点,不能单纯追求名称上的"新"和包装上的"新",否则换汤不换药的伪新产品,不会具有持久的生命力。

3. 企业资源性原则　医药企业在开发新产品时,要以企业自身的资源为依托,开发与企业技术水平和市场营销能力相适应的新产品。企业应根据自身的能力,确定新产品的开发方向,一方面要符合市场需求,另一方面能够发挥企业优势,并能形成一定规模的生产能力,以便适应市场需求量增长的需要。

4. 经济效益性原则　研究开发医药新产品是一项高投入、高风险的项目。巨额的研究开发投入,要求开发出来的医药新产品具有较好的市场经济价值。由于医药新产品的研究开发具有很大的不确定性,在进行研究开发过程中,需要进行可行性分析,精心设计研究计划,合理利用各种经济资源,以保证开发的新产品获得预期的利润,确保投入与收入成正比。

5. 政策可行性原则 药品作为一种特殊的产品,国家对于药品的研究开发设立了众多的法律法规,开发医药新产品必须要遵循国家有关药品管理的各项法规和政策。尤其是开发国家管制的特殊药品,更需要关注和遵循国家药事管理法律法规和相关政策。例如,开发麻醉药品或者用于替代治疗的戒毒药品,就必须符合国家麻醉药品管理的相关规定,依法办理相关审批手续等。

第二节　医药产品策略

医药产品与其他产品一样,一般都会经历产品生命周期的各个阶段。医药企业要善于根据医药产品生命周期各阶段的特点,采用适当的营销策略,以获取最大的利润。

一、医药产品及组合策略

(一) 医药产品的整体概念

根据产品整体概念,医药作为产品,也应从多个层面来理解它的整体含义。医药产品的核心产品就是药品的治疗效果,人们购买药品就是为了治疗疾病,恢复身体健康等。例如,消费者之所以购买感冒药,是为了治疗感冒,摆脱其所带来的鼻塞、头痛、发热等不适症状。医药产品的形式产品是指医药产品的性状、质量、品牌包装等外部特征,这些特征都不同程度地影响人们对药品的选择,是消费者选购商品的直接依据。因此,医药市场营销人员不断寻求核心利益得以实现的最佳形式,塑造形式产品。随着市场竞争的加剧,使得医药企业越来越认识到期望产品、延伸产品和潜在产品等附加产品重要。例如,药品销售附加药品的用药咨询、中药代煎服务等。

(二) 医药产品组合策略

现代医药企业出于利润吸引和规避风险的考虑会生产多种产品,但其生产的产品必须符合消费者的需求和自身的生产能力,因此医药企业在对现有的产品线和产品组合分析评价后,可以采取相应措施,对现有的产品进行调整,使其达到最优组合。

1. 扩大产品组合策略 是指开拓产品组合的宽度和加强产品组合的深度。开拓产品组合的宽度是指在原有产品组合中增加一条或几条产品线,扩大经营范围。加强产品组合的深度是指在原有的产品线内增加新的产品项目。采用该策略可以使企业充分利用各种资源,满足不同偏好消费者多方面需求,提高产品的市场占有率;能够充分利用企业信誉,完善产品系列,扩大经营规模;可以充分利用企业剩余生产能力提高经济效益;还可以以组合的形式分散风险,增加企业的竞争力。

2. 缩小产品组合策略 指缩小产品组合的宽度,减少产品线或产品项目的数量,以此缩小经营范围,实现生产经营的专业化。当企业生产经营原有产品线的内外环境发生变化时,企业应及时剔除那些获利很小甚至不获利的产品项目,集中资源和技术力量发展有优势的产品,有利于企业向市场的纵深发展,提高经济效益。如一个专注于 OTC 的企业在产品线重组时,减少处方药生产线,集中力量发展更有优势的产品和领域。

3. 产品线扩展策略 指产品线宽度不变,仅增加产品线的深度。企业产品都有市场定位,采用该策略就是全部或部分地改变原有产品的市场定位,具体分为向上扩展、向下扩展和双向扩展三种实现方式。

(1) 向上扩展:这种策略把原来定位于低档市场的产品线向上扩展,在原有产品线内增加高档产品项目,使企业进入高档产品的市场。一般来说,高档产品市场利润丰厚,如果市场潜力比较大,而且企业又具备进入条件,则应抓住机会,开拓高端市场。但此策略也有一定的风险和困难,比如高档产品可能需要建立新的营销渠道,物色和培训新的销售人员,增加企业营销费用支出。

(2)向下扩展:这种策略把企业原来定位于高档市场的产品线向下扩展,在高档产品线中增加中、低档产品项目。采用这种策略的原因主要是高档产品市场增长缓慢或遇到激烈的竞争,利用高档商品的声誉吸引低档商品需求者,目的是扩大市场范围或是填补市场空缺。实行这种策略也有一定的风险,处理不慎会影响企业原有产品的市场形象。

(3)双向扩展:这种策略是指原来只定位于生产经营中档产品的企业,掌握市场优势后向产品线的上下两个方向扩展,既增加高档产品项目,也增加低档产品项目。目的是开拓新市场,获取更大的利润。

4. 产品线现代化策略　当今社会科学技术不断发展,特别是我国医药产业技术进步迅猛。这就要求医药企业在产品组合策略中除了要考虑产品线宽度、深度、长度和关联度,产品线的技术水平也很重要,不断改进产品线,以适应社会需要。在药品的生产过程中使用新的生产设备、先进的工艺以及检测仪器等。

二、医药产品生命周期策略

医药企业的管理者要想使其产品有一个较长的销售周期,就应当理解和运用产品的生命周期理论,根据产品各生命周期阶段的特点,针对性地使用不同的营销策略。

(一)引入期的营销策略

当产品首次上市时,医生和患者对该药品并不了解,大部分医生不愿意改变原来的处方习惯,患者购买也不活跃,因此销售量较少,推销费用大,分销渠道也不够畅通和固定,但与此相对的是较为轻松的竞争环境。因此这一阶段的营销策略要突出一个"快"字,使产品尽快进入市场并推广。企业的营销重点主要集中在促销和价格两个方面,一般有四种可选择的策略。

1. 快速掠取策略(高价 - 高促销策略)　指企业以高价格和高促销费用来推出产品。高价格是为了获取最大利润,以此快速收回投资;高促销则是为了加速市场认识和熟悉产品的速度,使产品能有较快的速度向市场渗透。实施该策略必须具备一定的条件:目标市场上的绝大部分消费者不熟悉或没有听过该产品;知道该产品的消费者都渴得到该产品并有支付能力;企业可能要对付较多的潜在竞争者,因而想尽快地建立顾客的品牌偏好。

2. 选择渗透策略(高价 - 低促销策略)　指企业以高价格和低促销费用推出某种新产品。高价格可以从每一销售单位获取更多的毛利;而低促销花费可以有效地降低营销费用。采用这种策略的条件是:总体市场规模有限,较低的促销费就可以有效地传播产品信息;目标市场的消费者绝大部分都已经知晓该产品;要购买该产品的人愿意支付较高的价格;竞争者的加入有一定的困难,因此潜在的竞争不会快速到来。

3. 密集式渗透策略(低价 - 高促销策略)　指企业以高促销费用和低价格的组合向市场推出新产品。低价可使市场接受该产品的消费者尽可能多,而高水平的促销活动,又加快了消费者的购买速度。所以此策略是企图得到一个较高的市场占有率。采用这种策略的条件是:产品市场规模大;潜在消费者对产品不了解,但对价格十分敏感;潜在竞争比较激烈,生产该产品具有规模效益。例如在电视上大量投放广告的抗感冒药和胃药等非处方药品,就是采用了快速渗透策略在电视、视频网站上投放大量的广告进行宣传。

4. 缓慢渗透策略(低价 - 低促销策略)　指企业以低价格和低促销费用推出某种新产品。低价可以使市场较快地接受该产品,低促销节省支出,增加企业盈利。该策略能使产品比较容易打开销路,在取得规模经济效益的同时树立起"物美价廉"的良好印象。采用这种策略的条件是:市场规模较大;产品适用面广,顾客对产品了解较多且促销作用不明显;需求价格弹性高的大众化产品。例如创可贴等家庭常备药品很少做广告,价格也比较低。

（二）成长期的市场营销策略

成长期是产品生命周期中的关键时期，这一时期是产品销售量在市场上迅速增长的发展阶段，此时进行市场营销的目的主要是扩大市场占有率，掌握市场竞争的主动权。与导入期不同，成长期的策略重点需要突出一个"好"字，即进一步提高产品质量，防止因产品粗制滥造而失信于顾客。医药企业为了使产品的销售量和利润继续增加，获取最大的经济效益，从市场营销组合的角度出发可以采取以下策略。

1. 产品改良策略 根据市场需求不断改进产品品质，对产品的功能、特色、规格、包装和服务等的改善，进一步增强产品的竞争力，满足顾客更广泛的需求，吸引更多的顾客。例如医药企业为适应消费者不同的需求，增加药品的包装方式。有些儿童用药包装为满足半包的剂量要求，将整袋药中间压制分成两个半包，方便消费者使用。

2. 价格调整策略 结合生产成本和市场价格的变动趋势，保持原价或适当调整价格。一般说来，如果是专利药，具有垄断性，那可以采用高价销售。而一般的非专利药可以在适当时机降价促销，以激发那些对价格敏感的消费者加入购买。尽管降价可能暂时减少企业的利润，但是从长期来看，随着产品市场份额的扩大，长期利润有望增加。

3. 渠道多元化策略 在巩固原有销售渠道的基础之上，努力疏通并增加新的流通渠道。如增设销售机构和销售网点，改变销售方式等。近年来，随着网络购物方式被越来越多人接受。非处方药甚至一些处方药消费者都可以通过网购的方式买到。

4. 促销中心更换策略 对于医药企业，促销宣传的重点更为重要的是树立企业和产品的形象，着重宣传产品的质量、疗效、特色，提高产品品牌的知名度与顾客偏爱度，形成品牌效应，促使潜在顾客认牌购买。

（三）成熟期的市场营销策略

产品进入成熟期后销售增长速度缓慢，销售量和利润均达到最高值，且产品消费普及面大，同类产品不断出现，市场竞争激烈。对大多数产品来说，这一阶段持续的时间最长。企业在成熟期营销的主要目的是千方百计维持甚至扩大原有的市场份额，尽可能延长产品的生命周期。成熟期的策略重点是突出一个"改"字，即对原有的产品市场和营销组合进行改进，具体有三种策略可选择。

1. 产品再推出策略 医药产品整体概念的任何一个层次的改良都可视为产品的再推出，包括开发新剂型，增加功效，更换包装，式样改良，为消费者提供新的服务等。例如，某公司开发了女士香型创可贴和儿童创可贴，销售额大幅上涨。又如，我国传统的中药由原来的汤剂到目前的胶囊剂、颗粒剂等中成药，都是采用了调整剂型以适用于不同的患者需求，大大节约了时间，方便了患者服用。

2. 市场多元化策略 开发新市场，寻求和争取新用户。市场改良可以通过下述几种方式实现：①开发产品的新用途，寻求新的细分市场。如阿司匹林原来进入了解热镇痛药市场，自从发现小剂量阿司匹林可以用于预防冠心病与心肌梗死，就进入了心血管病药品市场。②刺激现有顾客，增加使用频率。如食品厂商可以在包装上加印多种烹调方法来扩大消费者对此食品的购买数量。③重新为产品定位，寻求新的买主。例如，美国某化妆品公司最先把战后生育高峰的一代人作为自己的目标市场，主打产品是婴儿洗发水，当产品由畅销变为饱和时，公司重新树立产品形象，以产品天然温和特点吸引年轻女性消费者，使销售量再次出现高峰。

3. 营销组合改良策略 指通过改进营销组合的一个或几个因素来刺激销售，延长产品的市场成熟期。如通过降低售价来加强竞争力，改变广告方式以引起消费者的兴趣，扩大销售渠道，增加销售网点等。这种策略通过对产品、定价、渠道、促销等营销组合因素加以综合调整，从而刺激销售量的回升。

(四) 衰退期的营销策略

一般情况下,若销售量的下降速度开始加剧,利润水平变得很低,就说明这种产品已经进入生命周期的衰退期。对大多数医药企业来说,这个阶段的策略重点是突出一个"转"字,企业应当及时进行产品的更新换代,将有限的资源投入更为有利的地方,转向研发新产品或转入新市场。此时可采取的策略有以下几种。

1. 继续策略 指企业继续把该产品留在市场内,不停止产品的生产经营。这是因为产品进入衰退期后,市场需求并不会随之迅速消失,而由于众多竞争者纷纷退出市场,经营者减少,处于有利地位的企业可以暂不退出市场,保持产品的传统特色,用原有的价格、渠道和促销手段,继续在原有市场上销售,待到适当时机,再停止该产品的生产,退出该市场。

2. 收缩策略 指企业逐渐放弃销售情况较差的细分市场,但仍然留在原来的目标市场上继续经营,但在规模上作出适当的收缩,把资源集中使用在最有利的细分市场、最有效的销售渠道和最易销售的品种上,缩短战线,削减生产品种和数量,满足小范围的需要,在最有利的市场赢得尽可能多的利润。

3. 放弃策略 指企业决定淘汰处于衰退期的老产品,组织新产品进入市场。把企业的资源向新产品的开发和推广转移,以新产品取代已衰退的旧产品,有计划地将原有消费者引导至新产品处。

总之,我们每个医药企业都应该认识和了解产品生命周期理论,做好每个阶段的营销工作,采用相应的营销策略。

三、医药产品品牌和包装策略

(一) 医药产品品牌

在医药行业,产品品牌的开发和管理已受到医药企业的高度重视,是产品赢得市场的重要方式。国际知名的医药公司通过成功的品牌营销战略已成功为企业延长产品生命周期,为企业创造了财富,并成为其企业管理工作的重点之一,同时也成为消费者对产品的识别和认同程度的一种标准。因此,每个医药企业都应该重视医药产品的品牌。

1. 医药产品品牌设计要点 由于品牌的重要作用,知名品牌通常都是经过精心设计的,品牌设计已经成为品牌营销成功的必要条件。医药产品的品牌设计既要遵循产品品牌设计的一般性原则,又要遵循医药产品的一些特殊原则。

(1) 简单醒目,方便发音:品牌的重要作用是方便消费者识别产品,好的品牌名称应当使人们看过或听过以后留下深刻的印象,起到广告宣传的作用。随着市场经济的发展,消费者会接触到海量的信息,因此为了便于消费者认知和记忆,企业在进行品牌设计时要做到简洁醒目,让人过目不忘。如"999""同仁堂"等品牌,非常方便发音与记忆。一般认为,品牌名称不应用过长的名称,以不超过3个字为佳。

(2) 构思巧妙,暗示属性:品牌的设计要体现品牌标示产品的特性,暗示产品的优良属性,但是也要考虑以后品牌延伸的可能。如"皮炎平"品牌,意指用于皮肤的消炎、止痛及止痒;还有"感康"品牌,意指其具有缓解普通感冒及流行性感冒引起的不适症状的功效。

(3) 新颖别致,彰显差异:品牌的雷同是品牌设计的大忌。品牌设计应构思新颖,有创意,既有鲜明的特点,又具有艺术性。如医药企业"仁和",就体现了"人为本,和为贵"的理念。

(4) 符合法规,尊重习俗:成功的品牌应当符合国内、国际上商标法的规定,特别是企业要走向国际市场,更应当注意要出口的国家的商标法,考虑国际间品牌设计的文化差异与文化适应。各地区、各民族的风俗习惯存在着明显差异,应尊重当地的传统文化,顺应消费者的心理要求,争取消费者的信任和好感,切忌触犯禁忌。

2. 医药产品品牌策略 科学合理地制定品牌策略是企业品牌运营的核心内容。根据品牌运营的程序和环节看,如图 9-4 所示,企业通常使用的品牌策略主要有品牌化策略、品牌归属策略、品牌统分策略、品牌拓展策略和品牌重新定位策略。

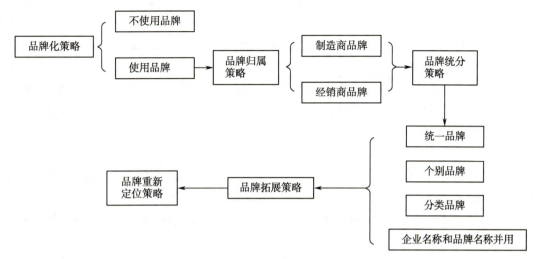

图 9-4 医药企业常用品牌策略示意图

(1) 品牌化策略:就是指企业决定产品是否使用品牌。使用品牌对企业和消费者有诸多意义,因而品牌化成为商品市场发展的大趋势,像蔬菜类、肉类等过去不太使用品牌的商品,现在也被部分商家重视,冠以品牌出售。但并非所有商品都必须有品牌。产品是否使用品牌,要根据产品的具体特点而定。医药产品作为一种特殊商品,大多数医药产品都使用品牌,仅有部分产品多是未经加工的原料产品,如中药材没有品牌。一般来说,未加工的原材料产品以及那些不会因生产商不同而形成不同特色的商品可以使用无品牌策略,其目的是为节省广告和包装等费用,降低成本和售价,增强价格竞争能力。

(2) 品牌归属策略:企业决定使用品牌后,要决定品牌的归属问题,即品牌归谁所有,由谁管理和负责。一般有三种选择:①生产者品牌策略,即生产者使用自己的品牌。②中间商品牌策略,即生产者将其产品大批量地卖给中间商,中间商再用自己的品牌将产品转卖出去。通常受资源约束无力建立自己品牌的生产企业常采用此策略。③双重品牌策略,即生产者将部分产品使用自己的品牌,而另一部分产品使用中间商品牌。这种策略比较灵活,可以适应不同的营销条件,也可作为过渡性策略使用。企业选择以上哪种品牌归属策略,需全面考虑各种相关因素,综合分析得益损失,关键看生产者和中间商究竟谁在这个产品分销链上居于主导地位,拥有更好的市场信誉和拓展市场的潜能。我国医药行业以生产商品牌为主,这是由于整个医药供应链中,目前还没有具备相当实力的经销商。相比之下,医药制药企业的整体实力更为雄厚。

(3) 品牌统分策略:企业必须考虑所有产品是分别使用不同的品牌,还是统一使用一个或几个品牌的问题。一般有如下四种选择:①统一品牌策略,指企业以单一品牌推出其所有产品。如三九企业集团的三九胃泰、三九感冒灵等都是采用的“三九”这一品牌。采用这种品牌策略的优点是企业可以利用统一品牌建立广告传播体系,使新产品推广成本降低。缺点是统一品牌中的任何一个产品发生质量问题,就可能牵连影响到其他产品,乃至整个企业的信誉。另外,统一品牌策略还可能导致互相混淆产品质量档次令顾客难以分辨的结果。因此,企业采用统一品牌策略需要品牌在市场上获得一定的信誉且同一品牌的各种产品具有相同质量水平。②个别品牌策略,指企业对各种不同的产品分别使用不同的品牌。例如,宝洁公司的洗发水有“飘柔”“海飞丝”“潘婷”等。采用这种策略有利于企业的新产品向多个目标市场渗透,便于消费者识别不同质量档次的商品,还可以分散风险。但该策略因为品牌多,相应的促销费用也高。个别品牌策略适用于产品线较多、关联度不强、生产技术差异大的企业。

③分类品牌策略,指企业在产品分类的基础上对各类产品使用不同的品牌。分类品牌策略适用于企业生产或销售许多不同类型产品的情况,便于辨析易混淆的产品。也适用于企业生产或销售同一类型的产品时为不同质量水平的产品作区分。④企业名称与品牌合一策略:即在每一个个别品牌前面都冠以企业名称。企业名称说明产品的出处,个别品牌显示产品的个性。采用这种策略可以令新产品很快被消费者识别,使新产品能享有企业的整体信誉,同时又能体现新产品不同的特色。

(4) 品牌拓展策略:是指企业利用已具有市场影响力的成功品牌来推出改良产品或新产品。采用该策略的优点是:企业可利用某一强劲的品牌名称来使新产品立即获得识别,节省推广费用。但该策略也有风险,首先容易扰乱产品在消费者心目中的定位,产生"品牌稀释"效应。其次,如果原产品与扩展品牌之间在资源、技术等方面不存在关联性甚至于形象特征差异很大,推出的新产品可能很难让消费者接受。

(5) 品牌重新定位策略:指企业全部或局部调整或改变品牌在市场上的最初定位。重新定位的原因是多方面的,如顾客偏好发生转移,或者竞争者推出一个与本企业品牌定位相似的品牌,再或者是企业决定进入新的细分市场都有可能导致企业采取品牌重新定位策略。重新定位是为了使现有产品与竞争者产品具有不同的特点。比如某品牌凉茶刚上市时定位为"具有清热祛湿功效的药茶",但这个定位没有形成一个有说服力的卖点,企业在对消费者、竞争者及品牌优势综合分析的基础上,重新定位为"预防上火"的饮料,并打出了"怕上火,喝 ×××"的响亮口号,最终实现了广东地方品牌进军全国市场的梦想。但在制定品牌重新定位策略时,企业也要考虑品牌市场转移的成本费用,同时也应考虑品牌在新的位置上的收益情况。

3. 医药企业品牌营销的误区　经过几十年的发展,我国医药企业在品牌营销的认识方面,从普遍缺乏品牌意识,到开始认识到品牌的重要性的阶段。即使如此,总体来看,我国医药企业对品牌的理解还不是很成熟,在认识上还存在许多误区。

(1) 保健食品捆绑:现今不少医药企业将保健食品和药品品牌捆绑在一起,以一个企业品牌进行推广,这样的行为无非是出于"以保带药"扩大药品销售和迅速带来短期利益两种考虑,但这种捆绑策略忽略了保健食品促销可能给整个企业品牌建设带来的种种风险。保健食品的生命周期大都比较短,不适于长期表现一种明确的品牌价值。其销量对广告的依赖性较强,建立美誉度和忠诚度较难,易受到媒介的攻击,很难让消费者从保健食品促销中实现对高科技研发医药企业的品牌联想。并且保健食品与药品在销售渠道、促销方法上完全不同,很难让彼此资源共享。

(2) 重知名轻美誉:品的知名度和美誉度是既有联系又有区别的两个概念。知名度可以通过广告投入在短时间内获得提升,但美誉度是需要企业通过和消费者互动沟通,了解消费者的使用感受、对新产品的购买意向、增值体验、重复购买理由等诸多要素逐步形成的,要通过建立顾客的满意度和忠诚度来实现品牌的美誉度。这是一个长期的品牌维护的过程,企业必须全力以赴,上下齐心才能得到良好的美誉度。

(3) 品牌任意延伸缺乏"度":部分医药企业在品牌延伸策略中容易误入品牌延伸的陷阱,"东方不亮西方亮"的想法使得其认为品牌延伸是防范风险和增进效益的良方。一个成功的品牌应有其独特的核心价值与个性,若这一核心价值能包容拓展的产品,就可以大胆地进行品牌延伸,但品牌延伸应不与原来的核心价值和个性相抵触。如某制药企业的知名药品是治疗胃部不适的,但该企业曾在部分地区将同品牌延伸到啤酒。胃药无疑是在提醒消费者少喝酒甚至不喝酒,而啤酒似乎是在劝人喝酒,岂不是与品牌原有的核心价值相抵触?

(4) 做品牌就是做名牌:部分医药企业认为名牌就是品牌,甚至将名牌作为企业发展战略的最高目标。实际上是其对名牌和品牌的认识产生了混淆。品牌是一个综合概念,包括很多内容,所谓名牌是指一个高知名度的品牌。知名度是品牌内涵的一个方面。从创建的过程来讲,名牌可以通过不断投入促销费用来造就,而建立一个品牌,则是一个浩大工程,包括品牌的整体战略规划、核心理念确定等一系列工作,需要品牌管理者用心经营多年。正是由于这样的认识误区,部分企业认为品牌就是靠广告打出来的。某制药企业每年的广告费用高达 10 亿元,其播出频率之高,不仅引起舆论争议、司法纠纷,更触发了部分消费者对其广告的反感情绪。

(5) 做品牌就是做销量:部分医药企业在营销策划中,一味强调销量的提高,认为只要销量上来了,品牌价值自然提升。这是非常错误的认识。片面追求销量提高,易忽视品牌的其他要素,如美誉、消费者忠诚度等。某医药企业铺天盖地的广告和促销活动确实在短期内实现了销售额的增长,但从长远来看,经常性的促销会给人价格不真实的感觉,消费者更愿意等到促销的时候才去购买该产品,一些品牌忠诚的消费者也有“受欺骗”感,进而远离而去。

(二) 医药产品包装

包装是商品生产的继续,医药商品只有经过包装才能进入流通领域,实现其价值和使用价值。商品包装可以保护商品在流通过程中品质完好和数量完整,良好的包装利于消费者挑选、携带和使用。随着市场竞争的加剧,包装已经成为医药企业进行非价格竞争的重要手段之一。

1. 医药产品包装的设计要求
医药产品包装设计应从商标、图案、色彩、造型、材料等构成要素入手,应符合在一定储存条件下和一定的时间内保持药品质量的要求。其总的原则是美观、实用、经济,具体应遵循以下要求。

(1) 安全性:确保质量安全是产品包装最基本、最核心的要求。包装材料必须适合医药产品的物理、化学、生物性质,以保证产品不与包装材料发生化学反应,以及产品不被损坏、不变质、不变形、不渗漏等。药品的剂型有片剂、注射剂、乳剂、滴眼剂等多种形式,对于温度、湿度、光照等都有不同的要求,企业对不同类型的药品包装时应该采取不同的防护措施,以保证药品的质量安全。如部分片剂型药品采用泡罩包装,不仅方便携带,而且减少服用过程中的污染。

(2) 方便性:在保证药品质量不受影响的前提下,包装应尽可能缩小产品总体积,以利于节省包装材料及运输、储存费用。同时,医药产品包装的造型结构,要注意货架陈列的要求以及方便消费者和满足消费者的不同需要。如某医药企业推出的一种皮肤黏膜消毒剂,在外观设计上摒弃了一贯的陈旧设计思路,改进了出液口的大小,使用时既可以控制出药量又不沾染手指。

(3) 特色鲜明:包装应能准确传递产品的信息,方便消费者选购和使用。如药品的功能主治、用法用量、贮藏方式、不良反应、使用禁忌、有效期等。包装造型应美观大方,形象生动。包装上的文字、图案、色彩应与医药产品的特色一致。比如红色与喜庆、血性相关,因此红色常被用于补血、补气类产品的外包装。

(4) 价质匹配性:产品的包装档次和成本的使用要注意和药品本身价值以及质量的匹配性。比如一些贵重药品(人参、鹿茸等)的包装要体现其内在价值。既不能太贵,耗费不必要的成本,也不能太节约,使档次较高的产品因为包装低劣而形象大打折扣。一般来说,包装价值不宜超过产品本身价值的 13%~15%,医药产品包装也不例外。

(5) 合法性、合理性:医药企业对于药品的包装必须严格依法行事。关于医药产品的包装要求,《中华人民共和国药品管理法》及其实施条例和《药品包装、标签和说明书管理规定(暂行)》《医疗器械说明书、标签和包装标识管理规定》等都有明确的规定,直接接触药品的包装材料和容器,必须符合药用要求,符合保障人体健康、安全的标准,并由药品监督管理部门在审批药品时一并审批;在每件包装上,必须注明药名、产地、日期、调出单位等,并附有质量合格的标志;药品包装必须按规定印有或贴有标签并附有说明书;包装、标签上印刷的内容对产品的表述要准确无误,除表述安全、合理用药的用词外,不得印有各种不适当的产品宣传文字和标识,如“国家级新药”“获奖产品”“现代科技”“名贵药材”等。

(6) 尊重消费者的宗教信仰和风俗习惯:由于社会文化环境直接影响着消费者对包装的认可程度,在包装设计中,必须尊重不同国家和地区的宗教信仰和风俗习惯等社会文化环境下消费者对包装的不同要求,切忌出现有损消费者宗教情感、容易引起消费者忌讳的颜色、图案和文字。尤其是出口产品的包装,要避免与要出口的国家的民族习惯、宗教信仰有冲突。

2. 医药产品的包装策略   产品包装是整体产品的一部分,为了使包装在现代医药市场营销中发挥更大的作用,医药企业除了认真做好包装设计外,还需要运用适当的包装策略,使包装的设计与策略的运用相得益彰。医药企业常用的包装策略有以下几种。

(1) 标准化包装策略:是指企业生产经营的所有产品,在包装外形上都采取相同或相近的图案、色彩等共同特征,使消费者通过类似的包装联想起这些商品是同一企业的产品,具有同样的质量水平。采用这种策略不仅可以节省包装设计成本,树立企业整体形象。它只适用于质量水平相当的产品,质量性能悬殊的产品不宜采用,否则会危及产品和企业声誉。

(2) 等级包装策略:是指企业对自己生产经营的不同质量等级的产品分别设计和使用不同的包装。这种根据产品等级来配比设计包装的策略可使包装质量与产品品质等级相匹配,其做法适应不同需求层次消费者的购买心理,便于消费者识别、选购商品,从而有利于全面扩大销售,但是该策略的实施必会加大包装的生产、设计的成本,也会使新产品上市时的宣传推广费用提高。

(3) 配套包装策略:配套包装将几种关联性较强的产品组合在同一包装物内的做法,如家庭常用“急救箱”等。这种策略能够节约交易时间,便于消费者购买、携带与使用,有利于扩大产品销售,还能够在将新旧产品组合在一起时,使新产品顺利进入市场。但在实践中,注意市场需求的具体特点、消费者的购买能力和产品本身的关联程度大小,切忌任意配套搭配。

(4) 双重用途包装策略:指包装物在被包装的产品消费完毕后还能移作他用的做法。例如,将“止咳糖浆”容器设计成杯状,人们将杯中的糖浆服用完之后,剩下的包装物可当作茶杯使用等。这种包装策略增加了包装的用途,可以刺激消费者的购买欲望,有利于扩大产品销售,使带有商品商标的包装在再使用过程中起到延伸宣传的作用。

(5) 附赠品包装策略:指在包装物内附有赠品以诱发消费者重复购买的做法。例如,某些颗粒剂药品袋内附赠药匙,糖浆剂纸盒内附赠杯子等。这种策略使消费者感到方便或者有意外的收获,能引起消费者的购买兴趣。这种包装策略对儿童和青少年以及低收入者比较有效,是一种有效的营业推广方式。

(6) 更新包装策略:是指企业包装策略随市场需求的变化而改变的做法。这种策略可以开拓新市场,吸引新顾客,或原产品声誉受损,销售量下降时,通过变更包装,制止销量下降,改变商品在消费者心中的地位,进而收到迅速恢复企业声誉的效果,保持市场占有率。

(7) 透明包装策略:指采用透明的塑料、玻璃纸及其他材料,使内装物品一目了然,既能体现产品的自然美感,又能便于顾客识别、选购。透明包装有全透明的,也有非透明的,如一些开窗式纸盒包装,纸板式泡罩包装袋等。这种包装策略特别适用于名贵中药材、保健食品等的包装,使消费者能够看到内容物,觉得货真价实,购买时心里踏实,并且能提高产品外包装的美观。

(8) 绿色包装策略:指企业使用对人体和生态环境不造成污染和危害的包装。例如,制造过程中节约能源;使用容易腐化分解,并不产生对人体和环境有害的物质,以及可以重复使用的包装等,这对于为人类提供健康保健的医药产品极其重要。

四、医药新产品开发与上市

产品生命周期理论告诉我们,任何一种医药产品都有一个由弱到强、由盛到衰的过程,当某一产品衰退时,就必须由新产品来取代。随着新疾病谱的不断出现,尤其是新的传染病和新的流行病的出现,带来消费者对药品需求结构的变化,要求必须由新药来治疗和满足。因此,在当代科学技术水平迅速发展、消费需求变化加快、市场竞争激烈的情况下,医药企业得以生存和成长的关键在于不断地创制新药和改进老药。

(一) 医药新产品与新药概念

1. 医药新产品的概念　现代市场营销学认为,凡是企业能给社会带来新的利益或向市场提供过去没有生产过的产品皆属于新产品的范围,它包括了企业所有发明、革新、改进和仿制出来的产品。从营销学的角度看,医药新产品与原有产品相比具有明显的优势,并能为顾客带来新的利益。也就是说,只要是构成产品整体概念的任何一个要素发生了变化,不管该要素处于哪个层次,只要它为消费者带来了新的满足,有可能为企业创造更大价值的健康产品都可以视为医药新产品。因此,改变剂型、改变给药途径、增加新适应证的药品,属于原先市场上没有的药品,因为满足了顾客的需求,能够为顾客带来新的利益,因此属于营销学中的医药新产品。

2. 新药的概念　我国法律专门对新药给出了定义,《中华人民共和国药品管理法实施条例》规定新药是指未曾在中国境内上市销售的药品。新药申请,是指未曾在中国境内上市销售的药品的注册申请。对已上市药品改变剂型、改变给药途径、增加新适应证的药品注册按照新药申请的程序申报。改变剂型但不改变给药途径,以及增加新适应证的注册申请获得批准后不发给新药证书(靶向、缓释、控释制剂等特殊剂型除外)。可见,从法律角度看,改变剂型但不改变给药途径、增加新适应证的药品不能算作新药,只是按照新药的申报审批程序进行注册管理。这样规定也是为了进一步促进真正意义上的创新药的产生。2015 年 8 月 18 日,国务院《关于改革药品医疗器械审评审批制度的意见》将新药由现行的"未曾在中国境内上市销售的药品"调整为"未在中国境内外上市销售的药品"。并且根据物质基础的原创性和新颖性,将新药分为创新药和改良型新药。对于新药的新定义和新分类意在鼓励和支持真正的创新药或原始创新,符合药物开发原则以及与国际接轨的趋势。

(二) 医药新产品开发的特征

医药产品开发涉及人才、技术、资金、市场、政策、管理、环境等诸多因素,是一项多学科相互渗透、相互合作的知识技术密集型工程。其特点主要体现"一多、一长、三高",即"多学科、长周期、高投入、高风险、高效益"。

1. 多学科协作　医药产品的研究开发需要化学、药学、工程学、生物学、信息科学、伦理学、统计学和管理学等多门学科的科学家、技术人员协作。一个国家医药产品研究开发水平与该国整体科学技术水平密切相关。

2. 长周期　药物研究开发关乎人的生命健康,因此药品注册管理越来越严格,研究开发的周期越来越长。20 世纪 30 年代至 50 年代,一个新药的研发周期仅需 2~3 年时间,到 20 世纪 60 年代需要 8 年左右,20 世纪 70 年代平均需要 11 年,20 世纪 80 年代就需要 14 年。20 世纪 90 年代以后,由于高通量筛选(high throughput screening, HTS)等新技术的出现,药品注册管理手段进步,新药研发速度也加快,但新药的研发周期一般在 10~15 年。为了保证新药的安全有效,各国法律法规都对新药研制实行严格的规范管理,像《药物非临床研究质量管理规范》(GLP)、《药物临床试验质量管理规范》(GCP)、《药品注册管理办法》等,使新药研究开发难度增加,周期延长。

3. 高投入　由于医药产品研发过程复杂而漫长,加之对新技术要求不断提高,使得药品研究开发的资金投入不断升高。据美国《制药经理人》杂志的全球制药企业排名 50 强统计,2021 年全球制药企业 50 强继续保持了持续稳定的研发投入,合计研发投入高达 1 404 亿美元。其中前 10 强公司的研发投入金额占到前 50 强总投入的 60% 左右。从研发投入前 10 名的情况看,罗氏研发投入 113.01 亿美元,位居榜首;强生 95.63 亿美元排第二;百时美施贵宝研发投入 92.37 亿美元排名第三。

4. 高风险　一般而言,在药物研究开发过程中,仅有极少量的化合物最终成为新药;动物实验结果不能完全预测临床结果,致使许多临床前研究投入被浪费。根据 Pharmapremia 2021 年的一项基于近一万项临床试验的统计数据,Ⅰ、Ⅱ、Ⅲ期临床研究的成功率分别是 63.8%、33.2% 和 60.1%。其中Ⅱ期临床失败率最高,成功率仅 33.2%。在过去几十年间,不乏有国际知名医药企业新药研发已到Ⅲ期临床阶段,距离上市只差一步之遥时失败的案例。所以,新药研究开发的难度越来越大,成功率降低,风险增大。

5. 高效益 研究开发成功的创新药,在给人类防治疾病带来新手段的同时,也给新药创制的企业带来巨额利润。药品实行专利保护,研究开发企业在专利期内享有市场独占权,新药一旦获得上市批准,很快获得高额利润回报。新药的利润一般可达销售额的 30% 或更多。例如,2020 年度市场销售额位列世界制药行业第一位的罗氏集团生产的治疗转移性癌症的贝伐珠单抗是罗氏最畅销的产品,占公司总药品收入的 15%,2020 年为企业带来超过 50 亿美元的销售收入以及巨额利润。

(三)医药新产品开发的总体要求

1. 医药新产品要满足消费者的需求 这是最基本的要求,医药企业在开发医药新产品前,必须在了解消费者现实和潜在需求的基础上,充分掌握市场容量的大小,这也是医药新产品开发的先决条件。

2. 医药新产品要有新意和特色 与老医药产品相比,在疗效、内在质量、外观装潢等整体医药产品概念几个层次方面有所创新,医药新产品才有市场。

3. 医药新产品要有相应的生产和销售能力 医药企业应根据自身的能力,确定医药新产品的开发方向,一方面要符合市场需求,另一方面要能够发挥医药企业的优势,并能形成一定规模的生产和销售能力。

4. 医药新产品要有充足的市场 保证医药企业获利水平,故必须进行成本效益可行性分析。要尽量挖掘原有生产能力,综合利用原材料,确保医药新产品开发的效益性。

(四)新药开发模式

医药企业在进行新产品开发时要根据自身的研发能力、经济实力、营销管理能力的强弱,以及对国内外医药市场环境的了解和熟悉程度,选择适合自己的新药开发方式。

1. 独立开发 由企业独立完成新产品的全部研究开发工作。根据新药的创新程度不同,独立开发可以进一步划分为以下两种。

(1)自主研发:这是根据医药企业自己科研、技术和资金力量研究开发新药的方式,企业利用雄厚的基础研究优势和人才智力储备,投入巨额资金,开发全新药品。通过申请专利获得产品独占权,经过市场培育后取得高额利润。这种方式通常在取得新的技术研究成果的基础上开展独立性研究,它可以形成本企业的系列产品,使企业在某一方面具有领先的地位。由于这种方式难度高、费用大、时间长、风险大,故只有资金和技术力量比较雄厚的医药企业,适宜采用这种方式开发新药。2019 年,恒瑞投入研发资金 38.96 亿元,比上年同期增长 45.9%,研发投入占销售收入的比重达 16.73%,在国内药企处于领先地位。

(2)效仿性开发:在充分利用本企业原有技术的基础上,引进某些新技术以弥补自己的不足,更快地推进企业技术的发展,开发出具有特色的新药。许多企业在专利药专利过期前,会主动采用模仿性创新方式,开发相应的"Me-too"药,以弥补专利药的市场空间。"Me-too"药主要特征为关键技术突破和集成创新,运用一些公知的、成熟的理论和技术,以及已有的装备和材料等,去研发"价廉质优"的产品。该药能够降低对进口药品的依赖程度,迫使进口产品降价且具有自己知识产权,其药效和同类的突破性药物相当。例如兰索拉唑及其他拉唑类药物的研究是以奥美拉唑为先导物的,其活性比奥美拉唑活性更强。

2. 合作开发 这是一种整合企业内外部科研力量共同开发医药新产品的方式。医药企业可以与高校或研究院所联合研究开发,这种开发方式花费相对少,见效快。既能够很好地发挥企业自身实力,又能够借助专业研究机构的技术力量,促进企业技术水平的提高。医药企业也可以企业之间进行联盟研发,通过建立联盟,可以弥补单个企业在资金、技术、管理方面的不足,节约研发费用,提高技术创新效率,形成技术协同效应。

3. 技术引进　这种方法是利用市场上现有的已成熟的制药技术,并尽快地掌握这种技术,生产新药。技术引进可以节约研究费用,争取时间,促进产品的升级换代,提高企业的经济效益。主要适用于那些研究开发能力弱,但生产能力强的制药企业。缺点是利润可能较少,且企业技术水平将永远落后在技术输出的同类企业之后。

4. 外包　将医药新产品研究开发的全部或部分项目外包给专业的合同研究机构(contract research organization,CRO)。CRO服务涉及包括药物筛选、评价、制剂服务、临床研究、数据管理、新药申请、药品制造甚至零售环节,几乎涵盖了新药研发的整个过程。

(五) 新药开发程序

开发产品就是一个从寻求新产品构思开始,一直把某个构思转变为商业上取得成功的新产品为止的连续过程。我国政府对新药研制作出了一系列的规定,新药开发主要包括新药筛选发现、临床前毒理药理研究、新药临床试验研究、生产工艺小试及中试的工程技术优化、新药注册资料整理、注册申报、审批、上市开发等过程。

1. 新药的构思　构思是新药开发的第一个阶段,是指能够满足某种医疗需要的设想、创意或方案。主要工作包括广泛收集医药市场信息以及研究成果,形成开发思路。构思来源主要包括以下几个方面。

(1) 患者:患者的需求和欲望是开发新药的起点和终点,所以患者的需求和欲望是构思的主要来源之一。

(2) 竞争者:竞争者开发新药的成败,会给其他医药企业开发新药以引导、启发和借鉴。

(3) 企业营销人员:由于营销人员处于生产者和患者之间,最了解患者的需求,对市场信息了解及时,有时甚至由于竞争者的压力,也会产生新药的构思。

(4) 医药科技人员:一方面,通过科技人员的发明创造构思新药;另一方面,掌握科学技术的新发明、新技术也可引发创新思维。

(5) 医务工作人员:由于医务工作人员直接与患者接触,掌握第一手资料,对新药的构思有重要作用。

(6) 其他来源:医药企业还可以从中间商、企业高级管理人员、各级院校、市场研究公司、咨询公司、医药行业的团体协会、政府主管部门、有关的专业报纸杂志等寻找有用的新药构思。

2. 构思筛选　汇总各方面的新药构思之后,企业需要根据自己的目标和资源状况、竞争状况、营销环境、市场需求等进行评估筛选。过滤筛选可分为两个阶段。第一阶段:判别新药构思是否适合企业的发展规划、技术专长和财务能力,以剔除那些明显不适合的。第二阶段:审查企业是否有足够的相关能力开发出这种构思创意,表现为资金能力、技术能力、研发设备、管理能力等。在这个阶段,大量的构思都会被舍弃掉,筛选后剩下来的新药构思利用评分表评出等级。据统计,美国制药企业每6 000种构思中只有1种能进入市场。

3. 形成概念　经过筛选后保留下来的新药构思,需要进一步将其设计成更具体、明确的整体新药概念,即企业对该药品的目标市场、功能、药品特点、价格、包装等的具体描述。例如,某医药企业从众多的构思中保留下开发补钙产品的设想。首先,确定这一产品是为了满足哪一类目标市场的需求,是儿童补钙还是老年人补钙;其次,确定这种产品的具体功能,是预防性补钙还是治疗缺钙问题;最后,这种产品采取何种剂型,是片剂、颗粒剂,还是口服液等。根据这些问题,一种构思可以形成多个产品概念。

4. 可行性分析　管理层对已形成的新药概念从营销形势、经济效益预测等方面进行可行性分析。营销形势分析是对新药的市场细分、目标市场选择、市场定位等形势进行分析。经济效益预测分析是对已确定的新药概念的未来销售额、成本和利润进行预测。经过综合分析后,评估出符合企业开发目标要求的新药概念,即可转入新药研制阶段。

5. 产品研制　经过综合性分析以后,如果认为有开发价值,则可将通过可行性分析的抽象概念,交付新产品研究开发部门将其转化为具体产品。完整的研究开发不仅包括产品本身的研究开发,还包括产品的品牌、包装、特色等多个方面的设计和筹划。关于新药本身的研究包括临床前研究和临床研究。其中,临床前研究包括药物合成工艺、提取方法、理化性质及纯度、剂型选择、处方筛选、制备工艺、检验方法、质量指标等的研究,以及药理、毒理、动物药代动力学等的研究。每一种新药在正式生产以前,必须对药品的安全性、有效性进行临床研究,临床研究是决定候选药物能否成为新药并上市销售的关键阶段。新药在批准上市前,一般要完成Ⅰ、Ⅱ、Ⅲ期临床试验。

6. 新药注册与审批　新药研制完成后,要向国家药品监督管理局进行新药的注册申请,只有在取得新药注册证书和药品批准文号以后,方可进行生产。

7. 市场试销　药品进入市场试销阶段,医药企业将新药投放到具有代表性的小范围目标市场进行试销,以测试新药的市场效率,真正了解该新药的市场前景,为是否正式上市进行大批量的生产提供全面、系统的决策依据。同时进行Ⅳ期临床试验,评价药品在普通或特殊人群中使用的利益与风险关系,以及是否改进给药剂量等,以进一步考察在广泛使用条件下,药物的疗效和不良反应。

8. 正式投放　依据市场试销提供的反馈信息,医药企业基本上能作出是否批量推出新药的决策。由于投放市场初期往往利润小甚至亏损,企业在这一阶段对产品投放市场的时机、区域、目标市场和营销组合等方面都要周密策划。

(六) 新药上市策略

依据市场试销提供的反馈信息,医药企业基本上能作出是否批量推出新药的决策。在推出新药时,医药企业必须对推出新药的时机、区域、目标市场和营销组合作出决策。

1. 市场时机的选择　是指医药企业的高层管理者要决定在什么时间将新药投放市场。例如,如果某种新药的市场需求有高度的季节性,就应在销售季节来临时才将这种新药投放市场。通常根据企业实力和竞争对手的情况不同,可以采取两种策略:一种是先发制人的抢先投放策略,指企业率先推出新产品,利用新产品的独特优点,争取市场竞争的主动权。另一种是模仿式的跟进策略,模仿市场上刚刚推出并畅销的新产品,进行模仿性的创新。很多中小型的医药企业采用的都是这种模仿性的创新策略。

2. 投放地点的选择　是指医药企业高层管理者要决定在什么地方推出新药。新药上市的地点选择,要结合企业实力和市场条件等因素确定。市场条件包括消费者的购买欲望、市场容量和购买力等。中、小型企业或者实力较弱的企业适合采取局部突破的办法。实力雄厚并且已经拥有强大的国际、国内市场营销网络的大企业可以直接将新产品同时推向全国市场,甚至国际市场。

3. 目标市场选择　是指医药企业高层管理者要把销售渠道和促销目标面向最优秀的消费者。企业的所有市场营销活动都应当以目标市场中的潜在消费群体为对象。这样做的目的是要利用潜在消费群体带动一般消费者,以最快的速度、最少的费用,扩大新药市场占有率。医药企业高层管理者可以根据市场测试的结果发现最优秀消费者。

4. 营销组合选择　是指医药企业高层管理者要决定如何推出新药。首先要对各项市场营销活动分配预算,然后规定各种活动的先后顺序,从而有计划地开展市场营销活动。

[**本章小结**]

产品整体概念包含核心产品、形式产品、期望产品、延伸产品和潜在产品五个层次,体现了"整体产品观",企业必须为顾客提供整体利益和服务,这样才能使产品最符合顾客的要求。

　　产品组合是指企业生产或经营的全部产品的有机构成方式,即全部产品线和产品项目的组合。对产品组合的衡量一般用产品组合的宽度、深度、长度和关联度来表示。

　　产品生命周期是指产品从开发出来投放市场开始,到被市场淘汰为止的整个时间阶段,包括导入期、成长期、成熟期和衰退期四个阶段。

　　品牌是产品不可分割的组成部分,包括品牌名称、品牌标志。商标是商品的生产经营者为将自己的商品与他人的商品相区别,附在自己生产、制造、加工、挑选、经销的商品上,以表明商品的来源和特定质量的显著标志。商标是受到法律保护的整个品牌或品牌中的某一部分。商标可以为企业独有而不使用,而品牌一定要使用。企业通常使用的品牌策略主要有品牌化策略、品牌归属策略、品牌统分策略、品牌拓展策略和品牌重新定位策略。

　　包装一般分为内包装、中层包装和外包装三个层次。根据不同情况,医药企业通常采用如下包装策略:标准化包装策略、等级包装策略、配套包装策略、双重用途包装策略、附赠品包装策略、更新包装策略、透明包装策略和绿色包装策略。

　　从法律角度看新药是指未曾在中国境内上市销售的药品;从营销学角度看,医药新产品是指与原有产品相比具有明显的优势,并能为顾客带来新的利益的满足健康需求的产品。其中营销角度的概念比法律角度的外延更加宽泛。

　　新药开发模式有:独立开发、合作开发、技术引进、外包。开发新产品一般包括八个步骤:新药构思、构思筛选、形成概念、可行性分析、产品研制、新药注册与审批、市场试销、正式投放。

[关键名词]

　　产品的整体概念、产品组合、产品线、产品项目、产品生命周期、品牌、商标、包装、新产品、全新型产品、换代型新产品、改进型新产品、仿制型新产品、医药新产品、新药

[思考题]

　　1. 如何从产品整体概念理解医药产品?
　　2. 医药产品组合调整策略有哪些?
　　3. 医药新产品可选择的引入期的营销策略有哪些?
　　4. 品牌与商标有何区别?
　　5. 简述医药企业产品品牌的作用、设计原则及品牌策略。
　　6. 药品包装有哪些功能,设计包装时有哪些要求?
　　7. 新药开发的方式有几种,通常新药开发遵循怎样的程序?

[本章实训]

产品生命周期分析

　　实训目的:掌握产品生命周期理论。

　　实训内容:选择市场上现有的某种降压药,对其产品生命周期进行分析,回顾此种降压药在过去的产品生命周期阶段使用的营销手段,研究讨论在未来的产品生命周期阶段可以采用的营销方式。

　　实训组织:由同学组成几个小组,每组分别选择不同的降压药,通过网上或其他调研方法收

集信息,并形成该种降压药生命周期分析和营销策略报告。

实训考核:每组分别在课堂汇报分析结果,比较不同降压药生命周期和营销策略的不同,并讨论同类产品生命周期的相互影响。教师点评、记录学生成绩。

第九章
同步练习

(邓　晶)

第十章

医药产品价格与价格策略

第十章
教学课件

第一节　产品价格理论

一、影响产品定价的因素

产品定价不是件简单的事情；企业在制定产品价格时，必须综合考虑各种因素；影响企业产品定价的因素主要包括内部因素和外部因素。内部因素包括产品成本、定价目标、产品特点以及销售渠道等；外部因素包括市场需求、市场竞争以及政策法规等其他因素。一般而言，市场需求决定产品价格上限，产品成本决定价格的下限，而其他因素在上下限内影响产品价格的变化。

(一)影响产品定价的内部因素

1. 产品成本　产品成本是指产品在生产和销售过程中所耗费的直接成本和间接成本，不仅包括生产成本，还包括营销成本、储运成本等。一般情况下，产品定价应高于产品成本，以此才能抵消产品生产和经营费用成本。因此，企业产品定价必须估算产品成本；成本是制定价格的基础。

2. 定价目标　定价目标是企业通过为生产经营的产品定价要达到的目的或标准，它是企业进行价格决策的指导思想和原则。企业产品定价的选择一般要考虑目标市场战略以及市场定位，还有其他具体的经营目标，如销售额、利润额、市场占有率等。在符合社会利益的前提下，企业产品定价要实现长期目标利润的最大化。一般来说，企业的定价目标有以下几种。

(1) 以获取最大利润为定价目标：可分为长期和短期最大利润目标。企业短期利润最大化目标要求企业产品定价较高，以短期内获得最多的利润。选择这种定价目标的条件有两个：一是企业的产品生产技术和产品质量在市场上居领先地位，同行业中产品竞争对手的力量较弱；二是消费者对产品的需求较高或产品供不应求。如果不具备这两个条件，盲目地提高产品价格，企业不仅难以扩大当前利润，还会阻塞产品的市场销路。企业长期利润最大化目标要求产品进入市场时将价格定得较低一些，以扩大产品市场销售，建立产品市场声誉，短期内有可能承受亏损，而最终实现长期较高利润。选择这一产品定价目标的前提是企业能够实现规模化生产和经营，从而实现规模效益，而消费者对产品价格不敏感，需求相对较高。

(2) 以提高市场占有率为定价目标：这种定价目标要求企业产品的价格要低于其他企业同类产品的价格水平，以通过产品低价来赢得市场认同，提高市场占有率，实现长期利润最大化，同时有效提高产品市场竞争力。实现这种产品定价目标的条件是：①目标市场对产品价格高度敏感，较低的产品价格可以刺激市场需求迅速增长；②企业具备规模化生产经营能力，随着产量、销量扩大，企业总成本的增长速度低于总产量的增长速度，从而产生规模效益；③企业能够承受一定时间内产

153

品低价造成的损失;④产品低价能有效刺激需求,扩大销售,并有效抑制现实和潜在的产品市场竞争者。

(3) 以产品质量的最优化为定价目标:有些企业在生产和经营过程中,始终贯彻产品质量最优化的指导思想;这就要求用高价格来弥补产品研究开发和质量提升的成本。高价格往往代表着高品质,容易被追求高品质产品的消费者所接受,企业投资回收加快,以保证企业再生产的顺利进行;企业产品在优质高价的同时,还要保证优质服务来保障产品市场销售。

(4) 以维持企业生存为定价目标:在经济不景气或市场竞争激烈的条件下,企业的生存尤为重要。维持企业生存的定价目标要求企业必须制定较低的产品价格,同时市场对产品价格较为敏感,以通过大规模的价格折扣来维持企业的生存。企业制定的产品价格只要能弥补可变成本和部分固定成本,企业生存就可以维持。

3. **特色产品**   特色产品企业制定产品价格时,必须考虑产品本身的特征。在个性化消费时代,消费者更钟情于有特色的产品。一般来说,由于差异化产品更具有独特的属性,容易形成产品特色,能够满足消费者个性化需求,进而刺激消费者的购买欲望。因此,特色产品在定价中一般处于比较有利的价格地位。

4. **销售渠道与促销费用因素**   企业的产品销售渠道越多、越长,从而流通环节越多,产品价格越高。由于促销费用直接影响产品价格,从而开展促销活动越多,产品价格相对越高。

(二) 影响产品定价的外部因素

1. **市场供给和需求**   市场需求主要受购买力和购买动机两方面因素影响。购买力是消费者的支付能力,受收入和物价水平等的影响;购买动机反映消费者对产品的需求程度。一般而言,市场产品供求状况调节价格波动,而价格波动引起供求变化,从而供求变化与价格变化形成相反方向的变动。需求量对应于价格变动的敏感程度就是需求弹性。企业在进行产品价格决策时,要注意产品需求的价格弹性与其他弹性;不同种类的产品,其需求弹性存在一定差异。在正常情况下,人们生活的必需品,如粮油等农产品,其需求缺乏弹性,而非生活必需品均具有弹性。掌握产品不同的需求弹性,对于理解市场价格的形成和制定合理的产品价格具有重要意义。

2. **市场竞争状况**   市场竞争因素对产品定价的影响取决于产品市场的竞争程度。一般而言,市场竞争程度由市场竞争者的数量和竞争环境所决定。按照市场竞争程度,可以把市场简单划分为完全竞争和不完全竞争市场。在完全竞争市场条件下,买者和卖者大量存在,产品都是同质的,企业自由地选择产品生产,而且市场供求信息对称,供求双方都能够充分获得市场信息;在这种自由竞争的市场下,不宜制定高于同类产品价格的市场价格。不完全竞争市场又可以分为完全垄断、寡头垄断和垄断竞争市场。对于寡头垄断和垄断竞争市场来说,最少有两个以上买者或卖者,少数买者或卖者对价格和交易数量起着较大的影响作用,且买卖各方获得的市场信息是不充分的;卖方的市场活动受到一定的限制,且卖方提供的同类商品有差异,因此,卖方之间存在着一定程度的竞争,企业的定价策略有比较大的回旋余地;在这种竞争市场下,由于产品的差异较大,产品制定较高的市场价格有可能获得成功。完全垄断是完全竞争市场的反面,是指一种商品的供给完全由独家控制,从而形成独占市场;在这种市场情况下,垄断者具有控制市场价格的能力。

3. **其他因素**   企业的市场定价策略除受生产经营成本、市场需求以及市场竞争状况的影响外,还受到其他多种因素的影响,如政府政策法规、消费者心理、风俗习惯、企业或产品的形象等。

二、产品价格确定的一般方法

企业产品定价方法是企业在特定的价格目标指导下,对产品的市场价格进行具体计算的方法。企业可选用的定价方法较多,最常用的有成本导向定价法、需求导向定价法和竞争导向定价法。

1. 成本导向定价法　成本导向定价法是以产品成本为依据的一种定价方法。这里所说的产品成本是总成本;总成本包括固定成本和变动成本。固定成本是指不随产量变化而变化的成本,如厂房、设备折旧费等,它一般不随生产量、销售量的变化而变化。变动成本是随产量和销售量的增减而变化的成本,如原材料、销售费用等,它一般与产量成正比例变化关系。成本导向定价法又可分为成本加成定价法、盈亏平衡定价法、目标定价法和边际成本定价法四种。

(1) 成本加成定价法:是指按照单位产品成本加上一定比例利润的方法来制定的产品价格。成本加成定价法公式为:

$$单位产品的价格 = 单位产品成本 \times (1 + 加成率)$$

(2) 盈亏平衡定价法:也称损益平衡定价法,是运用盈亏平衡的原理来确定产品价格的方法。即在假设企业产品均可以销售的条件下,确保企业不亏本也不盈利时的最低价格。盈亏平衡定价法公式为:

$$盈亏平衡价格 = 固定成本 / 盈亏平衡销售量 + 单位变动成本$$

(3) 目标定价法:根据估计的总销售额和估计的销售量来制定产品价格。

(4) 边际成本定价法:是企业以单位产品的边际成本为基础的产品定价方法。这种定价方法不计算产品的固定成本,而使产品的价格与其边际成本相等。

2. 需求导向定价法　需求导向定价法是指根据消费者对产品的认知和需求程度来确定价格的产品定价方法。主要包括感知价值定价法、反向定价法和需求差异定价法三种。

(1) 感知价值定价法:是企业以消费者对产品价值的理解度为定价依据,运用各种营销策略和手段影响消费者对产品价值的认知,以形成对企业有利的价值观念,再根据产品在消费者心里的价值来制定价格。

(2) 反向定价法:是企业依据消费者能够接受的最终价格,来计算企业的经营成本和利润后,逆向推算出产品的市场价格的方法。此方法主要考虑的不是产品成本,而是以市场需求为出发点。

(3) 需求差异定价法:又称价格歧视,是指企业将同一商品对不同的细分市场制定不同的价格,让愿意出高价的消费者用高价购买,让愿意出低价的消费者以低价购买的方法。

3. 竞争导向定价法　竞争导向定价法主要是以竞争对手的价格为基础,以成本和需求等因素为辅的一种定价方法。竞争导向定价法又可分为随行就市定价法和投标定价法两种。

(1) 随行就市定价法:是指依据行业平均水平或者主要竞争者的价格水平进行产品定价的方法。

(2) 投标定价法:是以投标竞争的方式确定产品价格的方法。

以上各种定价方法,分别从成本、需求、竞争等影响企业定价的因素出发,各有其利弊和适用条件。企业需根据自身条件和所处的市场环境等,综合考虑具体的产品定价方法。

三、产品定价策略

产品定价除了要依据一定的定价目标,选择定价方法,制定产品初始价格外,还要针对所处的市场状况和产品销售渠道等条件的不同,采取不同的定价策略,以制定产品的最终价格。一般而言,企业可以选择的定价策略主要有六种。

(一)新产品定价策略

新产品定价策略是指产品处于导入期的价格策略。新产品的定价是否合理,直接影响新产品的市场推广销售;许多新产品上市失败的原因就是价格策略失误造成的。常用的新产品定价策略有撇脂定价、渗透定价和温和定价三种。

1. 撇脂定价　撇脂定价是指在新产品初入市场时,将其价格尽可能定高以获取最大利润。一般而言,对于全新产品、拥有专利权的产品、需求价格弹性小的产品、流行性产品等,可以采用撇脂定价策略。

撇脂定价策略的优点:①新产品上市,顾客对其认识较少,利用较高价格可以提高身价,适应消费者求新心理,有助于开拓产品市场;②主动性大,产品进入成熟期后,价格可分阶段逐步下降,有利于吸引新的购买者;③价格高,限制需求量过于迅速增加,使其与新产品如新药的生产能力相适应。撇脂定价策略的缺点:产品价格高,获利大,不利于其扩大市场,并很快招来竞争者,会迫使产品价格下降。

2. 渗透定价   渗透定价策略是与撇脂定价相反的定价策略,就是在新产品上市初期,将其价格定得较低,以此来吸引大量消费者,提高市场占有率,即低价策略。这一策略适应于市场需求对价格比较敏感,企业的生产成本和经营费用随着产销量的增加而下降,低价不会引起实际和潜在的过度竞争的产品。

渗透定价策略的优点是:①新产品能迅速为市场所接受,打开销路,增加产量,使成本随产量上升而下降;②低价薄利,使竞争者望而却步,减缓竞争,获得一定市场优势。其缺点是:①利润微薄,投资回收期较长;②低价可能会影响企业优质产品的形象;③当新产品大量上市时,不易再降价与竞争者竞争;④一旦价格策略失误,企业没有退路,风险较高。

3. 温和定价   温和定价策略介于撇脂定价和渗透定价之间,价格既不高,又不低,以获取平均利润为目的,是一种市场中间价格,是以稳定价格为目标的定价策略。

温和定价策略的优点是:①产品能为多数消费者接受,并获取平均利润,不会诱发竞争;②稳定、温和的价格,可以稳定产品形象,适当延长产品生命周期;③可以稳步调价,有回旋余地。其缺点是:①温和价格在竞争激烈的市场缺乏价格特色,缺乏竞争性和攻击性;②由于价格稳定,对价格敏感的消费者缺乏吸引力。

(二)折扣定价策略

折扣定价策略是企业为了鼓励消费者或顾客及时结清货款,通过降低一部分价格以争取消费者或顾客购买的定价策略,这种价格调整也叫作价格折扣。经常使用的价格折扣有现金折扣、数量折扣、季节折扣、功能折扣与价格折让等方式。

影响折扣定价策略的主要因素有:竞争对手以及竞争实力、折扣的成本均衡性、市场总体价格水平下降等。

(三)差别定价策略

差别定价策略就是企业按时间、空间等因素,按照两种或两种以上、不反映成本费用比例的差异价格销售某种产品或劳务的定价策略。差别定价策略主要有顾客差别定价、产品形式差别定价、产品地点差别定价和销售时间差别定价四种方式。

差别定价策略的适用条件是产品市场可以细分为不同的需求程度,消费者以较低价格购入后不能以较高价格转卖,竞争者不可能在企业以较高价格销售的市场上低价竞销,细分市场和控制市场的成本不超过实行差别价格得到的额外收入,差别价格不会引起消费者反感以及不违反法规等。

(四)产品组合定价策略

产品组合定价是指企业为了实现整个产品组合销售利润的最大化,在充分考虑不同产品之间的关系,以及个别产品定价高低对企业总利润的影响等因素的基础上,系统地调整产品组合中相关产品价格的定价策略。其主要的定价策略有四种。

1. 产品线定价策略   产品线定价策略是指企业为追求整体产品销售收益的最大化,为同一产品线中不同产品确立不同的销售角色,从而制定不同的价格。有的产品充当招徕品,定价很低,以吸引消费者购买产品线中的其他产品,而高定价的产品则为企业的市场获利产品。

2. 互补品定价策略　有些产品需要互相配合在一起使用,才能发挥出产品的某种使用价值。企业经常为主要产品制定较低的价格,而为互补产品制定较高的价格,这样有利于企业整体产品销量和企业利润的增加。

3. 产品束定价策略　对于成套设备、服务性产品等,为鼓励消费者成套购买,以扩大企业销售量,加快企业资金周转,可以使成套购买的价格低于单独购买其每一产品的价格费用总和。如电脑桌和电脑椅、床与床垫;如果成套购买价格低于分别购买,能够鼓励消费者成套购买。

4. 选择品定价策略　许多企业提供主产品的同时,会附带一些可供选择的产品或服务。但是对于选择品的定价,企业必须确定价格中应当包括哪些,又有哪些可作为选择对象。例如,饭店定价,顾客除了饭菜,也会购买酒水;许多饭店酒水价格高,食品价格相对低;食品收入可弥补食品成本和饭店其他成本,酒水收入可带来利润;也有饭店酒水价格定得较低,食品制定高价,吸引饮酒的消费者。

(五) 地区定价策略

企业产品通常不仅在本地销售,同时还要销往其他地区,而产品从产地运到销地要花费一定的运输、仓储等费用。如何合理分摊一定的运输、仓储等费用? 不同地区的产品价格应如何制定? 这些就是地区定价策略所要解决的问题。地区定价策略具体有原产地定价、分区定价、基点定价、统一交货定价和运费免收定价等方法。

(六) 心理定价策略

心理定价策略就是企业在制定产品价格时,运用心理学的原理,根据不同类型消费者的购买心理来制定产品价格的策略。心理定价策略主要有尾数定价、整数定价、声望定价、招徕定价与习惯定价等。

四、产品价格调整及价格变动反应

企业的产品价格不是一成不变的,面对动态变化的市场环境,为了生存和发展,企业经常需要对产品价格进行动态调整。

(一) 价格调整

产品价格调整无论是主动调整还是被动调整,其调整不外乎是降价和提价两个方面。

1. 产品降价

(1) 企业产品降价的原因:①企业生产能力过剩,产品市场供过于求,而企业又不能通过产品改进和加强销售扩大市场;②在强大竞争压力下,企业产品的市场占有率下降,企业可能会采取降价的方式提高市场占有率;③由于成本费用比竞争者低,使企业降价成为可能;④企业急需回笼资金;⑤政治法律环境以及经济形势的变化使得企业被迫降价等。

(2) 产品降价策略:降价一般可分为直接降价和间接降价。直接降价是企业产品的目录价格或标价绝对下降或者采用各种折扣形式来降低价格,如数量折扣、现金折扣、回扣津贴等。企业更多的是倾向于采用间接降价的方式,如利用赠券、抽奖、免费送货上门、技术培训、维修咨询、提高产品质量、改进产品性能、增加产品用途等多种方式来降低价格,目的在于不引起消费者的注意,即使取消降价也不会引起消费者太大的反应,同时又是一种促销策略。企业调低价格有利于摆脱市场困境,提高市场占有率,但可能导致同行业内竞争加剧。

2. 产品提价

(1) 产品提价的原因:①通货膨胀,物价上涨,推动产品成本增加。企业为了减少损失,保证利润水平不降低,会采取提价策略,将通货膨胀的压力转嫁给中间商和消费者。②产品供不应求。在需求旺盛、生产规模又不能及时扩大而出现供不应求的情况下,企业可通过提价来遏制市场需求。③创造名牌优质效应。利用提价策略塑造质优价高的产品形象和认同感,以提高企业知名度和美誉度。

（2）产品提价策略：提价的主要方式有延缓报价、浮动条款、产品拆分、减少折扣、降低产品质量、减少特色服务等方式。延缓报价即企业暂时不定最终价格，等到产品制成或交货时才制定最终价格。浮动条款是指在合同上规定价格调整条款，一定时期内可按照某价格指数来调整价格。产品拆分是指在产品价格不变的情况下，将原来包括的某些附属产品和服务另行计价。减少折扣即削减正常的现金和数量折扣。企业还可能保持价格不变的情况下降低产品质量，减少产品特色和服务，这种策略可以保持一定的利润但会影响企业声誉和形象。

（二）价格变动的反应

1. 消费者对价格变动的反应　消费者对于市场价格高低不同的产品反应有所不同。对于那些价格高、经常购买的产品的价格变动较敏感；而对于那些价值低、不经常购买的产品，即使单位价格较高，购买者也不大注意。在一定范围内的价格变动是可以被消费者接受的，提价幅度超过可接受价格的上限，则会引起消费者不满，产生抵触情绪，而不愿购买企业产品；降价幅度低于下限，会导致消费者的种种疑虑，也对实际购买行为产生抑制作用。此外，消费者虽然关心产品价格变动，而通常更关心购买、使用和维修产品的总费用；如果企业能使消费者相信某种产品总费用较低，那么，就可以把这种产品的价格定得比竞争者高，以取得较多的利润。

2. 竞争者对价格变动的反应　竞争者对产品调价的反应，主要有相向式反应、逆向式反应和交叉式反应三种。产品价格变动的企业，除了考虑消费者的反应，还必须考虑竞争者的反应，从而需要弄清楚产品竞争者的营销目标。如果竞争者的目标是实现企业的长期最大利润，那么它往往不会在价格上作相应反应，而在其他方面作出努力，如加强广告宣传，提高产品质量和服务水平等；如果竞争者的目标是提高市场占有率，它就可能跟随本企业的产品价格变动而相应调整价格。同时，如果企业面对几个产品竞争者，在价格变动时必须事先估计每个竞争者的可能反应；如果各个竞争者反应差别较大，就必须对各个竞争者进行分析。

3. 企业对竞争者调价的反应　在产品竞争者率先调价的情况下，迫使企业必须作出适当的反应，即对价格进行被动调整。在同质产品市场上，如果竞争者降价，企业必须随之降价，否则大部分消费者将转向价格较低的竞争者；面对竞争者的提价，本企业既可以跟进，也可以暂且观望；如果大多数企业都维持原价，会最终迫使竞争者把价格降低，使竞争者提价失败。在异质产品市场上，企业对竞争者调价有更多的选择余地，因为这时消费者除了要考虑价格因素外，还要考虑产品的质量、服务、品牌等多方面的因素。在异质产品市场上，消费者对于较小的价格差异不是很在意。

第二节　医药产品价格策略

一、影响医药产品价格的因素

医药产品价格不仅受产品成本、市场需求及市场竞争等方面的影响，还受国家价格政策等其他多方面因素的影响和制约。

（一）产品成本

医药产品成本是指价格主管部门、企业制定医药产品价格时所依据的合理成本，是医药企业生产或者经营医药产品的社会平均合理费用支出，主要由制造成本和期间费用构成；制造成本加期间费用等于完全成本，也叫总成本。在医药产品成本中，不随医药产品种类及数量的变化而变动的成本为固定成本，如机器、设备的折旧，市场调研费用，产品开发费用等；随着医药产品种类和数量变动的成本叫变动成本，如原材料、运输费用等。

1. 制造成本　制造成本即生产成本，是指生产一定数量的某种医药产品所消耗的物质资料的货币表现和支付给生产者的劳动报酬,是制定医药产品价格的关键因素,主要包括原料、辅料、包装材料、燃料动力、直接工资、制造费用和其他直接支出。医药企业要使简单再生产顺利进行,医药产品的价格就必须至少等于生产经营成本。

2. 期间费用　期间费用也称为流通费用,是指医药产品从生产领域到消费领域转移过程中所产生的劳动耗费的货币表现,主要包括销售费用、市场费用、财务费用(利息)、管理费用、储运费用等。期间费用是不能直接归属于某个特定产品生产成本的费用。

(二) 市场需求

医药产品价格受其供给与需求相互关系的影响。当医药产品的市场需求大于供给时,价格可能会高一些;当医药产品的市场需求小于供给时,其价格可能会低一些。反过来,医药产品价格变动也影响其市场需求变动,从而影响其市场销售量。一般而言,医药产品需求的价格弹性比较低,因此,医药产品价格的高低变化在一定程度上影响产品的市场销售量。医药产品的市场需求情况,可通过两方面的测算来了解。

1. 估算价格弹性　产品需求状况影响产品价格的制定,而产品需求又受价格和收入变动等因素的影响,并主要表现为需求价格弹性、需求收入弹性和需求交叉弹性三方面。需求价格弹性(price elasticity of demand),是指一种商品的需求量对其价格变动的反应程度,一般用需求量变动的百分比除以价格变动的百分比来计算。其公式为:

$$E_p = -(\Delta Q/Q)/(\Delta P/P) \qquad\qquad 式(10\text{-}1)$$

式中,E_p——需求的价格弹性,即弹性系数;

ΔQ——需求量的变动量;

Q——变动前的需求量;

ΔP——价格的变动量;

P——变动前的价格。

需求的价格弹性,计算结果有五种情况。

当 $E_p > 1$ 时,表示需求量变动的百分比大于价格变动的百分比,叫作富有弹性或需求弹性大。在这种情况下,价格的变化会引起需求量大幅度地反比例变化。

当 $E_p = 1$ 时,表示需求量与价格等比例变化,叫作单一弹性。在这种情况下,销售量虽然减少,但价格的提高使总收入不变。

当 $E_p < 1$ 时,表示需求量变动的百分比小于价格变动的百分比,叫作缺乏弹性或需求弹性小。在这种情况下,价格的升降不会引起需求量较大幅度的变化。

当 $E_p = 0$ 时,表示价格的任何变动均对需求量无影响,所以 $E_p = 0$ 被称为完全无弹性。

当 $E_p = \infty$ 时,表示价格稍微变动一点,需求量的反应就无限变化,所以 $E_p = \infty$ 时被称为无限弹性。

由于不同医药产品需求的价格弹性不同,医药企业在定价时应采取与之相应的定价策略。如果企业产品需求经分析为缺乏弹性,较高的定价是有利的;如果需求弹性大,则较低定价是有利的,以刺激需求,增加销售量。医药产品需求的价格弹性受多种因素的影响。

(1) 医药产品与人的生命健康关系的密切程度:凡是与人的生命健康关系密切的医药产品,需求的价格弹性小,如处方药;反之,则弹性大,如一些名贵中药材、保健食品。

(2) 医药产品本身的独特性和知名度:越是独具特色和知名度高的医药产品,其需求的价格弹性越小,如专利新药、品牌药品;反之,弹性越大。

(3) 替代品和竞争品的种类及效果:如果某种医药产品的替代品产品越多,替代程度越高,该医药产品的需求价格弹性越大;反之,则越小。

(4) 医药产品消费支出占消费者收入的比重:如果某种医药产品支出占消费者收入比重大,则需求的价格弹性较大;反之,则较小。

2. 市场需求量　产品的市场需求量包含了当前的市场规模和未来市场的发展潜力两方面的内容。这两方面的市场需求量,是企业产品进行市场细分、选择目标消费者等必须考虑的内容。影响市场需求量的因素主要有两大类:一是医药市场营销环境因素,如经济环境、政治法律环境、科学技术环境、社会文化环境以及居民消费水平、疾病发病率等因素,这些因素一般是企业本身不可控的因素;二是医药企业市场营销综合因素,即产品价格、营销渠道和促销策略等因素,这些因素是企业可控的市场因素。

(三) 市场竞争

一般而言,产品成本因素和需求因素决定了产品价格的下限和上限,然而在产品上下限价格之间确定产品具体价格时,则很大程度上要考虑产品市场的竞争状况。在缺乏竞争的情况下,医药企业可以依照消费者对价格变化的敏感性来预期价格变化的效果,然而由于存在竞争,竞争企业的反应甚至可完全破坏本企业的价格预期。因此,市场竞争是影响医药产品价格制定的一个非常重要的因素。

(四) 国家价格政策

通常,政府除了通过货币政策、财政政策、信贷政策、积累与消费的关系等影响价格总水平外,还对有关国计民生的市场产品规定了企业定价权限。我国通常采取政府定价、指导价和市场调节价相结合的医药产品价格政策。随着医疗体制改革的不断深化,国家医药产品价格政策将会相应地持续调整。

二、医药产品价格确定的方法

医药产品价格的制定,如果既要实现消费者认同,又可使企业实现经营利润,必须要综合考虑三个方面的因素,即消费者的需求、产品成本和竞争者的产品价格。通常,医药产品定价方法分为成本导向定价法、需求导向定价法和竞争导向定价法三个基本方法。

(一) 成本导向定价法

成本导向定价法是以企业医药产品生产经营成本为定价基础的定价方法。按照成本定价的性质不同,成本导向定价法又可分为成本加成定价法、盈亏平衡定价法、边际成本定价法与目标定价法四种。

1. 成本加成定价法　成本加成定价法是应用最普遍的一种定价方法,是指按照单位产品成本加上一定比例利润来制定产品价格的方法。其计算公式为:

$$单位产品的价格 = 单位产品成本 \times (1+ 加成率)$$

其中,加成率即预期利润与产品总成本的百分比。如,某药品生产企业化学药品的加成率为 15%,则化学药品单价 = 单位成本价 × (1+15%)。

采用成本加成定价法,一是要准确核算产品生产经营成本,二是要确定恰当的利润率。一般来看,如果同行企业均采用成本加成定价法,则价格可能趋同,价格竞争可能降至最低限度,并对卖方和买方都比较公平。但这种定价法忽视了市场竞争和供求状况的影响,从而缺乏灵活性,难以适应市场竞争的变化发展。

2. 盈亏平衡定价法　盈亏平衡定价法也称收支平衡定价法、量本利分析法、保本点定价法,是运用盈亏平衡的原理来确定价格的一种方法。这种方法是指在医药企业产品销量既定的情况下,企业产品价格必须达到一定水平,才能实现盈亏平衡、收支相抵,以此来制定产品价格的方法。其中,既定的产品销量即盈亏平衡点(break even point,BEP),如图 10-1。使用这种价格制定方法,科学地预测产品销量和核算固定成本、变动成本是盈亏平衡定价的前提,而盈亏平衡价格就是医药企业的产品保本价格。

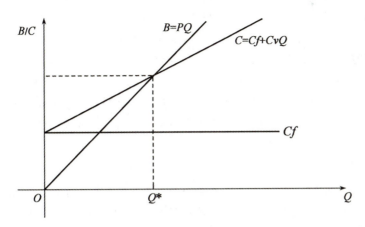

B：销售收入线；C：成本线

图 10-1　盈亏平衡分析图

盈亏平衡定价法的计算公式：

盈亏平衡价格 = 固定成本 / 盈亏平衡销售量 + 单位变动成本

显然，如果把医药企业的利润目标考虑进去，单位医药产品售价就等于盈亏平衡价格加上预期利润。盈亏平衡定价法的优点是计算简便，能使企业明确在不盈不亏时的产品价格和产品最低销售量。这种定价法的前提条件是企业要准确预测产品的销售量。这种方法侧重于企业总成本费用的补偿，对于有多条产品线和多种产品项目的企业尤为重要。一般地，企业力求在保本点以上定价或扩大销售来取得更多收益。

3. 边际成本定价法　边际成本定价法也叫边际贡献定价法。该方法以变动成本作为定价基础，是在市场需求曲线和厂商边际成本曲线给定的情况下，由两条曲线的交点来确定产品价格的方法。只要定价高于变动成本，企业就可以获得边际收益（边际贡献），用以抵补固定成本，剩余即为盈利。其计算公式为：

边际贡献 = 预计销售收入 – 总变动成本

产品价格 =（总变动成本 + 边际贡献）/ 预计销售量

如果边际贡献等于或超过固定成本，企业就可以保本或盈利。这种方法适用于产品供过于求、卖方竞争激烈的情况。在这种情况下，与其维持高价，导致产品滞销积压，丧失市场，不如以低价保持市场，不计固定成本，尽量维持生产。

4. 目标定价法　目标定价法也称为目标利润定价法，是在医药产品总成本的基础上，加上一定的企业目标利润的定价方法。该方法和成本加成定价法的出发点一致，既考虑产品的成本，又考虑产品的利润。其计算公式是：

产品价格（单价）=（总生产成本 + 目标收益）/ 销售量

目标利润定价法的不足之处在于价格是根据估计的销售量来计算的，而在实际的市场销售中，价格的高低反过来对销售量又有很大影响，从而销售量的预计是否准确，对最终市场价格有很大影响。医药企业必须在价格与销售量之间寻求平衡，从而确保医药产品价格来实现预期销售量的目标。

例如，某医药企业生产的某种药品，其固定总成本为 300 000 元，单位变动成本为 10 元，预计企业药品产量为 10 000 件，企业期望获取的利润率为 20%，该药品的销售定价过程如下：

固定总成本：　　　　　　　300 000 元

变动总成本：　　　　　　　10 元 ×10 000 件 =100 000 元

总成本：　　　　　　　　　300 000+100 000=400 000 元

目标收益：　　　　　　　　400 000 元 ×20%=80 000 元

总成本加目标收益：　　　　400 000+80 000=480 000 元

单位药品的售价：　　　　　480 000 元÷10 000 件 =48 元

总之,成本导向定价法简单易行,但是这种定价导向存在很明显的缺陷。在大多数行业中,要在产品价格确定之前确定产品单位成本是不可能的,因为随着产品市场销量的变化,单位产品成本也会随之变化。从实际市场价格发展来看,绝大多数企业都废弃了单纯的成本导向定价法,转向需求导向定价法和竞争导向定价法,而基于竞争和消费者心理的定价策略越来越受到企业的重视。

（二）需求导向定价法

需求导向定价法又称顾客导向定价法、市场导向定价法,是指医药企业在定价时以消费者对医药产品价值的理解和需求强度为依据。需求导向定价法一般是以医药产品的历史价格为基础,根据市场需求变化情况,在一定的幅度内变动产品价格,从而同一医药产品可以按两种或两种以上价格销售。需求导向定价法具体可采用的方法有感知价值定价法、需求差异定价法与反向定价法三种。

1. 感知价值定价法　感知价值定价法是依据消费者能够接受医药产品的最终销售价格,反向推算出中间商的批发价和生产企业的出厂价格的定价方法。感知价值定价法被分销渠道中的批发商和零售商所广泛采用。其特点是产品价格能反映市场产品需求情况,有利于加强与中间商的良好关系,保证中间商的正常利润,并使产品迅速销向市场,还可根据市场供求情况及竞争状况及时调整产品价格,从而定价方法比较灵活。

例如,某医药企业某药品的市场零售价为 30 元,其零售价加成为 20%,批发价加成为 10%,则这一药品的出厂价计算过程为：

药品零售价：30 元

药品零售价加成：30–30/(1+20%)=5 元

药品批发价（即零售商成本）：30–5=25 元

药品批发价加成：25–25/(1+10%)=2.27 元

药品出厂价（即批发商成本）：25–2.27=22.73 元

采用感知价值定价法的关键在于科学测定产品的市场期望价格或可接受的价格,既要与消费对象的支付能力大体相适应,又要与同类医药产品的市场价格水平大体相适应。通常,测定产品的市场期望价格的基本方法,主要有主观评估法、客观评估法与试销评估法等。

2. 需求差异定价法　需求差异定价法是指医药产品价格的确定,以市场产品需求为依据,强调适应消费者产品需求的不同特性,而将产品成本补偿放在次要的地位。这种定价方法,对同一医药产品在同一市场上可制定两个或两个以上的价格,或使不同医药产品价格之间的差额大于其成本之间的差额,而这些不同的价格则体现的是不同市场对该产品需求的迫切程度的差异。需求差异定价法可以使医药企业的产品定价最大限度地符合市场需求,促进医药产品市场销售,有利于企业获取最佳的经济效益。需求差异定价法主要有四种形式。

（1）以不同消费者为基础的差别定价：如,同一医药产品,根据医院终端和药店终端制定不同的两种价格,而一般医院销售价格略高。

（2）以不同产品包装规格为基础的差别定价：如,同等质量的医药产品,包装规格小的可定价略高。

（3）以不同地理位置为基础的判别定价：如,同一医药产品,在不同国家和地区的售价不同,主要考虑不同国家和地区的购买力水平。

（4）以不同时间为基础的差别定价：如,中药材季节性定价。

采用需求差异定价法,意味着医药市场能够根据需求强度的不同可进行细分,且不同的细分市场显示出不同的需求强度;细分市场的竞争者不会以较低价格进行竞销;防止低价细分市场的买主向高价细分市场转售产品;不同细分市场的产品差价不会引起顾客反感,且不违反有关法律法规,从而采用需求差异定价法需要考虑法律法规的许可条件。

3. 反向定价法　反向定价法俗称倒剥皮定价法。其特点是不以产品成本为依据直接制定产品出厂价格,而是先以市场需求状况、消费者的期望价格为基础,根据产销量、利润目标等因素制定出市场零售价,然后推算出产品批发价、出厂价的定价方法,力求使价格为消费者所接受。分销渠道中,批发商和零售商多采取这种定价方法。

$$含税批发价 = 零售价格 / (1 + 批零差率)$$
$$含税出厂价 = 含税批发价 / (1 + 进销差率)$$

(三) 竞争导向定价法

竞争导向定价法是指以医药市场上竞争对手的产品价格为依据,随市场竞争状况的变化而确定和调整医药产品价格的定价法。这种方法具有在价格上排斥竞争对手,并扩大医药产品市场占有率的优点。竞争导向定价法可分为随行就市定价法、竞争价格定价法、投标定价法等三种形式。

1. 随行就市定价法　随行就市定价法又称为流行水准定价,是指与本行业同类医药产品价格水平保持一致的定价方法。适用这种定价法的医药产品,一般需求弹性小,供求基本平衡,市场竞争比较充分,而且产品市场上已经形成一种行业价格,从而医药企业产品定价轻易不会偏离这个通行价格,除非企业产品具有很强的市场竞争力和营销策略。随行就市定价法的优点在于在一定程度上避免了价格竞争带来的价格波动,同时风险较小,容易被市场所接受,从而是医药企业普遍使用的定价方法。

2. 竞争价格定价法　竞争价格定价法是根据本企业医药产品的实际情况及与竞争企业产品的差异状况进行比较来确定产品价格的方法。这是一种主动竞争的定价法。一般为实力雄厚、产品独具特色的医药企业所采用。这种方法通常将企业估算价格与市场上竞争者的价格进行比较,分为高于竞争者定价、等于竞争者定价、低于竞争者定价三个价格层次。

3. 投标定价法　投标定价法是指在投标交易中,投标方根据招标方的规定和要求进行报价的方法。目前,我国医疗机构普遍实行集中招标采购药品,从而投标定价法是医药企业基本采用的产品定价方法。医药企业经常通过计算期望利润的办法来确定投标价格。期望利润即某一投标价格所能取得的利润与估计中标的可能性的乘积;期望利润最大的投标价格,即为企业最佳的投标报价。

一般来说,成本导向定价法、需求导向定价法与竞争导向定价法是三种基本的医药产品定价方法。根据成本制定的价格是产品的最低价格,竞争企业和替代品的价格提供了制定价格的参考点,而产品具有被消费者所认可的独特属性,一般决定了产品可制定的最高价格。

三、医药企业定价策略选择

医药产品定价策略是指医药企业为实现定价目标,在特定的营销环境下所采取的定价方针和价格竞争方式。针对产品不同的消费心理、营销条件、营销方式、销售数量而灵活调整产品的市场价格,并有机结合市场营销组合策略中的其他因素,是确保医药产品定价目标实现的重要手段。医药产品定价策略主要有折扣与折让策略、差异定价策略、心理定价策略、地理定价策略四种类型。

(一) 折扣与折让策略

折扣与折让是降价的特殊形式,是指医药企业在原定产品价格基础上给予购买者一定的价格优惠,以吸引其购买的一种价格策略。医药产品的折扣与折让定价主要有现金折扣、数量折扣、交易折扣与季节折扣等形式。

1. 现金折扣   现金折扣是指对以现金或在规定期限前付款的购买者给予一定价格优惠的价格策略,因此又称付款期折扣。这种折扣策略有利于改善销售企业的现金流动性,降低呆账风险和收款成本。确定现金折扣的折扣率非常关键,通常折扣率应低于企业由于加速资金周转所增加的盈利,但要比同期银行存款利率稍高一些,否则这个策略实施的作用不大明显。

2. 数量折扣   数量折扣是指企业对购买医药产品数量大的顾客给予价格优惠,以培养顾客的购买忠诚度。数量折扣一般可分为两类:一类是累计数量折扣,即在一定时期内购买医药产品累计达到一定数量时所给予的价格优惠。这种方法经常在产品批发及零售业务中使用,目的是鼓励客户固定在一家企业购买医药产品。另一类是非累计数量折扣,即一次购买某种医药产品达到一定数量或购买多种医药产品达到一定金额时所给予的价格优惠。这种折扣策略可以鼓励客户大量购买医药产品,以增加企业的产品销售量。

3. 交易折扣   交易折扣是指企业根据中间商担负的不同功能及对企业贡献的大小所给予中间商不同的价格折扣优惠。一般来说,给予批发商的价格折扣要大于零售商,给予规模大的零售商的价格折扣要大于规模小的零售商的价格折扣。

一般而言,交易折扣有两种方法。第一种方法是根据医药产品的零售价格和比率,对不同的中间商倒算折扣率。例如,某医药企业生产的某种药品的零售价为50元,贸易折扣为40%和10%,则表示零售商享受的价格为50×(1-40%)=30元,批发商享受的价格是在此基础上再折扣10%,即30×(1-10%)=27元。另一种方法是先确定药品的出厂价,然后再按不同的差价率依次制定各种药品的批发价和零售价。例如,某医药企业生产的某种药品的出厂价为20元,给批发商的差价率为20%,给零售商的差价率为40%,则批发价为20×(1+20%)=24元,零售价为20×(1+40%)=28元。

4. 季节折扣   季节折扣是指对在淡季购买医药产品的购买者的价格优惠。由于一些医药产品的生产是连续性的,而其购买消费却具有明显的季节性特点,采用季节折扣策略可以鼓励客户早进货、早购买,可以减轻医药企业的仓储成本,加速资金周转,还可避免因季节需求变化给企业带来的市场风险。如,中药材的销售就可以采用这一价格策略。

(二)差异定价策略

差异定价是企业对同一医药产品制定两种或多种价格以适应顾客、地点、时间等方面的市场差异,但这种差异定价并不反映成本比例差异。差异定价主要有顾客细分定价、产品式样定价、地点定价与时间定价等形式。

1. 顾客细分定价   顾客细分定价即医药企业按照不同的价格把同一种医药产品卖给不同的顾客。如,对老客户和新客户、长期客户和短期客户、城市客户和农村客户、国内客户和国外客户等,分别采用不同的产品价格。

2. 产品式样定价   产品式样定价即医药企业对不同品牌、规格、包装等的医药产品制定不同的价格,而这一价格相对于其成本并不成比例。产品式样定价策略多用于中药材和保健食品等产品。

3. 地点定价   地点定价即对同一医药产品对不同地点制定不同的市场销售价格。这种定价策略的目的是调节客户对不同地点的需求和偏好,以平衡市场产品供求状况。

4. 时间定价   时间定价即企业对于不同季节、不同时期甚至不同时点的医药产品,分别制定不同的价格。如中药材的期货交易就是时间定价。

一般情况下,医药企业实行差别定价策略必须满足一定的条件:医药企业对价格必须有一定的控制能力;市场能够细分,且不同细分市场之间的需求存在差异;不同的市场有不同的价格弹性,并针对不同市场的不同价格弹性,企业可实行差别价格,即价格弹性大的市场,价格定得低一点,弹性小的市场价格定得高一点,以使企业获取最大利润;如果不同市场的弹性相同,分割产品市场差别定价就失去了意义。

(三) 心理定价策略

心理定价策略是医药企业在制定产品价格时,运用心理学的原理,根据不同类型消费者的购买心理来制定产品价格的策略。针对消费者不同的需求心理,心理定价策略主要有尾数定价、整数定价、声望定价、习惯定价、最小单位定价与招徕定价等。

1. 尾数定价　尾数定价即在医药产品定价时,保留小数点后的尾数。如,药品价格定价为 99.98 元。尾数定价又称"非整数定价"或"奇数定价",是企业利用消费者求廉、求实的心理,把医药产品价格定为奇数或有零头,以促使顾客消费购买。一般而言,只有那些需求价格弹性较大的中低档医药产品,比较适合采用这种定价方法。这种定价方法对消费者的购买心理具有较大影响,它会给消费者一种精确计价、最低价格的心理感觉,有助于提高消费者对企业的信任感,增加消费者对医药产品的便宜感认知。

2. 整数定价　整数定价与尾数定价策略相反,企业有意将产品价格定为整数,以显示产品具有一定质量。整数定价是针对消费者自尊心理,将医药产品价格有意定为以"0"结尾的整数。心理学研究表明,消费者往往倾向于以价论质,而将医药产品的价格定为整数,使商品显得具有高档品质,正好迎合了消费者的这种心理。整数定价一般用于价格较贵的医药产品。当然,医药企业的定价策略还要以优质优价、质价相符为基础,过分看重心理定价,从长远来看并不具有较大收益意义。

3. 声望定价　声望定价是医药企业利用消费者仰慕名牌的心理来制定医药产品的价格,把价格定成整数或高价,基于消费者通常依据价格的高低来衡量医药产品质量的心理。对于医药产品而言,声望定价主要适用于名牌药品、稀有药品、保健食品等。采用声望定价策略,应当注意:①要确保医药产品质量上乘;②严格掌握声望定价与同类普通药品价格的差价;③不能只靠已有的声望维持高价,要不断提高产品质量等。

4. 习惯定价　习惯定价又称固定策略、便利策略,一般指对市场上已经销售多年,且已形成固定价格的医药产品执行既定价格的一种惯例。习惯定价主要用于质量稳定、需求大、替代品较多的常用药品,如青霉素、六味地黄丸等。对这类药品,医药企业制定价格时应尽量顺应消费者的习惯价格,不能轻易改变,否则会引起消费者不满,导致购买转移,降低市场销售量。

5. 最小单位定价　最小单位定价法是通过较小单位标价,让消费者感觉产品较为便宜,易于接受,从而促进产品销售的定价策略。例如,某种名贵中药材标价每 10 克 6 元,会比标价每千克 600 元更容易让消费者接受。

6. 招徕定价　招徕定价是指将医药产品价格定得低于一般市价,个别产品价格甚至低于成本,吸引具有求廉心理的消费者,以扩大产品销售的一种定价策略。招徕定价策略是用一种或几种低价医药产品带动其他医药产品的销售,即便某几种低价产品不赚钱,甚至亏本,但从总的产品销售效益看,企业还是有利可图的。

(四) 地理定价策略

地理定价策略是根据医药产品销售地理位置不同而制定差别价格的策略。一般产品价格是由产品成本加上调整后的运费构成的。地理定价策略具体主要有产地交货价、目的地交货价、运费补贴价、统一运货价与分区运送价等方式。

1. 产地交货价　产地交货价在国际贸易术语中称为离岸价格或船上交货价格(FOB),是指医药企业在制定医药产品价格时,只考虑医药产品装上运输工具之前即交货之前的费用,其他一切费用,如交货后的运费及保险费等,一律由买方负担的一种定价策略。这种产品定价一般较低,对于距离产地较远的买主是不利的,而对于距离产地较近的买主或有运输优势的买主来说比较容易接受。

2. 目的地交货价　目的地交货价在国际贸易术语中被称为到岸价格或成本加运费和保险费价格(CIF)。目的地交货价实际上就是生产企业的全部成本价格。使用这种策略是卖主出于竞争需要或为了使消费者更满意,而由自己负担货物到达目的地之前的运输、保险和搬运等费用。这种定价法,虽然交易手续较烦琐,且卖方承担的费用和风险较大,但有利于扩大产品销售额。

3. 运费补贴价　运费补贴价格是为弥补产地交货价格策略的不足,减轻买方的运杂费、保险费等负担,由卖方补贴买方部分或全部运费,其实质是运费折让。为了争夺远距离潜在消费者,医药企业通常会通过采取运费补贴价格来扩大市场销售区域。该策略有利于减轻边远地区消费者的运费负担,使医药企业保持市场占有率,并不断开拓产品新市场。

4. 统一运货价　统一运货价是不分买方距离的远近,一律实行统一价格,统一送货,一切运输、保险费用由卖方承担的定价策略。这种策略如同邮政部门的邮票价格,无论寄到全国各处,平信均付同等邮资,所以又称"邮票定价法"。统一运货价的优点是扩大了企业的竞争区域,赢得了消费者的好感,也大大简化了计价工作。该策略适用于体积小、重量轻、运费低或运费占成本比例较小的医药产品。

5. 分区运送价　分区运送价也称区域价格,是在既定地区内向所有买主制定包括运费在内的产品同一价格,卖主支付实际运费,而产品价格中的运费是该区平均运费。实行这种定价策略,对于处于同一价格区域内的消费者,得不到来自卖方的价格优惠;而处于两个价格区域交界地的消费者之间就得承受不同的价格负担。这种定价策略,一般适用于交货费用在价格中所占比重较大的大体积医药产品。

四、医药产品价格调整方式及应对策略

通常,医药产品价格会因市场环境的不断变化而变动,从而医药企业必须审时度势,在适当的时候必须对其产品作出适当的价格调整。

(一) 医药产品调价分析

一般地,医药企业产品价格调整,不外乎采取产品降价或提价两个方面策略。

1. 产品降价　产品降价策略是指企业为了适应市场环境和内部条件的变化,把医药产品的价格调低的策略。

(1) 降价原因:①市场竞争激烈,企业的市场占有率下降,迫使企业通过降低价格来维持和扩大市场占有份额。②企业的生产能力过剩,企业库存积压严重,需要企业通过降价来提高产品的市场销售量。③市场需求不足,降低产品价格是许多企业借以渡过市场难关的重要手段。④医药企业根据医药产品所处的生命周期的不同阶段进行产品价格调整。通常,产品进入成长期后期和成熟期,市场竞争会不断加剧,企业通过下调价格来吸引更多的消费者,维持市场占有率等。

(2) 降价方式:由于医药企业产品所处的市场环境以及引起降价的原因不同,企业会选择不同的产品降价方式,并主要有直接降价和间接降价两种方式。直接降价是指医药企业直接降低医药产品价格。如,直接降低某种药品的标价。间接降价是指医药企业保持产品价格目录表上的产品价格不变,而通过赠送礼品,增加产品的份量或者增大各种折扣、回扣等手段,在保持名义价格不变的前提下,降低产品的实际价格。

2. 产品提价　产品提价策略是指医药企业为了适应市场环境和内部条件的变化,把原医药产品价格提高的策略。

(1) 提价原因:①当医药产品供不应求时,由于产品短缺,这种市场状况会使消费者提高对该产品的市场心理价位,由此企业可以提高产品价格,以获取更多利润;②当医药产品生产经营成本上涨时,企业利润将减少,企业可以通过提价来转嫁经济负担;③当企业医药产品改良后,产品质量和性能等方面得到大幅度提升,从而产品市场竞争力提高,企业可以由此提高产品市场价格;④出于企业市场竞争策略的需要,医药企业可以通过产品的高价位策略,以显示产品的高品质,促进产品的市场销售。

(2) 提价方式:由于企业产品所处的市场环境以及引起提价的原因不同,医药企业会选择不同的

提价方式,并主要有直接提价和间接提价两种提价方式。直接提价,即企业直接提高产品的市场价格。通常,产品降价容易而提价较难,调高产品价格往往会使消费者减少对该产品的购买。因此,在使用产品提价策略时必须慎重,尤其应掌握好涨价幅度和时机,并加强与消费者的交流与沟通。间接提价即医药企业采取一定方法,使其产品价格表面上保持不变,但实际隐性提价的策略。

总之,无论出于何种原因进行产品提价,总会引发消费者的一些不满情绪。医药企业在提价时应尽可能向有关方面说明提价的原因,以求得各方的理解。

(二)顾客对医药产品调价的反应

医药企业的调价行为,无论是降价还是提价,对消费者都会产生一定的影响。通常,消费者对价值高低不同的医药产品的价格调整反应是不同的。对于医药企业的产品降价,消费者可能会作出种种判断。如,这种医药产品有某些质量问题,销售情况不好;这种医药产品要被新产品替代等。对于医药企业的产品提价,消费者一般会有抵触情绪,同时也可能由此断定该产品畅销或该产品的品质或价值有所提升等。

(三) 企业应对医药产品调价策略

在现代市场经济条件下,医药企业经常会面临市场竞争对手调价的挑战。对竞争者调价作出及时、正确的反应,是医药企业定价策略乃至经营管理的重要内容之一。对于普通药品市场而言,不同制药企业的同类产品没有明显的差异,从而消费者对医药产品价格的调价差别反应敏感。一家制药企业产品降价,其他医药企业一般跟随调低产品价格,否则大部分消费者将转向价格较低的竞争者;一家制药企业的产品提价,如果其他医药企业不能随之调高产品价格,那么提价的制药企业就无法继续坚持产品提价策略,否则消费者将转向未提价的医药企业产品。在专利药品或差异化大的医药产品市场上,由于各制药企业的医药产品在品牌、质量、服务与消费者偏好等方面存在较大差异,从而产品价格并非消费者唯一考虑的产品因素,消费者对较小的价格差异反应并不十分敏感。

一般地,面对产品竞争对手调低产品价格,制药企业可以采取的对策主要有:①保持企业产品价格不变,而依靠消费者对本企业产品的偏爱和忠诚度来抵御竞争者的价格竞争;②保持产品价格不变,而加强产品、渠道、促销等非价格竞争;③采取较稳妥的策略,部分或完全跟随产品竞争者的价格变动,维持原来的市场销售格局,巩固已取得的市场销售地位;④提高产品价格并提升产品质量,或推出新产品,与产品竞争对手抗衡。

[本章小结]

医药产品价格主要受产品成本、市场需求、市场竞争、国家价格政策等因素的影响。医药产品定价要综合分析影响产品价格的内外部因素,选择恰当的价格目标与价格策略,并要运用科学合理的定价方法。

通常,医药企业的定价目标是追求长期利润的最大化。但具体医药企业的定价目标各有不同,如以获取最大利润为定价目标,以提高市场占有率为定价目标,以产品质量的最优化为定价目标,以维持企业生存为定价目标等。

基于企业的定价目标,医药产品的定价方法很多,比较常见的有成本导向定价法,包括加成定价法、盈亏平衡定价法、目标定价法和边际成本定价法等;需求导向定价法,包括感知价值定价法、反向定价法和需求差异定价法等;还有竞争导向定价法,包括随行就市定价法、投标定价法等。

一般地,针对不同的市场环境等,医药企业会采取不同的定价策略。其中,主要的定价策略包括采用折扣与折让策略、差异定价策略、心理定价策略与地理定价策略。

由于市场环境等的不断变化,医药产品定价会相应变动。医药产品价格调整有涨价与降价两种方式。在调价之前,需要对消费者、竞争者等进行调查研究,以免造成调价失误。

[关键名词]

成本导向定价法、成本加成定价法、盈亏平衡定价法、边际成本定价法、反向定价法、投标定价法、撇脂定价、渗透定价、温和定价、折扣定价、招徕定价、声望定价、需求导向定价法、感知价值定价法、需求差异定价法、竞争导向定价法、产品组合定价、地区定价、心理定价、随行就市定价法

[思考题]

1. 影响医药产品定价的主要因素有哪些?
2. 简述医药产品的定价目标。
3. 医药产品定价的主要方法有哪些?
4. 医药产品的定价策略有哪些?
5. 医药企业如何应对产品的价格调整?
6. 为什么近些年来我国出现药价虚高的现象? 你认为政府应该采取怎样的措施来控制药品价格的虚高现象?

[本章实训]

定价方法与技巧

实训目的:通过实训能正确分析影响药品定价的因素,选择合适的定价方法并掌握一定的定价技巧,以便对某药品制定合理、科学的定价策略。

实训内容:

国宝名药 PZH,1 粒卖出 500 多元,究竟为何?

传统名贵中成药 PZH 是国家一级中药保护品种,原是明朝太医的秘方,其处方和工艺均被国家中医药管理局和国家保密局列为国家绝密。PZH 是一种复方制剂,具有清热解毒、凉血化瘀、消肿止痛的功效,临床多用于治疗热毒血瘀所导致的急、慢性病毒性肝炎以及痈疽疔疮、无名肿毒、跌打损伤和各种炎症。传统的 PZH 是锭剂。PZH 企业成立于 20 世纪 90 年代,是商务部认定的首批"中华老字号"企业之一。近年来,这一国宝名药又戴着"神药"的光环"出圈"。有消费者反映,如今买 PZH 和买奢侈品一样,在线下买需要提前排队且每人限购 2 粒,线上买也需要拼手速看运气。

截至 2021 年 6 月,PZH 的线下店和电子商务官方旗舰店仍然是 590 元 / 粒,线上药店的价格则基本在每粒 900 元至 1 800 元,相比官方规定的价格基本翻倍。统计显示,2004 年至 2020 年,PZH 锭剂产品一共提价了 10 次。从 2004 年到 2020 年,PZH 零售价从 325 元 / 粒升至 590 元 / 粒,提价幅度 81.54%。此次价格暴涨的 PZH 锭剂出厂价自 2004 年以来提价共计 10 次,从 2004 年的 125 元 / 粒升至 2020 年 1 月初的 390 元 / 粒,提价幅度高达 212%。

关于此次"涨价",似乎是"蓄谋已久"。据媒体报道,上海某 PZH 体验馆工作人员表示,两三个月前就有黄牛开始购买。人民日报也发表评论文章称,PZH 价格飙升,背后无疑存在着炒作因素。PZH 是独家产品,容易形成垄断,也容易引发恶意炒作。

业内人士分析称,原材料的名贵及价格上浮,也是导致 PZH 锭剂涨价的重要因素之一,如天然麝香价格从每千克 30 万涨到 40 万元。PZH 成分中光麝香就占到总成本的 55%。据 PZH 年报显示,2020 年 PZH 直接材料费用为 5.3 亿元,较 2019 年上涨了 31.65%。作为稀缺品种,PZH 出现供不应求时,就会披上投资的金融属性,价格就会越炒越高,越高越炒,出现投资"羊群效应"。

实训组织:将学生组成若干小组,每组根据实训内容提供的资料,分析相关药品采用了什么定价策略和方法,这种定价策略有什么优缺点,并分析被炒高的药价对于药企来说,是好事还是坏事,并形成分析报告。

实训考核:每组分别在课堂汇报分析结果,比较考察分析结果的不同。教师点评、记录学生成绩。

第十章
同步练习

（杨敬宇）

第十一章

药品价格管制

第十一章
教学课件

[学习要求]

1. 掌握价格管制下的药品分类,医药市场价格的形成,我国药品市场招标采购模式。
2. 熟悉医药市场失灵,政府对药品价格的管制。
3. 了解国外药品价格管制,我国药品价格管理机制的演变。

第一节　药品价格管制概述

一、价格管制下的药品分类

药品作为一种关系人类健康和生命安全的特殊商品,其价格除了受市场调节,也受到政府监管指导。药品在不同的分类标准下有多种分类,按安全性可分为处方药和非处方药;按使用频率可分为常用药和非常用药;按功效可分为治疗性药品、预防性药品等。药品价格管制过程中,根据药品受到的专利保护情况,涉及的药品分类为专利药、原研药和仿制药。不同的国家在进行药品价格管制时,对不同种类的药物会制定不同的管制政策。

(一) 专利药

专利药(patent drug)即在全球最先提出申请,并获得专利保护的药品,一般保护期为 20 年。我国药品价格管制过程中的专利药是指中国国家知识产权部门和国家药品监督管理部门授予的专利保护期及行政保护期内的化合物实体专利、药物有效成分组合物专利、生物制品应用专利的药品。受专利保护的药品只有专利持有人才可以生产和销售。专利药从开发到上市要经过目标确认、药物筛检、理化特性研究、体外筛选、体内筛选等临床前研究;人体 Ⅰ、Ⅱ、Ⅲ期临床试验;新药申请及许可等多个过程。新药研发周期 15 年左右,需数亿美元的巨额研发成本,因此在对专利药进行价格管制时,采用区别定价以鼓励创新的原则。

(二) 原研药

我国价格主管部门实施药品价格分类管理时涉及的原研药是指已经过了国家知识产权局授予的发明专利保护期或行政保护期的原专利药品,国际上一般称为品牌药(branded drug)。原研药所有权人为专利权人,原专利权人或专利权人授权委托人均可生产,生产企业一般比较单一。原研药的研发成本基本已经收回,其价格管理仍采用区别定价原则。

(三) 仿制药

仿制药(generic drug)是指专利药品或原研药品在依法保护专利期满后,除专利权人以外其他企业按药品注册审批规定获准可仿制生产的药品。在美国,品牌药是有商品名的药,仿制药不允许有商品名,只能标注药品通用名,所以仿制药又叫作通用名药。仿制药仅需以原研药为蓝本,生产具有同样生物活性成分和给药途径的药品,省时省资省力,研发成本较低。WHO 和世界各国都鼓励生产及使用仿制药,目的是解决广大患者的可及性,但前提是质量、疗效和安全性与原研药基本一致。仿制药成本主要为生产成本,因此价格管理原则遵循统一定价和按质单独定价。

二、药品价格的形成机制

价格是商品价值的货币表现,是价值的表现形式,受市场供求关系的制约。药品价格是指药品作为一种商品的价值表现形式,即药品购买方向出售方付出的货币数量。商品的价格波动是通过市场竞争实现的,供需状况决定价格水平,价格变动反过来对供需状况产生影响。

(一)供需状况对市场价格的影响

当价格显著偏离均衡状态时,便会出现一种使之趋于平衡的力量,具体表现为:供大于求时,价格会降低;供等于求时,价格保持均衡;供小于求时,价格会上涨,即价格自发存在着向均衡价格方向变动和调整的趋势。

药品作为一种特殊的商品,市场中的供方为药品生产和经营企业,需方则由消费者、医疗服务提供者(医院和药店)和药品费用支付者(政府和医疗保险机构)三方共同组成,如图 11-1 所示。药品消费是一种被动消费,作为消费者的患者既不能直接选择药品,也不直接支付药品费用,而是通过医生选择药品,通过健康医疗保险组织支付部分或全部药品费用。因此作为最终消费者的患者对药品价格的影响通常不是直接影响,而是通过医院和医生起作用,药品价格受到医疗服务特殊性及医疗服务市场供求状况的影响。

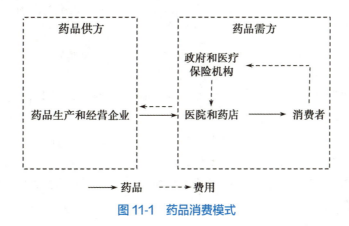

图 11-1　药品消费模式

(二)市场竞争对市场价格的影响

供方和需方在相互作用产生价格波动的过程中,供方会开展对需方的竞争。消费者的消费需求是低价优质,供方的利益需求是获取更大利润,提高单位价格会带来需求量的减少,这促使供方通过加强管理、改进技术和生产及有效利用资源等途径提高产品或服务质量,并降低成本,从而占有更多市场份额,最终获取更大利润。正是供需双方利益的不一致,产生了消费者对供方的选择,以及供方对消费者的竞争,最终对价格上升起到约束作用。

三、医药市场失灵

资源有效配置的评判标准是一种资源配置方式使得每个消费者获益的同时没有损害其他消费者的利益。理想状态下的完全竞争市场能够实现资源最优配置,但现实的医药市场并不存在完全竞争市场,而是不同程度的垄断市场。不完全竞争市场及垄断市场中非竞争因素的存在会导致市场配置低效率,即市场失灵。造成医药市场失灵的非竞争因素中,主要有药品专利保护制度以及由药品安全性及第三方支付带来的药品供需双方的信息不对称。

(一)药品的专利保护制度

新药研发是一项耗资巨大、生产周期漫长的过程。为了鼓励研究和创新,世界各国均建立发明和专利保护制度,承认专利持有人创新研发成本之外的一部分社会价值。专利制度通过适度的垄断促进了技术创新,但专利制度同时也形成企业进入壁垒,阻碍市场竞争。

专利保护的初衷在于鼓励创新好于"旧药"的新药。但实际上医疗行业的大多数新药只是对现有产品的稍加修饰,疗效和降低毒副作用上面并没有显著的提高。批准上市的新药绝大多数是仿制药,其次是没有新疗效或新疗效有限的改进药,而真正的创新药只占很小的比例。

原研药除了在专利期的垄断生产,一旦过了专利保护期,将与其仿制药企业形成竞争关系,失去独家地位。利益驱使原独家生产企业通过人为垄断途径实现排他竞争,继续保持垄断地位,控制竞争者进入市场。例如,公司可能会在原专利保护期结束之前,提出涵盖该药物其他原理的附加专利,新专利只有有限的新研究却获得新的保护期;或者生产者通过新的技术,分离更有效、毒副作用更小的药物新成分,通过申请药物新成分形式的专利延长专利保护期;专利人甚至采用购买其他竞争者通用名药厂商的专利或直接收购通用名药厂等手段阻断竞争。

实际上,全球范围内的医药市场集中度均较低,反竞争的市场垄断程度相对较低,尤其是专利药,可能只有一个或有限几个生产企业,医药市场的非竞争因素更多地来自专利保护。

(二) 药品供需双方的信息不对称

1. 药品的安全性　药品既能治病也能致病的特性,以及医疗服务高专业性和高技术性,导致了消费者与药品生产企业、药品经营企业、医生及药师之间,对药品服用种类、数量、质量、效果及价格等方面存在着严重的信息不对称。患者不能判定药品的低优优质,即使药价不合理,患者也无法退出市场,否则会以健康或生命为代价,因此对医生和药师具有强烈的依赖性。在药品交易过程中,消费者处于绝对被动的地位,为了规避健康风险,完全可能承担额外的交易成本。

2. 药品的第三方支付　患者的医疗消费不是直接消费,而是通过医生购买、医保支付的被动消费。药品消费需要以专业知识为基础,患者因信息缺乏对医生带有求助心理,医生充当患者消费代理人主导药品消费的同时,以药品市场利益主体的角色出现。两种不同的身份具有不同的利益趋向,作为患者代理人时需要恪守职业道德、辨证用药;作为药品市场的利益主体,医生可能存在利用这种信息不对称谋取私利的行为。世界范围内的多数国家都建立统一的医疗保障体系,医疗保险的存在降低了患者对医疗服务价格的敏感性,使信息不对称的情况进一步复杂化,被保险人容易过度使用医疗服务,最终提高医疗成本。

四、政府对药品价格的管制

(一) 政府对供需双方药品价格的管制措施

管制是具有法律地位的、相对独立的政府管制者,依照一定的法规对被管制者所采取的一系列行政管理与监督行为,其中经济性管制是政府管制的主要形式之一,而价格管制是经济性管制的最基本内容。由于药品市场存在的市场失灵使得资源达不到最优配置,价格存在不合理,需要政府对药品进行价格管制,管制措施涵盖对供应方和需求方的干预。

1. 对供应方的干预　成本加成是将药品价格设定在已知生产成本的固定边际之上,根据目标利润率确定价格;药品经济学评价是根据药品疗效、创新性、或总经济效益进行定价;参考定价是指对于具有相同活性成分或类似治疗效果的药物,选择一种药品作为参考进行定价或制定报销政策;跨国参考定价是以其他国家相同或类似药品价格为参考进行定价;强制折扣是政府强制或商谈以折扣价向国家卫生服务或国家医疗保险提供药品;价格削减或冻结是政府强制要求削减价格或在特定时间内价格冻结;数量控制是通过限制医药企业营销费用和报销数量间接控制药品价格;费用控制是通过对医药企业总利润、总收入的限制间接控制药品价格。

2. 对需求方的干预　费用共付是除医疗保险以外,患者共同支付部分药品费用;仿制药代替,即鼓励患者使用价格相对较低的仿制药;数量控制是通过控制药品目录、药品报销政策等数量控制措施间接影响价格;费用控制是通过医生处方限额、医生医疗费用限额等费用控制措施间接影响价格。

(二)药品集中招标采购政策

近年来,药品集中招标采购在国内外使用日益广泛,逐步成为政府对药品价格管制的重要方法。世界卫生组织发布的《药品采购准则》(*Drug Purchase Operation Principles*)中明确指出,药品集中采购的过程是购买方通过准确地预估所需要的药品数量并告知药品供应方,为了降低库存积压风险,供应方十分希望能尽快签订订单较大的合同,即使药品价格相对较低,最终使该药品成为成本 - 效益最大化的药品,并规定药品集中采购的中标价格应综合考虑采购数量、回款时间以及配送范围等因素。

1. 药品集中招标采购的起源及发展　药品集中采购工作最早起源于美国纽约,但由于当时美国之外的各国药价管理主流方式是政府根据企业成本进行定价,药品数量本身也不是很多,在源头上药品费用已经受到了一定控制,所以国际社会上对药品集中招标采购使用频率并不高。1995 年,世界贸易组织(WTO)成立,其《政府采购协定》要求成员国需对其他国家开放政府采购市场,部分采购应以公开招标方法进行。在 WTO 推动下,新西兰于 1996 年率先启动了全国性药品集中招标采购,组建国家药品管理局负责药品价格和购销管理,建立了以“政府主导、简化分组、最低价中标、独家中标、设定标期”为特征的药品招标采购经典方法,被简称为“KIWI 模式”。此后,成员国先后启动了医院或医保药品集中采购工作,并随后扩展到世界各国。2019 年 WHO 欧洲代表处与欧盟委员会联合发布《药品价格和报销政策报告》,所覆盖的欧洲、亚洲、美洲、大洋洲等地 47 个国家中,有 46 个开展医院(住院)用药招标采购,18 个对院外(门诊和 / 或药店)使用的部分药品采取招标或类招标方式进行采购。

2. 招标的药物　应用招标模式的药物多为各疾病治疗领域用药中竞争比较充分的药品,而对专利药、原研药等竞争不充分的药品通常不使用招标政策。此外,招标政策的使用还与各国的医保政策有关。

3. 招标的主体　根据各国医疗保险制度的不同,医院、医疗保险协会、国民健康保险基金、疾病基金、社会事务部以及卫生部等医药费用超支负担者都可作为招标主体。

4. 招标的评价准则及中标标准　招标中最重要的一项内容为评标准则及中标标准,各国负责招标的单位主要依照最低价和最优方案标准来授标,最低价中标原则通常在很大程度上依赖于采购数量,最优方案原则通常会综合考虑价格、质量、技术水平、外观和功能特征、运行成本、成本效益以及售后服务等指标。

5. 药品中标价格　药品中标价格的形成过程是药品招标采购方和制药企业的一个动态博弈过程,在药品招标采购方确定采购量区间和价格区间的基础上,制药企业根据自身利益的考虑,作出药品生产数量和投标价格的决策。

6. 中标企业的数量　通常只有 1 个企业,根据具体情况,有的国家也设定多个中标企业或备选1 个中标企业。

7. 招标周期　各国根据自身实际情况并不统一,招标周期太短无法保证足够的数量,药品中标品牌的频繁更换还会导致患者顺应性问题;招标周期太长可能导致垄断问题,使一批企业退出市场,技术进步时不能及时降低药品价格,还可能阻碍新的产品进入市场。招标周期多设定为每年 1 次,这样的频率使得失标企业在经历一个相对较短的间断后又可重新参与竞标,能够保持市场处于一种竞争状态。

政府对药品价格的管制可以制止市场竞争中出现的低价倾销等不正当竞争行为,防止发生资源配置低效率,确保患者用药公平。但管制措施不当也会给予医药企业、医院“寻租空间”,造成药品价格虚高。政府价格管制旨在保证药品的可及性和可负担性,但同时会削弱医药产业的竞争力,制衡医药生产企业的发展潜力。因此,在药品价格政府管制和回归市场竞争之间寻求有效管制政策,才能更好地平衡药品可及性与医药企业的发展之间的关系。

五、国外药品价格管制概述

20 世纪 70 年代以来医疗费用飞速上涨,巨大的财务压力促使世界各国采取多种措施控制医疗费用,其中很重要的措施便是对药品价格的管制。此外,药品定价涉及药品的可及性和价格的可负担性,药品不同于其他商品的特殊属性,决定了政府进行价格管制的必要性。因此,药品价格管制并非中国独有的政策,而是世界范围内大多数国家的药品管理制度。考虑各国情况差异,本部分内容选取部分发达国家,简要概述国外药品价格管理方法,以期借鉴相关成功经验。

(一) 加拿大药品价格管制

加拿大的报销管理系统遵循共同药物评审(Common Drug Review,CDR)制度,主要责任机构是加拿大药品和卫生技术署(Canadian Agency for Drugs and Technologies in Health,CADTH),CADTH 最终审查药品报销目录并给出药品报销计划建议,联邦和各省药品报销计划根据 CADTH 建议最后决定药品是否纳入报销计划。加拿大卫生系统的组织结构表现出高度分权的特点,联邦政府和省政府都参与价格管制。加拿大的药品分为专利药和非专利药,药品价格管理主要针对的是新专利药。加拿大的药品价格管理机构为专利药价格评审委员会(Patented Medicine Prices Review Board,PMPRB),主要职责是保证专利药的出厂价格不过高,以及分析和报告所有药品(专利药和非专利药)的价格趋势和各专利药厂的研发情况。PMPRB 负责专利药出厂价格,药品批发商和零售商的非合同价格根据出厂价和市场自行定价,合同价格和医院药品销售价格由省政府决定。PMPRB 无权管理非专利药的价格,通用名药价格不受联邦政府全面控制,只为省级规定所限定。加拿大采用比较定价的方法,除了与国内治疗同种疾病的其他药品价格比较,还要比较国际上该药品的价格,参比国家包括法国、德国、美国、英国、意大利、瑞典和瑞士。

(二) 德国药品价格管制

德国的联邦联合委员会(Gemeinsamer Bundesausschuss,GBA)负责药品医保目录的修订和收录工作,卫生领域质量和经济研究所(Institute for Quality and Efficiency in Health Care,IQEHC)决定药品是否被非报销目录收录,同时采用"正向目录"和"负向目录"限制药品报销范围。药品报销价格实行参考定价,GBA 根据药品的有效成分、药理作用、治疗效果等因素,将相似的药物按组分类。疾病基金会联邦协会负责制定每组药品参考价格,即支付价格的上限价格,用以规定药物固定报销价格,高出部分由患者自付。GBA 负责判定药品创新性,创新药品支付价格为市场价格,由厂商自由定价,不受参考价格制度规范;非创新药品则需要参照药品参考价格定价。

(三) 英国药品价格管制

英国卫生部的医药管理机构:药品和保健产品管理局(The Medicines and Healthcare Products Regulatory Agency,MHRA)决定药品分类,非处方药不报销,采取自由定价,处方药进行价格管制。处方药价格管制分为两类:一类是国民卫生服务体系(National Health Service,NHS)覆盖的原研处方药,另一类是通用处方药。对于原研处方药,卫生部与医药厂商签订药品价格管制计划(Pharmaceutical Price Regulation Scheme,PPRS)自愿协议,通过利润控制进行价格管制,允许制药公司自行制定药品价格,但规定利润的上下限,保证药物研发的同时控制药品费用。对于通用处方药,销售价格没有直接控制,通过实施最高限价制度限制最高零售价。

(四) 日本药品价格管制

日本药品价格自由定价,但由厚生劳动省负责药品价格管制。厚生劳动省制定国家医疗保险药品价格目录,并定期对医疗保险药品目录进行修订,调整目录药品价格。国家医疗保险药品价格目录规定了基本药物品种,只有目录中的处方药才可用于国家医疗保险系统,同时目录依据药品有无类似品、类似品选取的适宜性、药品成本评估及药品加成的必要性等因素制定医疗保险报销价格。对于新药的定价,根据是否存在类似药及类似程度,新药价格与类似药价格比较,进行或不进行调整加价,必要时依国外平均价格进行调整;不存在类似药的新药,按照成本核算的方法定价,满足国外平均价格调整条件的新药,根据国外的药价进行调整。对于仿制药的定价,与已收录在目录中的类似药按照规定进行价格比较算定价格,确定价格。

(五) 澳大利亚药品价格管制

澳大利亚通过药品保险计划(Pharmaceutical Benefits Scheme,PBS)对公众进行药品补贴,并对PBS覆盖的药品进行价格管制,计划之外的药品不采取价格控制,完全由市场定价。PBS药品收录目录由医药福利咨询委员会(The Pharmaceutical Benefits Advisory Committee,PBAC)给出药品收录建议。此外,PBAC还负责依据国内外同类药品价格、治疗同类疾病的其他类药品的价格、研发投入、生产成本、生产能力、特殊工艺等方面为药品补贴定价管理局(The Pharmaceutical Benefits Pricing Authority,PBPA)提供定价参考。PBS报销目录上的药品价格由PBPA来进行价格管理,包括新药定价及药品定期价格审核和调整。PBPA定价及审查价格时的参考因素包括PBAC对药品的临床和成本效果分析的意见、同类药品其他品牌的价格、同一解剖学治疗学及化学分类系统(Anatomical Therapeutic Chemical,ATC)下其他药品的价格、制药企业提供的成本资料或PBPA估计的成本、处方量、规模效益及药品其他国家参考价格等。PBPA常用的定价方法有成本加成法、参考定价法、月均治疗费定价法等。

(六) 美国药品价格管制

美国联邦政府没有统一的药品价格管理机构,不制定或管制药品价格。美国没有实施全民健保,医疗保险为多元保险制,多为私人保险。不同私人保险公司的私人保险计划决定大多数处方药是否纳入支付范围。药品价格由医药生产企业与购买方(批发商、零售药店、健康维护组织、保险方、医院及政府机构)谈判确定。药品企业以不同的价格将同样的处方药销售给不同的购买方。大的购买方直接与医药生产企业谈判价格,其他购买方通过代理人,如药品福利管理公司(Pharmaceutical Benefit Management,PBM)等进行价格谈判。联邦法律要求联邦机构和公共部门作为购买方购买处方药时给予最低的处方药价格折扣。

第二节　中国药品价格管制

一、我国药品价格管制机制的演变

我国对于药品价格的管制,随着国内经济形势、医药行业发展等多方面因素变化而不断调整。主要经历了以下几个阶段:计划经济背景下药品价格完全监管阶段、市场经济影响下药品价格放开阶段、药品价格管制探索阶段、药品价格系统管制阶段、药价市场化探索相适应的系统监管阶段、市场机制主导的药品价格管制阶段。

(一) 药品价格管制制度整改前阶段(1949—1996 年)

1. **计划经济背景下药品价格完全监管阶段(1949—1984 年)**　我国在 1996 年才拉开了药品价格管制制度整改的序幕,此前我国的药品价格管制制度处于整改前时期。在计划经济体制下,我国的药品价格受政府控制,药品和粮食、衣物等商品一样,实行统购统销。国家对于药品价格的审批控制严格,实行政府定价并严格限制各个环节的价格和利润,政府规定出厂一般在成本价基础上加成 5%,批发价在出厂价基础上加价 5%,零售价在批发价上加价 15%。这一时期我国市场开发程度低,政府直接利用实物型的计划指标控制供求平衡,药品市场竞争机制的作用没有得到发挥,虽然不存在药价虚高,但药品价格无法反映不同区域的供需状况,不利于满足公民对于药品的需求,且扼杀了药企研发生产的积极性。

2. **市场经济影响下药品价格放开阶段(1984—1996 年)**　1984 年十二届三中全会通过《中共

中央关于经济体制改革的决定》,结束了中央计划经济阶段,我国首次颁布《中华人民共和国药品管理法》,并放开了对药品价格的管制。该时期除少数基本大宗药物和中药材,绝大部分药品价格完全放开,采用企业自主定价。药品种类和医药生产企业数量剧增,其中包含外资企业的专利药品和原研药品,以及国内企业的仿制品。由于缺乏政府的管制,药品市场价格不规范行为滋生泛滥,导致该阶段药品价格迅速攀升,导致了民众看病难、看病贵的社会问题。

(二) 药品价格管制制度整改阶段(1996 至今)

1. 药品价格管制探索阶段(1996—2000 年)　为改进和加强药品价格管理,整顿药品价格秩序,自 1996 年以来,国家颁布了一系列政策对药品价格管制制度进行整改。1996 年出台的《药品价格管理暂行办法》明确规定"各级政府价格管理部门是药品价格的主管机关",并将少数临床应用量大的基本治疗药物、生产经营具有垄断性的药品纳入政府药品价格管理范围,按规定执行政府定价或政府指导价,标志着政府对药品价格管制重新开始。1997 年,国家计划委员会关于印发《药品价格管理暂行办法的补充规定》的通知提出了"顺加作价"规定。政府规定的出厂、批发和零售价格都是最高限价。政府放宽了药企和经销商对于药品加成的比率,使得企业之间有更大的操作空间。此外还对差别差率、进口药品的价格管理以及新药价格的制定提出了详细规定。1998 年,国家计划委员会发布了《关于完善药品价格政策,改进药品价格管理的通知》,该通知对药企价格多个方面进行了进一步管制完善,适当放宽新药、专利药和 GMP 药品的销售利润率,而部分普通药品实行优质优价。同时,要求控制药品销售费用所占的比重,并规范药品销售中的折扣行为。1999 年,国家计划委员会进一步规定对列入中央和省级政府定价目录的药品的出厂价和批发价不再实行流通差价率控制。这一时期国家针对药品生产流通中的严重问题恢复价格干预,但管制药品品种比较少,缓解了药品市场无序现象,为后续药品价格政府主导管制机制埋下伏笔。

2. 药品价格系统管制阶段(2000—2009 年)　我国在 2000 年进行了深入的医疗体制改革,对药品价格管理方式进行了重大改革。国家计划委员会相继出台了《关于改革药品价格管理的意见》《药品政府定价办法》和《国家计委定价药品目录》等规范文件,文件提出列入国家基本医疗保险目录的药品及其他生产经营具有垄断性的少量特殊药品实行政府定价,其他药品实行市场调节价;政府定价原则上按社会平均成本制定,对供大于求的药品,要按社会先进成本定价;政府定价从原先以成本为导向的定价方式开始转向以市场为导向的定价方式,引入市场竞争机制,对药品政府定价范围、原则、形式等进行了重大调整,明确界定了政府和企业的定价权限,奠定了中国药品价格管制基本框架。2001 年的《中华人民共和国药品管理法》及其实施条例明确规定,国家对药品价格实行政府定价、政府指导价或者市场调节价。之后几年,为解决药价虚高问题,我国在药价治理上不断出台新的政策,包括实行药品集中招标采购制度来控制供给流通环节,以降低药价;制定药品最高零售价以限定价格,强制降价政策;加强药品成本监管与价格核定,完善新药审批等,这标志着我国药价治理在制度上的日趋深入。

3. 药价市场化探索相适应的系统监管阶段(2009—2014 年)　2009 启动新医改,国家卫生和计划生育委员会公布的《中共中央国务院关于深化医药卫生体制改革的意见》和《医药卫生体制改革近期重点实施方案(2009—2011 年)》中,对新医改中的药品价格管制方面明确提出,建立科学合理的药品价格形成机制,调整政府定价范围,完善国家基本药物目录,改革支付方式,初步建立国家基本药物制度,建立健全药品供应保障体系,加快推进基本医疗保障制度建设。系列政策颇有成效,药品价格显著下降。这一时期,我国实行药品零售最高限价和医院集中采购价,开始探索政府与市场调控相结合的药价形成机制,为之后的市场机制为主导奠定了基调。

4. 市场机制主导的药品价格管制阶段(2014 年至今)　《关于印发推进药品价格改革意见的通知》决定 2015 年取消药品政府制定的最高限价,完善药品采购机制,发挥医保控费作用,药品实际交易价格主要由市场竞争形成。标志着市场主导的价格治理机制正式实行,政府更多地承担监管与总体协调工作。此外,自2015年起全面取消药品加成,将公立医院补偿渠道改为服务收费与政府补助等,进一步解决了以药养医的问题,对降低药价具有重要现实意义。为进一步打破药价虚高困局,2016年至2017年,国家相继发布《关于在公立医疗机构药品采购中推行"两票制"的实施意见(试行)》《关于进一步改革完善药品生产流通使用政策的若干意见》等相关文件,进一步完善了药品集中采购政策。2019年1月国务院办公厅正式发布《国家组织药品集中采购和使用试点方案》,选取部分城市实行"4+7招采模式",预中标药品和中标药品价格均大幅降低,部分中标药品降价幅度甚至达90%以上,该采购模式彻底打破"只招标价格,不招标数量"的局面,标志着我国药品采购模式进入了新的阶段。同年,国务院深化医疗卫生体制改革领导小组印发《关于以药品集中采购和使用为突破口进一步深化医药卫生体制改革若干政策措施的通知》提出:"坚持市场机制和政府作用相结合,形成以带量采购、招采合一、质量优先、确保用量、保证回款等为特点的国家组织药品集中采购模式。"这一时期国家颁布的系列价格管理政策文件,"医保"由过去的"医疗保险"转变为现在的"医疗保障",国家开展医保药品准入谈判,全新医保目录政策拓宽了医保目录范围,增加了医保报销目录中的基础性药物,政府部门通过对医疗卫生部门基础性药物的使用监督管理,控制药品定价,同时激发了医药产业市场竞争。截至2021年进行了4轮带量采购,药品集中采购逐步扩大到全国31个省(自治区、直辖市)和新疆生产建设兵团,药品价格大幅下降,医保支付政策和药品集中采购政策共同引导药品市场价格形成。

回顾我国药品价格管理机制,经历了"完全监管—基本放开—再次管制—再次逐步放开"的过程。在管制与放开的轮回中,充分意识到市场机制的重要作用,以及市场失灵的局限性,随着市场机制的完善与政府管制的演进,充分发挥市场和政府两只手的作用,共同推动合理的药价形成机制。

二、我国药品市场招标采购模式

我国药品采购制度陆续经历了统购统销、分散采购为主和集中采购的发展阶段。我国长期存在的"以药补医"问题使药品价格被人为抬高,市场价格被严重扭曲。近年来我国不断推进药品集中采购发展,各地区根据当地经济条件、医疗需求及集中采购情况积极开展试点,各省市涌现出多种多样的采购模式。

(一) 药品的区域招标采购模式

1. 省级挂网 + 市级议价　目前我国大多数地区在药品集中采购方面所使用的采购模式为"省级挂网 + 市级议价"模式。该模式下,由省级采购平台把控药品的准入资格,对药品质量等进行审核,之后再由市级医疗机构或医疗联合体(医联体)等以带量采购的方式对采购药品进行议价,结合当地经济水平的发展情况,确定药品的最终采购价格。

2. 第三方集团采购　也称GPO采购模式,实际上指的是药品在社会化采购的过程中,受到医疗机构的委托,由第三方药品集中采购组织(GPO)与药品的供货商进行谈判,通过谈判确定最终的药品售价。在该模式下由GPO组织整合下游医疗机构的采购需求,进而提高自身的谈判能力,从上游药品供应商获取较低的采购价格,达到降低医疗机构药品采购成本的目的。此外,第三方一般都在集中一定数量的采购量以后才会与药品的供货商进行价格谈判,因此,此种方式能在很大程度上提高药品采购的效率,保障药品供货商的销售量。目前国内的第三方集团采购主要在上海和深圳两地实施,上海GPO是由政府部门牵头构建的非盈利机构,深圳GPO则是由"全药网"建立的盈利性机构。此外,湖北省以及广东省的佛山、广州、东莞等地均对第三方集团采购模式进行了实践探索。该模式原理是利用规模效应以增加企业的话语权,但我国的药品采购GPO尚处于探索阶段,缺乏行业规范,还不能解决集中采购的现实问题。

3. 跨区域联合采购　2017年国务院医改办、人力资源和社会保障部、卫生计生委等部门积极鼓励跨区联合进行药品集中采购,通过跨区联合,建立价格联盟。该模式以多地区联合的形式进行药品及耗材的采购,提高市场容量,实现以量换价的目标。目前国内的跨区域采购联盟主要包括福建省三明市发起的以价格共享为特色、近五十个市县参与的"三明联盟";陕西省牵头、以数据共享为特色的耗材采购十五省"西部联盟";以推动京津冀一体化为目标、争取"共用平台、彻底统招"的"京津冀联盟";以综合医改联席会为纽带的沪苏浙皖闽医改片区医用耗材"五地联盟"。区域联盟的优势在于市场规模的进一步扩大,但中国多数省、自治区、直辖市的人口众多,联盟模式的出现和盛行,意味着医药招标采购遇到了基础性瓶颈和障碍,在补偿机制短期难以理顺、医院控制药价动力难以有效激发的情况下,通过招标采购控制药价需要从顶层设计上系统改革。

4. 药品交易所模式   主要在重庆和广东两地实施,该模式是在挂网采购模式上衍生而来,不同于省级挂网+市级议价模式,药品交易所模式对于药品审核多数以价格为主,很少淘汰甚至几乎不淘汰药品,同时平台也鼓励联合采购。这种采购模式实际上就是为分类采购、大量采购药品提供了一个平台,药品采购机构可以通过此平台进行药品的集中采购。该模式利用电子信息技术完成交易活动并对整个流程进行公开,保证了药品交易过程的透明性。

(二) 药品的国家招标采购模式

1. 带量采购   药品集中带量采购主要针对用量大、采购金额高的药品,除了通过一致性评价的仿制药以外,我国又将《国家基本医疗保险、工伤保险和生育保险药品目录》内使用量大、支出占比高的药品纳入采购范围,将国内上市的临床必需、质量可靠的各类药品逐步纳入目录,目录范围包括医保目录内和目录外药品,采取以量换价、招采合一等策略,是近年来我国着力解决人民"看病难、看病贵"问题的有力举措。2018 年 11 月,国家药品集中带量采购,在 4 个直辖市(北京、天津、上海、重庆)和 7 个试点城市(沈阳、大连、厦门、广州、深圳、成都、西安)共计 11 个城市率先试点,将通过质量和疗效一致性评价作为仿制药参与集团采购的条件,与原研药公平竞争;试点地区公立医疗机构为集中采购主体,组成采购联盟,以量换价、招采合一,保证药品的质量、及时供应和回款。从 2018 年 11 月 "4+7" 带量采购开始实施,到 2021 年 11 月第六批带量采购,前三批带量采购在各地开展的过程中始终遵循国务院办公厅《国家组织药品集中采购和使用试点方案》的基本要求:始终坚持以人民为中心、坚持依法合规、坚持市场机制与政府作用相结合,重点对参加企业、药品范围、入围标准和集中采购形式四个方面作出具体要求。而在 2021 年 1 月国务院办公厅《关于推动药品集中带量采购工作常态化制度化开展的意见》中,又对基本原则提出了新要求:以需求为导向,坚持质量优先;发挥市场的调节作用,促进竞争;坚持招采合一、量价挂钩相结合的政策;加强部门沟通,促进政策协同。标志着药品集中带量采购工作进入常态化、制度化、规范化的新阶段。带量采购政策实施以来,根据实际情况不断调整和规范,效果显著,大批药品的价格大幅降低,切实地减轻了人民群众的用药负担。

2. 国家谈判   医保谈判则着眼于原研药这类高价药,医保目录动态调整,主要是将在专利期内的药品或独家创新药品纳入医保范围的准入谈判,调出临床价值较低的药品,降低目录内费用明显偏高的药品和专利到期药品价格。医保谈判补充了带量采购中重大疾病和罕见病药品不足的短板。2015 年国家首次开启医保药品价格谈判到 2021 年第 7 次医保药品目录调整,医保谈判制度不断优化。2016 年以前,我国医保药品目录更新慢,药品保持着较高定价,但自从 2016 年首批国家药品价格谈判启动后,高价药必须经过医保谈判大幅度降价后才能进入医保药品目录。2018 年国家医疗保障局的成立,为医保谈判的规范化引领了方向,药品价格谈判机制逐渐成熟。2020 年医保药品目录调整,除了新增谈判药品外,还采取了降低了目录内高价药品价格,对目录内专利到期药品进行专项谈判等举措。2021 年国家医保目录共计 74 种药品新增进入目录,11 种药品被调出目录,调整后国家医保药品目录内药品总数为 2 860 种,调整范围包括近 5 年新上市或说明书修改的药品,国家基本药物以及新型冠状病毒肺炎治疗用药,新纳入药品精准补齐肿瘤、慢性病、抗感染、罕见病、妇女儿童等用药需求,共涉及 21 个临床组别,患者受益面广泛,群体用药的可及性和公平性进一步提高。国家医疗保障局作为买方代理,其所拥有的市场优势可以降低企业虚高的药品销售价格,促使专利到期的原研药的虚高药价在市场机制下回到合理的价格区间。

　　当前我国各省招标采购工作稳步推进,且进行了一些创新和探索,省级集中招标采购与国家药品集中采购进入并行阶段。药品集中采购在降价、规范药品流通秩序、净化药品市场环境等多个方面取得了较好的效果,已经逐步发展成了药品流通的主导模式。

[本章小结]

　　药品价格管制过程中,根据药品受到的专利保护情况,涉及的药品分类为专利药、原研药和仿制药。不同的国家在进行药品价格管制时,对不同种类的药物会制定不同的管制政策。

　　医药市场价格的形成受到供需状况的影响,药品作为一种特殊的商品,市场中的供方为药品生产和经营企业,需方则由消费者、医疗服务提供者(医院和药店)和药品费用支付者(政府和医疗保险机构)三方共同组成,药品价格受到医疗服务特殊性及医疗服务市场供求状况的影响。市场竞争也会影响药品市场价格,产品不同的市场结构下,竞争程度和竞争内容不同,对商品价格波动会产生不同的影响。药品的市场结构类型通常有以新原研药品和部分专利药品为主体的垄断市场,以专利药为主体的寡头垄断市场,以仿制药为主体的垄断竞争市场。

　　医药市场并不存在完全竞争市场,而是不同程度的垄断市场。不完全竞争市场及垄断市场中非竞争因素的存在会导致市场配置低效率,即市场失灵。造成医药市场失灵的非竞争因素中,主要有药品专利保护制度以及由药品安全性及第三方支付带来的药品供需双方的信息不对称。

　　由于药品市场存在的市场失灵使得资源达不到最优配置,价格存在不合理,需要政府对药品进行价格管制,管制措施涵盖对供方和需方的干预。药品集中招标采购逐步成为政府对药品价格管制的重要方法。应用招标模式的药物多为各疾病治疗领域用药中竞争比较充分的药品,而对专利药、原研药等竞争不充分的药品通常不使用招标政策。

　　药品价格管制并非中国独有的政策,而是世界范围内大多数国家的药品管理制度。我国对于药品价格的管制,主要经历了以下几个阶段:计划经济背景下药品价格完全监管阶段、市场经济影响下药品价格放开阶段、药品价格管制探索阶段、药品价格系统管制阶段、药价市场化探索相适应的系统监管阶段、市场机制主导的药品价格管制阶段。当前我国药品市场招标采购模式主要有省级挂网 + 市级议价、第三方集团采购、跨区域联合采购、药品交易所、带量采购、国家谈判等模式。

[关键名词]

　　市场价格、供需状况、市场竞争、市场结构、市场失灵、价格管制、药品集中招标采购、招标采购模式、带量采购、国家谈判

[思考题]

　　1. 简述药品依据受专利保护情况不同有哪些分类。
　　2. 市场结构类型有哪些? 医药市场不存在哪种市场结构?
　　3. 造成医药市场失灵的非竞争因素有哪些?
　　4. 政府对供需双方药品价格的管制措施有哪些?
　　5. 我国药品价格管制机制是如何演变的?
　　6. 我国药品市场招标采购模式有哪些?

[**本章实训**]

医院药品采购模式分析

　　实训目的：使学生在实践中了解医院药品采购模式有哪些，并掌握不同药品招标采购模式的特点。

　　实训内容：考察不同医院采用哪些药品采购模式进行药品采购，分析不同采购模式的特点以及药品采购模式选择的依据。

　　实训组织：选定三家不同级别的医院，每家医院选择若干学生组成观察小组，组织学生实地考察每家医院的药品采购模式，每组根据考察结果撰写药品采购模式分析报告。

　　实训考核：各组分别在课堂汇报报告结果，教师点评、记录学生成绩。

第十一章
同步练习

（邵冬雪）

第十二章

医药产品分销渠道与分销策略

[学习要求]

1. 掌握分销渠道的概念,分销渠道的增值职能和医药产品分销渠道的类型,影响医药产品分销渠道选择的主要因素,直接渠道、间接渠道、长渠道、短渠道、宽渠道、窄渠道、渠道系统、批发、零售,两票制、带量采购,DTP药房、智慧药房等。
2. 熟悉医药中间商的不同类型,合理运用医药分销渠道策略,对医药分销渠道进行科学的设计和管理。
3. 了解医药产品批发商、医药产品零售商的功能及类型。

第十二章
教学课件

第一节 分销渠道相关理论

一、分销渠道及其职能

(一) 分销渠道的定义

分销渠道(marketing channel)也称营销渠道或流通渠道,指促使产品或服务顺利地经由交换过程被使用或消费的一整套相互依存的组织和个人,由在生产者和最终用户之间的一系列分销中介机构所组成。美国营销学家菲利普·科特勒认为:"分销渠道是一组相互依赖的组织,可为消费者或产业用户提供用于使用或消费的产品或服务。"

除生产者和最终用户,分销渠道还包括商人中间商(批发商和零售商)、代理中间商(经纪人、制造商代理人和销售代理人)和辅助机构(银行、保险公司、物流公司、仓储服务公司、广告公司和咨询公司等),它们统称为渠道成员。渠道成员与生产企业合作,使产品在市场上流通,并提供时间效用、地点效用和所有权效用等,在生产者和消费者之间发挥沟通和中介作用。

(二) 分销渠道的职能

1. **沟通信息** 在实现产品由生产者向消费者转移过程中,传递和反馈市场供求、销售状况、竞争趋势等信息。

2. **促进销售** 为吸引顾客,渠道成员会制作促销材料,开展促销活动,为产品的顺利转移创造条件。

3. **协商谈判** 为实现产品所有权或使用权的转移,渠道成员针对价格、成交条件等开展协商谈判,以便顺利成交。

4. **融通资金** 渠道成员相互提供信贷,如生产者、中间商允许买方分期付款或者买方向卖方预付款项等,还可借助辅助机构,如银行贷款等。

5. **承担风险** 渠道成员在分销过程中,要承担政策变化、自然灾害、产品供求转变、价格涨跌等引发的风险。

6. **实体分配** 指产品在实现时间、空间转移的过程中,渠道成员所进行的运输、储存、物流和供应链管理以及信息处理等活动。

7. 所有权转移   分销渠道的主要职能是促使产品快捷、有效地从生产者手中转移到消费者手中,实现产品所有权的转移。

正是通过渠道成员的作用,产品才得以从生产者手中转移到消费者或用户手中。因此,分销渠道是市场营销组合的四大组成因素之一,企业在市场营销活动中,必须充分发挥分销渠道的作用。

二、分销渠道的类型

(一) 分销渠道的长度类型
分销渠道的长度是指在生产者与消费者之间参与分销的不同中间商的类型多少。

1. 直接渠道与间接渠道
(1) 直接渠道:又称零阶渠道,指没有中间商参与,产品由生产者直接销售给消费者和最终用户的渠道类型,如图 12-1 所示。直接渠道具有渠道最短、流通环节最少、流通时间短、流通费用少等优点。但是,直接渠道也存在着生产者需承担全部市场风险,生产者由于不可能在各地普遍设立销售机构,从而使产品的分销范围和经营规模受到极大局限等弊端。随着新技术在流通领域中的广泛运用,邮购、电话电视直销和电子商务、网络营销等直销方式逐渐普及。

(2) 间接渠道:指有一级或多级中间商参与,产品经由一个或多个流通环节销售给消费者或最终用户的渠道类型,如图 12-2 所示。间接渠道具有可有效扩大产品销售范围,促进流通的社会化、现代化、高效化,减轻生产者市场风险等优点。但间接渠道也具有增加流通环节,增加产品流通费用和流通成本,提高产品售价,从而加重消费者负担等缺点。

图 12-1   直接渠道

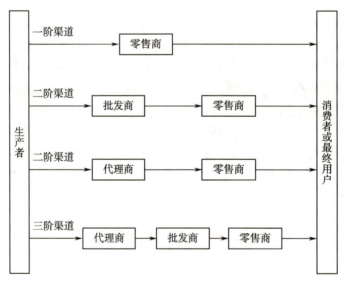

图 12-2   间接渠道

按照中间商是否参与所有权转移,间接渠道可以分为经销渠道和代理销售渠道。经销渠道是指每一级中间商或主要的中间商都参与产品所有权的转移过程,即从上级供应商那里购买产品,获得产品所有权,再把产品转卖给下级客户。代理销售渠道是指至少一级或主要的中间商不参与商品所有权的转移(如图 12-2 中的代理商),只是利用自己的信息资源,在供应商和买方之间起牵线搭桥的作用,撮合成交后收取佣金,并不承担产品的市场经营风险。

2. 长渠道与短渠道   分销渠道的长短是相对而言的,国内外学者的观点并不统一。有的学者主张只划分长度不同的渠道,即将消费品分销渠道划分为零阶渠道(生产者→消费者)、一阶渠道(生产者→零售商→消费者)、二阶渠道(生产者→代理商或批发商→零售商→消费者)和三阶渠道(生产者→代理商→批发商→零售商→消费者)。其中,零阶渠道最短,二阶以上为长渠道。

有的学者则主张为分析和决策方便,将上述零阶渠道称为直接渠道,即只对间接渠道划分长短,把一阶渠道称为短渠道,将二、三阶渠道称为长渠道。这种划分,有利于市场营销者集中决策某些中间环节(代理商、批发商)的取舍,形成自身或长或短、长短结合的多渠道策略。一般来说,分销渠道的长短决策取决于比较利益。

(二) 分销渠道的宽度类型

分销渠道的宽度取决于每一流通环节(层阶)使用同种类型中间商的多少,一般可将分销渠道划分为宽渠道和窄渠道两种。

1. **宽渠道** 指生产者在一定的市场范围内,使用两个及以上或较多的同种类型中间商(如批发商或零售商)来经销产品,如图 12-3 所示。其优点是能使产品迅速进入流通和消费领域,也有利于中间商之间展开合理竞争,使产品价值快速实现,消费需求得以满足。缺点是选用的中间商较多,生产者与中间商的关系较松散,不易取得所有中间商的密切合作,甚至易引发渠道冲突,生产者要花费较多的时间和精力来处理与中间商的关系。

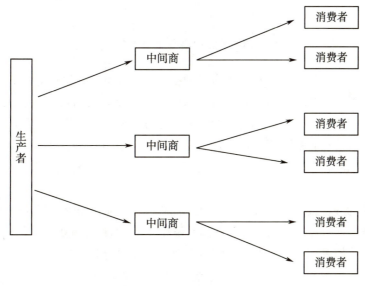

图 12-3　宽渠道

2. **窄渠道** 指生产者在一定的市场范围内,只使用一个中间商或有限的中间商来销售其产品,如图 12-4 所示。其优点是生产者与中间商的关系非常紧密,相互间有很强的依赖性,生产企业易于控制、管理中间商。生产者主要依赖所选定的中间商来销售产品,对中间商的支持力度相对较大;中间商也高度依赖生产者的产品获取利润和发展,会及时将市场信息反馈给生产者。缺点是风险较大,正是生产者与中间商的相互依赖性太强,一旦关系改变,对方就会陷于被动,生产企业就会面临巨大市场风险。

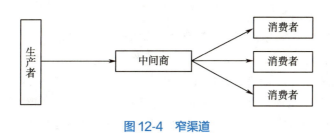

图 12-4　窄渠道

（三）分销渠道的系统类型

按渠道成员相互联系的紧密程度,分销渠道可以分为传统渠道和渠道系统。分销渠道的系统类型如图 12-5 所示。

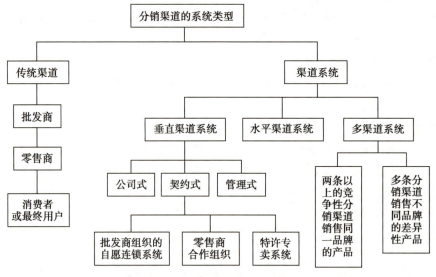

图 12-5   分销渠道的系统类型

1. 传统渠道   是指由各自独立的生产者、批发商、零售商和消费者组成的分销渠道。渠道的每一个成员都是相对独立的,各自为政,既不向其他渠道成员提供建议,也不接受他人的建议,都为追求自身利益的最大化而展开激烈竞争,即使为此牺牲整个分销渠道的利益最大化也在所不惜。没有一个渠道成员能完全或基本上控制其他成员,各行其是使得分销渠道的效率很低,有些分销活动是重复性的,而有些渠道活动又从未实施。随着社会经济的发展,许多公司都致力于渠道创新,尝试新型的渠道系统。

2. 渠道系统   渠道系统是指渠道成员采取不同程度的一体化经营或联合经营而形成的分销渠道。渠道系统主要包括垂直渠道系统、水平渠道系统和多渠道系统三种类型。

（1）垂直渠道系统:是由生产者、批发商和零售商组成的联合分销系统。该渠道系统的成员要么同属于一家公司,要么将特许专卖权授予了其他渠道成员,或者有足够的能力吸引其他渠道成员合作,能控制渠道成员的行为,并有效消除独立的渠道成员追求各自利益时所引起的冲突。

垂直渠道系统有三种主要形式。

1）公司式:由一家公司拥有和统一管理若干生产企业、批发机构和零售机构,控制分销渠道的若干层次甚至整个分销渠道,联合开展生产、批发、零售等业务。可分为两种类型:一类是由大型工业集团公司拥有和管理的,采用产供一体化经营方式;另一类是由大型零售集团公司拥有和管理的,采用贸工一体化经营方式。

建立公司式垂直渠道系统通常需要较大的投资,但一旦建立,可减少管理费用,并能使各种分销职能的工作得到协调和改善,不必太担心货源短缺和中间商经营不当等,能够增强购买力,一般会以廉价或改进服务等形式使消费者受益。

2）契约式:独立的生产者、批发商和零售商通过契约建立的垂直联营系统。包括:①批发商组织的自愿连锁系统,以应付公司系统的威胁。②零售商合作组织,主要通过大批量的共同订货来得到较低的价格。③特许专卖系统,特许专卖是特许人（通常是生产企业）和被特许人（通常是零售商）之间的法定协议,以特许专卖权将生产、分销过程中的几个阶段衔接在一起。如生产企业组织的零售商特许专卖系统、生产企业组织的批发商特许专卖系统和服务公司组织的零售商特许专卖系统等。

契约式垂直渠道系统不需较大的投资,又能得到公司式渠道系统的有利之处,但几方当事人对契约的严格遵守至关重要。

3) 管理式:通过渠道中一个规模大、实力强的成员,来协调整个分销渠道的渠道系统。名牌产品的生产者较能获得取得批发商、零售商的合作与支持。在管理式垂直渠道系统中,生产者(或批发商)不是通过所有权或契约,而是通过自愿合作和其他渠道成员的支持来协调整个分销渠道,如果生产者拥有深受消费者喜爱和赢得消费者品牌忠诚度的产品,管理式系统就很容易获得成功。

(2) 水平渠道系统:是由两家或两家以上的公司联合,共同开拓新的市场营销机会的渠道系统。这些公司或因资金、生产技术、营销资源缺乏,无力单独开拓市场机会,或因不愿承担较大的市场风险,或因看到与其他公司联合可以实现最佳协同效应,而组成水平渠道系统。

(3) 多渠道系统:生产企业对同一或不同的细分市场,采用多条渠道的分销系统。随着顾客需求的多样化和可能产生的渠道不断增加,越来越多的公司采用多渠道分销系统。如许多公司采用不同类型的零售商(如百货公司、超市、折扣商店、专卖店等),而且同时采用互联网线上线下分销渠道。

多渠道系统大致分为两种形式:①生产企业通过两条以上的竞争性分销渠道销售同一品牌的产品。这种分销方式通常会导致不同渠道之间的激烈竞争,引发不同渠道和渠道成员之间的激烈冲突。②生产企业通过多条分销渠道销售不同品牌的差异性产品。一些公司通过同一产品在分销过程中的价格与服务内容等的差异,形成多条渠道以便满足不同细分市场顾客的需求,扩大销售量。

三、分销渠道的设计与管理

(一) 分销渠道的设计

1. 分析消费者的分销渠道服务需求　这些服务需求通常包含以下四个方面:①购买批量,消费者每次的购买批量越小,分销渠道需要提供的服务水平越高。②交货时间,消费者对交货时间的要求越短,分销渠道需要提供的服务水平越高。③花色品种,消费品的花色品种越是复杂,分销渠道需要提供的服务水平越高。④购买便利,零售商的数量及其提供的服务,决定了消费者购买的方便程度。消费者越是要求购买便利,分销渠道应越宽。

2. 建立渠道目标　企业的渠道目标,不仅要求建立的分销渠道达到总体营销规定的服务产出水平,还要求尽可能降低全部渠道费用。因此,企业可以根据不同细分市场的要求,选择目标市场,并为其设计个性化、有特色、高效率的最佳分销渠道方案。

3. 设计可供选择的渠道方案　选择的内容包括中间商的类型、数量及渠道成员的参与条件和相互责任。

(1) 选择中间商类型:产品的分销渠道有多种类型,每种都有其优缺点和适用范围。如果没有合适的中间商或者企业直接销售能带来更大的经济效益,企业不妨选择直接渠道,自设销售机构,培训企业自己的销售人员,直接向用户销售产品。随着现代科技的发展以及传统渠道费用的普遍上升,采用直接渠道具有良好的前景。当然,在更多的情况下,企业仍要采用有中间商参与的间接渠道,以克服现代化大生产条件下产销之间在时间、空间、信息、供求数量、供求价格、花色品种等方面存在的矛盾。

企业在设计间接渠道时,一般首先考虑短渠道方案,即直接使用零售商来销售产品。然后再考虑长渠道方案,即使用批发商、代理商来逐级分销产品。现在,越来越多的企业寻求更多的新型分销渠道方案,如连锁经营、销售俱乐部以及创新的互联网药品交易 B2B、互联网药品交易 B2C 和互联网线上线下交互式药品交易 O2O 等。

(2) 确定中间商的数量:①密集式分销(intensive distribution),生产者在目标市场使用尽可能多的批发商和零售商来销售产品。目的是获取高市场覆盖率或快速进入新目标市场,使众多的消费者和用户能随时随地买到企业的产品。②选择式分销(selective distribution),生产者在目标市场精挑细选有限的几个批发商和零售商来销售产品。目的是维护本企业产品的良好信誉,建立稳固的市场竞争地位。消费品中的选购品和特殊品,工业品中的零配件等,更适宜采用选择式分销。③独家分销(exclusive distribution),即生产者在一定的市场范围内,仅选择一家批发商或零售商独家销售其产品。目的是有效控制渠道和市场,生产者和中间商一般要签订独家分销合同,规定在该市场范围内中间商不得经营竞争者的同类产品,生产者也只供货给选定的中间商。独家分销适用于具备专利技术、品牌形象、专门用户等的产品,可以强化产品的市场形象并获取高额利润。

(3) 规定渠道成员参与条件与责任:生产企业与中间商共同完成分销任务,必须确定渠道成员的参与条件和应负职责,主要有:①价格协定;②付款条件和产品保证;③经销商的区域范围和权限;④服务项目与责任条款。

4. 评估主要渠道方案   企业需对几种初步设计的渠道方案进行评估,以便选出最佳分销渠道方案。评估的标准如下。

(1) 经济性:比较每一方案的预期销售额及其销售费用,使用不同的分销渠道,如直接渠道与间接渠道、宽渠道与窄渠道,其预期销售额与成本费用是有差异的,企业应选择预期销售额尽可能高而销售费用相对较低的渠道。

(2) 可控性:生产者自建渠道的控制性最强,而使用中间商则意味着可能会失去部分或全部的控制。渠道越长,可控性就越弱。

(3) 适应性:评估外部环境发生变化时,各渠道方案能否迅速灵活地进行调整。

评估医药产品分销渠道时,合规性也是重要的评估标准。

(二) 分销渠道的管理

1. 选择渠道成员   企业可以综合评估中间商的经营经验、经营范围、财务能力、发展状况、合作愿望、信用等级等,选择具备优良经营条件,又与目标市场相符的中间商。

2. 激励渠道成员   由于各渠道成员与企业所处的地位不同,考虑问题的角度不同,必然在渠道目标、利益等方面产生矛盾,因而要对渠道成员进行激励和控制,以便使渠道整体利益最大化。

(1) 销售权及专营权政策:确保中间商的销售区域和分销专营权,避免出现窜货或占着市场不开发等现象,主要从销售区域、授权期限、分销规模、市场覆盖、违约处置等方面加以激励。

(2) 奖励政策:如扩大合作规模和范围,给予合作奖励、回款奖励、返利奖励和年终奖励等。

(3) 促销支持政策:中间商在销售产品时,都希望能获得生产企业的促销支持,如资金、人员、广告宣传、价格折让等,这些促销支持政策能促使中间商全力以赴地推销企业的产品。

(4) 客户服务政策:主要包括客户投诉处理程序、售后服务政策、业务处理结果、客户接待政策等,完善的客户服务政策可以解除中间商的后顾之忧,使客户满意度增加。

3. 评估渠道成员   对中间商的工作绩效要定期评估,评估内容一般包括:销售定额完成情况、平均存货水平、按时交货率、损坏和遗失货物处理、对企业产品促销与培训计划的合作情况、货款返回状况以及客户服务水平等。

正确评估中间商的目的是及时掌握分销渠道状况,及时发现问题,以便更有针对性地与中间商配合,提高分销渠道的效率。

4. 调整分销渠道   为适应变化着的营销环境,企业对分销渠道要进行改进和调整。如消费者购物方式和消费行为发生变化,市场格局有了调整,产品生命周期进行了更替,新的竞争者加入,以及创新的分销渠道出现等。

(1) 增减渠道成员:增加或减少原有渠道中的某一个或某几个成员。

(2) 增减分销渠道:增加或减少某一条或某几条分销渠道。

(3) 调整整个渠道:将企业原先设计的分销渠道整个推倒重来,这是分销渠道调整的最高层次。这一调整不仅要重新设计和建立新的分销渠道系统,而且可能迫使企业改变市场营销组合和营销策略,企业必须谨慎评估、权衡得失、科学决策。

四、批发商与零售商

（一）批发商

批发（wholesaling）是指将商品和服务出售给那些以转卖、再加工或商业用途为目的的用户的过程中所发生的一切活动。广义的批发是指将商品出售给除最终消费者以外的购买者的销售活动。批发商（wholesaler）是指专门从事批量商品买卖，为转卖、再加工或商业用途而进行批购和批销的人员和机构。批发商从事的产品批发业务，并不改变产品本身性质，只是实现商品时间和地点的位移。

1. 批发商的功能　批发处于分销渠道的中间阶段，批发商的作用极其重要，其独特功能是生产者和零售商难以替代的。①整批零卖：用户担心滞销、价格变动等，一般每次只订购少量产品，批发商能整批零卖，满足顾客需求；②推销和促销：批发商能提供推销队伍，使生产者能以小成本开支接近顾客，批发商更了解消费者对产品和服务的需求，反馈的商品信息、行业动态等有利于生产者的市场销售；③组配花色品种：批发商能广泛组织货源，满足零售商和顾客对品种、花色的要求；④储运服务：批发商通常具有运输和仓储设备，可以为生产者和用户提供储运服务，减少供应商和顾客的储运成本和风险，为购销双方带来利益；⑤融通资金：为用户提供赊销服务，或向生产者提供预付资金等，向生产者和用户提供财务支持；⑥提供市场信息：批发商经常向供应商和顾客提供有关竞争动向、新产品上市、价格行情等信息；⑦承担风险：批发商拥有所有权，事实上替生产者承担了经营风险；⑧服务和建议：一些批发商及时反馈市场信息，帮助生产企业进行存货管理，帮助零售商培训推销员，改进商品陈列和商店布置，吸引消费者。

2. 批发商的类型　一般来说，批发商类型的复杂程度与一国的市场发达程度紧密相关。

（1）商业批发商：又称独立批发商，指他们是独立的经营者，对经营的产品拥有所有权。商业批发商又可分为：①完全服务批发商，提供存货、推销人员、消费信贷、储运服务以及服务和建议等全部批发商职能的批发商，又可以分为综合批发商和专业批发商等。②有限服务批发商，只能向零售商和顾客提供部分批发商职能的批发商。主要有现金交易运货自理、货运、直营、专柜寄售、承销、邮购批发商、生产合作社、互联网药品交易 B2B、电子商务批发商等。

（2）经纪人和代理商：是非独立的批发商，不拥有商品所有权，通过促成买卖双方达成交易，从中获取佣金的商人。①经纪人：收取委托人的佣金，为买卖双方牵线搭桥、协助谈判。一般不存货，不购买商品所有权，不承担经营风险。最常见的有广告、房地产、保险和证券经纪人等。②代理商：代理商与经纪人的功能相似，可分为生产企业代理商、销售代理商、采购代理商、佣金商等。

随着我国市场经济的发展，批发商的类型越来越丰富。一些批发商通过重组，强化核心经营，拓展市场范围，发展海外业务，推行流程管理和全面质量管理，提升满足顾客的能力。批发商的发展趋势正朝着通过投资更多的先进材料处理技术，如编码和扫描、完全自动化的仓库、电子化数据的内部交换和高级的信息技术，以及通过互联网来减少运作成本、增加分销渠道价值的方向发展。

（二）零售商

零售（retailing）是指将商品和服务直接销售给最终消费者，供其个人消费（非商业用途）的过程中所发生的一切活动。零售商（retailer）是以向最终消费者提供产品或服务为主营业务的组织和个人。

1. 零售商的类型　也称零售业态，指零售商的经营方式和组织形式。零售商随着营销环境和消费者需求、购买模式的变化，不断发生变革。目前零售商主要分为三种基本类型。

（1）商店零售商：其特点是在商店内零售，主要形式有：①专业商店，一般只经营一条窄产品线，如药店、书店、家用电器店等。②百货商店，同时经营几条产品线，是综合性的零售商店。③超级市场，是规模相对较大、成本低、销售量大的自助服务式商场。有的超级市场占地面积极大，能满足消费者日常用品一站式购买需求，并能提供一些消费者日常服务。④便利店，是规模相对较小、位于居民住宅区附近、营业时间长、商品周转快但销售价格较高的方便商店。⑤折扣商店，出售标准商品、价格相对低廉、销量大、毛利少的大进大出式商店。⑥廉价商店,购买低于一般批发商价格,并以比零售商更低的价格卖给消费者的零售店。⑦样品目录陈列室,商店中只陈列一些样品供顾客看样订货,商品从另外的发货地点发送给顾客。⑧购物中心,指由一群建筑物组合在一起的购物商城。一般以百货店或大型超市为龙头,再配以许多楼层和功能各异、多种业态的店铺群等,是集购物、餐饮、休闲、娱乐、电影、观光和文化等于一体的综合性服务体。此外,还有仓储式会员店等。

(2) 非商店零售商:其特点是无店铺零售,非商店零售可分为:①直接营销,包括邮购目录、直接邮购、电话营销、电视营销等。②上门推销,直销公司使用推销员上门直接向顾客推销产品。③自动售货机,适用于很多消费者喜欢冲动购买的商品,24 小时售货,自助服务,但售价偏高。④购物服务公司,受一些大型组织委托,专门为其提供购物服务的无店铺零售商。⑤网上营销,借助于联机网络、电脑通信和数字交互式媒体进行销售的方式。互联网药品交易 B2C,互联网药品交易线上线下交互式营销的 O2O 方式等正成为发展热点。

(3) 合作型零售商组织:其特点是以集团连锁或多店铺联盟的方式零售商品。主要形式有:①公司连锁,由总公司(或总店)拥有并管理两个及以上的连锁店,统一标识、统一采购配送、统一质量管理、统一财务核算、统一商品价格、统一服务规范等。②自愿连锁,由某个批发商牵头,若干零售店自愿联合的连锁组织,依靠契约开展连锁经营,通常由批发商负责大量采购,再交给各零售店分头销售,以降低成本与价格。③零售商合作组织,由若干零售商组成,他们成立中心采购组织,并联合进行促销活动。④特许经营,特许人将自己拥有的商标、品牌、专利、专门技术、独家经营模式等,以特许经营的合同形式授予特许经营人,特许经营人从特许人处购买了特许经营权后,就可在统一模式下从事经营活动。⑤消费者合作社,顾客自己出资开设属于自己的商店,民主决定办店方针并选举管理者,按购买量多少来分享成本节约的红利。⑥商业联盟公司,由若干零售组织自愿组成的联盟经营公司,利用大家的资源优势组成联盟共同抵御竞争、开拓市场,经常以互相持股的方式进行。

2. 零售业的发展趋势　零售业主要有下列发展趋势:①新的零售方式和组合日益增加,推动零售方式随现代科学技术不断创新,如工厂直销店,超廉购物中心,超市里的金融机构和俱乐部,书店里的咖啡店,加油站里的食品店,购物中心,百货商城,车站、车厢里的流动售货车,闹市区的临时店、快闪店等,甚至无人商店,零售业的经营形式和组合方式在不断变革。②混业竞争加剧,不同类型的零售店纷纷出售相似的商品,吸引相同的顾客。致力于为购物者节约每一分钱的零售商,才能在新兴零售业中获胜。③实体店与虚拟商店竞争,线下线上的竞争激烈,彼此争夺市场,互相渗透。④出现零售业巨头,一些零售商利用先进的技术、精准的信息、物流系统、大数据等,向大众提供物美价廉的产品和服务,掌控分销渠道的其他成员,获得惊人的规模经济效益,逐渐成长为巨型零售商。⑤科技投资增加,零售商的发展越来越依赖现代科技,因而在经营中会加大对新型科学技术的投入。例如,在现代物流中采用编码扫描系统、卫星追踪、电子数据交换和电子资金转移技术等,使用电子订单和店内电视、店内交互雷达技术等来改善商品交易系统。⑥主要零售商全球化经营,那些有着独特经营模式和强大品牌的零售商,会展开全球化经营,并成为有全球影响力的品牌。

第二节　医药产品分销渠道及其类型

一、医药产品分销渠道的概念及特点

(一) 医药产品分销渠道的概念

1. 概念　指医药产品从生产者向消费者转移过程中,所经过的所有取得所有权或帮助实现所有权转移的商业组织和个人。

2. 主要成员　包括渠道上游的医药产品生产厂商,根据销售产品的不同主要有七大类医药产品的生产厂商,分别是西药类、中成药类、中药材类、医疗器械类、化学试剂类、玻璃仪器类以及其他类;渠道中游的医药批发企业主要负责医药产品的采购、仓储、管理和销售,医药批发企业通过医药零售企业间接或直接将医药产品流通至医药产品的终端市场,包括医院、社区诊所等医疗机构,以及零售药店、医药电子商务等;渠道的下游则是医药产品的消费市场,包括各类疾病患者以及其他一般消费者。

3. 功能与作用　医药产品分销渠道的成员分工合作,促使医药产品满足需求,并提供时间效用、地点效用和所有权效用等,以弥补生产者和消费者或用户之间由于时间分离、空间分离、所有权分离,在需求数量和供求品种上的差异。畅通的分销渠道可以保证产品顺利进入市场,反之分销渠道障碍会影响医药企业市场运作,妨碍医药产品的高效流通和供应保障。

4. 发展现状

(1) 从市场占有率来看,医药批发企业通过并购重组、强强联合,提高了集约化程度。许多企业注重横向拓展与纵向下沉,不断探索创新服务理念和经营模式,为客户提供差异化增值服务,将市场信息及时反馈给研发和生产企业,为医疗机构和医药零售企业提供延伸服务,积极探索数字化服务体系,增强跨区域供应链物流协调能力,提高全产业链的运行效率和竞争力。

(2) 零售终端是指产品分销渠道的最末端。在医药行业,通常把医院药房称为“第一终端”,社会零售药店称为“第二终端”,县医院和村卫生室、城市诊所、社区医疗点和民营医院等称为“第三终端”。随着中共中央、国务院、国家医疗保障局、商务部、国家卫健委先后出台发布的政策,支持互联网+医疗+医保支付+网售处方药发展,医药电子商务的规模正迅速增长,很可能将成为医药行业的“第四终端”。随着电子商务企业在医药领域的发展,在线诊疗、购药成为消费者普遍的消费习惯,并且互联网+医药+医保生态越来越完善,网上药店正迅猛发展,各医药产品零售终端的比重必将发生变化。

(二) 医药产品分销渠道的特点

1. 一端连接医药产品生产者一端连接消费者　分销渠道成员相互沟通、协调、配合,共同完成医药产品价值的传递和实现,使生产者和消费者双方能尽快地满足各自需求。

2. 对分销渠道成员有严格的资格准入限制　药品作为特殊的商品,受到政府部门的严格监管,对分销渠道成员的资格准入限制包括:药品经营企业开办条件、药品经营许可证制度、国家对药品管理实行药品上市许可人制度;具有依法经过资格认定的药学技术人员;具有与所经营药品相适应的营业场所、设备、仓储设施、卫生环境;具有与所经营药品相适应的质量管理机构或者人员;具有保证所经营药品质量的规章制度。

3. 选择分销渠道的自由度小　由于医药产品涉及人类健康,医药产品的分销渠道设计和管理具有特殊性,与其他产品的分销渠道有明显区别。

4. 一些特殊产品实行特殊管理　国家对麻醉药品、精神药品、医疗用毒性药品、放射性药品等特殊药品,实行特殊管理。另外,根据国务院有关规定,对药品类易制毒化学品、戒毒药品和兴奋剂也实行一定的特殊管理。《中华人民共和国疫苗管理法》规定国家对疫苗实行最严格的管理制度,坚持安全第一、风险管理、全程管控、科学监管、社会共治。

5. 以医药产品所有权转移为前提　生产者可将医药产品直接销售给最终用户,这样的分销渠道是最短的;但有些医药产品经过两次、三次甚至更多次的转卖和销售,多次转移产品所有权,这样的分销渠道是长渠道。一般来说,药品的分销渠道长于原料药、药用辅料等的分销渠道(图12-6)。

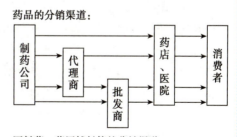

药品的分销渠道:

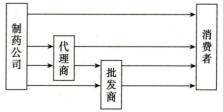

原料药、药用辅料等的分销渠道:

图12-6　药品的分销渠道一般长于原料药、药用辅料

6. 包含使医药生产者与消费者相连接的多种流通形式　如商品流、物流、资金流、信息流和促销流(见图 12-7)等,这些流通形式相辅相成,但在时间和空间上并不完全一致。因此,医药分销渠道的效率,不仅取决于渠道成员,而且也取决于那些相关联的辅助机构。

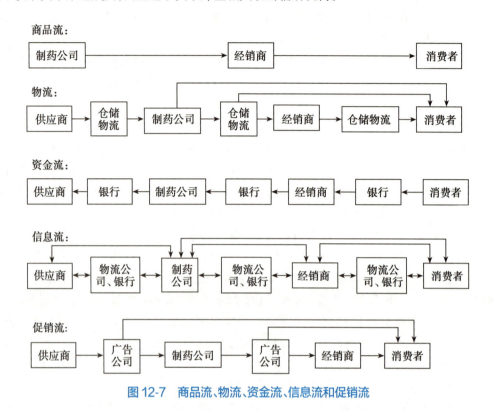

图 12-7　商品流、物流、资金流、信息流和促销流

7. 医药分销渠道面临着诸多变革　随着健康中国战略全面实施,医药卫生体制改革向更深层次推进,政府出台了一系列措施。例如,药品零加成、两票制、带量采购及药店分级管理、分级诊疗、处方外流与医药分开、互联网＋药品流通、医保控费、互联网＋医保支付、国家医保谈判药品"双通道"等政策的落实,都对医药产品的采购、批发和零售等产生了极大的影响。

二、医药产品分销渠道的主要模式

1. 直营终端模式　该模式主要适用于外资企业,有原研产品的优势,能够支撑产品组独立运作,集中在医院进行销售。一般而言,外企的学术推广更加扎实到位,产品的临床认知度也高。此外,部分企业设置了专门的关键客户(key account,KA)部门,针对大型连锁药房、民营连锁医院、诊所等重点终端进行专人开发和维护,由生产企业直供产品的方式进行合作。直营终端的模式,可以有效减少渠道成本,提高终端掌控能力和信息沟通,但是需要较为成熟的产品支持基础量,也需要毛利足够的产品贡献利润来满足自营队伍的费用。

2. 混合经销模式　按照不同的产品进行分类经销:企业的核心产品或者长线产品一般采用自营队伍直营销售,选择当地商业公司进行配送,终端销售掌握在自营业务部门手中。比如常见的控销模式中的一种,就是指定商业配送,对目标终端的开发和维护及促销活动,由生产企业业务人员完成。企业的一般产品或者空白销售区域由企业按照既定价格体系招商,以合作开发的方式寻找代理商销售或利用其他企业销售团队进行销售。

3. 流通销售模式　对于市场认知广泛、竞品众多且毛利较低的产品,企业的主要策略是广覆盖,发挥规模优势,实现价格优势。因此,此类产品主要是大流通商业客户和大物流调拨为主,主要由公司商务人员负责发货回款,全国集中性开发区域性物流龙头商业,经销方式为签订区域销售协议。

4. 佣金制商控模式　商控模式被一些知名企业或者产品有足够品牌认知度的企业所采用,其产品经过多年市场检验有不错的社会需求。但是,受制于终端竞争,导致价格混乱,毛利太低,成为企业非主打产品。商控是指从渠道端进行管理,区域独家经销,统一终端价格,管理流通乱价。管理的手段,一般采用佣金兑付的方式,采用提高市场覆盖和资源维护的方式,实现产品有序销售,稳定价格,保障经销商的合理利润空间。生产企业注重派驻人员进行分销渠道的建立和管理。

5. 终端控销模式　终端控销是基层市场非常普遍的销售方式,其突出的特点为三控:控渠道、控价格、控终端。主要通过商业挂靠的方式进行销售,以自己配送或者挂靠商业配送,构建了省总、地总、县总三级,三级分别加价。各层级利润得到有效管控和保障,销售压力释放,在消费者可接受的情况下,优先设置零售价并保持统一,各级结算价格与供货开票价格的差额进行分配。终端人员通过人海战术和强有力的促销方式带动销售。

6. 直销模式　生产企业绕开批发商和零售商直接为消费者提供医药产品,这种方式得益于互联网电子商务的发展,企业将非处方药和消健卫等产品通过自营电子商务系统进行 B2C 交易。目前,网售产品主要是医疗器械、保健食品类及部分常用的 OTC 药品,活跃人群多为青年人。此外,也有部分企业通过大众媒体和会议营销等方式直接对消费者进行销售。

第三节　医药产品分销渠道的选择与管理

一、医药产品分销渠道的选择

(一)影响医药产品分销渠道选择的因素

医药产品的分销渠道设计,首先必须研究影响分销渠道选择的主要因素,然后再进行分销渠道的选择。

1. 政策规制因素　《中华人民共和国药品管理法》、《中华人民共和国疫苗管理法》、2017 年国务院办公厅《关于进一步改革完善药品生产流通使用政策的若干意见》、2020 年《中共中央国务院关于深化医疗保障制度改革的意见》等法律法规对医药产品分销都有相关要求和规范性条文。

2. 医药市场因素

(1) 目标市场范围:医药产品的目标市场范围越大,分销渠道应越长,反之则可短些。

(2) 顾客的集中程度:顾客越集中,越应采用直接渠道和短渠道,反之顾客较分散,则需更多发挥中间商的作用,采用长而宽的渠道。

(3) 是否是季节性产品:季节性强的医药产品,旺季时市场需求量很大且销售时间集中,需充分发挥中间商的作用,以便均衡生产,应多采用较长、较宽的分销渠道;淡季时分销渠道则可以短些、窄些。

(4) 顾客购买行为:指消费者的购买习惯、购买数量、购买地点及购买方式等。对一些普通药品,消费者要求购买方便,销售终端就应该多些,销售网点分散些;而监管严格的特殊药品,应选择专业性分销渠道。

(5) 目标市场的竞争状况:一般来说,同类产品应与竞争者采用相同或相似的分销渠道,但在激烈的竞争中,若能选择独到的分销渠道,也有出其不意的效果。例如,医药企业灵活的价格政策,可使其分销渠道更具竞争优势,尤其是一些优质的终端用户往往掌握在投入市场较早和政策较为灵活的医药企业手中。

3. 医药产品因素　医药产品因素是在选择分销渠道结构的过程中,最需要重视的一类因素。

(1) 产品的理化性质:保质期短、易腐易损、对温湿度及储存运输设施要求度较高的医药产品,应选用较短较宽的分销渠道。

(2) 产品的体积和重量:体积大的笨重产品应尽量选择直接渠道,减少中间环节。

（3）产品的单价：单价昂贵的医药商品应尽量选择直接渠道，减少中间环节；单价低廉的产品，分销渠道可长些。

（4）产品所处生命周期阶段：新产品阶段和成长期，最重要的是尽快打开市场局面，尽量采用直接渠道；而处于成熟期和衰退期的产品，分销渠道可长些。

（5）产品的技术性：产品技术越复杂，用户对其安装、使用和维修服务要求越高，越应采用直接渠道或短渠道。

4. 价格管理因素　价格管理对医药产品分销渠道的影响深远。过去药品统一的出厂价、呆板的结算方式和严格的提货周期，往往导致医药企业的分销渠道过于薄弱和单一。而随着药品定价的放开，客户希望通过自己的努力，根据一次性订货数量的多少获取价格优势，所以特别看重价格管理信息对渠道价值的提升，会采取短期、大批量或长期、小批量的订货策略。

5. 公司自身因素　企业的规模、经营策略决定了其对渠道进行控制和管理的能力，决定了哪些分销职能由企业自身执行，哪些应交给其他渠道成员来执行。通常，实力雄厚、管理能力强的医药企业才能在目标市场设立自己的分销机构，进行直接销售。因为这种渠道形式需要大量的资金和人员投入，对目标市场熟悉，才具备高效完成分销渠道职能的能力。

6. 中间商特性　医药企业要利用中间商分销，就必须考虑中间商在沟通、促销和顾客接触等方面，以及市场占有率、信用状况、人员培训等方面的特性和能力，从中选择那些既能达到企业营销目标又能满足消费者需求的中间商。

7. 环境特性　市场营销的宏观环境和微观环境等因素，如经济发展水平、同业竞争状况等，都是医药企业选择和管理分销渠道的重要影响因素。

（二）医药产品分销渠道的设计

医药产品分销渠道的设计，是指在广泛市场调研的基础上，根据医药企业内、外部环境和自身的优劣势、战略目标，对医药产品分销渠道的长度模式、宽度模式、分销渠道的系统模式等进行规划设计。

1. 长度模式　按照分销渠道中所包含的药品中间商购销环节，即分销渠道层级的数目，医药产品分销渠道可以分为零阶、一阶、二阶和三阶及以上的多层阶渠道。

从医药生产企业的角度来看，营销渠道层阶越多，越难控制，生产企业往往不希望分销渠道太长。

在交通落后的地区，医药产品最终到达消费者手中要经过多个医药经销商进行分销。因此，在药品批发商和零售商之间增加了不同级别的医药经销商，从而药品分销渠道层次增加。药品分销渠道越长，越难协调和控制。短渠道较适合在小地区范围内销售药品，长渠道则能适应在较大范围内销售。

2. 宽度模式　医药产品分销渠道的宽窄是相对而言的，受医药市场特征和生产企业分销战略等因素的影响，我国医药产品分销渠道的宽度模式大致有下列三种。

（1）多家代理制：这是实施"两票制"和国家药品集中采购政策前国内医药生产企业使用最多的最宽渠道模式。生产企业在各区域市场范围内，选择多家医药公司代理分销自己的产品，而且有关药品的宣传、推广、返款等工作也由医药公司负责。医药公司销售产品时广泛布点，形成分销网络。

该模式在各区域市场范围内采用多家经销商有利于提高产品覆盖率，减少了渠道中间环节，占领市场速度快，鼓励多家经销商之间竞争。缺点是多家代理商在同一市场竞争易产生冲突，造成区域或价格混乱，增加渠道管理难度。多家代理制模式主要适用于进入市场成熟期的普药，采用此模式分销，可快速占领市场，获得销量回报。

（2）区域分销制：是宽渠道模式，医药生产企业在各区域市场选择几家经销商，设立办事处并派驻销售代表进行市场开发、临床推广，经销商只负责其产品的实体分销和付款，有关药品的宣传、推广、返款等工作完全由生产企业自己负责。因生产企业直接参与临床促销活动，经销商只需提供物流和分销服务，所以经销商获得利润有限。

该模式下生产企业贴近终端市场,对终端掌控能力强,有利于建立良好的企业品牌形象;企业自己的销售人员完成商流,能最大限度地降低对经销商的依赖,提高渠道控制力。该模式劣势在于,终端投入大,增加了企业销售成本和人力成本,经销商只提供物流服务,利润微薄,缺乏销售积极性。该模式主要运用于专业性强、技术含量高的医药产品,此类产品需要生产企业建立自己的销售队伍进行学术推广与终端开拓,提供高质量的售前、售中和售后服务。

(3) 独家代理制:是窄渠道模式,可分为全国独家代理和区域独家代理两个级别,医药生产企业在全国或某一区域市场只选择一家代理经销商,由代理经销商全权负责其产品在此区域的市场开发、临床推广、实体分销及回款等全部流程,生产企业通常要留出足够的利润空间给代理商。独家代理制对代理商的要求很高,代理商要有很强的布点铺货能力,能在短时间内发展若干有实力的经销商或二级代理商。代理商具有技术咨询指导和系统设计能力,指导经销商运作并直接为客户服务。代理商可以在统一市场促销决策中发挥作用。

独家代理制模式主要适用于进口药品,外资公司药品进入国内市场早期多采用此模式。此外,缺乏营销实力的国内制药企业缺乏分销渠道运营管理能力,通常会选择一家营销实力强的代理商,将产品全权委托对方销售。

3. 医药产品分销渠道的系统模式　按医药产品分销渠道成员相互联系的紧密程度,可以将分销渠道分为传统渠道系统和整合渠道系统两大类。

(1) 传统渠道系统:系统中各渠道成员彼此独立,没有一个成员能完全或基本控制其他成员,系统结构比较松散。

(2) 整合渠道系统:主要包括垂直渠道系统、水平渠道系统、多渠道营销系统等。

(三) 我国医药产品分销渠道的主要变革

1. 我国医药产品分销渠道发展的四个阶段　中国的医药流通行业受经济体制变迁的影响,主要经历了四个阶段。

(1) 第一阶段:中华人民共和国成立后至 1992 年,计划经济下医药流通体制高度集中期,政府严格把控医药产品流通,实施传统的医药产品三级批发供应模式,药品包销包购,分级逐级调拨。

(2) 第二阶段:1992—1998 年,医药产品流通改革期,从封闭的医药系统内部流通向社会开放式转变,医药产品分销渠道逐渐多样化。

(3) 第三阶段:1998—2017 年,医药产品流通过度竞争期,医药产品流通企业数量快速增长,医药产品分销渠道存在不合理拉长、流通环节不合理过多等现象,随着相关政策出台,医药产品流通规范性逐步提升。

(4) 第四阶段:2017 年至今的"两票制"改革期,一大批中小型与不合规医药企业面临出局,分销渠道资源不断整合,行业集中度提升。

2. "两票制"改革

(1) 含义:2016 年 12 月 26 日,为精简药品流通环节以解决药品价格虚高问题最终实现医药产业的健康发展,国务院医改办会同国家卫生计生委等 8 部门联合发布《关于在公立医疗机构药品采购中推行"两票制"的实施意见(试行)的通知》,首次规定"两票制"的含义:药品生产企业到流通企业开一次发票,流通企业到医疗机构开一次发票(图 12-8)。药品生产企业或科工贸一体化的集团型企业设立的仅销售本企业(集团)药品的全资或控股商业公司(全国仅限 1 家商业公司)、境外药品国内总代理(全国仅限 1 家国内总代理)可视同生产企业。2017 年 1 月 9 日,该实施意见正式印发,"两票制"开始在药品流通环节实施。

(2) 意义:"两票制"的政策意图是压缩从医药生产企业到流通企业最后到医院的中间环节,以"两票"替代过去医药产品分销中常见的多级代理模式,加速资源整合效率,使得信誉度好、规范性强、终端覆盖广、销售能力强的大型医药流通企业市场占有率迅速提升,促进行业集中度不断提高。

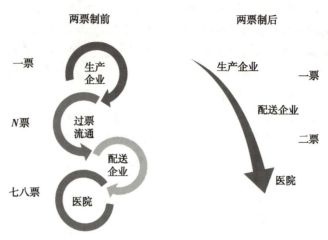

图 12-8 "两票制"政策示意图

"两票制"实施后,医药产品多级代理、非终端调拨等医药产品分销渠道模式因无法满足合规要求而逐步退出。

3. "两票制"实施后医药企业所采用的主要产品分销渠道模式

(1) 直销模式:指医药生产企业不使用任何代理商、经销商或零售商环节,直接将产品销往医院和药店等终端的模式,此种模式下医药生产企业直接向终端开具发票(一票)并收取款项。

直销模式的优点是医药生产企业可以通过直销及时把握消费者的需求,准确地了解医药市场信息;缺点则是资金投入大,人员要求和管理难度高。随着网上药店、电子商务在医药领域的普及与发展,真正意义上的医药企业直销模式会获得一定的发展。

(2) 经销商模式:指医药生产企业将产品销售给经销商(一票),由经销商再将产品销售给医院和药店等终端(两票),此种模式下医药产品的宣传、市场推广、返款等工作主要由经销商完成,医药生产企业协助经销商进行产品的宣传与推介。一般而言,此种模式销售总费用低于直销模式。

(3) 配送商模式:指医药生产企业直接将所生产的产品出售给大型医药流通企业(一票),作为配送商其再将医药产品配送给医院和药房的销售模式,此种模式下医药生产企业需要自行承担宣传、市场推广、返款等工作,配送商只承担医药产品的配送工作。提供配送商模式的一般为大型医药流通企业,医药生产企业的议价能力较弱,该模式下的回款期限通常比直销模式和经销商模式下的长。

三种模式下医药产品的分销路径和市场推广服务流程如图 12-9 所示。

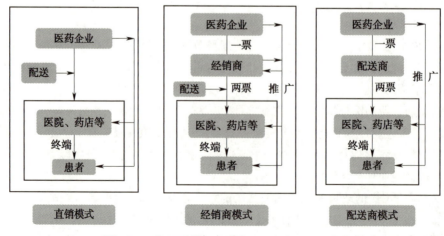

图 12-9 "两票制"下医药产品分销模式示意图

　　医药企业采用直销模式的前提是拥有强大的销售渠道,可以牢牢控制整个分销渠道,医药企业也可以购买推广、配送等中间服务,但是中间服务对于药品销售流程的控制能力较弱,不会对药品销售产生实质性的影响;医药企业采用经销商模式,整个流通路径的控制主体为经销商,虽然制药企业需要提供专业学术会议推广、广告推广等作为支撑,但是经销商的强大营销能力才是药品销售的主要方面;配送商模式中作为配送商的大型医药流通企业掌握着终端客户的同时又承担配送职能,在此模式下其是药品销售的控制主体,且其强大物流管理体系下的专业化、规模化是其他医药商业企业难以取代的。

　　目前,我国一些医药生产企业的医药产品销售可以做到"两票制",一些医药生产企业的医药产品销售仍是三票甚至更多票。在未来,伴随着"两票制"的进一步落实和"两票制"覆盖范围的扩大,医药产品分销渠道的中间环节减少,分销渠道将扁平化,行业集中度将进一步提升。

　　4. 国家组织药品集中采购(带量采购)——未来公立医疗机构采购的主导模式　国家组织药品集中采购是对既往药品集中采购制度的重大改革,是按照党中央、国务院决策部署,由国家医疗保障局等部门组织各省组成采购联盟,明确药品采购数量与药品生产企业进行谈判,通过集中采购、以量换价,减轻患者负担,节约医保基金支出,提升医保基金使用效率,最终目的是让人民群众以比较低廉的价格用上质量好的药品。

　　2018 年 11 月,中央全面深化改革委员会第五次会议审议通过《国家组织药品集中采购试点方案》,选择北京、天津、上海、重庆和沈阳、大连、厦门、广州、深圳、成都、西安 11 个城市(即"4+7")开展国家药品集中采购和使用试点。具体做法是由上述城市的公立医疗机构组成采购联盟,给出一定比例的药品市场份额进行联合采购,以量换价。

　　如图 12-10 所示,集中带量采购前的原市场供求均衡点为 E 点,集中带量采购后价格下降明显,如果医药供给维持原供给曲线,则生产企业的供给意愿会下降到 A 点,企业意愿供给的数量明显低于 B 点的集中带量采购数量,造成供给短缺;在现行的带量采购模式下,生产企业的带量采购给了企业确定的采购预期,可以大幅压缩营销费用;规模效应降低了单位生产成本;医保部门及时结算还款降低了企业资金成本;通过一致性评价的仿制药,可以与原研药同质量竞争,通过竞争促进降价。多管齐下带量采购后的新供给曲线会明显向右下方移动,与集中带量采购数量在 B 点达成新供求均衡,实现了"以量换价"的带量采购政策意图。

　　带量采购经过几年的发展,已经取得了十分显著的成果。截至 2021 年 11 月,六批集中带量采购降价效果十分显著。据统计,六批集中带量采购平均降幅达到 53%,共纳入 234 种药品,涉及金额 2 370

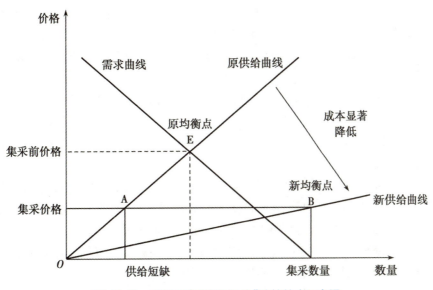

图 12-10　带量采购"以量换价"政策效应示意图

亿元,占公立医疗机构化学药品采购金额的 30% 以上,按约定采购量测算,每年节约药品费用 1 016 亿元。预计到"十四五"的末期,各省份通过国家和省级集中带量采购药品的品种数要达到 500 个以上,高值医用耗材要达到五大类以上。

为了确保改革取得成效,医保部门会同卫生健康、药监等部门全面统筹安排,落实了四个确保:确保中选药品质量、供应、回款以及使用。

国家组织药品集中带量采购全面推进,地方药品带量采购也取得积极进展,高值医用耗材集中带量采购深入推进。还形成了三点基本共识:凝聚改革共识,坚持核心机制,敬畏市场规律。积累了三条基本经验:招采合一、量价挂钩;多方合作、系统集成;国家组织、联盟采购、平台操作。

几年的药品集中带量采购制度改革,达到了降低群众药费负担,规范药品流通秩序,提高群众用药安全的既定工作目标。药品集中带量采购制度改革还在进一步深化发展,在《"十四五"全民医疗保障规划》当中,就对医药服务供给侧改革提出了明确的工作任务和工作目标,包括深化药品和医用耗材集中带量采购制度改革,完善药品和医用耗材价格治理机制,妥善有序试点医疗服务价格改革等。

今后我国将继续按照一年两批常态化、制度化地实施国家组织医药产品集中带量采购,带量采购将成为公立医疗机构医药采购的主导模式。

二、医药产品分销渠道的管理

(一) 医药产品分销渠道管理的内容

医药产品分销渠道管理,是指医药企业在分销活动中对所有医药批发商、零售商、医疗机构等进行具体的管理。其内容包括选择渠道成员,寻找潜在客户,取得潜在客户的一切必需资料,筛选出最有合作可能的合作伙伴,实现供应链的一体化。渠道成员在共同的计划下安排物流,实现信息共享、资源共享、利益共享,最终实现多赢。

1. 信息化建设

(1) 信息化有利于供需协调:建立完善的信息系统,应用最新的信息技术软件,与大型现代化的医药物流中心结成战略伙伴,可以使渠道成员真正实现信息获取和挖掘、信息共享和整合、信息自动化处理和监控功能。低成本的信息流通,可以减少供应链成员之间的交易摩擦,促进供需协调。

(2) 信息化有利于科学决策:渠道成员之间信息共享、整合将有效缓解医药分销供应链中的"信息孤岛"现象,减少供应链中需求和预测的不确定性,使渠道成员对分销渠道中的库存和需求有更为明确的了解,从而使订单执行更具效率。

(3) 信息化有利于高效分销:渠道成员的信息共享和整合还将促进供应链成员协同计划的制订,据此协调各成员的经营目标,实现对分销渠道更高效的管理和协作。

2. 供应链和物流建设

医药物流建设是企业提高竞争力,降费增效,扩大物流配送功能,推动医药流通代理配送制、零售连锁制,争取更多上下游客户,实现整个供应链协调管理的需要。供应链(supply chain)指围绕核心企业,通过对信息流、物流、资金流的控制,从采购原料起,到制成中间产品和最终产品,最后由销售网络把产品送到消费者手中。一条完整的供应链应包括供应商、制造商、代理商、批发商、零售商以及消费者。供应链管理指以最少的成本,使供应链运作达到最大化,从采购开始,直到满足消费者的整个过程的管理。

(1) 推进医药物流企业的主导作用:物流企业在药品分销渠道中承担了药品分销流转的主要任务,是物流的执行者。其核心是依托一定的物流设备、信息技术和进销存管理系统有效整合分销渠道上下游资源,通过优化药品供销配运环节中的验收、存储、分拣、配送等作业过程,提高订单处理能力,降低货物分拣差错,缩短库存及配送时间,减少流通成本,提高服务水平和资金使用效益。

(2) 推进药品条形码的标准化建设与实施:与一批跨地区、跨行业、跨所有制的大型医药流通集团公司建立合作关系,实现药品销售的自动化、信息化和效益化。

3. 渠道优化　医药生产企业与渠道其他成员是促进价值实现的伙伴关系,企业可以通过采取有效措施激励中间商,如提供资金和技术援助,及时向中间商提供最新的药品临床使用信息、最新的不良反应信息等。如有的公司采用一套关键绩效指标定期对分销商运营进行考评,对分销商的激励政策与整体的销售政策相配套予以实施,取得了较好的效果。

4. 有效控制渠道冲突　渠道冲突是指企业在同一市场建立了两条或两条以上渠道而产生的冲突,其本质是几种分销渠道在同一个市场内,争夺同一客户群而引起的利益冲突。由于市场竞争的压力与需要,企业在同一区域市场往往会使用多种分销渠道,最大限度地覆盖市场,这样不可避免地会发生几种分销渠道针对同一客户群的现象。药品经销商不规范的操作手段,如竞相杀价或窜货等均可造成严重的冲突。窜货是最典型的渠道冲突,在我国主要表现为:分销渠道中某些成员受利益驱动,逾过自己的辖区,以低于厂家规定的售价向辖区之外的市场(如畅销地区、新市场或正在启动的市场)倾销产品。窜货造成价格体系混乱,降低中间商的利润,降低生产商的忠诚度,阻塞渠道通路,甚至给假货以可乘之机。有效控制渠道冲突应做到如下几点。

(1) 充分协调利益和服务:医药企业在制定价格、产品等方面策略时,可以与分销商进行适当的协商,力求价格上生产企业、分销商都满意;在服务方面,对分销商制定了关于售前、售中、售后服务协议,严格履行,并督导一级分销商与下游经销环节的同类协议。

(2) 发展新型分销模式:医药生产企业可以发展分销渠道全国化与服务推广区域化模式,分销体系完全打破行政区域的限制,可以有效解决窜货的难题,大幅减少渠道冲突。

(3) 推动渠道成员精诚合作:渠道成员应结成紧密的伙伴关系,实现资源共享,可以减少医药分销渠道的摩擦与内耗,提高渠道运作效率。医药生产企业通过与流通企业、医院药房及药店的一体化联盟,把医药的流通、生产和销售当作一个整体来考虑,既提高医药流通企业合理化发展,又可以实现整个医药行业信息、资源整合,加快医药行业的发展。

(二) 医药产品分销渠道成员的管理

1. 经销商的日常管理　经销商的日常管理包括客户档案管理和销售动态管理:①建立经销商档案,进行分级分类管理;②经销商销售动态管理。

2. 激励与培训经销商

(1) 激励经销商:使经销商配合产品的市场策略,遵守企业的销售政策,是加强企业对分销渠道的控制力的有效方法。

激励经销商有多种方式,根据激励目的可分为三类:①促进销售达成。如回款奖、完成销售任务奖、时段性销售奖励等。②加强销售管理,增进厂商协作关系。如信息反馈奖、区域维护奖、价格维护奖、合理库存奖等。③促进终端覆盖。如医院进药奖、药店铺货奖、店面陈列奖等。

(2) 培训经销商:目的在于增强经销商对本企业的信任度,帮助其提高销售管理水平,进而帮助经销商扩大产品的销售,建立与经销商稳定、持久的战略伙伴关系。①培训内容:包括企业形象宣传、产品知识培训、销售政策培训、营销理念培训等。②培训形式:分内部培训和外部培训。内部培训包括企业销售人员拜访洽谈、集中演示、会议交流等;外部培训通常是由企业委托专业培训公司来进行,例如财务管理培训、销售技巧培训等,用以不断提升经销商素质和内部管理水平。

(三) 我国医药产品分销渠道管理的展望

我国医药分销渠道管理就是要以现代市场营销理论为指导,从医药电子商务的推广和分销渠道的优化的实施两方面入手,通过政府推动和企业运作,建立适应国际竞争的医药分销渠道体系。随着医药流通体制改革的不断推进,我国医药分销的未来,必将向良性的方向发展。

1. 深度分销　深度分销是指企业借助通路力量,直接向终端铺货,从而掌握并控制销售网络和卖场资源,实施到位和高效的客户管理的一种销售模式。深度分销也意味着通路精耕、掌控终端、减少层次和渠道扁平化,使制造商、经销商经营重心下移,并增加对通路的投入,是一种靠前营销、靠前管理的通路运作方式。

目前很多 OTC 药品的制造商都非常重视产品的深度分销,这些公司的销售队伍分终端推广和通路分销两部分,只在省会等中心城市建立终端推广队伍,拉动医院、药店的终端销售,中心城市以下的地县级城市和乡镇农村市场则由分销人员与经销商共同合作,进行深度通路的开发和建设。

2. 物流体系专业化　供应链管理模式是现代医药物流的发展方向。以物流中心为平台,与制造商及其他供应商上游企业和药品零售商及其他分销商下游企业,建立一种面向市场的供应系统,提高药品分销效率,并形成相对稳定的产销联盟网络。在这个联盟内,制造商、物流中心、零售商等企业根据自身的资源条件进行合理分工,面对最终市场的需求状况,在生产品种、供货数量、供货时间、供货方式等方面相互协作,从而形成一种新型的流通体制。

第三方物流是中间商以合同的形式,在一定期限内提供企业所需的全部或部分物流服务。第三方物流的提供者是一个为外部客户管理、控制,提供物流服务作业的公司,他们仅是第三方,并不在供应链中占有一席之地,但通过提供一整套物流活动来服务于供应链。第三方物流给企业带来的益处主要表现在以下几方面:①集中精力于主营业务。企业能够实现资源优化配置,把有限的人力、财力集中于主营业务,进行重点研究,发展基本技术,努力开发新产品参与世界竞争。②节省费用。专业的第三方物流提供者,利用规模生产的专业优势和成本优势,通过提高各环节的利用率节省费用,使企业能从费用结构中获益。使用专业服务公司提供的公共服务,可以减少额外开支。③减少库存。原料和库存的无限增长将积压资金,第三方物流提供者借助精心策划的物流计划和适时运送等手段,最大限度地盘活库存,改善企业的现金流量。④提升企业形象。第三方物流提供者与顾客的关系是战略伙伴,他们应该处处为顾客着想,通过全球性的信息网络使顾客的供应链管理完全透明化,顾客随时可通过互联网了解供应链的情况。第三方物流提供者是物流方面的专家,他们利用完备的设施和训练有素的员工,对整个供应链实现完全的控制,减少物流的复杂性。他们还要通过遍布全球的运送网络和服务提供者极大地缩短交货期,帮助顾客改进服务,树立自己的品牌形象。第三方物流提供者通过"量体裁衣"式的设计,制订出以顾客为导向、低成本高效率的物流方案,为企业在竞争中取胜创造有利条件。

3. 大力发展医药电子商务　医药产品开展网上销售的优势:①药品有许多适合于网上销售的特点。除体积小、重量轻、便于运送等物理特性外,药品还有明确的规范标准、便于网上浏览的介绍说明等。②药品网上销售的价格优势非常显著。传统的医药经营模式,需要通过批发商、供应商及医药公司等众多中间环节。但这些中间环节在解决药品的基本流通问题之外,还大大提高了药品的价格,而药品的网上销售则可以避开其中不必要的中间环节,使其价格得以大幅降低。③可有效改善医药企业的众多"传统问题"。医药电子商务的发展,可以提高医药企业各项工作的效率和质量,促进技术创新,减轻各类事务性工作的劳动强度,使从业人员得以腾出更多的精力和时间来服务于客户,改善经营管理,堵塞漏洞,保证患者和医药企业的经济利益。

第四节　医药产品批发商与零售商

一、医药产品批发商

(一)医药产品批发商及其功能与作用

1. 医药产品批发商　指从生产企业大批量购买医药产品,并将其分成较小批量转售给其他经销商或医疗机构和药店零售商等下游客户,并向医药产品生产企业和下游经销商、医疗机构、药店零售商等提供服务的组织和个人。医药产品批发商主要是通过赚取分销过程中的交易差价,提供信息、物流等增值服务来获取利润。

2. 向生产企业提供的服务　①提供市场销路;②充当与消费者联系的纽带;③保持一定数量的库存;④处理小额定单;⑤收集反馈市场信息;⑥承担部分金融风险。

3. 为下游客户提供的服务　①确保产品的真实有效性;②提供下游客户储运等服务;③金融支持;④分类便利;⑤整批零卖;⑥建议和技术支持。

(二)我国医药批发企业发展状况

1. 总体发展较为平稳　截至 2020 年底,全国医药批发企业数量为 1.31 万家。目前我国医药批发企业按照销售规模可以划分为三个竞争层次。处于第一层次的是四家全国性批发巨头:中国医药集团、上海医药(集团)股份有限公司、华润医药控股有限公司及九州通医药集团有限公司,主营业务收入在千亿以上水平;处于第二层次的是广州医药股份有限公司、南京医药股份有限公司、重庆医药(集团)股份有限公司、瑞康医药集团有限公司、安徽华源医药集团股份有限公司等,业务布局以发展核心地区为主,营收在千亿以下,但同时又形成一定规模;其他绝大多数企业则处于第三层次。

2. 市场集中度持续提升　从市场占有率看,药品批发企业集中度有所提高。2020 年,药品批发企业主营业务收入前 100 位占同期全国医药市场总规模的 73.7%,同比提高 0.4 个百分点。其中,4 家全国龙头企业主营业务收入占同期全国医药市场总规模的 42.6%;前 10 位占 55.2%。

二、医药产品零售商

(一)医药产品零售商的作用

1. 医药产品零售商的概念　指为消费者直接提供医药产品,并提供售后服务的组织和个人,通常称之为零售终端。医药产品零售终端的种类是很复杂的,主要包括医院、基层医疗卫生机构等,以及零售药店、医药电子商务等。每一个类别中的医药产品零售商的服务水平是有差异的。按照经营条件和合规状况,我国的零售药店也划分为三个类别:一类药店可经营乙类非处方药;二类药店可经营非处方药、处方药(不包括禁止类、限制类药品)、中药饮片;三类药店可经营非处方药、处方药(不包括禁止类药品)、中药饮片。经营条件和合规状况包括零售药店的药品质量保障能力、药学技术人员配置和行政处罚记录等内容。

为医药供应链到医患服务提供一体化服务,致力于为医患打造流通成本最低、效率最高、覆盖最广的医药新零售业态正在不断发展中。

2. 医药产品零售商的功能　无论医药产品零售商规模的大小、类型的差别如何,其在营销渠道中所起的功能,就是要获取消费者的需求,按这些需求采购、储存药品,在消费者需要的时候提供所需要的药品。医药产品零售商的主要功能包括:①提供消费者购买服务;②收集顾客需求信息并反馈给供应商;③整批零卖,为供应商节省成本,向消费者提供方便;④提供库存,使供应商能够以比较低的成本保持大量的库存,使得生产商、供应商的产品和消费者更加贴近;⑤降低经营风险,产品销售旺季到来之前就采购药品,降低了生产商、供应商的风险;⑥连接生产与消费,以零售终端为纽带,使消费者与生产商、供应商保持密切的联系。

每个医药产品零售终端,发挥的作用是不完全相同的,有竭尽全力发挥所有零售商功能的,也有几乎不发挥其他作用,只负责卖货的。每个零售商在营销渠道中发挥哪些作用由自己决定。但为了在渠道中生存下去,他们必须向消费者或供应商提供真正有价值的东西,否则就会逐渐被消费者和供应商所抛弃。

(二)我国医药产品零售商的主要经营模式

非处方药不需要医生处方,消费者可自行到药店购买,处方药也可凭医生处方到有执业药师坐堂的药店购买,因而零售药店是非常重要的销售渠道。随着市场的快速发展,药店的业态也在不断发展变化,目前主要有以下几种渠道模式。

1. 大卖场模式　药品平价大卖场是近年来出现的新型药店形态,以经营面积超大、经销品种超多、药品价格超低为显著特征。大卖场开业地点多选在大医院附近和交通非常便利的地区,目的是以极大价格优势争夺医院处方和吸引较远区域消费者,由于要保证价格低于规定零售价,大卖场多数是用现金直接从厂家进货。

2. 连锁药店模式　我国近年来开始推广药品连锁经营,至今连锁药店已发展成为零售市场份额最大的分销渠道。统一标识、统一采购配送、统一质量管理、统一财务核算、统一商品价格、统一服务规范是药品零售连锁经营的基本特征,并在此基础上形成了自己独特的企业文化,创造出一些知名的连锁药店品牌。

3. 商场超市内设专柜模式　药品分类管理办法将非处方药中安全性较高的部分药品划为乙类药,乙类非处方药品可进入商场、超市销售,因此药品专柜成为此类药品销售的又一新渠道。乙类非处方药销售渠道的扩宽极大地方便了消费者购药,增加了药品的覆盖面和销量,对打破药品渠道的行业垄断发挥着积极的作用。

4. 医院药房模式　当患者作为普通消费者的选择权和决定权转移到医生时,医生就成了实质上的消费者,而医院实质上就是渠道终端。因此在整个药品分销通路中,医院占据着极重要的有利地位。制药企业在市场策略和临床推广上给予医院渠道足够的重视,因为对于药品这种专业性较强的商品来说,医生的处方拉动作用不可小觑,实际上大多数消费者到药店后对产品的选择,是基于前一次的医生处方作出的,医院药房渠道直接促进了药品在药店渠道的销量。

5. DTP 药房模式　DTP 即 direct-to-patient,药企直达药房,指药店获得医药生产企业产品经销权,患者在医院获得处方后,可从药店直接购买药品并获得药学专业指导与服务的药店经营模式。2009 年颁布的《中共中央国务院关于深化医药卫生体制改革的意见》开启了国内现代意义上的"医药分家"之路,随后的"药占比""零差率""两票制"等一系列医改举措,更进一步推动医药零售药店趋向专业化的发展之路,我国的 DTP 药房由此获得了长足的发展。

与经营 OTC 药品为主的传统零售药店不同,DTP 药房主要销售高毛利的专业药物、新特药、自费药等,并配备执业药师提供专业药学服务,是零售药店的升级模式。DTP 药房完整串联了药品供给端(生产企业)、处方端(医院)以及需求端(患者),并结合药品配送物流职能,逐渐成为药品流通过程中的核心角色。

与其他零售药店相比,DTP 药房凭借其专业性优势,经营品种主要以抗肿瘤、丙型肝炎、自身免疫系统疾病方面的新特药为主,专注领域集中,强调通过专业化服务产生与患者的长期合作黏性。在医药分家后,处方药流向将以 DTP 药房及现存的院边药店为主。DTP 药房与普通零售药店在经营理念上存在本质差异。DTP 药房不仅是简单的渠道终端,更是连接医药生产企业、医院及患者的平台,DTP 药房与传统药房相比要具备更高的专业性,包括需要有专业的药师能承接从医院流转出来的处方,为患者提供用药指导和跟踪服务,建立患者的个人医疗健康档案,提供药品配送等服务。近年来四川、湖南、江苏等多个省份出台政策,对特定药品实施定点医疗机构和定点零售药店"双通道"管理,预计医药产品零售市场份额会越来越大,DTP 药房或分割更大的市场份额,促进医药分业。

6. 智慧药房模式　智慧药房在实际运营中,有中央药房、在线药房、自动化药房、共享药房等形式,指能够实现预约挂号、支付诊费、药事咨询、中药代煎、药品配送全过程在线信息化管理等的综合药事服务平台。智慧药房采用了现代化的通信技术,将医院的不同部门以及医院与患者联系了起来,已得到了较大发展。智慧药房服务平台由现代通信技术、物联网技术、数据库技术、自动控制技术和地理围栏技术等提供技术支持。

现代通信技术将医院的处方系统与药房系统进行对接,实现处方信息的精准传递。同时,将医院服务系统与患者手机端对接,患者可在手机端随时查询药品调剂进度和配送信息等,可实时获得药学服务支持。

条形码技术方便了药品信息的管理与传递。条形码识别管理系统会为每一张处方生成专属的条形码,在处方调剂、药品加工和配送的过程中只要扫描条形码便可获得处方信息。同时,可通过扫描条形码对处方加工的过程中的各项参数进行记录,保证处方信息可以精准追溯。

数据库技术的应用可以帮助药师快速审核处方。中药处方审核数据库中记载了中药的配伍禁忌、有毒中药、特殊人群用药以及中药用量限度,可以对医院信息系统中所有处方进行审核,遇到有问题的处方及时提醒药师,保证用药安全。同时,不同医院之间的药品存在同物异名、同名异物的现象,数据库中建立了统一的处方给付标准,防止患者在不同医院买药时出现调剂错误。

智慧药房对中药的煎煮采用了自动控制技术,可根据每味中药独特的性味归经为处方设置最适的加水量、浸泡时间、火候、煎煮时间与次数、特殊的煎煮方式等,自动按照设定的参数进行煎煮,保证中药汤剂的质量。

智慧药房的配送系统采用地理围栏技术,设置多个物流配送点并对配送区域进行划分,由系统自动将处方分配至配送点,并找出最佳的配送路线,确保患者以最快的速度收到药品。智慧药房平台的使用,是对传统就医取药模式服务的优化升级,使得患者除了问诊,其他环节均可以在线上完成,能够享受便捷化、智能化的服务。智慧药房的使用,也是加强药品质量监控的有效途径,通过处方条形码识别管理系统,可以实现对药品配伍、加工、配送整个供应过程的追溯。同时,传统的取药模式中,患者只能在取药窗口等待自己的药品,无法掌握药品的调剂与加工状态,智慧药房的使用,使药房的服务过程更加透明。患者可通过处方的识别码,查询药品的状态,掌握药品的调剂信息、煎煮过程以及配送进度。

三、医药批发商与零售商流通发展模式分析

1. **医药零售商共享现代化社会配送中心** 目前大部分国内的医药零售连锁企业的发展,是在重组原有流通格局的基础上进行的,还没有能为连锁药店服务的社会化配送中心,同时,根据我国GSP及相关政策规定,每个医药零售连锁企业都必须由其总部建立只为本企业内部服务的配送中心。所以,每个药店都不得不自建配送中心,而建设配送中心的投入很大,运营成本几乎占到连锁药店总部管理成本的一半以上,这就意味着连锁企业将背负沉重的经济压力。但从物流管理的角度看,每个连锁企业都自建配送中心是一种资源的浪费。未来应当大力发展现代化社会配送中心,供医药零售商共享。

2. **医药批发商承担"第三方物流服务"** 对于大多数制药企业和零售企业来说,最明智的选择是根据自身的实际情况,合理利用"第三方"提供的物流服务。在医药流通领域,最有资格承担药品第三方物流服务的应该是医药批发企业,尤其是大型的批发企业,它们在建设现代物流方面有很好的条件,具体表现在以下几个方面:①地域优势。国内的大型医药批发企业一般都建设在交通便利的省会城市或地区,这就为发展物流配送中心提供了得天独厚的便利条件。②设施设备优势。为完成药品批发职能,批发企业必然拥有大面积的土地,建设大量的仓库,并且配备相当数量的汽车及其他仓储、运输、装卸、搬运等机械设备,同时还要有适合药品运输、保存的特殊设施设备。这些条件都是物流配送中心所必须具备的。③专业技术优势。长期的批发业务,培育了一大批具有丰富的采购、存储、运输管理经验的专业技术队伍。从现代经济理论和信息技术等方面加以再培训,这支队伍将会成为物流配送的骨干力量。④传统的组织网络优势。虽然改变了传统的隶属关系,但在几十年的业务交往过程中,批发企业与生产企业之间、批发企业与批发企业之间、批发企业与零售企业之间必然会形成一种较为密切相互信赖的关系,这也是物流配送网络建设的基础。

基于以上优势,批发企业在发展配送中心时,更易于开拓市场,提高并巩固其配送商品的市场占有率,并且通过扩大代理权实现契约化配送,逐步走向规范化、专业化。批发企业只要充分利用现有的品种、人员、仓储、运输、质量保证等资源优势,实施流程再造,即可组建成大型的区域性物流中心,然后在此基础上,整合、利用中小型批发企业和零售连锁企业已有的配送网络,最后形成全国性的医药专用物流配送网络。

[本章小结]

分销渠道是指促使产品或服务顺利地被使用或消费的一整套相互依存的组织和个人,由在生产者和最终用户之间的一系列分销中介机构所组成。除生产者和最终用户,分销渠道还包括商人中间商、代理中间商、经纪人等,它们统称为渠道成员。

分销渠道的职能包括:沟通信息、促进销售、协商谈判、融通资金、承担风险、实体分配和所有权转移。

分销渠道的长度是指在生产者与消费者之间参与分销的不同中间商的类型多少。直接渠道又称零阶渠道,指没有中间商参与。间接渠道指有一级或多级中间商参与。分销渠道的宽度取决于每一流通环节使用同种类型中间商的多少。宽渠道指生产者在一定的市场范围内,使用两个及以上或较多的同种类型中间商来经销产品。窄渠道指生产者在一定的市场范围内,只使用一个中间商来销售其产品。

按渠道成员相互联系的紧密程度,分销渠道可以分为传统渠道和渠道系统。传统渠道是指由各自独立的生产者、批发商、零售商和消费者组成的分销渠道。渠道系统是指渠道成员采取不同程度的一体化经营或联合经营而形成的分销渠道。渠道系统主要包括垂直渠道系统、水平渠道系统和多渠道系统三种类型。

批发是指将商品和服务出售给那些以转卖、再加工或商业用途为目的的用户的过程中所发生的一切活动。批发商是指专门从事批量商品买卖,为转卖、再加工或商业用途而进行批购和批销的人员和机构。批发商可分为商业批发商、经纪人和代理商等。零售是指将商品和服务直接销售给最终消费者,供其个人消费(非商业用途)的过程中所发生的一切活动。零售商是以向最终消费者提供产品或服务为主营业务的组织和个人。零售商主要分为商店零售商、非商店零售商和合作型零售商组织三种基本类型。

影响医药产品分销渠道选择的因素包括政策规制要素、医药市场因素、医药产品因素、价格管理因素、公司自身因素、中间商特性和环境特性等。我国医药分销渠道的宽度结构大致有多家代理制、区域分销制、独家代理制三种类型。

我国的医药产品分销模式主要有:直营终端、混合经销、流通销售、佣金制商控、终端控销和直销等模式。"两票制"下医药产品分销渠道模式主要有直销模式、经销商模式和配送商模式等。

我国零售药店的主要模式有大卖场模式、连锁药店模式、商场超市内设药品专柜模式、医院药房模式、DTP 药房模式、智慧药房模式等。

[关键名词]

分销渠道、渠道成员、实体分配、直接渠道、零阶渠道、间接渠道、长渠道、短渠道、宽渠道、窄渠道、垂直渠道系统、水平渠道系统、多渠道系统、密集式分销、选择式分销、独家分销、特许专卖、批发、医药批发商、代理商、零售、医药零售商、公司连锁、特许经营、医药产品分销渠道、多家代理制、区域分销制、独家代理制、两票制、直销模式、经销商模式、配送商模式、带量采购、供应链、渠道冲突、窜货、药品分销渠道管理

[思考题]

1. 应如何理解分销渠道? 分销渠道有哪些职能?
2. 结合实际谈谈对分销渠道的长度类型、宽度类型和系统类型的认识和理解。
3. 分销渠道的设计和管理各包含哪些主要内容?
4. 批发商和零售商各有哪些主要类型? 批发和零售未来的发展趋势如何?

5. 医药产品分销渠道有哪些？医药产品分销渠道的特点是什么？

6. 影响医药产品分销渠道选择的因素有哪些？

7. 试述医药产品直销模式、经销商模式和配送商模式各自的优缺点及适用范围。

8. 什么是带量采购？带量采购"以量还价"政策效应如何实现？

9. 医药产品分销渠道管理的内容有哪些？

10. 目前我国零售药店的主要模式有哪些？医药零售商流通发展模式应如何实施？

[本章实训]

分销渠道系统的分析实训

实训目的: 掌握医药分销渠道系统的分析方法。

实训内容: 分析不同类型的医药生产企业的分销渠道。调研几家不同类型的医药生产企业,依据医药分销渠道的构成,制定较为详细的分销渠道长度与宽度以及分销系统的分析表;比较不同分销渠道的差异性,分析医药企业选择的分销渠道的优缺点及适用性,并给出分销渠道管理的建议。

实训组织: 将同学组成几个小组,每组分别进行实地考察。并根据实训内容要求撰写考察分析报告。

实训考核: 每组分别在课堂汇报分析结果。教师点评、记录学生成绩。

第十二章
同步练习

(李亦兵)

医药促销与医药产品促销策略

第十三章
教学课件

第一节　医药促销概述

医药促销是医药市场营销组合的一个重要因素,有着极其丰富的内容和极为重要的作用,其实质是买方与卖方之间的信息沟通。整个医药促销过程,本质上就是医药营销传播的过程。促销方式主要包括人员推广、公共关系、营业推广和广告四个方面。由于其各具不同特点,需要在实际促销活动中组合运用从而形成不同的医药促销策略。从医药促销活动运作的方向来看,医药促销策略主要有推动策略和拉引策略两大类。

一、促销及其作用

(一) 促销的含义

促销(promotion)是指医药企业通过人员推销或非人员推销的方式,向目标顾客传递商品或劳务的存在及其性能、特征等信息,帮助消费者认识商品或劳务所带给购买者的利益,从而引起消费者的兴趣,激发消费者购买欲望及购买行为的活动。促销方式一般分为两大类:人员促销和非人员促销。非人员促销具体又包括广告、公共关系和营业推广三种。促销方式的选择运用,是促销策略中需要认真考虑的重要问题。促销策略的实施,事实上也是各种促销方式的组合编配和具体运作。

促销的实质是医药企业与消费者买卖双方的信息沟通。一方面,医药企业作为医药产品的供应者或卖方,需要把有关医药企业自身及所生产的医药产品的信息广泛传递给消费者。这种由卖方向买方传递的信息,是买方作出购买决策的基本前提。另一方面,作为买方的消费者,也需要把对医药企业及医药产品、服务的认识和需求动向反馈给卖方,促使卖方根据市场需求进行生产。这种由买方向卖方传递的信息,是卖方作出营销决策的重要前提。可见,促销的实质是卖方与买方的信息沟通,这种沟通是一种由卖方到买方和由买方到卖方的不断循环的双向式沟通,如图 13-1 所示。

(二) 促销的作用

医药促销的最终目的是引发和刺激消费者产生购买行为。促销具有以下几方面的重要作用。

1. **传递信息,保证沟通渠道顺畅**　医药企业通过促销手段及时向中间商和消费者提供信息,引起社会公众的广泛注意,激发消费者购买欲望和渠道中间商的合作兴趣,同时收集消费者和渠道中间商的意见与建议,及时反馈给企业决策层。

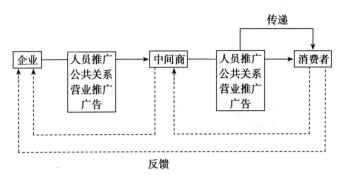

图 13-1　交易双方的信息沟通

2. 激发潜在需求,唤起消费者购买欲望　医药企业通过医药产品介绍,促进消费者对产品的认同和好感。从而唤起消费者的购买欲望,创造出新的消费需求。

3. 突出特点,强化竞争优势　在激烈的市场竞争中,医药企业通过促销活动,可以显示产品的独特卖点,宣传产品优势,突出产品消费给顾客带来的利益,增强企业在市场经营活动中的竞争力。

4. 树立良好形象,促进销售　企业的形象与信誉是企业宝贵的无形资产,直接影响企业产品的销售与服务。通过促销,为企业树立良好的形象,使更多的消费者对医药企业及其品牌由熟悉到偏爱,形成惠顾动机,从而促进医药产品销售。

二、促销组合及影响因素

(一) 促销组合的含义

促销组合(promotion mix)是指在医药营销企业将人员推广、广告、公共关系和营业推广等促销形式结合起来,将有关信息传递给个人、组织和社会公众,以实现企业的促销目标。

(二) 促销组合的影响因素

确定促销组合策略,主要应考虑以下因素。

1. 促销目标　促销的总目标,是通过营销传播实现医药产品由生产领域向消费领域的转移。但在总目标的前提下,在特定时期对特定医药产品,医药企业又有具体的促销目标。医药企业要根据具体的营销目标对不同的促销方式进行适当选择、组合使用。

2. 医药产品性质　不同性质的医药产品,消费者状况以及购买要求不同,因而对其采取的促销组合策略也有不同。一般来说,对具有广泛的消费者、价值比较小、技术难度较低的消费品,主要采取广告的方式;而对有较集中的消费者、价值较大、技术难度较高的工业品,主要采取人员推广的方式。公共关系、营业推广两种方式,在促销活动中对不同性质的医药产品的反应相对较均衡。促销方式的选择应根据具体情况而定,如图 13-2 所示。

3. 医药产品生命周期　在医药产品生命周期的不同阶段,医药企业促销的重点和目标不同,医药企业要相应地制定不同的促销组合,如表 13-1 所示。

4. 市场性质　市场地理范围、市场类型和潜在顾客的数量等因素,决定了不同的市场性质;不同的市场性质,又决定了不同的促销组合策略。一般来说,当目标市场空间大,属于消费品市场,潜在顾客数量较多时,促销组合以广告为主;反之,当目标市场空间小,属于工业品市场,潜在顾客的数量有限时,促销组合以推广为主。

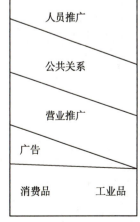

图 13-2　不同性质医药产品的促销方式选择

表 13-1   医药产品生命周期各阶段的促销方式

阶段	营销目标	促销方式
市场导入期	认识了解产品,建立企业和产品的知名度	通过各种形式的广告宣传,刺激购买
市场成长期	增进购买兴趣与偏爱,建立美誉度,提升市场占有率	以广告宣传为主,同时结合人员推广、营业推广和公共关系,开拓新用户
市场成熟期	维持市场占有率和销售收入,促成信任购买	以公共关系为主的促销组合,进行适当的市场扩展
市场衰退期	降低不满意感,回收资金,减少库存	以营业推广为主,适量投放提示性广告

5. 促销预算   促销预算因不同的竞争格局、医药企业和医药产品而有所不同。促销预算往往采取按营业额确定一个比例的方法,或者针对竞争者预算来确定预算额度的方法。不同的预算额度,从根本上决定了医药企业可选择的促销方式。

三、促销的基本步骤

采取适当的促销组合可以提高信息传递的效率和一致性,设计有效的促销组合需要八个步骤,如表 13-2 所示。

表 13-2   促销的基本步骤

阶段	内容
确定目标受众	通过对目标市场中的消费者进行调研,界定个体或者群体是否为该产品的购买者或潜在购买者
明确沟通目标	在区分不同的市场环境的基础上,为满足不同客户群体的需求,提高品牌知名度和感知价值,增强客户购买意愿,医药企业应当制定适当的短期目标和长期目标
设计营销沟通	通过合理有效的转述和分享,完善医药产品的功能
选择营销渠道	通过大众媒体渠道和人员沟通渠道的方式,扩大医药产品服务的知名度和美誉度
建立预算	医药企业深刻认识自身促销费用的宽裕情况,合理控制在促销方面的各项费用支出
决定媒介组合	为提高促销组合的整体效果,医药企业要在考虑产品属性、价格、目标市场特点等方面因素的基础上,选择最适宜的媒介组合
测量沟通结果	通过对比不同的沟通形式产生的收益和费用,为优化促销组合提供论据支持
管理整合营销沟通	选择有效的促销工具,通过各种促销工具的配合,提高信息传递的效率和一致性

第二节   医药产品促销策略

医药产品促销的方式有多种多样,但基本上可分为人员推广和非人员推广两大类。在非人员推广中,又有公共关系、营业推广和产品广告三种基本形式。每种促销方式各有其特点,既能适用一定的市场环境,但又相辅相成。营销人员必须根据医药产品的特点和营销目标,灵活选择和运用各种促销方式,使促销效率高而促销费用低。在医药产品促销工作中,医药企业常常将多种促销方式同时并用。

一、人员推广策略

(一) 人员推广的含义

人员推广 (personal selling) 是指医药推广人员 (医药代表或医药促销员等) 通过深入中间商或消费者 (推广对象) 进行直接的宣传介绍活动,使其采取购买行动的促销方式。与非人员推广相比,人员推广的最大特点是具有直接性。人员推广的优点主要表现在以下几个方面:①作业弹性大,推广人员在促销过程中可以直接展示商品,进行操作表演,帮助安装调试,并且根据顾客反映出来的欲望、需求、动机和行为,灵活地采取必要的协调措施。②针对性强,推广人员在作业之前往往要事先对顾客进行调查研究,选择潜在顾客,直接针对潜在顾客进行促销活动,具有较强的针对性,促销绩效也比较明显。③及时促成购买,推广人员面对面地讲解、说服,可以促进顾客采取购买行动。④巩固营业关系,推广人员在与顾客长期、反复的交往过程中,往往会与其培养出亲密友好的关系。

人员推广最主要的缺点主要表现在三个方面:①推广成本较高。推广人员直接接触的顾客非常有限,市场范围较小。②推广人员的管理困难。许多企业对业务员的行动管理非常粗放,造成业务员行动无计划、无考核;无法控制业务员的推广行动,从而使销售计划无实现保证;业务员的销售活动过程不透明,企业经营的风险增大等。③推广人员素质参差不齐。推广人员素质、技能的高低直接影响到推广质量与效果,无法确保完成预期推广目标。

(二) 人员推广队伍设计

推广人员是医药企业与消费者之间的纽带,一方面,推广人员代表着医药企业,另一方面,推广人员又与消费者紧密联系,反映着市场需求状况。

1. 推广人员的职责设计　推广人员的职责一般包括以下几个方面。

(1) 探寻:推广人员不仅要了解和熟悉现有顾客的需求动向,而且要尽力寻找新的目标市场,发现潜在顾客,从事市场开拓工作。

(2) 沟通:推广人员应与现有和潜在顾客保持联系,及时把要推广的医药产品介绍给顾客;同时应注意了解他们的需求,沟通产销信息。

(3) 销售:推广人员应通过与消费者的直接接触,运用推广的艺术,分析、解答顾客的疑虑,以达成交易。

(4) 服务:除了直接的销售业务,推广人员尚需提供各类服务,诸如业务咨询、技术性协助、融资安排、准时交货。

(5) 调研:推广人员可以利用直接接触市场和消费者的便利,进行市场调研和情报收集工作,并且可以将访问的情况作出报告,为开拓市场和有效推广提供依据。

(6) 分配:在医药产品稀缺时,推广人员应将稀缺医药产品分配给最急需的顾客并指导客户。

2. 推广队伍的结构设计　可供选择的推广队伍结构主要有以下四种。

(1) 地区式结构:即按区域设置销售代表,几个销售代表或销售小组负责一个区域的商品销售。这种结构的优点是:推广人员的责任明确;可以促进推广人员与当地客户的联系;因推广人员固定在一个区域活动而减少开支。

(2) 医药产品式结构:即按医药产品设置销售代表。随着医药产品技术的日益复杂,医药产品种类的增加以及医药产品间关联度的下降,推广人员要掌握全部医药产品的知识日益困难,按医药产品专门化组成销售队伍就有利于推广人员熟悉医药产品性能,有效组织销售。

(3) 市场式结构:即按顾客的特点设置销售代表。医药企业可在不同行业设置销售代表,以便于推广人员长期了解该行业的需求特点;医药企业也可针对客户规模设置销售代表,以便于分别对大客户和小客户进行促销。市场式结构的好处在于每个推广人员可对特定顾客的需求进行深入了解;其缺点是,如果各类顾客较为分散,则推销人员的开支较大。

（4）复合式结构：即将地区、医药产品、市场几种结构混合起来设置销售代表。这一类结构可以按地区 - 医药产品、地区 - 顾客、医药产品 - 客户进行分工，也可以按地区 - 医药产品 - 客户进行分工。复合式结构适应了复杂多变的市场情况，增强了医药企业营销能力，但由于形式复杂，也给管理带来了一定的难度。

3. 推广队伍的规模设计　推广队伍是最具生产力和最昂贵的资产之一。高水平的推广队伍可以创造巨大的财富，推广人员的增加又会增加医药企业成本，因此，医药企业需要将推广队伍的规模确定在适当的水平。

医药企业通常采用工作量法来确定推广队伍的规模。这个方法主要包括五个步骤：①将顾客按年销售量分成大小类；②确定每类顾客所需的访问次数；③各类顾客所需的访问次数即整个地区的访问工作量，即每年的销量访问次数；④确定一个推广代表每年可进行的平均访问次数；⑤将总的年访问次数除以每个销售代表的平均访问次数即得所需的销售代表数。

4. 推广人员的报酬制度设计　可供选择的推广人员的报酬制度一般有以下三种。

（1）纯薪金制：推广人员获得固定的薪金，其开展业务所需的费用由医药企业支付。这种方式的优点是能给推广人员很高的安全感，易于管理；缺点是缺少有效的物质激励，难以激发推广人员的进取心。

（2）纯佣金制：推广人员的报酬完全与其销售额或利润挂钩。在纯佣金制中，推广人员的各项开支，已计入所获的报酬中，开支大小完全由推广人员自己负责。纯佣金制的优点是给推广人员巨大的激励，鼓励推广人员尽最大的努力工作；缺点是推广人员缺乏安全感，不愿意做推广工作以外的其他工作。

（3）薪金佣金混合制：医药企业把推广人员的报酬分成两大部分，一部分是相对固定的薪金，另一部分是佣金。这种方式力求保留薪金制和佣金制的优点，又尽量避免其各自的缺点。薪金与佣金的比例要根据医药企业的实际情况确定。

（三）推广人员队伍的管理

1. 推广人员的招聘　推广人员的招聘方式一般包括以下几个方面。

（1）简历遴选：通常应征人员应先填写应征简历，简历中包括年龄、性别、教育程度、健康状况、工作经历等基本内容，可据以判别其是否符合候选人的基本条件。

（2）卷面测验：此即设计有关推广知识、药品知识、市场知识的试卷，以考核备选人员的知识水平。这是招聘推广人员的一种基本方式。

（3）个别交谈：个别交谈或面试是一项广泛运用的甄选方式。对经过表格遴选出来基本符合条件的人员，医药企业销售主管和人事主管要进行面谈。这种方式可以比较全面地评定一个人的语言能力、仪表风度、推广态度、面临窘境的处置方法，以及知识的深度、广度等。

（4）心理测验：①能力测验，主要是测知一个人全心全力做一项工作的成果如何，也称最佳工作表现测验，包括智力测验、特殊资质测验；②性向测验，主要是测知可能的推广人员将如何做他每天的工作，也称典型工作表现测验，包括态度测验、个性测验、兴趣测验；③成就测验，主要是测知一个人对某一项工作或某个问题所知的多寡。

2. 推广人员的培训　医药企业应根据推广人员的任务、推广人员的建议以及推广工作中出现的问题，确定培训项目。推广训练的内容一般包括医药产品知识、医药企业知识、市场知识、推广技巧，具体要结合推广目标、推广职务所需的条件、推广人员的现有素质、医药企业的市场策略等因素来确定。

推广人员培训的方法可分集体培训和个别培训两种。集体培训的方法有专题讲演与示范教学、按学习纲要进行考试与品评、分组研讨、职位演练等。个别培训的方法有在职培训、个别谈话、函授课程、采用手册或其他书面资料、利用视听教辅器材等。

（四）人员推广的步骤与方法

人员推广是一门科学,也是一门艺术。推广要遵循一定的程序和方法,但同时又要灵活运用,只有结合推广人员的自身条件以及市场环境,融会贯通,巧妙运筹,才能取得良好的推广效果。整个推广过程包括了图 13-3 所示的六个相互联系的步骤。

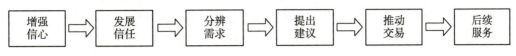

图 13-3　人员推广六个步骤

1. 增强信心　推广需要信心,推广人员如果具备成功的信心,在推广活动中就能自如运用语言、资料,在推广医药产品的同时也就把成功的信心和感觉传递给顾客。这种顽强的精神和毋庸置疑的态度,往往能使顾客对推广人员和医药产品产生信任,从而促进交易的进行。增强信心的主要方法如下。

（1）了解医药企业及医药产品的资料:推广人员信心的建立,很大一个因素是对自己医药企业的历史和现状、医药产品性能特点以及医药企业营销政策的深入了解。

（2）了解自己的长处:只有深入了解自己,认识自己在知识、能力等方面的条件,发挥自己的长处,推广人员才能找到推广成功的感觉,增强必胜的信心。

（3）总结经验:推广人员的自信心建立在成功之上。推广人员可通过总结成功经验,增强成功意识,来坚定信心、大胆工作。

（4）放松自己:在推广中遇到难题时,推广人员可有意识地进行自我心理暗示,通过放松自己,找回自信,继续开展推广工作。

2. 发展信任　顾客往往愿意与值得信任的推广人员打交道,应该说,推广人员推广的首先是自己。顾客先认可这个推广人员,然后才认可和购买他的医药产品。医药企业的医药产品同竞争对手的医药产品的差异越少,推广人员推广自己的成分就越大。发展信任的主要方法如下。

（1）帮助顾客:推广人员只有善于从顾客的立场和观点出发,设身处地为顾客着想,为顾客当参谋,帮助顾客选择医药产品,避免夸大其词作宣传,使顾客切身感受到热情和诚恳,才可能建立信任感。

（2）突出医药产品的特点:为了达到进一步发展信任的目的,推广人员应首先在推广的最初时刻作出医药产品明显不同于竞争者的医药产品的陈述;然后在深入了解顾客的基础上,具体解释和演示医药产品的优越性,以加强顾客的信任。

3. 分辨需求　推广人员要进行有效的推广,必须了解顾客的需求。推广人员需要探测顾客,分辨出消费者需求的真正指向。分辨需求的主要方法如下。

（1）提出问题:推广人员可通过对拟定问题的提问,倾听顾客对问题的回答,让顾客说出他的想法。但提出错误的问题,往往会使顾客停止交谈或回应无关的话题。

（2）筛选问题:推广人员要对顾客交谈的内容进行认真分析,筛选出顾客感兴趣的话题。在筛选问题时,推广人员可能需要连续提出几个问题,方可确认顾客的兴趣点所在,找出真正的需求目标。

（3）重点讨论:对顾客感兴趣的问题,推广人员有必要展开重点讨论以启发顾客对需求目标进行深入、细致、全面的思考;在讨论中应帮助顾客逐步解答需求的真正含义、购买意向、相关疑虑等一系列问题,从而进一步明确顾客的需求指向以及推广重点。

4. 提出建议　提出建议是实现交易目标的前提。在提出建议阶段,推广人员将顾客的参谋和顾问的角色发挥得淋漓尽致。了解了消费需求后,推广人员要懂得提出有针对性的建议。提出建议的过程是推广人员的目标与顾客的目标协调一致的过程,推广目标与需求目标的交叉点是达成交易的关键。如果顾客对推广人员的建议没有疑问,推广人员距达成交易的目的就不远了。提出建议的主要方法如下。

(1) 在适当的时刻提出建议:当顾客对推广人员产生信任,并且推广人员已充分了解顾客需求时,推广人员就应不失时机地提出解决顾客问题的方案。提出建议过早,顾客信任度和认识程度不足,就难以得到有效的回应;提出建议过晚,则可能分散顾客的注意力,冲淡主题。

(2) 突出交易带来的利益:利益推广是推广的最大秘诀和交易建议的核心。推广人员要围绕利益这个核心,向消费者充分展示购买带来的利益,诸如节约费用、节省时间、加快速度等,同时也要指明如果错过交易会带来的损失。

(3) 有效运用交易辅助品:交易辅助品包括纸、笔、样品、宣传资料、视听资料、图片等。交易辅助品可大大提高和加强推广人员建议的可信度和影响力,并可保持交谈的重点集中,使其具有持续性。

5. 推动交易　医药推广的有效性是由顾客的行动来衡量的。所有的交易在最后时刻都面临三种结果——拒绝、拖延、成交。推动交易的主要方法如下。

(1) 选择适当的成交时间:推广人员要特别注意达成交易的信号,在出现这些信号时,再提出成交的要求。当成交的时机尚不成熟、交易信号不明显时,推广人员应适当引导,进一步将顾客引向成交的路径。

(2) 说服顾客现在采取行动:成交的一般规律是,一直向顾客提供现在就买的理由,指出延误造成的损失及行动带来的收益。用顾客的话复述购买的必然性,可以使顾客充分认识到购买的迫切性。

(3) 重复保证购买的收益:推动交易的另一个重要方法是,当感到顾客有拖延的倾向、犹豫不决时,推广人员应及时抓住重点,向顾客重复宣传达成交易带来的收益以及延伸效益,增强顾客的信心。

6. 后续服务　后续服务是指在推动交易完成之后,医药推广人员尚需进行持久的追踪调研和持续访问。后续服务的方法主要是进行追踪访问。在大部分交易中,追踪访问比多次访问新顾客的投入少、效果好。追踪访问应从调查医药产品使用效果或保持良好的人际关系入手,做到未雨绸缪;如果一味急于扩大销售或询问顾客,将会给顾客造成很大压力,产生反感抵触情绪。

二、公共关系策略

(一) 公共关系的含义

公共关系(public relation)是指企业利用传播的手段,促进企业与公众之间的相互了解,达到相互协调,使公众与企业建立良好的关系,树立企业良好形象,求得社会公众对企业的理解和支持,提高产品和企业声望的一系列活动的总称。

1. 医药企业公共关系是指医药企业与其相关的社会公众的相互关系　这些社会公众主要包括供应商、中间商、消费者、竞争者、信贷机构、保险机构、政府部门、新闻传媒等。医药企业作为相互联系的社会组织的一分子,每时每刻都与相关的社会公众发生着频繁、广泛的经济联系和社会联系。所谓医药企业公关,就是指要同这些社会公众建立良好的关系。

2. 医药企业形象是医药企业公共关系的核心　医药企业公共关系的一切措施,都是围绕着树立良好的医药企业形象来进行的。医药企业形象一般是指社会公众对企业的综合评价,表明了医药企业在社会公众心目中的印象和价值。在激烈的市场竞争中,企业一旦树立了良好的形象,就表明有了良好的商业信誉,从而在竞争中占据有利地位。

3. 医药企业公共关系的最终目的是促进医药产品销售,提高市场竞争力　企业是社会经济生活基本的经济组织形式,它的基本准则是盈利性。公共关系的最终目的,无疑仍然是促进商品销售。正因为如此,公共关系才成为一种隐性的促销方式。

(二) 公共关系的活动方式

公共关系的活动方式主要是指医药企业在公共关系活动中,将公关媒介与公关方法结合起来所形成的特定公共关系方式。从公共关系活动所要达到的目的来看,公共关系的活动方式可以分为以下几种。

1. 宣传性公关　运用各种媒介,组织编印宣传性的文字、图像材料,拍摄宣传影像带,以及组织展览,向社会各界传播医药企业的有关信息,从而形成有利于医药企业发展的社会舆论导向。新闻媒介宣传是一种免费广告,具有客观性和真实感,消费者在心理上往往不设防,媒介所带来的影响往往大于单纯的商业广告。

2. 征询型公关　通过各种征询热线、问卷调查、民意测验等形式,吸引社会各界参与医药企业发展的讨论。征询型公关既可以了解社会各界对医药企业形象的认识程度,以利于进一步改善形象,又可以在征询的过程中达到与社会各界密切联系、沟通信息的目的。

3. 交际性公关　通过招待会、宴会、电话、信函、互联网等形式与社会各界保持联系,广交朋友,增进友谊,改善人际关系,提高医药企业的知名度和美誉度。

4. 服务性公关　通过消费咨询、免费维修等形式,使社会有关人员获得服务性的实惠,增加社会各界对医药企业信誉的深刻体验,从而提升医药企业形象。

5. 赞助性公关　医药企业通过赞助和参与文体娱乐活动,以及办学、扶贫、救灾等活动,充分表达对社会的一份责任和一片爱心,展示良好的精神风貌,以医药企业对社会的关心换来社会对企业及产品的关心。

(三) 公共关系的实施步骤

公共关系的主要职能是围绕医药企业形象进行信息收集、传播沟通、咨询建议和协调引导。作为一个完整的工作过程,公共关系应包括以下四个相互衔接的步骤。

1. 公关调研　调查研究是做好公共关系工作的基础。公关调研的主要内容包括企业现状、公众意见以及社会环境三个方面。

2. 公关计划　医药企业公共关系的具体目标分为传播信息、转变态度、唤起需求。医药企业应根据不同时期的公关目标,综合公众对医药企业认识、信赖的实际状况,制订具体的公关计划。

3. 公关实施　公关计划的实施是整合公关计划与公关方式的具体操作过程,实施过程中要充分考虑医药企业发展阶段、公关目标及重点、公关预算、公关媒介等各种因素,实现有效的传播和交流,从而达到良好的公关效果。

4. 公关评价　公关工作的成效,可从定性与定量两方面评价。传播成效的取得,是一个潜移默化的过程,在一定时期内很难用统计数据衡量。有些公关活动的成效,如理解程度、抱怨者数量、传媒宣传次数、赞助规模与次数等,可以进行数量统计。

三、营业推广策略

(一) 营业推广的含义和特征

营业推广(sales promotion)是指除人员推广、广告和公共关系活动以外,在一个比较大的市场上,为了刺激目标消费者需求而采取的能够迅速产生激励作用的一种促销手段。营业推广主要是一种战术性的营销工具,而非战略性的营销工具。作为一种短期的促销方式,营业推广一般具有两个相互矛盾的特征。

1. 强烈呈现　营业推广的许多方法往往能在消费者的选择前把销售的医药产品强烈地呈现出来,通过这种强烈的刺激,迅速消除顾客疑虑、观望的心理和购买惰性,使其迅速购买。

2. 医药产品贬低   由于营业推广的很多方法都表现出强烈的吸引氛围,有些做法难免显出医药企业急于出售医药产品的意图,如果使用不当,就可能使消费者怀疑医药产品的品质,产生逆反心理。

营业推广这种刺激迅速购买的方式,暗含了一个基本的假设:消费者的购买欲望,是可以通过强烈刺激释放或提前释放的。因此,医药企业在以其他方式促销的同时,短期内需要给予消费者一剂"兴奋剂"来消除其惰性,促进商品购买。当然,这种方式的副作用可能造成医药产品贬低,因而要适可而止,适度展开营业推广活动。

(二) 营业推广的类型

根据医药市场和医药产品等不同特点,营业推广主要有三种类型。

1. 针对消费者的推广   即通过对消费者的强烈刺激,使消费者迅速采取购买行动。

2. 针对中间商的推广   即通过刺激中间商,促使中间商迅速采取购买行动。

3. 针对推广人员的推广   针对医药企业自己的推广人员展开的推广,目的是鼓励推广人员积极开展推广活动,以便带来更大的销售量。

(三) 营业推广的方法

营业推广的方法多种多样,按照不同的目标人群,可以依据消费者推广、中间商推广和推广人员推广进行划分,如图 13-4 所示。

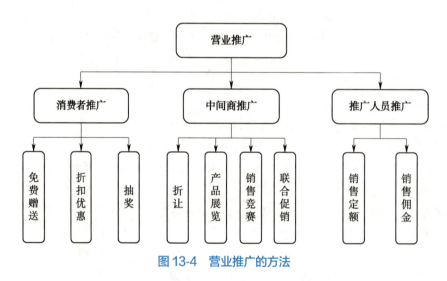

图 13-4   营业推广的方法

1. 消费者营业推广

(1) 免费赠送:免费赠送是使消费者免费获得医药企业赠送的物品或利益的推广方法。这一类方法,对消费者的刺激和吸引力最大。

免费赠送主要包括样品、附赠品、赠品印花。免费样品是将医药产品免费赠送给预期消费者试用和消费的促销方式。在开拓新市场和新医药产品导入过程中,免费样品的促销方式可消除顾客接受时的种种障碍,激发消费者的购买欲望。附赠品是消费者在购买时获赠该医药产品或其他物品的促销方式。免费赠品可以采用加送该医药产品以及在原价基础上加大包装量的方式,也可以采用附赠该医药企业其他医药产品的方式。免费赠品对于激发顾客购买欲望以及新医药产品导入和市场开拓都有积极的作用。赠品印花是消费者通过收集赠券、标签、购买凭证等印花获赠有关物品的促销方式。采用赠品印花的方式可以促使消费者持续购买,培养顾客的忠诚度。

(2) 折扣优惠:折扣优惠是医药企业对消费者折扣让利的促销方法。折扣优惠,可使消费者在购买过程中以较低的价格获得更多的医药产品和利益。

折扣优惠的方法主要包括折价券、折扣、自助获赠、还款优惠、合作广告。折价券是向潜在顾客发送小面额有价证券,持券人凭券购买商品时享受优惠的促销方式。折扣是调低售给消费者的商品价格的促销方式。自助获赠是指顾客将购买某种商品的凭证附上少量货币换取赠品的促销方式。还款优惠是指顾客通过提供购买商品的凭证获取购物的全款或部分款项的促销方式。合作广告是制造商为强化合作伙伴关系,与经销商合作开展广告宣传活动的促销方式。通常制造商提供给经销商的优惠是提供详细的医药产品技术宣传资料,协助零售商进行店面设计,合作进行广告活动等。

(3) 抽奖:抽奖是指企业通过特定的方式,以特定奖品为诱因,让消费者产生兴趣,积极参与并期待意外中奖机会的一种销售促进活动。因此,一个规划完善的抽奖活动,能够帮助企业达到既定的促销目标和销售目标。

抽奖的目的是促使消费者参与企业的宣传活动。抽奖有两种形式:一种是直接式抽奖,即从参与者中直接抽出中奖者;另一种是兑奖式抽奖,即由企业事先选好数字或标志,当一组奖券送完或到指定的日期后,在一定的时间内告知消费者,参加者若符合已选定的数字或标志即中奖。

另外还有一种称为"计划性学习"抽奖,参加者必须先详细阅读举办活动的宣传材料,以便获得符合参加条件的答案,然后可以在药品的标签、包装或广告上了解某些问题,然后在所有提出正确答案的参加者中抽出幸运中奖者。

2. 中间商推广

(1) 折让:具体包括减价折让、广告折让和陈列折让。减价折让是渠道中间商享有与进货量挂钩的进货优惠政策,如低折扣、费用返点、价格返点等方式;广告折让是生产商给予渠道中间商一定的广告津贴,以刺激渠道中间商加强产品的广告宣传;陈列折让是生产商为了支持渠道中间商扩展零售渠道,寻求有利终端陈列,从而有利于市场推广和销售,给予渠道中间商的专项津贴。

(2) 产品展览:产品展览是通过商品实物展示和现场示范表演达到宣传企业及产品的活动。这种复合性的传播方式综合了多种媒介的优点,具有鲜明、易懂、引人入胜的感染力,容易造成良好的销售效果,沟通效果也比较好。对于大宗商品的采购人员来说,提供了众多的选择余地和成交机会。因此,展览促销活动广泛受到中间商的欢迎,在这期间再运用广告手段扩大影响,将会取得更好的效果。

展览一般有以下两种类型:①从展览的规模来看,有大型、小型或袖珍式展览,其中有长期固定形式的,有定期更换部分内容,或是一次性展览后即行撤除的。②从举办的内容来看,可分综合性展览与专题性展览。综合性展览要求较全面介绍一种药品的情况,具有整体性和概括性;专题性展览一般围绕某一个主题或某种疾病专题举办,具有一定的深度,也涉猎了多种药品。专题性展览是有单独计划、有特定目标的工作。在活动中要有明确的主题、任务、目标以及采取的措施和步骤,因而,每次活动都要经过精心策划、充分准备,保证促销活动达到最佳的效果。

展览的要点:展览促销活动可以成为企业竞争的重要手段,要精心策划,以求得最佳效益。①要明确主题思想,围绕主题收集参展实物、图表、照片及文字等,并形成有机的组合与排列。②依据主题构思整个展览结构。③要做好活动期间的新闻宣传工作,扩大展览的影响范围。④要认真周到地做好工作,使活动井然有序,取得预期效果。

(3) 销售竞赛:是厂商为激发经销商的合作兴趣,加大进货和分销力度,密切制造商与经销商的关系,加强彼此的协作。如销售量竞赛、购买量竞赛、渠道覆盖与扩展竞赛等。

(4) 联合促销:指厂商与经销商互惠互利,共同开展产品或服务推广的促销方式。销售商不限于已有的渠道,还包括拓展的新渠道。

3. 推广人员推广
对医药企业内部进行医药营业推广活动,旨在使销售活动顺利进行,明确销售重点所在,策划最佳医药营业推广活动,提高销售人员对产品特性的认识,了解医药营业推广计划,促使其有效开展医药营业推广活动。医药企业要想保持长期的激励效果,还需要建立良好的激励制度来促使销售人员努力工作。激励制度一般是由药品销售定额和药品销售佣金两方面的内容组成。

总之,医药企业对于各种医药营业推广策略的选择,应当根据其营销目标、产品特性、目标市场的顾客类型以及当时当地的有利时机,灵活加以选用。

四、广告策略

(一)广告的含义与功能

广告一词源于拉丁文,是吸引人心或注意与诱导的意思。广告是由明确的发起者以付费的方式通过各种媒体向现有和潜在的消费者传播观念、产品或服务的信息,并促进销售的非人员形式的促销。

在市场营销活动中,医药产品广告的功能主要包括以下几方面。

1. 认识功能　医药产品广告的介绍可帮助消费者认识新医药产品的质量、性能、用途、保养、使用方法、购买地点、手续以及各种售后服务情况。

2. 心理功能　优秀的医药产品广告可使消费者对医药企业和医药产品产生良好印象,激发消费者的购买欲望,促进消费者采取购买行动。

3. 美学功能　医药产品广告也是一种艺术,优秀的医药产品广告能给人以美的享受,美化公共空间和视野。

4. 教育功能　优秀的医药产品广告也能起到帮助消费者树立新的道德观、人生观和形成良好道德风尚的作用。

(二)广告决策

1. 广告目标的确定　确定医药产品广告策略,首先要考虑的是医药产品广告欲达到的目标。依据对增加销售量和利润的重要程度,医药产品广告目标可有以下四种。

(1)显现:通过医药产品广告让消费者初步认识医药企业的名称、商标和产品。

(2)认识:通过医药产品广告让消费者充分认识医药企业和医药产品,并记住医药产品的性能、品质和特点。

(3)态度:通过医药产品广告提高目标顾客对医药企业和医药产品的喜爱程度,使其更倾向于本品牌。

(4)销售:所有医药产品广告的最终目标都是增加销售量。

医药企业究竟选择什么样的广告目标,需要具体分析以下一些重要因素:①医药产品广告目标必须与医药企业的市场发展总策略相协调;②医药产品的市场生命周期,处于不同阶段的医药产品,广告目标也必然不同;③消费者特征及所购买产品的行为阶段不同,医药企业必然要针对具体的情况和要求选择相应的广告目标。

2. 广告预算的安排　广告预算从财务上决定了医药企业广告宣传的规模和类型。影响医药产品广告预算的因素主要有医药产品新颖程度、医药产品差别、医药产品竞争能力、目标市场的大小、竞争对手的强弱等。广告预算的主要方法如下。

(1)倾力投掷法:即在医药企业实力雄厚的情况下,广告费用满足广告预算的办法。此法优点在于有利于大力宣传医药企业的医药产品,易于迅速提高知名度;缺点是医药产品广告支出不一定符合市场开发的需要,可能出现浪费。

(2)销售百分比法:即按销售额一定的百分比确定医药产品广告预算。因销售额选择不同,销售百分比可能不同。此法优点是广告费与销售额挂钩,使医药企业的每一笔广告费支出都与医药企业盈亏息息相关;缺点是倒果为因,把销售额的变动作为广告费变动的原因而不是结果,由于不区分市场情况,常依照以前的经验确定百分比,缺乏机动性。

(3)竞争对等法:即以竞争对手的广告支出作为参照来确定医药企业的广告预算。其基本假定是竞争对手的支出行为在该行业中有一定代表性,同时自己的医药企业有能力赶上竞争对手的广告努力。此法优点是有利于医药企业竞争;缺点是竞争对手的广告费用不易确定,并且在很多方面难以模仿。

　　(4)目标任务法:即在确定广告预算时主要考虑医药企业广告所要达到的目标。采用此法首先是尽可能明确广告的目标;其次是确定完成这些目标所要开展的工作;最后估计每项工作所需的成本,将各项成本相加得出广告预算。此法优点是逻辑合理,使医药企业的特定目标与广告联系起来;缺点是广告目标不易确定,预算也就不易控制。

　　3. 广告媒体的选择　广告所发出的各种信息,必须通过一定的媒介才能传达给消费者。广告媒体是在广告主与广告接受者之间起媒介作用的物体。广告所运用的媒体,有报纸、杂志、广播、电视、网络、电影、幻灯片、户外张贴、广告牌、霓虹灯、样本、传单、书刊和包装纸等。其中传统四大媒体是报纸、杂志、广播、电视。网络广告是通过网络传递给互联网用户的一种现在常用的广告运作方式,具有传播迅速、费用低廉的优势,发挥着越来越重要的效用,已成为传统四大媒体之后的第五大媒体。由于不同的广告媒体有不同的特点、不同的作用,广告活动应根据实际情况择善而行。

　　根据各种媒体客观上存在的优、缺点,医药产品广告在选择各种媒体时应着重考虑以下因素。

　　(1)医药产品的性质:工业品和消费品,高技术性能医药产品和一般性医药产品,应分别选用不同的媒体。

　　(2)消费者的媒体习性:不同的消费者对杂志、报纸、广播、电视等媒体有不同的阅读、收视习惯和偏好。广告媒体的选择只有适应消费者的这些习惯和偏好才能成功。

　　(3)媒体的流通性:市场的地理范围关系到媒体的选择。目标市场是全国的医药产品,宜在全国性报纸杂志和广播、电视上做广告;向局部地区销售的医药产品,则可选用地方性的广告媒体。

　　(4)媒体的影响力:报纸杂志的发行量、广播电视的收视率,是媒体影响力的标志。媒体的影响深入到市场的每一个角落,但越出目标市场则浪费发行;广告需要一定频率才能加深消费者印象,如果消费者接触广告少就不易收效。

　　(5)媒体的成本:选择广告媒体时应考虑医药企业的经济负担能力,力求在一定预算条件下,取得一定的触及、频率、冲击与持续效果。

　　(三)广告效果的测定

　　广告应讲求经济效果。要达到广告宣传的经济效果,首先应对广告效果进行测定和分析,找出广告活动中存在的问题,改进广告设计及制作,避免有形损失与无形损失,制定增强广告效果的准则。

　　测定广告效果,可以从广告取得的销售效果和广告自身的效果两个方面来进行。销售效果是把广告费用与销售额的增加作比较。其计算公式为:

$$广告效果比率 = 销售增加率 / 广告费增加率 \times 100\%$$

　　采用此法测算的广告效果,只能作为衡量广告效果的参数。这是因为商品销售的增减及增减的快慢,是由多种因素决定的,广告的影响只是诸因素之一。而在诸因素中要把广告因素单独抽出来,又是难以办到的。并且广告不一定有即时效应,常常附有延迟性的影响。所以,广告效果还应主要从广告自身的效果来测定。

　　广告自身的效果是以广告的收视率、收听率、医药产品知名度等间接促进销售的因素为根据的。广告自身的效果的测定可采取市场调查、实验以及专家评价等形式。测定的主要内容包括以下几个方面。

　　(1)注意度测定:即对各种媒体广告的读者率、收听率、视听率的测定。

　　(2)记忆度测定:记忆度即对广告重点内容,如医药企业名称、商品名称、商标、医药产品性能等的记忆,记忆度测定主要是知名度的测定。其目的是了解消费者对广告印象的深刻程度。

　　(3)理解度测定:即对广告所表达的内容和信息的理解程度的测定。测定理解度,对改进广告创作技术有重要参考价值。

　　(4)购买动机形成测定:目的是测定广告对顾客的购买动机形成究竟起多大作用。

[本章小结]

　　促销是指医药企业通过人员推销或非人员推销的方式,向目标顾客传递商品或劳务的存在及其性能、特征等信息,帮助消费者认识商品或劳务所带给购买者的利益,从而引起消费者的兴趣,激发消费者购买欲望及购买行为的活动。促销方式一般分为两大类:人员促销和非人员促销。

　　促销组合是指在医药营销企业将人员推广、广告、公共关系和营业推广等促销形式结合起来,将有关信息传递给个人、组织和社会公众,以实现企业的促销目标。

　　促销活动需要遵循八个基本步骤:确定目标受众,明确沟通目标,设计营销沟通,选择沟通渠道,建立预算,决定媒介组合,测量沟通结果,管理整合营销沟通。

　　人员推广是指医药推广人员(医药代表或医药促销员等)通过深入中间商或消费者(推广对象)进行直接的宣传介绍活动,使其采取购买行动的促销方式。

　　推广队伍的结构主要有以下四种设计:地区式结构、医药产品式结构、市场式结构、复合式结构。推广人员的报酬一般采取三种方式:纯薪金制、纯佣金制、薪金佣金混合制。

　　公共关系是指企业利用传播的手段,促进企业与公众之间的相互了解,达到相互协调,使公众与企业建立良好的关系,树立企业良好形象,求得社会公众对企业的理解和支持,提高产品和企业声望的一系列活动的总称。

　　营业推广是指除人员推广、广告和公共关系活动以外,在一个比较大的市场上,为了刺激目标消费者需求而采取的能够迅速产生激励作用的一种促销手段。营业推广的方法多种多样,主要包括消费者推广、中间商推广和推广人员推广。

　　广告一词源于拉丁文,是吸引人心或注意与诱导的意思。广告是由明确的发起者以付费的方式通过各种媒体向现有和潜在的消费者传播观念、产品或服务的信息,并促进销售的非人员形式的促销。

[关键名词]

　　促销、促销组合、促销策略、人员推广、非人员推广、公共关系、营业推广、广告

[思考题]

　　1. 什么是促销? 促销有哪些主要作用?
　　2. 什么是促销组合? 影响促销组合选择的因素有哪些?
　　3. 人员推广的任务和特点是什么? 人员推广的步骤与方法是什么?
　　4. 什么是公共关系? 其主要方式有哪些?
　　5. 什么是营业推广? 其主要方法有哪些?
　　6. 广告都有哪些功能? 如何进行广告决策?
　　7. 如何制订广告策划方案?

[本章实训]

药品促销策划

　　实训目的:通过活动了解促销及促销组合的内涵,在策划活动过程中熟悉药品促销策略,并掌握促销方案设计的基本技能。

　　实训内容：某药品生产企业生产补钙系列产品，现要在某社区推广中老年人补钙产品。但是很多老年人不知道如何进行选择？假设同学们是该药品企业市场部的促销人员，你将如何策划该产品的促销活动？

　　实训组织：教师将学生分成6~8人的项目小组，组内成员共同商讨，并确定此次促销活动的目标和主题，然后进行具体模拟演练。

　　实训考核：小组拟定促销活动方案，其中要包含多种促销方法，并模拟实施促销策划活动。各组在规定时间内完成实训项目，写出实训报告，教师统一点评。

第十三章
同步练习

（曾雪璐）

第十四章

医药电子商务

第十四章
教学课件

[学习要求]

1. 掌握医药电子商务的概念、主体以及构成体系；药品集中招标采购流程、独立第三方医药电子市场、企业自建 B2B 和 B2C 电子市场特点。
2. 熟悉药品集中招标采购、独立第三方医药电子市场、B2B 和 B2C 电子市场的区别，各自代表性平台或企业。
3. 了解患者端、医生端和药店端的医药营销电子化现状。

第一节 医药电子商务概述

一、医药电子商务的概念

医药电子商务简称医药电商，是指医疗机构、医药生产商、代理商、经销商、医药公司、医药信息提供商、第三方机构等以盈利为目的，以互联网及移动互联网为基础所进行药品、保健食品、医疗器械等商品交易，但不包括医疗咨询等服务的各种商务活动。包括 B2B 电子商务、B2C 电子商务，以及 O2O，但不包括 C2C，即以医疗和医药相关商品为核心的线上批发和零售。

中国于 2005 年诞生了第一家网上药店，到 2020 年的交易金额高达 1 876.4 亿元。

二、医药电子商务的类型

按照医药电子市场的建设主体或归属权，可以将医药电子商务活动开展所需的医药电子市场分为以下四类。

1. **国家级和省级药品集中招标采购平台** 是指在我国现行药品集中招标采购制度下，由国家医疗保障局和各省级人民政府出资建设和管理的，主要用于医疗机构药品集中招标采购的医药电子市场。在这个电子市场上的交易属于 B2B 医药电子商务类型。如 2018 年 11 月经中央全面深化改革委员会同意，国家组织药品集中采购试点的范围包括了 4 个直辖市——北京、天津、上海、重庆和 7 个城市——沈阳、大连、厦门、广州、深圳、成都、西安共 11 个城市，简称为"4+7 带量采购"。

2. **独立第三方医药电子市场** 由为药品生产企业、药品经营企业、医疗机构以及普通消费者之间的互联网药品交易提供服务的企业所建设的医药电子市场。通过不断地撮合上游生产企业、流通企业加入平台，通过补贴获取更多的终端（医院、药店、诊所）在平台注册会员并实现采购的第三方医药电子商务平台，其主要面向中小型生产企业和流通企业。

3. **医药 B2B 电子市场** 由通过自身网站与本企业成员之外的其他企业进行互联网药品交易的药品生产企业和药品批发企业建设的医药电子市场。该市场的建设和运营单位为传统大型医药生产企业和流通企业，为了适应市场的改革自行搭建电子商务平台，将自有业务从之前的线下模式逐渐转变为线上线下结合发展模式。

4. 医药 B2C 电子市场　医药 B2C 电子市场俗称"网上药店",由向个人消费者提供互联网药品交易服务的企业建设的医药电子市场。

第二节　我国网络药品经营监管的制度转变

由于药品能直接影响人民群众生命健康,具有较高的风险性,因此我国药品监管部门对网络药品经营始终保持审慎的态度。但政府也在科学治理的前提下,逐步放松管制,以提高药品的流通效率。本书梳理了我国网络药品经营监管制度的转变过程,以期为预测药品政策变化提供参考。表 14-1 为网络药品经营监管相关法规。

表 14-1　网络药品经营监管相关法规

施行时间	法律法规名称	法律层级	发布单位	备注
1985 年 7 月 1 日	中华人民共和国药品管理法	法律	全国人民代表大会	1984 年 9 月 20 日颁布,2001 年 2 月 28 日修订,2013 年 12 月 28 日、2015 年 4 月 24 日两次修正,2019 年 8 月 26 日第二次修订
2000 年 1 月 1 日	处方药与非处方药流通管理暂行规定	规范性文件	国家药品监督管理局	
2000 年 6 月 26 日	药品电子商务试点监督管理办法	规范性文件	国家药品监督管理局	已被 2004 年 8 月 17 日发布的《继续深化行政审批制度改革的通知》废止
2002 年 9 月 15 日	中华人民共和国药品管理法实施条例	行政法规	国务院	2016 年 2 月 6 日第一次修订,2019 年 3 月 2 日第二次修订
2004 年 7 月 8 日	互联网药品信息服务管理办法	部门规章	国家食品药品监督管理局	2017 年 11 月 17 日修正
2005 年 12 月 1 日	互联网药品交易服务审批暂行规定	规范性文件	国家食品药品监督管理局	
2007 年 5 月 1 日	药品流通监督管理办法	部门规章	国家食品药品监督管理局	废止了 1999 年 8 月 1 日实施的《药口流通监督管理办法(暂行)》
2018 年 7 月 17 日	互联网医院管理办法(试行)	规范性文件	国家卫生健康委员会、国家中医药管理局	
2019 年 1 月 1 日	中华人民共和国电子商务法	法律	全国人民代表大会	

一、禁止网络药品经营时期

国家药品监督管理局从 2000 年 1 月 1 日起施行的《处方药与非处方药流通管理暂行规定》,明确禁止了处方药、非处方药采取网上销售的方式。

二、网络药品经营试点时期

国家药品监督管理局于 2000 年 6 月 26 日发布并施行《药品电子商务试点监督管理办法》,并以广东、福建、北京、上海等 4 个省市为试点进行网络非处方药零售。2004 年 7 月 8 日,国家食品药品监督管理局公布并施行《互联网药品信息服务管理办法》,该办法对互联网药品信息服务资格证书赋予了法律定位,并对禁止提供药品信息直接撮合药品网上交易,禁止超出审核同意的范围提供互联网药品信息服务等作出了明确的表述。2005 年 12 月 1 日施行的《互联网药品交易服务审批暂行规定》,明确了互联网药品交易服务机构资格证书为同意企业从事互联网药品交易的行政许可,有条件地许可药品连锁零售企业向个人消费者销售药品,但只能销售非处方药,医疗机构只能通过网络购买而不得销售药品,经营企业自身须具备药品配送条件等。2007 年 5 月 1 日施行的《药品流通监督管理办法》,以规章的形式明确了药品生产企业、经营企业、医疗机构不得采用邮售、互联网交易等方式直接向公众销售处方药。

三、网络药品经营监管改革探索时期

国家食品药品监督管理总局分别于 2014 年 5 月 28 日、2017 年 11 月 14 日、2018 年 2 月 9 日,相继对《互联网食品药品经营监督管理办法(征求意见稿)》《网络药品经营监督管理办法(征求意见稿)》《药品网络销售监督管理办法(征求意见稿)》挂网征求意见,而是否放开处方药销售、零售单体药店是否可以参与网络经营等再次成为了争论的焦点。

四、对网络药品经营监管的挑战时期

2017 年,国务院公布取消互联网药品交易资格 A 证(第三方交易平台)、B 证(企业与企业间的交易平台)、C 证(企业与消费者间的交易平台)的审批,合法的经营企业都可以自由开展互联网药品服务平台、B2B(企业与企业)、B2C(企业与消费者)业务。随着互联网药品经营的高速发展和我国监管体制改革的推进,药品监管也逐渐从许可类的事前监管向事中 / 事后监管转型。2018 年 4 月 12 日,国务院确定发展"互联网 + 医疗健康"措施,确定了"允许医疗机构开展部分常见病、慢性病复诊等互联网医疗服务""探索医疗机构处方与药品零售信息共享""利用跨境电商渠道解决抗癌药物的不合理加价"等意见。2018 年 8 月,国务院批准在北京等 22 个城市设立跨境电子商务综合试验区,使药品跨境电商业务变为可能。2018 年 9 月,国家卫生健康委员会发布的《互联网医院管理办法(试行)》中明确了"医师应当掌握患者病历资料,确定患者在实体医疗机构明确诊断为某种或某几种常见病、慢性病后,可以针对相同诊断的疾病在线开具处方"。国家监管部门政策的明确也为网络药品经营的进一步发展创造了可能。然而,"互联网 +"背景下我国网络药品经营监管存在的问题也比较突出和严峻,如存在利用网络进行假药销售和违规销售处方药的现象,第三方药品物流及跨境物流存在监管盲区,药品信息展示缺乏规范性。因此,2020 年 11 月 12 日国家药监局综合司公开征求《药品网络销售监督管理办法(征求意见稿)》意见,以更好地进行网络药品的经营监管。

第三节　医药电子商务的平台与交易流程

一、医药电子商务的构成

医药电子商务服务体系通过有效整合医药电子商务资源从而为医药电子商务体系的建立和运行提供保障,是由执行一定功能的主体构成,如图 14-1 所示,主要包括三部分内容:服务监督者、服务提供者、服务购买者。

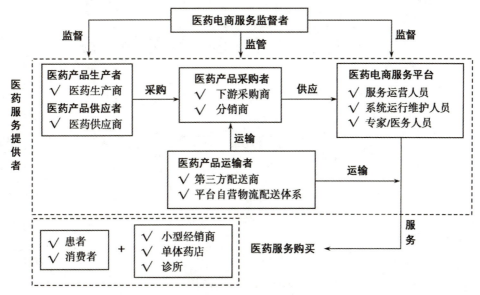

图 14-1　电子商务整体框架中的主要参与者

以服务传递过程为主线,医药生产商提供医药电子商务服务平台销售的医药产品,医药产品采购和分销者为医药电子商务服务平台供应医药产品,医药产品运输者负责"医药生产商——医药采购商——医药电子商务平台——医药产品购买者"之间的药品物流配送,医药电子商务平台运营者作为服务体系的核心角色,负责协调医药产品产销全方位服务。通过医药产品的服务传递过程,形成"医+药+人"医疗健康服务闭环生态,打通上游医药企业生产商/供应商与下游采购商,把线下的医药产品服务搬到线上服务平台,打通了药品的生产、流通、支付以及消费环节。政府部门是推动医药流通服务产业生态发展的重要动力,在医药产品流转的整个过程都受到相关卫生行政部门的监管,从而使医药电子商务服务能够规范运行。

二、医药电子商务服务体系模型与要素

医药电子商务服务体系是一个综合了人、财、物、技术等多要素的有机体系,本章以"服务"为主线,基于服务管理理论,以供求关系的互动为运行机制,结合医药电子商务服务活动的特点,在分析各种影响因素的基础上,构建面向"互联网+医疗健康"的"五位一体"的医药电子商务服务体系框架,如图 14-2 所示,其五个组成部分既自成体系,又相互联系、互为补充。

(一) 主体核心体系

主体核心体系是医药电子商务服务体系最重要的组成部分,是其运行的核心环节。根据医药电子商务产业生态中各构成要素的功能角色定位,将主体核心体系的构成要素分为四大类:第一,由医药生产商/供应商、公立/民营医疗机构、医生/护士/药师等专业人员构成的资源方;第二,B2B、B2C、O2O 等医药电子商务服务平台的运营方;第三,提供应用开发、系统集成、支付平台、物流配送、营销推广等业务的第三方服务商;第四,患者、医药零售商等医药产品消费者各要素之间相互联系、相互作用、相互依赖,相辅相成,共同作用于医药电子商务服务体系的核心运营环节。

(二) 政策支持体系

政策支持体系由政府部门牵头提供,由医药行业协会推动运行,主体功能为制定医药电子商务服务的总体规划和宏观政策,主要职责包括:建立医药电子商务服务公司市场准入制度;建立医药电子商务服务标准制度;建立医药电子商务服务公司责任与保障制度,完善医药电子商务服务管理机制,完善合同法中关于医药电子商务服务管理的法律规定;建立医药电子商务服务效果测评标准制度;建立医药电子商务服务认证制度等,为核心支持体系的运行提供法律法规保障和支持。

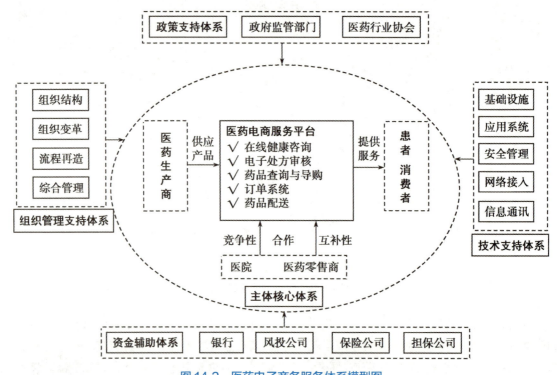

图 14-2　医药电子商务服务体系模型图

(三) 组织管理支持体系

组织管理支持体系围绕医药电子商务服务企业战略和核心业务,构建以人为核心的管理模式,促进医药电子商务服务核心体系的有效运行和可持续发展。其主要的工作内容包括:第一,明确开展医药电子商务服务须进行的相关活动,并按专业化分工的原则对相关活动进行分类,进一步按分类后的不同类别设立相应的工作岗位;第二,结合医药电子商务平台的特点、外部环境和目标需要划分工作部门,设计内部机构;第三,规定医药电子商务服务中内部机构的组织管理框架,明确不同层级职位对应的责任与权力,严格按照各自职责和权力执行相关工作;第四,制定组织管理的规章制度,健全组织管理结构中不同层级的相互关系。

(四) 资金辅助体系

资金辅助体系的主要任务是为医药电子商务服务企业提供财力保障,由银行、风投公司、保险公司等共同构成。其中银行为医药电子商务企业提供贷款、代财政支付拨款及还款业务;风险投资公司为医药电子商务初创企业提供资金支持,并获得相应报酬;保险公司向医药电子商务服务公司销售保险合约,为其提供相关财产风险保障业务;担保公司通过有偿出借自身信用资源为医药电子商务企业融资担保,并获得相应的经济与社会效益。

(五) 技术支持体系

技术支持体系从医药电子商务服务基础设施建设、应用系统部署、网络安全接入、信息互联等方面为主体核心体系的高效、优质运行提供技术保障。技术支持体系制定故障处理流程及服务形式,通过标准化服务流程控制,保证主体核心体系得到标准化、专业化、产品化的优质服务。

第四节　医药电子商务的开展

根据 2020 年的数据显示,在药品的终端销售额中,大型医院占据了 59.7% 的份额,其次为城市药店,占据了 14.9% 的份额,其余终端占比均未超过 10%。这表明,受集中采购政策影响制药企业流向批发企业的份额逐渐流向医疗机构和零售药店,药品流通的路径逐渐变短,药品价格虚高的现象得以被抑制。医药企业在争取国家级和省级药品集中采购中标的同时,医院外的市场渠道不可忽视,因为这是未中标企业的突围之地。

一、国家级和省级药品集中招标采购平台的电子商务

药品集中招标采购制度在降低药品价格,提高工作效率,降低流通费用,加强药品质量控制,提高临床用药的安全性和有效性,以及建立适时的药品配送体系方面起到了积极的作用,特别是在药品集中招标采购过程中网络技术和信息技术的利用推进了医药电子商务的有效开展。

(一)政策背景

2018 年 11 月 14 日,中央全面深化改革委员会第五次会议审议通过《国家组织药品集中采购试点方案》,明确了国家组织集中带量采购的总体思路。由 11 个试点城市派代表组成联合采购办公室作为工作机构,由上海市医药集中招标采购事务管理所来负责药品集中采购的日常工作和具体实施。我国的集中采购已经经历了"4+7"阶段、扩围阶段、省级集中带量采购阶段,目前已进入到集中带量采购常态化阶段。集中采购力度和范围进一步加大,形成国家、省级、地市级及地区集中带量采购分级展开、多层面共存互补的模式,并开始积极探索高值耗材带量采购的实施路径,如冠脉支架。药品带量采购与以往的药品集中采购模式相比,无论是采购主体还是内在机制,都存在很大差异。对于当前政策实施效果及后期发展方向,还需进行深入探讨。

截至 2021 年 11 月,国家组织药品集中带量采购已开展六批中选药品平均降价 53%,涵盖高血压、糖尿病、高血脂、慢性乙肝等慢性病和常见病的主流用药。其中,第一批、第二批集中带量采购已经完整运行首年采购周期,中选药品供应量均达到全年约定采购量的 2 倍以上,实际采购需求和供应超出预期。截至 2021 年 7 月底,第三批集中带量采购已实施 9 个月,各中选企业平均供应中选药品已达全年约定采购量的 1.5 倍。第四批集中带量采购已实施 3 个月,各中选企业平均供应中选药品已达全年约定采购量的 45%。总体来看,中选企业认真执行集中采购协议,按照约定采购量严格履约,对医疗机构超出约定采购量的需求总体能够积极满足供应。

(二)药品集中招标采购一般流程

1. 政府组织药品集中招标采购工作一般流程

(1)前期准备阶段:开展药品集中采购相关信息申报工作,确定集中预采购药品的种类、数量和比例。药品预采购量基数根据各省各医保分解、各相关医疗机构、定点零售药店报送的需求量,结合上年度使用量、临床使用状况和医疗技术进步等因素进行核定。约定采购比例根据药品临床使用特征、市场竞争格局和中选企业数量等合理确定,并在保障质量和供应、防范垄断的前提下尽可能提高。其次,确定招标目录和制作标书,通过互联网发布招标信息,发布标书,接受投标企业的网上报名,并审核其提供的资质证明资料,以确认其作为投标人的合法性和合格性。对于审查合格的投标人确认其为会员,赋予会员编号和密码,确保信息真实有效。通过互联网接受投标人为其所要投标的药品提供的质量证明文件,并对其进行审核,确保其正确无误。质量证明文件将作为投标药品质量评价的重要依据。

(2)制定评标标准:评标标准包括药品的质量、价格、投标商的配送服务等三个方面,分定性评价和定量评价两个步骤。建立由各招标医疗机构临床和药学专家组成的评标委员会。评标时从中随机抽取一定数量的专家组成评标专家组进行评标。

(3)网上报价:投标商通过互联网,在规定的投标有效时间内,进行网上报价。同时从临床和药学专家委员会中随机抽取的评标专家组,通过互联网对投标药品进行质量评价;由药学专家组对投标商进行配送和服务方面的综合评价。

(4)确定中标结果:通过对投标药品的质量、价格和投标商的配送服务综合评价的最终得分,确定

中标药品,并且通过互联网发布中标结果,使投标商可以及时从互联网了解到中标结果。

2. 企业参加药品集中招标采购工作一般流程

(1) 明确机构和职责:目前,很多企业都成立了专门的招标机构,负责对各地招标的跟踪、数据的统计和分析等工作。建立招标组织机构的目的就是把招标工作从事后弥补变成事前控制,这样才能根据各地招标的情况变化而采取应变策略。招标机构要明确职责,具体职责包括以下内容:详细掌握招标文件内容和有关要求;按招标文件要求准备资质材料;参加招标前培训、咨询,认真解读有关条款;仔细研究招标规则,找到与以往的不同之处;认真了解竞争对手的资信情况;认真分析其他区域的招标价格对当地的影响;跟踪信息,及时了解进程,详细核对;做好市场分析、调研,制定好投标和报价策略,建立落标的处理机制等。

(2) 掌握招标信息:国家和各省的招标工作都有其特点,在时间上有一定的周期,要及时准确掌握当地的招标信息,千方百计地做好招标品种目录的增补工作,否则将会错过1~2年的销售资格,这是做好投标工作的前提。作为医药企业,要了解各地的招标动态,不仅要及时、准确地了解招标信息和相关程序,而且还要关注国家相关政策的出台,确保公司的行为符合国家医疗体制改革和医药行业发展的整体要求。

收集招标信息的方法是企业要利用不同渠道进行信息的收集,包括地区办事处、代理商、网站、同行等,网站和同行是获取信息的重要途径。在招标信息的管理上要做到定人、定时、定网站、定内容。专人负责信息的收集和分析工作,提出企业在招标中的关注点和应对策略;对招标动态和信息实行制度化管理,要求不同渠道定时地对招标的信息和动态进行分析,避免出现需要时关注、不需要时就不闻不问的现象,要避免出现重要信息的遗漏,这很容易造成招标工作的被动。

(3) 研究标书:招标工作的规则就是标书,因此要认真研读,这样才可能在招标中取得主动。对那些直接关系到投标成败的内容,如评标的标准、标的的定义、物价的要求、报价的规定等事项要给予重点关注。评标标准一般分为企业资质和产品质量、投标报价、投标人的信誉和服务等。在企业资质和产品质量方面,要求企业充分展示生产企业的形象、品牌知名度和认同度,尽可能多地提供投标产品的临床疗效、安全性的文献资料,以上资料提供与否、被认可与否,在目前的市场竞争中至关重要。

在药品招投标方面,国家的和各省的规则不尽相同,标书中对标的的定义也不尽相同。作为企业,必须了解评标分类的基本原则、划分不同的质量层次的方法、是否按不同剂型规格评标等因素。也就是说,只有理解了标书中的这些关于标的的定义,企业才能较全面地判断可能存在的竞争厂家,了解竞争对手的情况,以便决定报价策略。

(4) 合理报价:报价是招投标工作能否取得成功的关键因素之一。当然,报价不一定越低越好,要尽可能投出最接近于标底的价格。企业在确定产品报价时,要综合考虑多方面的因素,使产品报价尽可能具备优势。应该从以下方面考虑产品报价:竞争厂家的因素,如竞争厂家的数量、产品进入招标地的时间、产品的营销策略、产品的市场占有率、产品所处的市场周期等;产品在当地各营销环节的费用情况,如商业扣率、税费、配送费、分销费用、促销费等;标书中对报价的特殊规定,如是否有不得高于往年或标书规定的最高投标报价等限制或规定等;当地过去的中标价格和类似区域的中标结果,参照主要竞争厂家的价格,并结合相应的投标报价趋势来预算;选择合适的报价时间,投标报价时,要尽可能在规定的报价截止期前较近的时间报价,以减少报价被泄露的机会。当然,在进行报价时,还要结合当地招标组织部门的要求进行。

(5) 跟踪招标全过程:企业在投标中不能一投了事,要跟踪招标的全过程,及时从开标公示中发现问题,如果发生被人恶意一标多投的,要及时向招标经办机构说明,及时收集并分析竞争厂家的报价,并采取相应的对策。在现行的招标模式中,较常用的是定量评标和定性评标相结合的评标方法。而定量评标依据的是投标所提供的资料来判定,其刚性比较强,一般没有更多人为的因素。而进入定性评标和成为中标候选品种时,评审专家依据的是招标人的用药习惯、生产企业的品牌知名度、产品的性价比等,此时人为因素对评审结果影响相对较大。

3. 企业参加药品集中招标采购应注意的问题

(1) 密切关注集中招标采购的发展方向,及时调整营销策略。

(2) 密切注意招标信息:由于集中招标采购的对象是全国的生产和流通企业,因此通过招标打开新市场,特别是未开发的市场,不失为很好的途径,应力争中标。

(3) 努力使自己具有成本优势的品种进入投标范围:成本优势是招标中的最重要因素,因为中标的只能是行业中成本最低的企业。

(4) 通过各种手段适应招标制,降低产品成本:如通过扩大包装,减少包装成本等方式适应招标方——医院的需要。

(5) 投标时要注意利用科学的方法进行,不要盲目为中标而将价格压得过低,以免将来违约。

二、独立第三方医药电子交易平台

独立第三方医药电子交易平台是由参与交易的双方以外的独立第三方提供的电子商务交易平台。理论上讲,国家级和省级药品集中招标采购平台是为医疗机构药品集中招标提供无偿服务的电子商务交易平台,也属于独立第三方 B2B 医药电子市场。但本书在此指以盈利为目的的独立第三方医药电子交易服务平台。

独立第三方医药电子交易服务平台的功能主要表现在:①信息服务功能。为企业提供经营信息,如行业信息、市场动态、行业状态、行业法规等;也为买卖双方提供网上交易沟通渠道,如网上谈判室、商务电子邮件等;还可以根据客户的需要,定期为客户提供市场信息。②交易配套服务功能。包括网上签订合同服务、网上支付服务等实现网上交易的服务,以及电子支付、电子认证等贸易服务。③客户管理的功能。包括为企业提供网上交易管理服务,企业的合同、交易记录、企业的客户资料等商业机密信息的托管等服务。④交易功能。为企业间的网上交易提供买卖双方所需的信息,以便促成交易。一般情况下,买方或者卖方只要注册,并且通过验证后,就可以在电子市场上发布自己的采购信息或商品出售信息,电子市场通过信息集成实现买卖双方易于获取所需信息并据此撮合交易,这是独立第三方电子市场最基本的功能。

2018 年,第三方交易服务平台在医药电子商务的销售额占比为 57.8%,而到了 2020 年下降至 39.8%(图 14-3)。其原因可能为:①在数字化技术不断发展的大背景下,倒逼大多数传统流通企业转型升级,使得原本通过线下下单配送的行为转移到了线上。②由于药品集中采购后,药品配送将由指定的大型流通企业进行线上下单及线下配送,使得医药企业自建的 B2B 的销售额占比激增。

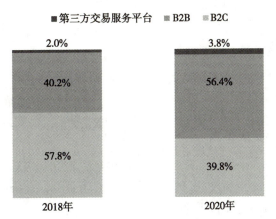

图 14-3　2020 年医药电子商务不同交易模式销售额占比

三、医药 B2B 电子市场的电子商务

医药企业自建 B2B 型电子市场上的交易是指药品生产企业、药品批发企业通过自身网站与本企业成员(是指企业集团成员或者提供互联网药品交易服务的药品生产企业、药品批发企业对其拥有全部股权或者控股权的企业法人)之外的其他企业进行的互联网药品交易。这类电子市场的建设和运营单位为传统大型医药生产企业和流通企业为了适应市场的改革自行搭建电子商务平台,将自有业务从之前的线下模式逐渐转变为线上线下结合发展模式。

这类电子市场的主要功能有:①数据查询,主要提供医药商品价格查询、药品价格走势分析,库存数量及流向查询,热门销售医药商品,包括交易次数、交易金额、行业数据分享等;②广告宣传,通过在网站展示医药企业相关文字、图片或动画等形式,介绍企业主营业务、产品、规模、历史等,用于提高企业知名度;③咨询与售后服务,与客服人员在线沟通或在线投诉,查询已经提交的咨询或投诉的回复信息,退换货申请,物流追踪等增值服务;④在线交易,由图 14-3 可见,受到电子数据化倒逼和集中采购政策双影响,医药企业自建的 B2B 的销售额占比从 2018 年的 40.2%,激增到 2020 年的 56.4%。

四、医药 B2C 电子市场的电子商务

医药 B2C 电子市场俗称"网上药店",在我国目前的政策框架内,合法的经营企业都可以自由开展互联网药品服务平台、B2B(企业与企业)、B2C(企业与消费者)业务。虽然由图 14-3 可见,2020 年医药 B2C 销售额占比仅为 3.8%,但相比 2018 年的 2% 增长了接近 1 倍。2020 年初,大部分线下渠道面临巨大的销售额降幅,而网上药店由于其"无接触"的配送优势,逆势增长。而网上药店的增长背后反映出患者由线下转为线上行为的改变,为布局线上医疗的企业带来了增长机会。除此之外,药店零售额在医药零售终端占比逐年增高,从 2016 年的 22.5% 已上升至 2020 年的 26.3%,与此同时,药店的连锁化率也逐年升高。院外的市场潜力初现,这也为集中采购未中标企业和药品提供突围的方向。院外渠道的营销重心将由医生端向消费者(患者端)倾斜。

第五节　医药营销数字化及其发展

数据表明,2011—2020 年,制药企业的销售额增速逐年降低,2015—2020 年,生产制造药企的数量增速放缓。在"带量采购"等政策的助推下,仿制药大幅度降价,寻求创新将成为部分制药企业选择维持增长的方法之一,创新药的市场占比增速明显加快。同时,医药数字化营销成为医药行业走向资源整合的必经之路。本节将从"患者端—医生端—药店端"阐述国内医药营销数字化的发展现状。

一、患者端营销数字化

患者端营销数字化主要是由于互联网技术发展,使得人们线上行为改变而引起的。消费者使用习惯的快速变化导致患者路径变了,使药企及终端药店开始正视患者流量的重要性。不受限于地域限制后,患者在线上拥有更多的自主选择权,此时对于消费类药品的品牌建设情况是一次考验。如何更好地服务慢性病、肿瘤患者也是很多企业思考的问题。

互联网及物联网技术的发展使得患者行为研究的壁垒逐渐降低。这为互联网医疗及相关企业提供了机会。与此同时,随着医疗科技的发展,涌现了较多的互联网医疗公司,很多互联网企业也纷纷入局并选择同医疗类企业合作,共同为患者提供服务。

图 14-4 是根据营销漏斗模型绘制的患者端营销数字化流程图,主要体现将潜在客户逐步变为客

户的转化模型,即患者接触点—患者运营—患者信息沉淀—转化。患者接触点分为线下与线上,线下为传统的实体医疗机构,线上则为各种医药电子商务 APP、互联网医院 APP、患者交流论坛、患者互动 H5 以及线上问诊小程序等。患者运营主要指在潜移默化中进入患者看病的旅程,去影响患者固定思维模式下的评估,占据患者的心智,即为了在患者产生某个医疗需求的时候,会立刻想到运营方的产品。患者运营方式主要有:线上问诊、患者赠药、知识讲座、癌症早筛、患者随访、药品促销和患者打卡等。成功占据患者心智,获取关注之后,就可以获得患者的信息,达到患者信息沉淀的阶段。这一阶段属于医院内的患者就会生成电子病历,而医院外的患者信息要么成为一些医药公司的专属私域信息,要么成为公共信息。最终,将患者成功获取即视为实现转化。这一过程是患者人数从上向下层层递减,同时,数字化的实现难度也是层层加大的。

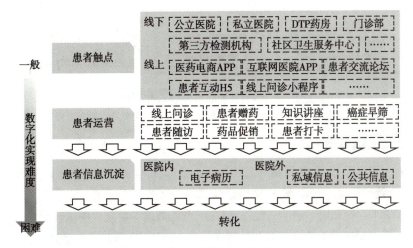

图 14-4　患者端营销数字化流程图

患者端的营销数字化依赖众多不同类型的企业进行合作完成。在当前阶段,以互联网医疗企业为核心的患者入口正搭建患者营销服务平台。参与企业类型主要有:互联网企业、互联网医疗企业、全行业技术/服务企业、第三方检测机构以及制药企业。互联网企业主要是指一些网络巨头开拓的医疗业务;互联网医疗企业的主要业务为医疗相关的互联网企业,包含挂号、患者管理、患者知识传播等;全行业技术/服务企业帮助企业搭建患者信息沉淀池,部分企业同时提供第三方运营服务;第三方检测机构提供癌症早筛、基因检测等业务;制药企业包含国内及跨国制药企业。互联网巨头企业拥有强大的流量入口,为了提升其患者运营能力,选择和医药类企业合作,丰富其患者运营的业务。

以抗肿瘤药为例,当前阶段抗肿瘤药的竞争日趋激烈,因此无论是市场的教育,还是品牌的建立对于制药企业来说都非常重要。肿瘤患者关于药物的首次触点大多发生在医院内的场景,但除此之外,肿瘤患者仅有 10% 的诊疗时间在院内,其余大部分的治疗时间都在医院外。通过手机移动端,可以在院外为患者提供精准科普,使患者对疾病和药物有更准确的了解。通过患者随访系统,可以帮助患者提升药物依从性,及时监测患者用药的不良反应。因此数字化手段可以降低肿瘤患者的运营成本,但在信息爆炸的时代,泥沙俱下的信息为患者判别真伪带来了很大的困难,尤其像肿瘤这种特殊疾病。因此在对肿瘤患者运营的过程中应持续关注以保持运营方和肿瘤患者之间的黏性,提供核心服务质量,图 14-5 为抗肿瘤药营销数字化流程图。通过患者信息沉淀,医药企业可以诊前科学采集真实数据辅助诊断,提升就诊/诊断率;诊中打破时间空间限制,提升购药便利性及患者可及性,可以有效地防止患者脱落,提升患者的治疗满意度;诊后提供疾病关怀服务,促进患者持续用药,提升患者依从性。

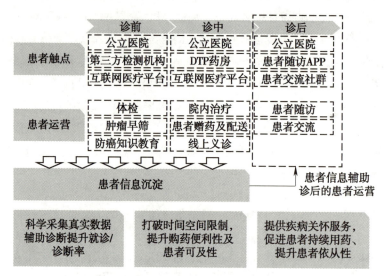

图 14-5   抗肿瘤药营销数字化流程图

二、医生端营销数字化

集中采购的大背景下,医生端面临三大营销痛点:营销投入占比过高,传统的医药代表覆盖模式成本高,且无法有效地覆盖广阔市场;药企面临越来越严格的政府营销合规监管压力;特殊情况下药企无法正常召开学术会议和线下活动。微信小程序、企业微信等社交软件崛起后,制药企业利用线上化手段对医生进行多渠道的触达和信息的传播,并对收集的医生信息进行整理和再次营销。图 14-6 为医生端营销数字化流程图,与患者端营销数字化流程图类似,通过医生触点—医生运营—医生信息沉淀三个过程,药企最终获得相关数据进行数据可视化分析。

制药企业作为核心"甲方",掌握着医生端营销数字化的走向。制药企业同咨询服务商合作,确定数字化战略;同技术商、服务商合作进行内部数字化升级,为医生服务以及内部信息提供更好的管理手段。参与医生端企业类型主要有:专注为制药企业提供数字化的营销工具类企业;专注为医生提

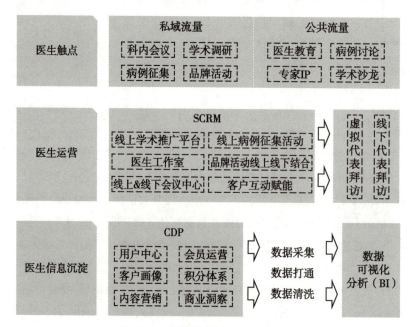

图 14-6   医生端营销数字化流程图

供数字化服务的服务类企业;为制药企业进行数字化转型提供咨询的咨询服务企业;全行业搭建社会关系管理/持续数据保护(SCRM/CDP)的信息技术企业;以及国内及跨国制药企业。

例如,某互联网巨头的医生端营销数字化解决方案重点放在学术性上。依托其互联网医院和以线上服务为核心的医生管理模式,旗下的大药房与医药企业合作,在保证传统线下推广的基础上,通过各类线上化工作,实现精准的数字化合规营销。一方面,通过线上多渠道信息服务,对医生进行精准触达和互动,将治疗领域内最新的学术进展以及最新的治疗理念等传递给医生;另一方面,与药企实现线上线下配合,帮助药企更有效地服务目标科室的医生,并将一线的医学专业人士的观点、意见要求传达给药企,从而协助药企把握整个业界动态,作出合理的医学判断,指定医学策略,设计医学活动。

三、药店端营销数字化

药店端营销痛点并不在大型连锁药店,而在于中小连锁以及单体药店。他们面临采购产品品类少、采购价格高,会员管理模式粗放、活动营销单一的运营困难,以及管理粗放,数字化系统弱等多重困难(见图 14-7)。实际上,受数字化趋势影响,以及传统药店亟须突破增长瓶颈的迫切需求,越来越多的药店已不仅仅满足于各大 O2O 平台,而是纷纷转型线上私域商城,以期降低运营成本,同时通过更加丰富多样的健康服务,进一步提高用户黏性。带量采购、处方外流、药店分级管理、双通道等也给药店的发展带来了挑战与机遇。顺应趋势,我国药店开始借助互联网、物联网、人工智能等技术进行数字化升级,通过创新的数字化营销等工具满足当前药店经营的需求。

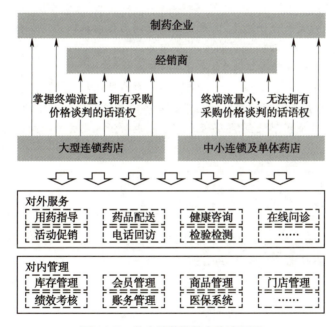

图 14-7　药店端营销数字化流程图

以某国内数字化慢性病管理解决方案提供商为例,它通过打通医疗价值链上主要参与者:医院、药店、药企、患者和医生,共同构建闭环生态,向其提供院内、药店解决方案以及个人慢性病管理解决方案,覆盖院内院外数字化慢性病管理的全生命周期,打造慢性病管理的"中国样本"。旗下药店 SaaS 系统则是专为药店打造的一体化智慧经营管理解决方案。该方案基于药店场景,采用 S to B to C 的商业模式,围绕"服务、交易、管理"三大经营环节,为药店提供整体性的"工具 + 运营 + 服务"解决方案,搭建药店全新慢性病管理模式,帮助传统药店向智慧药房升级。该业务分为三个环节:第一为服务环节——药店内一站式问诊,患者→扫描二维码→进入微信小程序→向医生问诊并申请续方→

180秒内匹配医生→开具处方→药剂师审核处方;第二为交易环节——新零售,为线下药店建立在线药店,该在线药店与药店的问诊应用程序相连,可以实现一站式库存、订单、客户和员工管理;第三为管理环节——库存管理,由于缺乏库存管理相关经验,导致线下药店库存周转天数普遍较长,通过供应链技术和专业知识,可以提高线下药店的运营效率。

[本章小结]

　　医药电子商务简称医药电商,是指医疗机构、医药生产商、代理商、经销商、医药公司、医药信息提供商、第三方机构等以盈利为目的,以互联网及移动互联网为基础所进行药品、保健食品、医疗器械等商品交易,但不包括医疗咨询等服务的各种商务活动。包括B2B电子商务、B2C电子商务以及O2O,但不包括C2C,即以医疗和医药相关商品为核心的线上批发和零售。

　　我国药品监管部门对网络药品经营始终保持审慎的态度。网络药品经营经历了四个时期:禁止网络药品经营时期、网络药品经营试点时期、网络药品经营监管改革探索时期、"互联网+医疗健康"时代对网络药品经营监管的挑战时期。随着管制的放松,医药电子商务迎来了快速发展的时期。

　　医药电子商务服务体系主要包括三部分:服务监督者、服务提供者、服务购买者。同时,医药电子商务服务体系是一个综合了人、财、物、技术等多要素的有机体系,包括主体核心体系、政策支持体系、组织管理支持体系、资金辅助体系、技术支持体系。这五个组成部分既自成体系,又相互联系、互为补充。

　　医药电子商务的开展除了受到监管部门的影响之外,药品集中采购政策的推进同样塑造了中国特色的医药电子商务。

　　医药电子商务的四大平台分别是:国家级和省级药品集中招标采购平台、独立第三方医药电子交易平台、医药B2B电子市场、医药B2C电子市场。

　　我国医药营销数字化紧紧围绕着"患者端——医生端——药店端"展开。消费者使用习惯的快速变化导致患者路径变了,患者在线上拥有更多的自主选择权,使药企及终端药店开始正视患者流量的重要性。同时,互联网及物联网技术的发展使得患者行为研究的壁垒逐渐降低。这为互联网医疗及相关企业提供了机会,很多互联网企业也纷纷入局并选择同医疗类企业合作,共同为患者提供服务。

[关键名词]

　　医药电子商务、医药电子商务服务体系、国家级和省级药品集中招标采购平台、独立第三方医药电子市场、医药B2B电子市场、医药B2C电子市场

[思考题]

　　1. 什么是医药电子商务?

　　2. 讨论互联网药品交易资格是否需要政策审批? 自由开展互联网药品服务平台、B2B(企业与企业)、B2C(企业与消费者)业务,企业需要哪些条件?

　　3. 医药电子商务服务体系由哪几部分构成?

　　4. 讨论医生端的营销在集中采购的大背景下,如今存在哪些障碍?

　　5. 对于中小连锁以及单体药店,如何才能借助互联网、物联网、人工智能等技术进行数字化升级,通过创新的数字化营销等工具满足当前药店经营的需求?

[**本章实训**]

两种线上购药平台经营模式对比分析

实训目的:熟悉互联网购药平台的经营模式。

实训内容:首先,查阅APP应用市场,比较两款应用的下载量、得分及用户反馈;然后,安装手机客户端,熟悉它们的经营模式,找出利益相关者,并绘制出服务流程图,得出盈利模式和关键点;最后比较两者优劣。

实训组织:由同学组成几个小组,分组完成上述内容,得出结论,写出分析报告。

实训考核:每组分别制作PPT,并在课堂汇报展示分析结果,教师和同学们提问,最后由教师点评和记分。

第十四章
同步练习

（雷　超）

第十五章

医药国际市场营销

第十五章
教学课件

第一节　医药国际市场营销概述

一、医药国际市场营销的内涵

菲利普·R.凯特奥拉和约翰·L.格雷厄姆在《国际市场营销学》中指出,国际市场营销是指在一个以上的国家把企业生产的商品或劳务引导到消费者或用户中去的经营活动。可见,国际市场营销是指超越本国国界的市场营销活动,是企业在一个以上的国家从事的经营和销售活动,是国内市场营销活动在国际市场的延伸。

医药国际市场营销又称医药跨国营销,是指医药思想、医药产品和医药服务流入到一个以上的国家的客户或消费者手中的一系列活动或过程。它包括医药市场营销调研、医药市场需求测算、医药产品开发、医药产品和服务定价、医药分销、医药广告、医药公关、医药人员推销、医药市场营销组合、医药企业文化整合、医药销售促进、医药售后服务等一系列活动。

二、与国内市场营销的差异

由于国际市场营销环境要比国内市场营销环境复杂很多,医药产品又是一种特殊的产品,因此,医药国际市场营销与国内市场营销相比,更加复杂,更加困难,风险也更大。

(一)营销环境更加复杂

营销环境不同是医药国际市场营销和国内市场营销最大的不同。国际市场营销环境的复杂性主要来自语言、风俗习惯、社会文化、政治法律、技术经济以及贸易壁垒等。由于语言、风俗习惯不同,致使沟通困难、调研困难;由于各国医药贸易的法律规定不同,甚至差别很大,故而发生纠纷时往往难以解决;由于贸易的关税壁垒和非关税壁垒很多,市场进入困难。

(二)营销组合更加复杂

国内市场营销只面对国内不可控的环境因素,市场营销组合策略相对简单些,而国际市场营销则受到国内、国际双重环境的影响,致使营销组合策略更加复杂。

1. **产品策略更加复杂**　国际营销的产品策略首先面对产品标准化和差异化策略的选择。各国市场需求存在巨大差异,如果忽视了这一特点,企业的国际营销将会陷入困境。所以,在大多数情况下,差异化产品策略是主要的。其次,由于医药产品的特殊性,国际营销对于医药产品的质量要求更加严格。医药产品的质量集中体现在安全性和有效性上。世界上每个国家对医药产品质量的要求都很严格。

2. 定价策略更加复杂　国内市场定价主要考虑成本、需求、竞争、政策法律因素,企业营销部门较易把握市场的价格情况。国际市场定价时考虑的成本因素更多,如关税、外汇汇率等,考虑的需求、竞争、法规涉及多国。

3. 分销策略更加复杂　企业对于国内分销渠道比较熟悉,比较容易选择和管理分销渠道。国际营销企业不仅面临对国内出口商的选择,还要对国外中间商进行选择。而且,由于各国营销环境的差异,形成了不同的分销系统和渠道,比如许可证贸易、合资经营、代理商、补偿贸易等,而这些形式在国内营销中很少采用,致使分销渠道策略更加复杂。

4. 促销策略更加复杂　由于各国文化、政治、法律、语言、媒体等不同,使促销策略更加复杂。

(三) 面临的风险更大

国际市场营销由于进行跨国界的交易活动,很多情况不易把握,其产生的风险,诸如信用风险、商业风险、汇率风险、运输风险、价格风险、政治风险等要远远大于国内市场营销。

(四) 竞争更加激烈

由于进入国际市场的企业都是各国实力雄厚的企业,营销手段及参与者多于国内市场,因此国际市场竞争比国内更为激烈。在国际市场上,营销手段除了 4P 以外,往往还有公共关系和政治权利以及其他超越市场的手段,其行动的规则与结果的复杂性都是国内市场无法相比的。

第二节　医药国际市场环境

一、国际环境分析

医药企业要想顺利进入国际市场,首先必须对国际医药市场的经营环境进行调查研究。国际环境决定着国际市场营销者从本国到达目标国的可能性和现实性,是整个国际市场营销环境中最关键的部分。国际环境影响国际市场营销的因素有:国际贸易体系、国际金融组织、跨国公司、区域化经济、国际化分工、国际竞争和国际政治等。在国际竞争中,只有实力雄厚的企业,才能建立起外向型发展所必需的管理系统、信息系统和国际营销系统。因此我国医药企业只有通过发展经济规模,降低单位产品成本,扩大出口数量,才能赢得优势,因为只有在国内具有高水平的产业地带和基地,才能为加入国际竞争提供有力的依托。

二、营销目标国的环境分析

(一) 营销目标国的政治法律环境

国际政治法律环境由政治因素和法律因素构成。其中政治因素包括国家主权、政治体制、政党体系、民族主义、政策稳定性、政治风险和国际关系等。法律因素包括国际公约、国际惯例、目标市场国的涉外法规、国际商业争端解决途径等。

1. 政局　政局越稳定,对医药国际市场营销吸引力就越大。每一个医药企业在进行国际市场营销时,都必须对目标国的政局稳定性予以足够的重视。一般来说,政局越稳,企业经营就越易开展;如果目标国的政局稳定性很差,医药企业应采用出口的方式,而不能是直接对外投资。

2. 政策　目标国国内政策的改变,往往直接影响医药国际市场营销。

3. 立法　各国针对医药市场设定不同的法律。例如,有 24 个国家对药品广告有事先检查的法规;比利时和北欧一些国家的法律规定不允许在广播电视做药品广告;法国法律不许上门推销等。目前消费者运动在发达的国家和地区已成为一种强大的社会力量;有的国家利用"反倾销法""环境保护法"等阻碍其他国家商品进入本国市场。再如,关于包装,美国农业部规定所有纯木材包装材料都要经过高温熏蒸或防腐剂处理,否则拒绝过关;法国则规定所有进口的产品都不准使用木材包装。因此,我国医药企业要走向世界必须了解国际政治法律环境。

(二)营销目标国的社会文化环境

医药国际市场社会文化环境代表了医药国际营销中的人文因素。人类虽具有共同的生物学意义上的自然特征,但人与人之间却有着更大的社会和文化方面的社会性差异。由于各国历史传统、地理环境、人文等因素的影响,各国在社会文化环境方面有很大差异。医药国际营销需要调查研究的内容有以下几方面。

1. 社会阶层   包括目标营销国中家庭组织、阶层、行为准则等。

2. 风俗习惯   由于各国的历史传统、地理环境等方面的差异,在药品消费方面也都有不同的风俗习惯。有的喜用颗粒剂,有的偏爱口服液,有的则习惯使用传统剂型。因此中药企业在出口中药时,就要根据这些习惯来决定和设计中药的种类、剂型以及包装等,切不可凭自己的主观想象办事。例如,英国人有着悠久的服用草药的历史,以茶叶和草药配合制成的药茶很受人们的欢迎。中药虽然与西方的草药有所不同,但可以将一些植物类中药制成当地人所能接受的剂型,就有望大范围地占领英国草药市场。此外,在中药国际市场营销中,还要注意对商品包装图案的设计和颜色的使用,需适应目标国消费者的喜爱和禁忌。目前,中药企业的出口产品包装还存在一些问题,诸如包装设计不合理、包装形式较落后等。为此,对于改进出口中药产品的包装,中药企业必须给予足够的重视。首先,在包装材料的选择上,要选择可降解的包装材料,使其达到环保要求并与中药产品"绿色""天然"的特点相适应;其次,在包装设计和文字使用上要符合目标国的习惯。另外,销往不同国家的药品,在包装和说明书上不能千篇一律用英语,也应使用目标国的语言,使消费者有亲切感,进而使其对产品产生好感。

3. 教育水平和文化素质   需预先调查目标国的教育普及程度及消费者的文化知识水平。通常受教育程度高的消费者喜爱知识性、趣味性强的商品。目标国消费者的教育程度越高,对国外产品尤其技术性产品的吸收和使用越容易。相反,教育落后则是吸收国外先进产品或技术的一个重要的障碍。

4. 宗教信仰   各国宗教信仰不同,其伦理道德和价值准则也各有差异,因此在产品需求上可能也会呈现出宗教特色。

5. 语言文字   语言文字是交易双方沟通信息、洽谈生意、签署合同必不可少的工具,在进行药品国际市场营销时更为重要。世界上有 3 000 多种语言,有的国家还同时使用多种语言,如新加坡。在国际营销中,品牌、商标、标签、广告、服务、公关和展销等都会发生语言障碍。所以,中药企业在进行国际市场营销时,必须研究目标国的语言使用情况,以免影响交流,造成损失。

(三)营销目标国的人口经济环境

考察人口经济环境的主要目的,是估算某目标国家或地区的市场规模,即能够形成多大的实际购买能力,这是医药企业进入国际市场所必须考虑的问题。根据目标国家的人口状况、收入水平及经济基础结构等因素,可大致描绘出这一地区的人口经济环境。人口虽然不是决定一个国家或地区市场规模的唯一因素,但它对于估计商品潜在需求,尤其是消费品市场需求有非常重要的意义。

1. 人口   从某种意义上讲,医药市场规模是由人口总量决定的。一个国家的医药市场规模与其人口总数是成正比的,其市场潜量都与人口数量有直接关系。在其他条件相同的情况下,一个国家的人口总数越多,则这一国家的药品市场规模就越大,说明越容易发现和寻找市场机会,企业进入该国医药市场也就越为有利。

2. 交通   交通条件是指由公路、铁路、水路及空中航线组成的运输网络。企业的后勤供应依赖于目标国的运输基础设施,比如进入东南亚市场的企业,往往先打入新加坡,因为该区拥有可停靠大型轮船的深水港和效率极高的机场,通过新加坡的海运、空运可向东南亚地区市场渗透。发达国家与发展中国家在运输能力、运输方式方面的差异很大,直接决定了各自不同的产品实体分配效率,这就不能不影响到国际市场营销活动的顺利进行。

3. **通信**　通信与交通同等重要,国际营销中的营销调研和促销都依赖于目标国通信设施的质量,通信的装备水平及普及程度直接影响到商品交换的便利、对市场机会的把握以及交易成本。

除了能源、交通、通信这些基础设施之外,医药企业的国际市场营销还依赖于目标国的商业性基础设施、经济体制、人口收入、经济发展水平、国际收支状况、市场规模、基础设施、自然资源等因素。高收入国家的消费水平较高,其民众选择药物时,较多考虑疗效,容易接受新特药;而低收入国家的民众则用药水平较低,选用药时多考虑价格因素;发达国家人口有老龄化趋势,对老年病的药品需求量大,而一些发展中国家 14 岁以下人口比重却在增长,因此对儿童用药的需求较大。一国的经济情况会直接影响该国民众对产品和服务的需求质量和数量,因此,开展国际市场营销必须对目标国家的人口经济环境有所了解。

第三节　医药国际目标市场的选择与进入

在经济全球化的趋势下,医药企业面临着巨大机会的同时,也面对着更加严峻的威胁,主要的竞争者不仅是国内的企业,而且包括许多国外企业。目前,如何更快地拓展国际市场,如何更好地进行国际市场营销是摆在许多医药企业面前的重要课题。医药企业要迈向国际市场,进入方式的选择是至关重要的。我国医药企业进入医药国际市场主要有六种选择,即出口进入、合同进入、投资进入、对等进入、加工进入和以医带药进入方式。

一、出口进入方式

出口进入方式是指产品在国内生产,然后通过适当渠道销往国际市场的方式。这是企业进入国际市场的一种传统方式,也是目前进入医药国际市场普遍采取的一种方式。把现有药品的一部分运到国外市场销售,生产设施仍然留在国内,不用增加多少投资,所以风险不大。产品出口又分为直接出口和间接出口。

(一) 直接出口

直接出口是指药品企业建立自己的国外分支机构,负责国外的市场营销活动。其特点就是由中药企业自身在国外设立销售网点,而不使用国内的中药代理商。这是那些获得自营出口权的大型中药企业和外向型中药企业所采用的出口方式。其优点是:可以节省国内中间商环节的费用;由于中药企业可以直接参与国际市场营销活动,所以能获取国际市场变化信息,及时调整生产经营活动;可以在一定程度上自主决策,控制中药产品外销。缺点是:因为要建立自己的产品出口的专门机构,甚至在国外建立机构,并需要聘请专门的国际营销人才,所以,费用较高,另外需要自己承担由直接出口带来的经济风险。

(二) 间接出口

所谓间接出口就是中药企业利用本国的中间商向国际市场出口中药产品,它是中药企业开始走向国际市场最常用的方式。间接出口不需要大量投资,也不必发展自己的国外市场营销人员,所以承担的成本风险较小。由经验丰富的中间商负责市场营销活动,中药企业可避免犯大的错误。间接出口包括国内出口商、国内出口代理商和合作组织三种形式。

二、合同进入方式

合同进入是指医药企业通过与国外企业开展一种叫作契约授权式的合作,即医药企业通过与当地企业签订合同转让技术、服务等无形产品进入国际市场的方式。其主要有许可证经营、特许经营。

(一) 许可证经营

许可证经营是通过签订许可证合同的方式,医药企业(许可方)在指定的时间、区域内将其工业产权(如专利、专门技术、工艺、注册商标等)转让给外国法人(受许方)。受许方应支付使用费,并承担保守秘密等义务;许可方通过无形资产的转移获取转让费或其他形式的报酬。许可证合同的核心是无形资产使用权的转移。

许可证经营是一种简单的走向国际市场的方式。其优点是:可以使产品在当地生产和销售,避开进口国提高关税、实行进口配额等限制,从而极大地提高了产品或业务在他国占领市场的速度。同时还可以不用承担东道国货币贬值、产品竞争等风险,以及不需要支付高昂运输费用,节约经营成本。其缺点是:对被授权企业的控制有限。所以,对被授权企业的考察一定要细致,确保素质优秀;对授权后业务的进展及协议规定项目的管理要尽量到位,确保产品以及双方企业的良好声誉。

(二) 特许经营

特许经营是许可证经营的一种特殊方式,是指国内企业(特许方)将其工业产权(如专利、专业技术、工艺、商标、商号等)的使用权,以及经营风格和管理方法等无形资产转让给国外企业(受许方),受许方利用特许方转让的无形资产从事业务经营活动,遵循特许方制定的方针和程序。特许合同双方的关联程度较高,特许人往往将持证人作为自己的分支机构,统一经营政策、统一风格、统一管理,向客户提供标准化的服务。持证人要向特许人支付相应的费用。

三、投资进入方式

投资进入方式是指企业在国外进行投资生产,并在国际市场销售产品。投资进入又可分为合资经营与独资经营两种方式。

(一) 合资经营

是指我国医药企业和外国投资者或两个不同国家和地区的投资者,按一定比例共同投资兴办企业,并按照平等互利的原则,共同生产,共同经营,共负盈亏,共担风险。

合资经营的优点有:由于与目标市场国企业合资经营,政治风险较小,并可以享受较多的优惠;可以利用国外合作伙伴熟悉该国政治法律、社会文化及经济状况的优势,利用当地资源打开当地市场。其缺点是:主要是投资各方人员在管理上难以协调,在利润分配和使用方面容易产生矛盾。

(二) 独资经营

是指企业在国外单独投资建立拥有全部股权的企业,独立经营,自担风险,自负盈亏。独资经营是我国医药企业在国外生产经营的最高形式,这意味着我国医药企业在国外市场上单独控制着一个企业的生产和销售。

独资经营的优点是:可获得目标国的支持与奖励;能获得目标国的廉价生产力或原料供应,降低经营成本;能够完全自主地控制自己的投资;能够加强与目标国政府、顾客、当地供应商以及经营商的关系;同时还能保证进入该国市场的渠道通畅,以防目标国只购买本国生产的医药产品。其缺点是:使企业的大笔投资置于风险之下,如目标国没收、接管、货币贬值、价格限制等。

四、对等进入方式

对等进入方式是指医药企业出口商品时必须购入国外一定数量商品,借以进入国际市场。对等贸易的双方都达到了进入对方市场的目的。对等贸易有补偿贸易和易货贸易两种。

（一）补偿贸易

是买方以贷款形式购进机器设备、技术知识、专利等,在一定时期由买方生产的产品或双方商定的其他商品清偿贷款的一种贸易方式。补偿贸易的形式有三种:产品返销、互购和部分补偿。

补偿贸易的优点是:可避免外汇短缺造成的市场收缩,扩大医药产品出口并可较容易地进入贸易保护程度较高的国家。缺点是:交换的对等性和互利性有时难以真正实现。

（二）易货贸易

是以价值相等的医药商品直接交换。其一般不需要货币媒介,而且往往是一次性的交易,履约时间较短。

易货贸易的优点是:在不动用现汇的情况下出口商品,并取得国内急需的机器设备和医药产品。缺点是:交易的商品有局限性。

五、加工进入方式

加工进入方式是利用国外原材料,经过生产加工重新进入国际市场。这种方式优点在于:可以充分利用国内企业优势如技术、工艺和营销,国外投资少,风险小;产品由国内企业负责营销,对市场的控制权掌握在国内企业中;产品在当地制造,有利于搞好与目标国的公共关系。其局限性在于:难以找到有资质的制造商;质量难以控制;利润需要与制造商分享;一旦制造合同终止,目标国制造企业可能成为国际企业在当地的竞争者。

六、以医带药进入方式

以医带药进入方式是我国中药产品进入国际市场的一种特殊方式。中医中药是我国的优秀文化遗产,是我国最具知识产权并具有一定竞争力的产业。它为中华民族的生息繁衍、兴旺发达作出了巨大贡献。因此,要想使中药产品走向世界就必须把中医推向世界,这样才能扩大中医中药在国际市场上的影响,同时只有这样才能够提高国际社会对中医药的认知程度,从而使中医药产业真正走向国际市场。

第四节　医药国际市场营销策略

医药国际市场营销同国内医药市场营销一样,医药企业在经过市场调研和细分,确定了目标市场和国际市场的进入方式之后,就必须向海外顾客提供满足其需求的产品。因此,应该着手制定适应特定市场环境的产品策略、价格策略、分销渠道策略和促销策略的新组合。由于国际市场营销的复杂性,国与国之间市场营销的差异性等,在国际市场上运用营销策略也就具有不同的情况和特点,下面就从几个方面来阐述。

一、医药国际市场产品策略

医药产品要进入国际市场,必须有适合国际市场需要的产品。因此,在制定医药国际市场营销产品策略时,必须考虑究竟以什么样的产品形式进入国际市场,是部分改造现有产品,还是制造一种全新的产品推向国际市场。常用的产品策略有三种。

（一）产品和信息直接延伸策略

医药产品延伸策略就是将现有的医药产品只作地域上的延伸,这是一种最简单、投入也较少的策略。如果医药产品的效用和使用方法在国内外市场完全相同时,就可以直接将产品出口,在国际市场上采用相同的产品信息传递策略,树立相同的产品形象。采用这一策略,对于医药企业来说非常有利,其原因是：

1. 医药企业不需要额外的产品研发费用和增添新的制造设备,从而可以减少投资。

2. 通过大批量地生产,可使医药企业产品的成本得到大幅度的降低,从而使医药企业取得规模经济效益。

3. 方便消费者,使其在旅行和迁居时也能在当地购买到相同的医药产品。但是医药企业应该注意到由于各国法律、风俗习惯等方面的差异,对医药产品的剂型、用途、功能、商标、包装等也都会有不同的要求。

(二) 产品和信息改造策略

是指把在国内销售的医药产品,根据国际市场的区域性偏好或条件改造产品和产品传递信息,以适应国际市场上消费者对医药商品的需求。产品和信息改造主要采用以下几种组合策略。

1. 剂型变更　这里主要指的是中药产品,因为丸、散、膏、丹等剂型是我国中药产品的传统剂型,但很难为外国消费者特别是西方人所接受,即使是在东南亚市场,其销售额也呈现出不断下降的趋势,这就要求中药企业在开拓国际市场时要注意剂型的变更。

2. 包装变更　包装的目的不仅在于便于运输、储存及销售,还应符合各个国家的消费偏好和风俗习惯,因此,医药企业应根据不同国家的具体情况,对医药产品包装适当加以变更。

3. 品牌及商标的变更　从医药产品顺利进入国际市场的角度考虑,更改是为了使其符合当地的文化要求和法律规定;从促销的角度来考虑,是为了增强产品的吸引力并突出其特色。

4. 其他方面的变更　如服务变更、质量变更等。例如许多跨国公司在我国境内设立合资厂,合资厂生产的医药产品,其疗效与跨国公司本土生产的产品并无本质上的差别,但为适应国内市场,其做了些许更改,如有精美的包装、强大的宣传攻势以及完善的销售服务,这些更改对营销效果也有着相当大的影响。

(三) 全新产品策略

全新产品策略是指医药企业为了适应国外目标市场的需要和偏好,研制开发与老产品不同的全新产品投放到国际市场当中去,从而占领国际市场。这是一种风险和回报都很高的国际营销产品策略。因此,这种策略对医药企业的要求较高,需要耗费企业大量的人力、物力和财力,虽然风险较大,但一旦成功,收益也相当可观。

二、医药国际市场价格策略

国际市场营销中,价格竞争与非价格竞争犬牙交错,其复杂性和多变性使制定医药国际市场营销的产品价格十分困难。一般来说,医药产品在国际市场上的价格构成包括以下几方面:一是基本价格,即国内采购价格或出厂价格。二是出口费用,包括主要费用和杂费。前者中数额最大的是运费,其次是保险费,另外还有输出包装费、检验费、报关费、装卸费等;后者主要是指贷款利息、邮电费及其他费用等。三是企业的预计利润,即企业预计所要获得的利润数额。

(一) 国际贸易价格术语

价格术语又称价格条件,是在长期的国际贸易交往中逐渐形成和约定的,它表明的是商品价格的构成,买卖双方在货物交接过程中分别承担的责任、费用和风险。常用的国际价格术语有以下三种。

1. 离岸价格　又称产地价格、港口交货价格或船上交货价格,简称 FOB。它要求卖方负责在合同规定的港口和期限内将货物装上买方指定的运输工具上,向买方提供货运单据、交纳出口税、承担货物在装前的一切费用和风险。

2. 到岸价格　又称成本加保险费、运费价格,或统一运送价格,简称 CIF。它要求卖方将货物装上运输工具并支付启运港至目的港的运费和保险费。

3. 成本加运费价格　又叫离岸加运费价格,简称 C&F。它要求卖方将货物装上运输工具并支付启运港到目的港的运费。

(二) 计价货币

国际市场营销活动中使用多种计价货币。至于使用哪一种货币,要由买卖双方协商决定。由于国际交易的每笔交易周期较长,外币汇率波动较大,所以医药企业在制定产品外销价格时,必须认真分析各国货币的汇率变动情况,以便选择对本国企业有利的货币。如果两国间没有签订计价货币的协议,一般选用可兑换货币。可兑换货币指那些可以在国际外汇市场上自由进行交易的货币,如美元、日元、欧元等。

(三) 国际市场营销定价策略

国内市场营销的价格策略同样适用于国际市场营销,但国际市场变化多端,选择定价策略时必须注意灵活机动,参照国际上通用的方法,随行就市,同时还要考虑自己国家的实际情况。国际市场可以更多关注以下四种价格策略。

1. 统一定价策略　统一定价策略就是医药企业在国际市场上对同一产品采用同一价格的策略。此策略简单易行,但是很难适应国际市场差异化的需求和不断变化的竞争。

2. 多元化定价策略　多元化定价策略是指医药企业在国际市场上对同一产品采用不同价格的策略。采用这一策略时,医药企业对国外子公司的定价不加干预,各子公司完全根据当地市场情况作出价格决策。这一策略使国外分支机构有较大的定价自主权,有利于根据市场情况灵活地参与市场竞争。但是很容易引起企业内部同一产品盲目的价格竞争,影响企业的整体形象。

3. 控制定价策略　控制定价策略是指医药企业对同一产品采取适当控制价格的策略。这种策略融合了统一定价与多元定价的优点,对同一产品的定价实行适当控制,既不采用同一价格,也不完全放手由各子公司自主定价,而是在控制引起内部竞争因素的同时,允许子公司根据市场状况进行灵活定价。这一策略使定价既适应了市场变化,又避免了公司内部的盲目竞争,但会增大管理难度和成本。

4. 转移定价策略　转移定价策略是指医药企业通过在母公司与子公司、子公司与子公司之间转移产品,并且确定某种内部转移价格,以实现全球利益最大化的策略。企业在采用此策略时,在母公司与子公司、子公司与子公司之间转移产品,人为提高或降低内部结算价格。但从整体上看,总公司的利益达到最大化。转移定价策略有利于实现企业整体利益的最大化,但可能会损害某些国家的利益。

三、医药国际市场分销渠道策略

选择和建立分销渠道是医药国际市场营销中极其重要也是十分困难的环节之一。由于医药企业在国际市场营销活动中掌握的市场信息往往不多,所以一般产品都需通过中间商销售给最终用户,不同的中间商在市场营销中具有不同的作用,从而形成了医药产品国际市场营销的不同销售渠道。

(一) 窄渠道策略

又称独家经营策略。它是指进入国际市场的医药企业在国际市场上给予中间商在一定时期内独家销售医药产品的权利。

窄渠道策略的优点是:有利于鼓励中间商积极开拓国际市场,并依据市场需求订货和控制销售价格。窄渠道策略的缺点是:独家经营容易使中间商垄断市场。

(二) 宽渠道策略

又称广泛性分销渠道策略。它是指医药企业在进入国际市场直到最终消费者的各个层次的环节中,尽可能多地选择中间商来推销其产品。

宽渠道策略的优点是:中间商之间形成强有力的竞争,有利于医药商品进入更广阔的国际市场,从而扩大医药商品的销量。宽渠道策略的缺点是:中间商一般都不愿承担广告费用,而且医药产品的最终市场销售价格不易控制,部分中间商削价竞销,会损害医药产品在国际市场上的形象。

(三) 长渠道策略

又称多环节渠道策略。指医药企业在国际市场上选用两个或两个以上环节的中间商为其推销医药产品的渠道策略。国际市场营销由于受到国际政治、经济、社会文化和地理等因素的影响,其分销渠道都较国内市场营销渠道长。

长渠道策略的优点是:医药商品能够进入更广阔的市场地理空间和不同层次的消费者群。长渠道策略的缺点是:容易形成医药商品较大的市场存量,并增加销售成本,导致最终售价上升。

(四) 短渠道策略

是指医药企业在国际市场上直接与国外零售商或用户从事交易的渠道策略。但由于药品是特殊的产品,所以,这种策略在医药国际市场营销活动中并不常用。

短渠道策略的优点是:可以节约经营成本,增强竞争能力。

四、医药国际市场促销策略

在国际市场营销中,医药企业的市场覆盖范围广泛,服务对象构成复杂;既有经济收入的差距,又有不同社会文化背景带来的心理、观念和思想意识方面的不同,因而选择适宜的促销沟通方式非常重要。国际市场促销组合与国内市场促销组合一样,主要包括广告、人员推销、公共关系、营业推广四种要素,但是各种策略的侧重点会有所不同。

(一) 广告策略

广告是营销活动中最常用的一种促销手段,它在国际营销中所发挥的作用相较于国内营销更大。在广告决策方面,国际营销与国内营销最大的不同就在于,国际营销企业需要在广告的差异化和标准化之间进行选择。因此,下面主要介绍广告的标准化和差异化策略。

国际广告的标准化是指企业在不同国家的目标市场上,进行主题相同的广告宣传。这种策略要求撇开广告市场的差异性,突出基本需求一致性。其特点是可以节约广告费用,有利于保持企业和产品在国际市场上的统一性。该方式尤其适用于有客观标准的医药产品。

国际广告的差异化是指企业针对不同国家目标市场的不同特性,进行主题不同的广告宣传,也称为地域化广告策略。其特点是成本高,但是针对性强,促销效果好。

广告活动究竟采取差异化还是标准化,应该根据产品或服务的特性、各国市场的同质性或异质性、各国政府的限制和社会文化差异大小等因素来决定,绝对的标准化广告策略或绝对的差异化广告策略都是不正确的。在国际市场营销实践中,许多企业都是综合分析国际营销环境,将标准化和差异化进行有机的结合,在"战略全球化,策略本土化"理念的指导下策划广告。另外,在国际市场上,广告语言、广告内容、广告代理商和广告媒介的选择都会影响到广告最后的促销效果。例如,随着"绿色营销"的兴起,中药在国际广告内容上,可以将"绿色"作为宣传重点,突出自己与西药相比更加天然的优势,从而刺激消费者的绿色需求,达到营销的目的。

(二) 人员推销策略

人员推销策略虽然是一种古老的促销方式,但是,因为其具有灵活性强、能有效传递复杂信息、能及时反馈信息等优点,而成为国际市场营销中重要的促销手段。从事国际市场营销的医药企业要成功地实施人员推销策略,关键是组建一支高水平的国际营销队伍并且能够对他们进行良好的管理。国际市场推销人员的管理主要包括营销人员的招聘、培训和激励策略。

1. 营销人员的招聘策略　招聘是组建国际营销队伍的首要工作。招聘主要有两种人才来源。

（1）当地人员：可以选择目标市场国家中能驾驭医药企业所在国语言的当地员工，特别是那些具有销售经验和医药知识的人才，既具有销售技能又了解目标市场国家的医药市场、社会文化、政治法律等环境因素，这样既可以利用他们在当地的社会关系资源，又能够减弱国际医药企业在当地的外来形象。还可以选择从生产企业本国移居到目标市场目的移民，他们懂得两国的语言和文化，只需要学习推销技术，了解企业情况、产品情况和相关销售政策，就可以成为优秀的销售人员。

（2）外派人员：派遣生产企业公司所在国具有外语基础，并愿意到国外工作和生活的人员前往目标国。他们了解本企业及其产品，易于沟通，忠诚度较高。但是，他们在目标国市场不利于弱化公司的外来者形象。

2. 营销人员的培训策略　营销人员是企业和顾客之间的独特桥梁，是人员推销活动中的主要角色。因此，对营销人员进行培训是极其重要的。对营销人员的培训要有针对性：对于当地人员，主要介绍企业情况、产品情况、技术情况和销售方法等，提高他们的销售能力；对外派人员，主要介绍当地的医药市场、社会文化、政策法规等环境因素，提高他们的适应能力。

3. 营销人员的激励策略　对营销人员进行激励是促销管理的重要环节。激励方法包括精神激励和物质激励。常用的物质激励方法主要有：固定薪酬加奖励、佣金制、薪金和佣金混合制等。由于国际营销人员来自不同的国家和地区，有着不同的社会文化背景、行为准则和价值观，他们对同样的激励可能有不同的反应。因此，从事国际营销的医药企业应该尽可能根据雇员的需求特征制定激励措施。

（三）公共关系策略

公共关系策略对于树立企业的良好形象具有重要的作用。在国际市场营销活动中，公共关系发挥着越来越重要的作用，而且国际公关比国内公关的范围要大得多。随着贸易保护主义的盛行，在国际市场营销活动中公共关系对于打开较封闭的市场具有重要意义。医药企业在国际市场上开展公共关系时，应该特别关注以下几方面的工作：一是与当地政府保持良好关系，争取当地政府的支持和帮助；二是积极参加当地的社会文化活动和公益活动，并力所能及地给予适当的赞助，争取当地民众的支持；三是利用当地媒体正面宣传企业的经营活动和社会活动，树立良好的企业形象；四是进行一些必要的外交活动，建立意见沟通渠道收集各种公众对企业的意见，及时消除相互间的误解和矛盾。

（四）营业推广策略

营业推广是对广告和人员推销策略的有力补充。在国际市场上开展营业推广的形式和内容与国内市场的区别不大。但是在实施过程中，需要针对不同国家的环境特征，如法律法规的限制、消费者的需求特征、消费者的行为习惯等做适当调整；需要与国外中间商沟通协调，以获得他们的支持。

［本章小结］

国际市场营销是指超越本国国界的市场营销活动，是企业在一国以上从事的经营和销售活动，是国内市场营销活动在国际市场的延伸。国际市场营销和国内市场营销没有本质上的不同。但是，由于所面对的环境要比国内市场营销复杂得多，医药国际市场营销与国内市场营销相比，营销环境更加复杂，营销组合更加复杂，面临的风险更大，竞争更为激烈。

医药企业要想顺利进入国际市场，必须首先对医药国际市场的经营环境进行调查研究。必须了解营销目标国环境的现状和趋势,做到有的放矢。包括营销目标国家政治法律环境、社会文化环境、人口经济环境等。医药企业只有深入了解目标国的环境特点,才能为成功地进入目标国家开展营销活动打下坚实的基础。

国际市场营销的环境复杂多变,因此要求医药企业根据各国不同的经济发展状况、产业结构和消费结构、法律政策及文化等采用不同于国内的进入国际市场的方式和策略。如可采用出口进入方式、合同进入方式、投资进入方式、对等进入方式、加工进入方式以及以医带药进入方式。每一种进入方式都有其优缺点。医药企业可以根据自身的条件选择适合产品特性、企业实力和目标市场要求的方式进入国际市场。

营销策略在国际市场营销中非常重要。虽然营销策略还是4P组合,但是由于国际市场营销的复杂性,国与国之间市场营销的差异性等,在国际市场上运用营销策略也就具有不同的情况和特点,医药企业开展国际市场营销时制定的产品策略、价格策略、分销渠道策略和促销策略更加复杂。

[关键名词]

国际市场、医药国际市场营销、出口进入方式、合同进入方式、投资进入方式、对等进入方式、加工进入方式、以医带药进入方式、国际政治法律环境、国际社会文化环境、国际人口经济环境

[思考题]

1. 什么是医药国际市场营销?与国内市场营销相比有哪些差异?
2. 医药国际市场营销环境包括哪些方面?
3. 医药企业以何种方式进入国际市场比较适宜?
4. 医药国际市场营销策略与国内医药营销策略相比,有何特点?
5. 医药国际市场常用的产品策略有哪几种?
6. 医药国际市场定价策略主要有哪些?

[本章实训]

医药国际市场消费者行为分析

实训目的:学习分析医药国际市场消费者行为。

实训内容:选定药品行业,以实地调查、观察等方式为主,配合在图书馆、互联网查找资料相结合得到相关资料;对所掌握的资料进行集体讨论与分析;分析国际市场营销环境,剖析不同国家消费者二至三种消费行为过程以及发展趋势等。在市场调研与分析的基础上,确定并描绘出小组的目标客户。内容可包括:①他们来自何处?什么国家?什么地区?②描述目标客户:年龄段、性别、收入、文化水平、职业、家庭大小、民族、社会阶层、生活方式等。③他们买什么(产品、服务、附加利益)?④他们每隔多长时间购买一次(每天、每周、随时、其他)?⑤他们买多少?⑥他们怎样买(赊购、现金、签合同)?⑦他们怎样了解你的企业(网络、广告、报纸、广播、电视、口头)?⑧他们对你的公司、产品、服务怎么看?⑨你的市场有多大(按地区、按人口、潜在客户)?在各个

市场上,你的市场份额可能是多少? 等等。

　　实训组织:分成若干小组,小组成员根据以上实训内容和要求,得出小组的分析结果;完成对这一产品市场的分析报告,确定这一产品的市场定位,拟出市场定位建议书。

　　实训考核:每组分别在课堂汇报分析结果。教师点评、记录学生成绩。

第十五章
同步练习

(张　雪)

第十六章

市场营销组织与管理

第十六章
教学课件

[学习要求]

1. 掌握市场营销组织的概念,市场营销控制的主要方法,应用市场营销控制理论分析和处理企业营销管理的绩效问题。
2. 熟悉医药企业的薪酬管理及激励。
3. 了解市场营销组织的发展演变和主要类型,市场营销计划的作用、步骤与分解。

第一节 市场营销组织

市场营销组织(marketing organization)是为了实现企业的市场营销目标,发挥市场营销职能,由从事市场营销活动的各个部门及其人员所构成的有机整体。在现代市场经济条件下,市场营销组织既是保证市场营销计划执行的一种手段,也是企业实现其营销目标的核心职能部门。

市场营销组织的设计及架构合理与否,与管理效率密切相关,良好的营销组织是完成企业营销计划的根本保证。计划、执行与控制是市场营销管理过程的重要步骤,市场营销计划的实施需要依赖企业的组织系统来完成;需要执行部门将企业资源优化配置,投入到市场营销活动中去;需要控制系统依据公司的总体战略及公司营销战略考察计划执行情况,诊断及查找问题产生的原因,进而及时采取改正措施,如改善执行过程,调整计划本身使之更切合实际。因此,在现代市场经济条件下,医药企业必须高度重视市场营销的计划、组织、执行与控制。此外,还必须坚持把以人为本的理念真正贯穿到人力资源管理的全过程,设计完整的薪酬体系,执行科学的、合理的、符合现代企业发展的薪酬与激励政策。

一、市场营销组织的演变

(一) 简单的销售部门

20世纪30年代以前,西方企业以生产观念作为指导思想,大部分都采用设立简单的营销部门的形式。一般说来,所有企业工作都是由财务、生产、销售和会计四个基本职能部门开展。财务部门负责资金的筹措,生产部门负责产品制造,销售部门通常由一位副总经理负责,职责为管理销售人员,并兼管企业简单的市场调研和广告宣传工作。在这个阶段,销售部门的职能仅仅是推销生产部门生产出来的产品,设置和功能都比较单一,无法把握市场的运行规律,专业性不强。

(二) 兼有营销功能的销售部门

20世纪30年代大萧条以后,市场竞争日益激烈,大多数企业以推销观念作为指导思想,需要进行经常性的市场调研、广告宣传以及其他促销活动。为完成这些工作,销售副总经理必须聘请有经验的人员处理各种销售活动,需聘请一位销售主管来管理这些增添的销售工作。

(三) 独立的营销部门

随着企业规模和业务范围的进一步扩大,使得市场营销的其他职能如调研、新产品开发、广告和销售促进、顾客服务等越来越重要。于是,市场营销部门成为一个相对独立的职能部门,营销部门由主管营销的副总经理领导,营销副总经理与销售副总经理,向总经理或常务副总经理负责。在这个阶段,销售和营销是公司组织机构里两个相互独立的、平等的职能部门,但在具体工作上,这两个部门是需要密切配合的。

(四) 现代营销部门

尽管销售副总经理和市场营销副总经理需要配合默契和互相协调,但是他们之间实际形成的关系往往带有相互竞争的色彩。销售副总经理趋向于追求短期目标,侧重于实现眼前的销售任务,而市场营销副总经理则多着眼于长远目标,侧重于制定适当的产品计划和市场营销战略,以满足市场的长期需要。销售部门和市场营销部门之间矛盾冲突的解决过程,形成了现代市场营销部门的基础,即由市场营销副总经理全面负责,下辖所有市场营销职能部门和销售部门。

(五) 现代营销公司

在现代企业中,营销部门的组织系统已不断细化,并延伸到越来越广的范围。作为现代营销公司,企业一切部门都是为顾客而工作,营销不是一个部门的名称,而是公司上下的整体概念,是公司的创业宗旨。如果只把营销活动看作销售功能,或者将营销活动仅仅看作营销部门的事,则不能称之为真正的现代营销公司。

二、市场营销组织的类型

(一) 职能型营销组织

在总经理领导下设立一名营销副总经理专门管理营销事务,集合各种市场营销专业人员组成。下设销售(业务)经理、广告营业推广经理、市场研究经理、行政事务(内勤)经理等,如图 16-1所示。

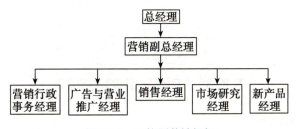

图 16-1　职能型营销组织

职能型营销组织形式的主要优点:
(1) 专业分工,有利于提高效率。
(2) 职责分明,有利于落实各类人员对各类工作的责任。
(3) 集中管理、统一指挥,有利于维护领导对指挥和控制活动的权力和威信。
　主要缺点:
(1) 随着企业产品增多、市场扩大,可能暴露出其管理效率较低的弱点。
(2) 没有一个专门职能组织去解决企业生产、研发、财务等部门的协调问题。

(二) 地区型营销组织

业务涉及全国甚至跨国的企业,可以按照地理区域组织、管理销售人员。如图 16-2 所示。
地区型组织形式的主要优点:
(1) 集中决策、分散经营,有利于组织高层领导摆脱日常事务,有利于培养高级管理人才。
(2) 管理幅度与管理层次相对增加,这样便于高层管理者授权,充分调动各级营销部门的积极性。
(3) 发挥该地区部门熟悉该地区情况的优势,发展区域优势,培育特定优势市场。

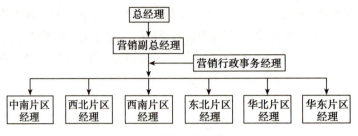

图 16-2　地区型营销组织

主要缺点是：

(1) 机构重叠,管理效率较低。

(2) 各地区的营销部门自成体系,易产生本位主义倾向,只考虑本地区的利益。

(三) 产品(品牌)管理型营销组织

生产多种产品或拥有多个品牌的企业,往往按产品或品牌建立市场营销组织。产品管理组织形式由一名产品主管经理负责,下设几个产品大类经理,产品大类经理则监督管理某些具体产品经理,如图 16-3 所示。适用于规模较大,且经营领域分散,产品跨度大,比如同时有钢铁、家电、服装、制药的多元化企业集团。其主要优缺点类似地区型组织。

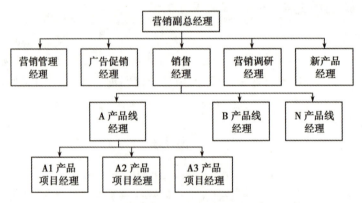

图 16-3　产品(品牌)管理型营销组织

(四) 市场管理型营销组织

如果市场能够按照顾客特有的购买习惯和偏好细分,也可以建立市场管理型组织,由一个市场总经理管辖若干细分市场经理,如图 16-4 所示。比如某医药企业划分新特药市场部、普药市场部、第三终端市场部等。某医药企业按客户划分为大客户市场部、中客户市场部、小客户(散客户)市场部等。其主要优缺点也类似地区型组织。

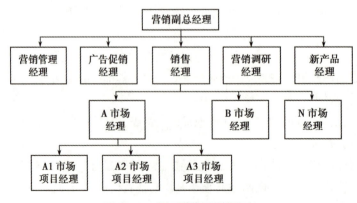

图 16-4　市场管理型营销组织

(五) 复合式营销组织

在实际操作环境中,中大型企业的市场营销组织类型基本上都是复合式营销组织,因为单一形态无法支持营销覆盖面和管理深度、精度。比如产品-市场管理型组织,这是一种既有产品经理,又有市场经理的两维矩阵组织。具体又可以分为区域-产品复合式、区域-用户复合式、产品-用户复合式、区域-产品-用户复合式四种类型。当企业产品的销售范围较广、针对的用户类型较复杂时,就可以根据自身的情况选择其中的一种。

如某大型国际药企有三个全球事业部:普药全球事业部、特药全球事业部、疫苗全球事业部,外加独立的具备综合研发和生产的消费者保健业务部门。其中国公司和全球架构一致,分为普药、特药和疫苗三个全球事业部的中国区。其中普药全球事业部中国区又分不同的事业单元:心血管及成熟产品事业部、基层医疗事业部、糖尿病事业部、商务及零售事业部。在这些事业单元里,又分为销售、市场、战略、医学、商务、培训、政务等不同职能部门。在区域层面,全国划分为不同片区(每个事业部划分标准也不完全一致),每个片区又有相对独立的销售(区域销售总监或大区经理)、市场(区域市场经理或推广经理)、医学(区域医学联络官)、培训(区域培训经理)。

第二节　市场营销计划与控制

一、市场营销计划的制订

市场营销计划是企业在对市场营销环境进行分析的基础上,制订的企业及各业务单位为实现营销目标所应采取策略、措施和步骤的明确规定和详细说明。营销计划是营销战略分解的具体实施方案,需要注意其可行性和可操作性。

市场营销计划是公司的核心文件,也是体现公司战略、指导公司运作的关键运营计划。一份完备的市场营销计划书,一般包括以下内容:计划提要、营销环境分析、公司业务发展情况分析、营销目标设定、营销战略选择、具体行动方案、营销预算、实施和控制等几个主要部分。企业根据上述内容拟定的市场营销计划也被称为市场营销策划书。

1. 计划提要　主要是简单描述目前的形势、选择的战略、制定的目标、主要的行动步骤和可能的财务结果。由于审核年度营销计划的主要是首席执行官(CEO)、营销主管和财务主管,还有其他相关部门的高级主管,需要概括说明本计划主要的策划背景、总体目标、任务对象和建议事项,让计划审议者能够迅速把握本计划的要点。

2. 营销环境分析　营销环境分析一般包括企业所处的宏观环境分析、微观环境(竞争环境)分析、企业优劣势分析几个部分。

3. 公司业务发展情况分析　公司业务分析一般包括公司业务类别、各业务(或产品)的市场规模、市场增长情况、生产能力、管理状况,以及顾客需求、品牌认知、购买行为等内容。

4. 营销目标设定　包括公司在未来一定时期内的公司整体目标、各业务(或产品)的市场发展目标,具体一般包括销售量、销售利润率、市场占有率、市场增长率、产品/品牌知名度和美誉度等。

5. 营销战略选择　营销战略规定了为企业营销目标所采取的策略、措施、途径或方法。一般要包括目标市场营销策略、市场营销组合策略等主要策略。

制定公司战略最常用的方法之一就是波士顿矩阵。通过销售增长率和市场占有率两个因素相互作用,会出现四种不同性质的产品类型,形成不同的产品发展前景。波士顿矩阵法有助于分析一个公司的投资业务组合是否合理。如果一个公司没有现金牛业务,说明它当前的发展缺乏现金来源;如果没有明星业务,说明在未来的发展中缺乏希望。一个公司的业务投资组合必须是合理的,否则必须加以调整。有关波士顿矩阵的详细内容请见前面章节。

6. 具体行动方案   行动方案必须是具体的、细节化的,全面考虑时间、空间、步骤、责任、费用等要素。比如促销中是否使用广告,用什么媒体,广告的投放时机与费用控制等。

7. 营销预算   营销预算一般包括营销费用预算、销售收入预算、品种销售数量预算等,还包括成本、收益和利润的分析和预测。

8. 实施和控制   计划实施和控制时,要确定关键的指标和控制阶段,以便及时衡量计划执行结果,找出差异,分析原因,解决问题。企业通常给计划执行设定阶段性和长期考核指标,并为计划设立应急和备选方案、可能的其他方案以及关键问题出现的应对方法,以确保预期营销目标能够顺利实现。

二、市场营销计划的分解

能够科学、有效地将医药营销计划进行分解是使计划得以有效执行的最佳方法。营销计划对业务内容的要求是总体性的,只有对其进行分解,才能找到并把握营销业务的重点,从而有助于营销计划正确实施。如面对一份某城市加强医药零售终端推广的营销计划,首先将不同终端进行分类,如连锁药店、单体药店、城乡接合部第三终端等。接着将医药零售终端按 ABC 分类,抓大放小。同时将开发不同终端的进度、可选择的推广方式等进行细分,在不同阶段把握业务的工作重点。

将营销计划进行分解,即将目标进行分解,可以使营销计划落实到基层,使管理者及营销人员都能清楚自己近期的工作计划和目标,看到通过自身努力达到的成绩,从而提高工作的积极性。营销计划分解有多种维度,分解实施营销计划时应充分考虑这些不同维度,并在其中标明重点,明确关键节点。

(一) 按时间分解营销计划

按时间维度分解营销计划,应该先长期后短期。如 2022 年的营销计划,在 2021 年 11 月必须要作定稿并进行全球层面上的审查,这是决定关键战略和投资方案的前提。在 12 月或次年 1 月作全员启动会议,宣布年度计划。接下来才是各分公司、各区域的季度业务规划,在季度中作逐个团队的月回顾和调整,至于周计划,应是最小业务单元(以地区经理为单位)的管理行为。

(1) 季计划:季计划一般执行到地区经理和总部层面,主要是对营销计划执行成效的阶段性反映,是对营销计划进行阶段性的整体评估,避免营销重点过于集中于短期,同时对整个市场形势进行整体判断,并对销售人员的工作成效进行指导。

(2) 月计划:月计划一般执行到销售主管和地区经理层面,主要是反映各区域以及整个地区的销售状况。此类计划一方面便于地区经理对本地区销售态势的掌控,另一方面则便于总部对地区分部执行营销计划状况的掌控。

(3) 周计划:周计划一般执行到销售代表层面,对最基层的销售问题进行反映,这个层面的营销计划由各区域的销售主管把握,主要是反映营销计划在执行过程中最直接的效果。

(二) 按区域分解营销计划

(1) 按全国大区或省级区域分解:按大区或省级区域分解可掌握全国各大区域市场的总体分布情况,对营销计划在各区域的实施重点进行把握,对营销计划在各区域之间的分配状况进行评估,掌握各区域可能产出的效益。

(2) 按地市级区域分解:按地市级区域进行分解,可以使地区经理掌握本区域的市场状况,并在区域之间对营销计划进行合理分配,掌控各区域的营销计划实施重点。

(三) 按阶段分解营销计划

(1) 市场发展阶段:市场发展的导入期、成长期、成熟期和衰退期不同阶段,营销计划应该采取不同的对应方式。

(2) 销售季节阶段:在淡季、旺季这两个销售季节中,消费者和经销商的行为方式都是不同的。如经销商在旺季会忙于出货,而在淡季可能会加强送货。又如对于一份铺货的营销计划,淡季应该是工作重点,而在旺季则以维持为主,这样才能提高营销计划的实施效率。而这些都要求企业在执行营销计划时加以考虑。

(四) 按项目分解营销计划

(1) 按营销项目种类分解:广告、促销、铺货等都应包含在一份营销计划的实施内容当中,而营销计划最终也要落实在这些项目上,因此按项目分解营销计划是十分必要的。如广告计划可以分解为媒体广告和广告活动,促销可以分解为消费者促销和渠道促销,这样将有助于把握营销计划的实施重点。

(2) 按项目重点分解:就是将营销计划中的重点项目和常规项目分离出来。如对于终端推广而言,货架陈列是常规工作,而堆头陈列和特价销售则是关键性的推广,这样将有助于营销费用的有效使用。

(五) 按产品分解营销计划

(1) 按产品类别分解:将营销计划按产品类别分解是十分重要的,尤其是对于实施品类管理模式的企业,每一类产品的营销计划重点都不同,因此同样的要求在具体实施时的差异可能会很大。例如同样是实施深度分销计划,OTC 药品的分销可以直接深入到零售终端,而处方药则适合通过覆盖批发商、医院来间接达到对零售终端的辐射,因此在具体操作方式上是不同的。

(2) 按产品销量比例分解:按产品销量比例分解主要应把握 80:20 原则,对各类产品在销量上的贡献甚至是利润上的贡献进行衡量,在有限的资源条件下,尽量倾斜于能产生更大效益的产品类别上,这也有助于企业把握推广的重点。

(3) 按新老产品分解:这种方式的关键是区别产品延伸的问题,一般而言老产品总是占据最大的销售比例,也许盈利能力也是最强的,但是其发展趋势是逐渐下滑的,而竞争环境又特别恶劣,这种情况下企业必须扶持有市场潜力的新产品,因此在营销计划执行时要分别确定新老产品的推广重点。在维护老产品市场份额的同时,尽量迅速将新产品推入市场并站稳脚跟。例如某企业在维护老产品市场份额的同时,不断推出系列产品,甚至开发药物牙膏等大健康产品等,这些新产品在营销计划中都得到了不同程度的特别扶持,也为企业跨越式发展作出特殊贡献。

(六) 按渠道分解营销计划

(1) 按渠道类别分解:批发渠道与零售渠道具有很大的区别,营销计划执行过程中对两者的利用也不同。对批发渠道注重经销商利益,而对零售渠道则注重消费者利益。此外,医药电子商务在我国虽然起步晚但发展很快,网上药店以及乙类 OTC 无人售货机等新型零售渠道正在快速发展。国家鼓励发展药品零售连锁企业,要求门店数量超过单体药店,占所有门店数量的三分之二。因此对营销计划的实施重点,要对这两种渠道进行区分,从而满足对不同营销目标的实现。例如同样是渠道促销,批发渠道可以采取实物返利形式,而零售渠道则可以采取特价销售形式。

(2) 按渠道性质分解:专业渠道、商业渠道、特殊渠道等,不同特性的渠道具有不同的市场地位。例如中药材市场、化学药品原料药市场以及新兴的生化药、抗肿瘤药专业药店等,其营销工作重点是不同的,应该在具体执行过程中,根据市场竞争形势和资源状况作出合理的安排。

三、市场营销计划的控制

在企业实际工作中,尽管已经针对营销活动制订了周密的计划,但执行的结果往往会偏离原定的计划。除了市场变化、竞争对手过于强大等外部因素导致计划执行状况不佳以外,还往往存在营销组织对营销过程的控制不力,在执行中不能及时找出偏离问题并加以解决等企业内部因素。因此,针对营销计划执行中的各营销要素进行监督、考察和控制十分必要。市场营销计划控制的方法有年度计划控制、盈利控制、效率控制和战略控制。

(一)年度计划控制

年度控制是指企业在本年度内,针对销售额、市场占有率和营销费用进行实际效果与计划之间的检查,以便及时采取改进措施,保证、促进营销计划目标的实现与完成。年度计划控制主要是检查市场营销活动的结果是否达到了年度计划的要求,并在必要时采取调整和纠正措施。

年度计划控制的内容,是对销售额、市场占有率、费用率等进行控制;年度计划控制的目的,是确保年度计划所规定的销售、利润和其他目标的实现。控制过程分为四个步骤:确定年度计划中的月份目标或季度目标;监督市场营销计划的实施情况;如果市场营销计划在执行过程中有较大的偏差,则要找出其中的原因;采取必要的补救或调整措施,缩小计划与实际之间的差距。如图 16-5 所示。

图 16-5   年度计划控制过程

实施年度计划控制,一般要在销售分析、市场占有率分析、市场营销费用分析和客户服务分析的基础上进行。

(1)销售分析:衡量并评估实际销售额之间的差距,包括销售差距分析和地区销售量分析。

1)销售差额分析:销售差额分析用于分析各个不同因素对销售绩效不同的影响程度。

例:某医药公司在销售计划中的目标,第一季度某药品销售 50 000 盒,每盒 1 元,即销售额 50 000 元,但实际该季度只销售了 40 000 盒,每盒 0.90 元,即实际销售额为 36 000 元。那么销售绩效差额为 –14 000 元。显然,总销售额降低既有销售数量减少的原因,也有价格降低的原因。那么这两种原因各自对总销售额的影响比重有多大呢? 计算如下:

价格下降的差距 $=(S_p-A_p)A_Q=(1-0.90)\times40\,000=4\,000$

价格下降的影响 $=4\,000\div14\,000=28.5\%$

销量下降的差距 $=(S_Q-A_Q)S_p=(50\,000-40\,000)\times1=10\,000$

销量下降的影响 $=10\,000\div14\,000=71.5\%$

式中,S_p 为计划售价;A_p 为实际售价;S_Q 为计划销量;A_Q 为实际销量。

很明显,销量下降的影响达 71.5%,有 2/3 多的销售差额,没有完成预期销售数量是主要原因。

2)地区销售量分析:地区销售量分析可以衡量导致销售差额的具体产品和地区。

例:某制药企业药品在三个地区销售,计划销售额分别是 15 000 元、5 000 元、20 000 元,总额为 4 万元,但实际销售额分别为 14 000 元、5 250 元、10 750 元,总额为 30 000 元,与计划销售额的差距分别是 –6.67%、+5%、–46.25%。可见,主要原因是第 3 个地区销售量大幅度下降。企业应抓住主要矛盾,集中精力分析这个地区的销售管理问题,可能是销售员工不够努力,可能是进入有力的竞争者,也可能是该地区发生变化,比如消费水平下降等。

(2)市场占有率分析:市场占有率是指某一品牌或产品某一时段在某一细分领域所占的市场份额,即某一产品所占整个市场销量的比例。市场占有率分析用以揭示出企业同其竞争者在市场竞争中的相互关系。如果企业产品的市场占有率升高,表明其较之于竞争者绩效更好,在市场竞争中处于优势,反之,则说明公司在竞争中失利。市场占有率有以下几种分析方法。

1)总体市场占有率:总体市场占有率是指企业的销售额占整个行业销售额的百分比。

2)可达市场占有率:可达市场占有率是指企业的销售额占企业所服务市场的百分比。可达市场既指企业产品适合的市场也指企业市场营销努力所及的市场。理论上企业可能有近 100% 的市场占有率,但实际上却只有相对较小百分比的全部市场占有率。

3)相对市场占有率:相对市场占有率是指企业销售额相对于市场领导者的销售额的百分比。选择三家标杆企业,本公司产品销售量占有三家公司产品销量总和的比例,如果相对占有率超过33%就属于绝对强势品牌,即领导品牌。

4) 相对于最大竞争者的市场份额:相对于最大竞争者的市场份额是指一个企业的销售量与市场上最大竞争者的销售量之比。若等于100%,表明该企业是这一产品的市场领导者。

(3) 市场营销费用分析:市场营销费用分析是将各项费用以及费用率加以分析,并控制在计划限度内。

市场营销费用分析一般分析以下费用构成。

1) 直接销售费用:包括营销人员的工资、奖金、差旅费、培训费、交际费等。

2) 品牌宣传费用:包括企业品牌管理体系(CIS)导入费用、各类公关费用、展销会费用。

3) 促销费用:包括广告费、售点卖点广告(POP)费用、赠奖品费用、促销人员工资等。

4) 仓储费用:包括租金、维护费、折旧、保险、包装费、存货成本等。

5) 运输费用:包括托运费用等,如果是自有运输工具,则要计算折旧、维护费、燃料费、牌照税、保险费、司机工资等。

6) 其他市场营销费用等。

(4) 客户服务分析:对客户态度进行查询和分析,加强客户服务措施,检查客户服务质量,提高客户忠诚度。

(二) 盈利控制

盈利控制是用来测定不同产品、不同销售区域、不同客户群体、不同渠道以及不同订货规模盈利能力的方法。盈利控制有助于管理人员决定各种产品或市场营销活动是扩展、减少还是取消。可以从产品、地区、顾客群、分销渠道和订单规模等方面,分别衡量它们中的每一项获利能力。盈利能力的考察指标如下。

(1) 销售利润率:是指利润与销售额之间的比率,表示每销售100元使企业获得的利润,它是评估企业获利能力的主要指标之一,其计算公式是:

$$销售利润率 = 本期利润 \div 销售额 \times 100\%$$

(2) 资产收益率:是指企业所创造的总利润与企业全部资产的比率,其计算公式是:

$$资产收益率 = 本期利润 \div 全部资产 \times 100\%$$

(3) 净资产收益率:是指税后利润与净资产所得的比率。净资产是指总资产减去负债总额后的净值。其计算公式是:

$$净资产收益率 = 税后利润 \div 净资产 \times 100\%$$

(4) 资产管理效率:可通过资产周转率来分析,资产周转率是指一个企业以资产平均总额去除产品销售收入净额而得出的比率,其计算公式如下:

$$资产周转率 = 产品销售收入净额 \div 资产平均总额 \times 100\%$$

资金周转率可以衡量企业全部投资的利润效率,资产周转率高说明投资的利用效率高。

(5) 存货周转率:是指产品销售成本与产品存货平均余额之比,其计算公式如下:

$$存货周转率 = 产品销售成本 \div 产品存货平均余额 \times 100\%$$

存货周转率是说明某一时期内存货周转的次数,从而考核存货的流动性。存货平均余额一般取年初和年末余额的平均数。一般来说,存货周转率次数越高越好,说明存货水准较低,周转快,资金使用效率较高。

(三) 效率控制

销售人员的效率控制指标通常包括:每个销售人员的销售访问客户次数、每次会晤客户的平均访问时间、每次销售访问的平均收益、每次销售访问的平均成本、每百次销售访问而订购的百分比、年度开发的新客户数、年度流失的客户数、销售成本对总销售额的百分比等。

通过上述指标的分析,可以发现一些非常重要的问题。例如,销售人员每天的访问次数是否太少,每次访问所花时间是否太多,在每百次访问中是否签订了足够的订单,是否增加了足够的新客户并且保留住原有的客户等。

除了对销售人员效率评估和控制外,企业还常常需要对广告效率、促销效率、分销效率等进行管理和控制。

(四) 战略控制

战略控制主要是指在企业营销战略的实施过程中,检查企业为达到目标所进行的各项活动的进展情况,评价实施营销战略后的企业绩效,把它与既定的战略目标与绩效标准相比较,发现战略差距,分析产生偏差的原因,纠正偏差,最终确保企业的目标、政策、战略和措施与市场营销环境相适应,使企业营销战略得以实现。

第三节　销售人员薪酬管理与激励

一、销售人员薪酬管理

薪酬是企业针对雇员服务的全部报偿。完整的薪酬体系将薪酬分为财务性(现金)薪酬和非财务性(现金)薪酬两大类。其中财务性(现金)薪酬包括基本薪酬、激励薪酬、附加薪酬和福利。基本薪酬通常包括基础薪酬、工龄薪酬、职位薪酬、技能薪酬等形式;激励薪酬包含奖金、雇员持股计划和股票期权奖励;附加薪酬包含津贴和工作用品补贴以及销售费用等;福利包括法定福利和附加福利两个项目。非财务性(现金)薪酬则主要是工作发展报酬和生活质量报酬。工作发展报酬包括晋升机会、发展机会、能力发挥、工作满意四个项目,是指企业为雇员提供的晋升机会、发展空间以及由此而带来的成就感和满足感;生活质量报酬包括心理收入、和谐的氛围、工作条件、生活质量四个项目。在现代社会,许多员工把自己职业定位为合格管理者、成功经理人。向往在企业里有更高的职位,获得更高的薪水,人们不仅追求工作质量也追求生活质量,而财务性(现金)薪酬和非财务性(现金)薪酬各自具有不同的激励功能,它们应当互为补充,构成一个完整的薪酬体系。

1. 固定工资　固定工资是基础薪酬,也叫底薪。通常包括基础底薪、工龄薪酬、职位薪酬、技能薪酬等形式。

如某药企在招聘员工时,会依据其各项测评指标作定级定薪,每个职级对应不同固定薪资范围。在职员工则要遵循企业绩效评估体系,作年度或半年度绩效评估,决定其薪资变化(多数仅作升级涨薪评估,少数企业会有淘汰降级降薪机制)。职级晋升不同于职位晋升,其仅仅针对绩效表现作评估,不意味着工作职能变化。现行薪酬体系的调整主要包括晋升调薪、考核调薪两种类型,考核调薪的频率通常为每年一次。

当前医药行业普遍进入微利时代,尤其是医药商业批发及零售利润率都很低,企业难以支付高薪,然而新员工对底薪的期望值往往与企业给予的偏差过大。新员工在关注固定工资的同时,也应该重视补贴、福利和奖金等收入,同时更要重视企业的发展潜力及企业为员工提供的晋升机会、发展空间以及由此而带来的成就感和满足感。当然,还应该认识到底薪能否满足人的生理需求及安全需求,新员工正常生活和继续工作的前提就是首先满足衣、食、住、行、医这些最基本的需求。

2. 奖金　奖金通常包括月度奖金(绩效工资)、服务质量奖、年终目标奖、最佳建议奖、特别贡献奖等项目。而销售人员奖金多基于业务本身,即绩效工资,很少有服务质量、最佳建议、特别贡献等奖项。

医药企业的生产一线员工普遍执行计件工资制,充分体现多劳多得原则。对销售人员尤其是医药代表则普遍执行底薪加提成分配方法。

销售提成也称佣金制,主要以销售额为依据计算报酬。由于激励较足,医药代表及其他营销人员都非常重视,许多人创造了每月提成几万元甚至十多万元的业绩。但销售提成过多过大,容易出现短期利益主义和个人利益主义倾向,非销售性工作难以安排和执行。底薪加提成在当今对营销人员是比较好的一种方式,有专家建议固定工资(底薪)与提成的最佳比例是 7∶3。一般大型企业、成熟市场、成熟品种比如普药,销售提成的比例较小;中小企业、新品种、新特药、高附加值药品的提成比例较大。处方药在医院销售为主的提成远高于 OTC 营销及第三终端市场,此类医药代表的提成比例一般较高。

3. **补贴**　补贴的名目较多,各医药企业不尽相同,差别很大。包括车补、餐补、通讯补贴、房补、差补、安家补贴、学位补贴、技术职称补贴等项目。其中,除技术职称补贴根据公司聘任职称发放,学位补贴根据国家国民教育系列学位发放外,其他补贴均以职位为基础进行发放。

4. **福利**　福利除国家规定的社保险种之外,还包括补充商业保险、带薪年假、退休金等项目。医药企业普遍执行"五险一金"(指用人单位给予劳动者的几种保障性待遇的合称,包括养老保险、医疗保险、失业保险、工伤保险和生育保险,及住房公积金),这其中大部分属国家法定,带有强制力。

在基本的五险一金基础上,企业为提高员工生活品质和劳动积极性,还可以自行实施福利项目,其中包括:货币性福利(膳食补贴等);实物性福利(文体设施、工作餐、宿舍、食品用品等);服务性福利[体检、公费医疗、咨询服务(心理、法律类咨询);机会性福利(内部提升政策、带薪休假、公费进修、集体文化活动等)。员工最关心的通常是医疗保险、体检、休假制度、弹性福利(如 13 薪)等。很多企业有工会组织,那么员工的福利形式会比较丰富,员工权益也相对更有保障。

二、对销售人员的激励

现代医药企业管理,首先是对人的管理。现代企业的效率,在很大程度上取决于其员工受激励的水平。当今困扰着企业管理者最重要的不是与竞争者竞争市场,而是如何寻找并留住人才,在高新技术企业尤其如此。

激励是管理最重要的职能,激励是人群管理的核心。人才激励就是企业通过设计适当的外部奖酬形式和工作环境,以一定的行为规范和惩罚措施,借助信息沟通,来激发、引导、保持和规划组织成员的行为,以有效地实现组织目标及其成员个人目标的活动。对高级医药人才的激励不能仅仅通过高薪、改善办公条件、自由的工作便利等,更重要的是委以重任,提供挑战性工作,通过个人努力、企业的帮助,一旦成功,由成就感带来的激励作用就非常大。

1. **工作发展激励**　工作发展激励是指企业为员工提供的晋升机会、发展空间、能力发挥以及由此而带来的成就感和满足感。

销售人员的工作性质其实是短期性的(其业务结果的考评都是以月、季度、年度为单位进行),基于此,工作发展激励是员工职业发展规划的必要前提和重要因素。工作发展激励最基本的一条是:在不同阶段的能力发展培训,以确保员工的岗位适配性。此外,还包括公平公正公开的晋升机制、横向部门发展机会、轮岗发展机会、精英员工的专项培训(企业 MBA、领导力项目等)等,如果说好的福利是为了让员工留下来,那么好的激励机制则是鼓励员工成为领跑者。当今社会发展很快,医药市场竞争很激烈,许多大公司把培训计划作为个人发展计划展示给应聘者。强调以人为本,尊严至上,新员工一进入公司,公司就会与员工一起制订因人而异、适合个人发展的员工职业发展计划,为员工提供各种条件帮助其成长。

2. **工作生活质量报酬**　企业对员工有吸引力,员工才会对企业有归属感,企业要吸引员工并能留住员工,首先要制定完善的薪酬体系,保障员工的工作生活质量。工作生活质量报酬就是除薪酬以外的心理收入、工作环境、和谐的氛围、事业前景、企业的群体生活以及员工的个人权利等。比如同工同酬及多劳多得,体现平等公正、民主,能参与决策,有充分施展自己才干的社会环境以及良好的人际关系氛围等。重要的个人需求在工作中得到满足的程度越高,其工作生活质量水平就越高,对员工的激励就越有效。

3. 中长期激励　目前,不少的中小医药企业还仅仅靠采用年薪制来提高高层管理者的积极性,普遍缺乏对高层管理者的中长期激励机制。缺失长期激励就使得企业的高层管理者只在乎眼前利益,在决策时追求短期收益最大化,选择"短平快"的项目,可能为了自身的利益倾向与避免风险,放弃可能对公司的长远发展有利的决策。采用股权激励等长期激励机制在西方国家已得以广泛应用,但在我国的中小企业还没有得到有效实施。

中长期激励通常做法是根据公司过去 3~5 年或更长时间的平均效益,给予经营者一定的利润分成、延期奖金、赠股和股票期权等激励性报酬。在公司各类经理人员中,职位越高,这部分报酬的比例也越大,总经理的长期激励性报酬可占其总收入的 30%~60%。在股份制企业中,把经营者所得的奖金改作股票支付,是建立、完善长期激励与约束机制的有益探索。药品是特殊商品,其安全性、有效性和可控性比其他产品有更严格的要求。要求管理者既要重视产品的市场表现,更要重视产品的质量。对销售人员的薪酬管理和激励既要包括市场表现的正面效用,又不能忽视社会责任。因此,对销售人员的薪酬体系构成和业绩考核也应该体现对社会贡献的内容。

[本章小结]

　　市场营销组织是为了实现企业的市场营销目标,发挥市场营销职能,由从事市场营销活动的各个部门及其人员所构成的有机整体。

　　市场营销组织的类型主要包括:职能型营销组织、地区型营销组织、产品(品牌)管理型营销组织、市场管理型营销组织和复合式营销组织。

　　市场营销策划书一般包括以下几个部分:计划提要、营销环境分析、公司业务发展情况分析、营销目标设定、营销战略选择、具体行动方案、营销预算、实施和控制。

　　为了保证市场营销计划的实施,一般可以按以下方式进行计划分解:时间、区域、阶段、项目、产品、渠道。

　　市场营销计划的控制主要包括:年度计划控制、盈利控制、效率控制和战略控制。

　　销售人员薪酬主要包括:工资、奖金、补贴和福利。其激励手段包括:工作发展激励、工作生活质量报酬和中长期激励。

[关键名词]

　　市场营销组织、职能型营销组织、地区型营销组织、产品(品牌)管理型营销组织、市场管理型营销组织、复合式营销组织、市场营销计划、年度计划控制、盈利控制、效率控制、薪酬、激励

[思考题]

　　1. 医药市场营销部门主要有哪几种组织形式? 各种组织形式的优缺点如何?

　　2. 简述市场营销计划的主要内容。

　　3. 市场营销控制主要有哪些方法?

　　4. 员工的财务性(现金)薪酬有哪几种方式?

　　5. 为什么说非财务性(现金)薪酬对员工的激励作用往往更大?

[**本章实训**]

营销人员的薪酬管理

　　实训目的:掌握公司薪酬体系构成及激励作用。

　　实训内容:通过对某医药公司调查,了解其销售人员各种薪酬情况以及企业实施的物质奖励、精神奖励的激励作用。

　　实训组织:确定数个调研小组,每一小组人数以 8~10 人为宜,选定一个小组长。各小组先统一设计一个调查问卷,各组选定不同的医药公司分别收集薪酬体系构成及激励效果的资料和数据,并以小组为单位组织研讨。在充分讨论基础上,形成各小组的调研报告。

　　实训考核:每组分别在课堂汇报调研报告,比较不同公司薪酬体系构成及激励作用的不同,教师点评、记录学生成绩。

第十六章
同步练习

（黄　锐）

参考文献

[1] 吴健安,钟育赣.市场营销学.7版.北京:清华大学出版社,2022.

[2] 陈玉文.医药电子商务.2版.北京:中国医药科技出版社,2015.

[3] 顾海.医药市场营销学.北京:人民卫生出版社,2006.

[4] 陈玉文.药店服务营销.北京:中国医药科技出版社,2007.

[5] 孔祥金,李伟.医药市场调查与预测.北京:科学出版社,2007.

[6] 官翠玲.医药市场营销学.北京:中国中医药出版社,2010.

[7] 官翠玲,李胜.医药市场营销学.北京:中国中医药出版社,2018.

[8] 侯胜田.医药市场营销学.北京:中国医药科技出版社,2009.

[9] 季骅.医药市场营销.上海:上海交通大学出版社,2007.

[10] 鲁汉玲.市场营销综合实验教程.广州:中山大学出版社,2009.

[11] 陈晶.医药消费者行为学.北京:清华大学出版社,2010.

[12] 江林.消费者心理与行为.2版.北京:中国人民大学出版社,2003.

[13] 符国群.消费者行为学.北京:高等教育出版社,2001.

[14] 葛光明.医药市场营销学.北京:中国医药科技出版社,2001.

[15] 张红,万炜.市场营销学.上海:上海人民出版社,2011.

[16] 赵晓燕.市场营销管理理论与应用.2版.北京:北京航空航天大学出版社,2014.

[17] 姚东明,赵成文.健康保险营销学.北京:科学出版社,2015.

[18] 纪宝成.市场营销学教程.3版.北京:中国人民大学出版社,2001.

[19] 甘湘宁,杨元娟.医药市场营销实务.7版.北京:中国医药科技出版社,2013.

[20] 侯胜田.医药营销案例.北京:中国医药科技出版社,2009.

[21] 杨世民.药事管理学.5版.北京:人民卫生出版社,2011.

[22] 杨耀丽,杨秀丽.市场营销学.上海:上海财经大学出版社,2013.

[23] 周晓明,邱秀荣.药品营销综合实训教程.北京:化学工业出版社,2005.

[24] 罗臻,刘永忠.医药市场营销学.北京:清华大学出版社,2018.

[25] 冯国忠.医药市场营销学.3版.北京:中国医药科技出版社,2002.

[26] 吴健安.市场营销学.2版.北京:高等教育出版社,2005.

[27] 冯夏红.中药市场营销学教程.3版.沈阳:辽宁大学出版社,2012.

[28] 吴健安,郭国庆,钟育赣.医药市场营销学.北京:高等教育出版社,2004.

[29] 菲利普·科特勒,凯文·莱恩·凯勒.营销管理.12版.梅清豪,译.上海:上海人民出版社,2006.

[30] 菲利普·科特勒.营销管理.10版.梅汝和,梅清豪,周安柱,译.北京:中国人民大学出版社,2001.

[31] 菲利普·科特勒,凯文·莱恩·凯勒.营销管理.14版.王永贵,陈荣,何佳讯,等译.上海:格致出版社,上海人民出版社,2012.

[32] 迈克尔·R.所罗门.消费者行为.3版.张莹,傅强,译.北京:经济科学出版社,1999.

[33] 梅清豪.市场营销学原理.北京:电子工业出版社,2014.

[34] 许彦彬,伊利.医药市场营销学.济南:山东人民出版社,2010.

[35] 栾家杰,张志行,徐娟.医药市场营销学.南京:江苏凤凰科学技术出版社,2018.

[36] 岳俊芳,吕一林.市场营销.5版.北京:中国人民大学出版社,2019.

［37］菲利普·科特勒,加里·阿姆斯特朗.市场营销原理.15版.北京:清华大学出版社,2017.

［38］菲利普·科特勒,加里·阿姆斯特朗.市场营销:原理与实践.17版.楼尊,译.北京:中国人民大学出版社,2020.

［39］赵晓燕,孙梦阳.市场营销管理理论与应用.3版.北京:北京航空航天大学出版社,2018.

［40］孙晓燕.市场营销.北京:高等教育出版社,2017.

［41］秦勇,张黎.医药市场营销:理论、方法与实践.北京:人民邮电出版社,2018.

［42］李伟,孔祥金.医药市场营销.北京:科学出版社,2017.

［43］邓金栋,温再兴.中国药品流通行业发展报告2021.北京:社会科学文献出版社,2021.

［44］菲利普·科特勒,加里·阿姆斯特朗.市场营销原理.全球版·第15版.郭国庆,译.北京:清华大学出版社,2019.

［45］史录文.中华医学百科全书·医药工商管理学.北京:中国协和医科大学出版社,2022.